Willi Dickhut
Materialistische Dialektik
und bürgerliche Naturwissenschaft

Willi Dickhut
Materialistische Dialektik und bürgerliche Naturwissenschaft

Dezember 1987

Neuer Weg Verlag und Druck GmbH
Schwerinstraße 6, 4000 Düsseldorf 30

Gesamtherstellung: Neuer Weg Verlag und Druck GmbH
Rellinghauser Straße 334, 4300 Essen 1

ISBN 3-88021-161-2

Willi Dickhut

Materialistische Dialektik
und bürgerliche Naturwissenschaft

Verlag Neuer Weg

Inhalt

Materialistische Dialektik und bürgerliche Naturwissenschaft

Vorwort 7

I. Der Makrokosmos 9
1. Geschichtliches 9
2. System Erde—Mond 29
3. Das Sonnensystem 43
4. Das Fixsternsystem 66
5. Das Milchstraßensystem 91
6. System der Weltinseln 105
7. Urgeschichte der Erde 122

II. Der Mikrokosmos 143
1. Geschichtliches 143
2. Die Bausteine des Kosmos 155
3. Elektrizität 167
4. Energie 179
5. Das Licht (Korpuskel kontra Welle) 197
6. Bewegte Materie (Korpuskel und Welle als Einheit) 212
7. Verwandlung der Materie (Transmutation) 231

III. Probleme des Kosmos 243
1. Zahlen und Symbole 243
2. Nichts oder Materie 258
3. Raum und Zeit 281
4. Kosmogonie 293
5. Kausalität und die Krise der Naturwissenschaft 313
6. Determinismus und Indeterminismus 322

Nachwort 333
Literaturverzeichnis 336
Personenverzeichnis 337

Vorwort

Seit Jahrhunderten tobt der Kampf zwischen dem Idealismus und dem Materialismus um die Probleme des Kosmos: Sind Weltall und Natur erschaffen worden oder sind sie seit Ewigkeit da, unendlich in Zeit und Raum?

Willi Dickhuts Studie »Materialistische Dialektik und bürgerliche Naturwissenschaft« verarbeitet die naturwissenschaftlichen Forschungsergebnisse und erbringt den eindrucksvollen Nachweis, daß es in der Natur dialektisch zugeht: Das gesamte Weltall ist materiell, ist verräumlichter Stoff. Die Materie ist in ständiger Bewegung und Veränderung begriffen. Sie ist weder zu erschaffen noch zu zerstören. Als Ergebnis der Bewegung entwickeln sich ständig neue Formen der Materie. Die Bewegung ist die ureigenste Eigenschaft der Materie. Sie kennzeichnet die Qualität, die Umwandlungsfähigkeit der Materie in Formen wie Wärme und Licht oder auch in Formen wie Leben und Bewußtsein.

Die Studie führt eine dialektische Kritik an der bürgerlichen Naturwissenschaft, indem sie deren richtige Erkenntnisse über das Weltall aufgreift und ihre idealistischen Deutungen mit der dialektischen Methode kritisiert.

Willi Dickhut zeigt die Wurzel der Verwirrung der bürgerlichen Naturwissenschaft auf: Als die Physik Ende des letzten Jahrhunderts Entdeckungen über die Verwandlung der Materie in Formen wie Elektronen und Neutronen machte, die mit unseren menschlichen Sinnen nicht mehr zu fassen, sondern nur mit Hilfe der dialektischen Bewegungs- und Entwicklungsgesetze zu verstehen sind, übertrug sie die Begrenztheit der menschlichen Sinne auf die angebliche Begrenztheit der Materie.

Diese Krise der bürgerlichen Naturwissenschaft besteht und vertieft sich bis heute. So hält die moderne Physik an Jordans absurder Theorie von der Entstehung des Weltalls aus einem Punkt durch einen explosionsartigen »Urknall« fest. Dazu führt die »Neue Zürcher Zeitung« vom 3. Dezember 1986 ein Referat von Ilya Prigogine auf der 36. Tagung der Nobelpreisträger an: »*Der Urknall war nichts anderes als ein gigantischer Entropieerzeugungsprozeß.*« Die Studie unterzieht diese Urknalltheorie einer ebenso erfrischenden Kritik wie Einsteins Relativitätstheorie, welche Raum und Zeit als objektive Eigenschaften des Weltalls leugnet und vollständig relativiert.

Die Studie deckt auch auf, daß diese Fäulniserscheinungen der bürgerlichen Naturwissenschaft der Fäulnis des Kapitalismus entspringen. Solange die kapitalistische Gesellschaft nach einer grenzenlosen Ausdehnung ihrer Wirtschaft auch in unbekannte Räume der Erde strebte, war auch das Weltbild grenzenlos. Sobald um die Jahrhundertwende die ganze Erde vom Imperialismus erobert war und die Grenze der Ausdehnung auf der Erde deutlich wurde, tauchten wieder Theorien vom begrenzten Weltall auf.

So stellen sich im gesamten Buch die Probleme des Kosmos nie als abstraktes Formelgestrüpp dar, sondern erfahrbar als Raum und Zeit, in denen sich der Kampf der Arbeiterklasse vollzieht.

Die Studie ist deshalb wegen ihrer Anschaulichkeit selbst der abstraktesten Fragen ein Impuls gerade für Arbeiter und alle übrigen Werktätigen, sich die Kenntnisse über die Entwicklung der Natur vom Standpunkt des dialektischen Materialismus aus anzueignen. Sie schult so die Allgemeinbildung und ist eine wertvolle Hilfe, sich in Zeiten komplizierter wirtschaftlicher und politischer Vorgänge im Klassenkampf zurechtzufinden.

Willi Dickhut selbst hat das Manuskript vor rund 45 Jahren mitten im II. Weltkrieg verfaßt, um mit der Anwendung der Dialektik auf die Naturwissenschaft seine theoretischen Fähigkeiten zu erweitern für die Führung des proletarischen Klassenkampfes. Ebenso wie sein etwa zur selben Zeit begonnenes Buch »Proletarischer Widerstand gegen Faschismus und Krieg« ist dieses Werk ein Schlüssel zum Verständnis für seine weitere theoretische Arbeit, die ein charakteristisches Merkmal hat: die Dialektik als roten Faden.

Seit jener Zeit ist die bürgerliche Naturwissenschaft nicht stehengeblieben. Eine Vielzahl neuer und wichtiger Teilerkenntnisse auf den Gebieten der Erforschung des Weltalls wurden und werden erzielt, meist ohne bewußte Anwendung der materialistischen Dialektik. Deshalb kann für alle Naturwissenschaftler und naturwissenschaftlich Interessierte die Studie eine wichtige Anregung sein, neue Fragen mit Hilfe der Dialektik tiefgehender zu klären.

Dezember 1987   Der Herausgeber

I. Makrokosmos

1. Geschichtliches

Die älteste der Naturwissenschaften war der Erforschung des Makrokosmos gewidmet. Einer Überlieferung zufolge sollen vor rund 4 000 Jahren die chinesischen Hofastronomen Hi und Ho hingerichtet worden sein, weil sie infolge Trunkenheit die Voraussage einer Sonnenfinsternis versäumt hatten. Wahr oder nicht, jedenfalls werden die Chinesen, ihrem hohen Kulturniveau entsprechend, schon frühzeitig die Bewegungen der Sonne erforscht haben.

Die Inder befaßten sich vornehmlich mit astronomischen Zahlen: So berechneten sie die Konjunktion (Stellung, bei der die Sonne auf einer Linie mit der Erde und einem Planeten steht) der damals bekannten Planeten bis zum Jahre 3102 v. u. Z. (vor unserer Zeitrechnung) zurück.

Eingehende, vielhundertjährige Beobachtungen wurden von den Babyloniern gemacht. Finsternisperioden, scheinbare Planetenstellungen und andere Beobachtungen wurden mit Genauigkeit verzeichnet.

Die Griechen dagegen waren schlechte Beobachter, besaßen aber eine lebhafte Vorstellung. Sie dachten sich die Erde als Mittelpunkt der Welt, von mehreren Kristallsphären umgeben, an denen die Himmelskörper befestigt wären; Sonne, Mond und Planeten besaßen ihrer Meinung nach eigene Sphären um die Erde, wobei die »Musik der Sphären« ertönte, die aber von Menschen nicht vernehmbar wäre. Die Vorstellung von einer Himmelskugel, die sich um die Erde als Mittelpunkt des Kosmos dreht, war auf den Augenschein begründet, daß die Erde ruhe und darum alle Himmelskörper um sie bewegt seien.

Nicht nur die Menschen der Antike konnten sich von diesem trügerischen Schein nicht lösen. Bis in das Mittelalter hinein blieb diese Vorstellung vorherrschend, gestützt durch die Macht der Kirche.

Hipparch (190—125 v. u. Z.) wurde durch seine genauen Beobachtungen und eingehenden Berechnungen der scheinbaren Planetenbewegungen der

Abbildung 1:

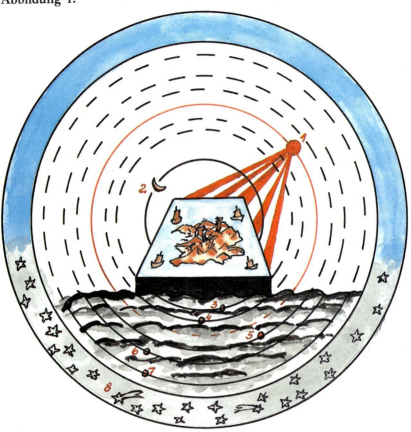

Die Welt des Scheines
1 Sonne, 2 Mond, 3 Merkur, 4 Venus, 5 Mars, 6 Jupiter, 7 Saturn, 8 Fixsternhimmel

eigentliche Begründer der wissenschaftlichen Astronomie. 300 Jahre später faßte Ptolemäus alle Ergebnisse zu einem System zusammen, das nach ihm benannt wurde.

Betrachtet man den sternübersäten Himmel, so hat es den Anschein, als wölbe sich über uns eine riesige Halbkugel, das »Himmelsgewölbe«. Mit dem unter uns befindlichen Teil haben wir eine gewaltige Himmelskugel. Sie kann beliebig groß, dem jeweiligen Zweck entsprechend, meist als unendlich, angenommen werden. In der heutigen Astronomie ist sie ein gedankliches Hilfsmittel, um die Himmelskörper zu erfassen. Sie war ein reeller Faktor in der Vorstellung der Antike. Aus der Vorstellung von einem festen Körper, an dem die Sterne befestigt sind, ist die Ansicht über die Himmelssphäre oder Himmelskugel zu einem bloßen gedanklichen Instrument geworden, um die Richtung der zu beobachtenden Sterne zu bestimmen.

Lotrecht über uns am Himmelsgewölbe befindet sich der Scheitelpunkt oder Zenit, unter uns, entgegengesetzt der Himmelskugel und dem Zenit gegenüber, der Fußpunkt oder Nadir. Die Fläche ringsum, die der Beobachter überblickt, ist die Horizontebene und der äußerste Gesichtskreis, dort, wo das Himmelsgewölbe scheinbar die Erdoberfläche berührt, der Horizont.

Abbildung 2:

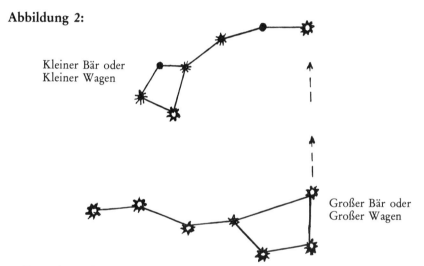

Stellung des Polarsterns zum Großen und Kleinen Wagen

Ein auffälliges Sternbild mit seinen sieben hellen Sternen ist das Sternbild des Himmelswagens oder des Großen Bären. Wird die Strecke der letzten Kastensterne des Wagens, Merak—Dubhe, in gleicher Richtung über Dubhe hinaus fünfmal verlängert, so stößt man auf einen Stern zweiter Größe, den Polarstern, das Schwanzende vom Kleinen Bären. In unmittelbarer Nähe des Polarsternes ist ein Punkt, der Himmelspol oder einfach Pol genannt wird. Der dem Pol gegenüberliegende Punkt der Himmelskugel ist der Gegen- oder Südpol. Die Verbindung beider ist die Himmelsachse.

Die Sonne wirft bei ihrem höchsten Stand an einem Tag einen Schatten, der genau zum Nordpunkt des Horizonts weist. Werden Nord- und Südpunkt verbunden, so ist das die irdische Mittagslinie. Der Kreis, der den Horizont an diesen Punkten schneidet, der durch Pol, Zenit, Südpol und Nadir geht, ist der Mittagskreis oder Meridian; entsprechend für jeden Ort, den die Sonne kulminiert (lat. culmen, d. h. der Gipfel), ein anderer. Der Winkel vom Auge zum Nordpunkt und Pol bezeichnet die Polhöhe.

Die Entfernung vom Himmelsäquator zu einem Stern auf dem Halbkreis Pol–Gegenpol wird Deklination eines Sternes genannt und als positive für die nördliche und als negative Deklination für die südliche Himmelskugel bezeichnet. Für die Bestimmung eines Sternes genügt die Deklination nicht. Gleiche Deklination rings um die Himmelskugel entspricht einem Kreis, der parallel zum Äquator läuft und darum Parallelkreis genannt wird. Durch jeden Punkt vom Äquator zum Pol läuft ein Parallelkreis. Der größte Parallelkreis mit der Deklination 0 ist der Äquator. Die Entfernung vom Pol zum Stern ist die Sterndistanz.

Um ein Maß für den Abstand zweier Sterne am Himmelsgewölbe oder eine Fläche wie die des Mondes zu haben, verwendet man die Kreisbogenlänge. Sie wird in Grad gemessen und durch den Winkel, den unterschiedliche Blickrichtungen bilden, bestimmt. So haben die recht weit auseinanderliegenden zwei Kastensterne des Himmelswagens Dubhe und Megrez einen Abstand von 10°, der Monddurchmesser beträgt dagegen nur 0,5°. Diese Abstandsbestimmungen am Himmelsgewölbe haben jedoch nichts mit den tatsächlichen räumlichen Entfernungen im Weltall zu tun. Die Maßeinheit Grad wird in Minuten (') und Sekunden ('') unterteilt.

$$\text{Voller Kreis} = 360°$$
$$1° = 60'$$
$$1' = 60''$$
$$\text{Voller Kreis} = 360° = 21\,600' = 1\,296\,000''$$

Der scheinbare Tageslauf der Sonne verläuft folgendermaßen: Täglich geht die Sonne in der Ostgegend auf, wandert aufwärts nach Süden, erreicht am Mittag den Kulminationspunkt und sinkt, abwärts wandernd, in der Westgegend unter den Horizont; der Kreislauf geht weiter, berührt den unteren Kulminationspunkt um Mitternacht und erhebt sich wieder gen Osten. Vier wichtige Punkte enthält also der Tageskreis der Sonne:
1. den Aufgangspunkt in der Ostgegend des Horizontes,
2. den oberen Kulminationspunkt im Meridian,
3. den Untergangspunkt in der Westgegend des Horizontes und
4. den unteren Kulminationspunkt im Meridian unter dem Horizont.

Der Tageskreis zerfällt in Tages- und Nachtbogen, die die Sonne in zusammen 24 Stunden durchläuft. Auf- und Untergangspunkt verschieben sich von Tag zu Tag. Am 21. März und am 23. September entsprechen Auf- und Untergangspunkt genau dem Ost- und Westpunkt des Horizontes: Tages- und Nachtbogen sind gleich; es ist Tag- und Nachtgleiche. In der Zwischenzeit weicht der Aufgangspunkt vom Ostpunkt ab, die Größe der Entfernung ist die Morgenweite und der Untergangspunkt entfernt sich vom Westpunkt, entsprechend als Abendweite bezeichnet. Die Sonne erreicht am 22. Juni die größte nördliche Morgenweite, damit hat der Tagesbogen die größte Ausdehnung und die höchste Erhebung von der Äquatorebene bekommen. Am 22. Dezember hat die Sonne die kleinste Morgenweite, die geringste Tagesbogenausdehnung, und der niedrigste Kulminationspunkt ist erreicht. Die höchste und niedrigste Erhebung der Sonne ist jeweils 23½° über und unter der Äquatorebene.

Abbildung 3:

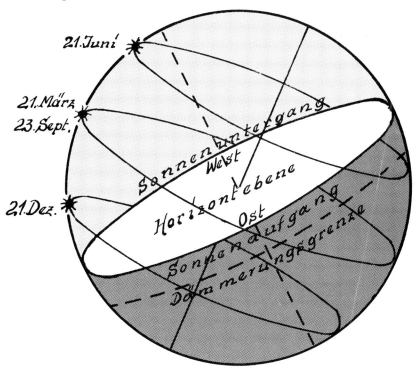

Sonnenbahn am Beginn der Jahreszeiten

Die vier Jahreszeiten sind nicht gleich lang; so hat der Winter 89, der Frühling 93, der Sommer 93 und der Herbst 90 Tage. Die Änderungen, denen die scheinbare Sonnenbahn im Laufe eines Jahres unterworfen ist, finden in Wirklichkeit jeden Augenblick statt, was im Tageskreis schon merkbar ist. Die Sonne beginnt am 22. Dezember ihren schraubenförmigen Aufstieg und erreicht in 182 Tageswindungen am 22. Juni den höchsten Stand. Der höchste Kreis steht dem Pol am nächsten. Dann beginnt der Abstieg in 183 Schraubenwindungen. Die nördlichsten Breiten unserer Erde haben beim höchsten Stand der Sonne monatelang andauernd Tag und beim tiefsten Stand monatelang Nacht; als einzigen Ersatz nur das mildflammende Nordlicht.*

Wenn die Sonne in ihrem scheinbaren Jahreslauf am 22. Juni den höchsten Stand erreicht hat, das heißt wenn sie sich am höchsten vom Himmelsäquator erhoben hat, dann erreicht sie einen Parallelkreis der Himmelskugel an einer Stelle, die vor 2 000 Jahren genau im Sternbild des Krebses lag, von wo sich die Sonne wieder abwärts wandte. Dieser Parallelkreis wird Wendekreis des Krebses oder nördlicher Wendekreis genannt. Und wenn die Sonne am 22. Dezember den tiefsten Stand erreicht hat, sich also am tiefsten unterhalb des Äquators befindet, so erreicht sie einen Parallelkreis, damals im Sternbild des Steinbocks gelegen, von wo sie sich wieder aufwärts wendet. Deshalb wird dieser Parallelkreis Wendekreis des Steinbocks oder südlicher Wendekreis genannt. Obwohl die Sternbilder heute mit den Wendepunkten nicht mehr übereinstimmen, werden die Wendekreise doch noch vielfach nach den alten Sternbildern bezeichnet. Die Sonne beschreibt in ihrem ganzen Jahreslauf eine Bahn unter den Sternen, die die Ekliptik genannt wird. Sie ist um 23½° gegen den Himmelsäquator geneigt und wird als Schiefe der Ekliptik bezeichnet.

Beobachtet man einige Stunden den Sternenhimmel, so kann man feststellen, daß viele Sterne im Osten aufgehen, über den Süden weiterwandern und im Westen untergehen, und alle Sterne bewegen sich um die Himmelsachse. Um ein Hilfsmittel in der Erforschung des Himmels zu haben, hat man im Altertum ganze Sterngruppen zu Sternbildern zusammengestellt. Durch Verbindungslinien zu mehreren Sternbildern können Sternzüge gebildet werden, sieben für unseren nördlichen Himmel:
1. *Himmelswagen und Polarstern*, verbunden durch die verlängerte Linie der letzten Kastensterne.

---

* Entsprechendes gilt auch für südliche Breiten.

2. *Die Kolurlinie;* ausgehend vom Polarstern über den Kolurstern (der letzte der fünf hellen Sterne des »großen W«, der Kassiopeia) mit einer Strecke von 30°, zum Stern Sirrah in der Andromeda wieder 30° und von diesem Stern wieder 30° gleicher Richtung verlängert, erreicht die Linie einen Punkt, der ohne besondere Sternkennzeichnung Frühlingspunkt oder Widderpunkt genannt wird, obgleich er heute nicht mehr im Sternbild des Widders steht.
3. *Die Deichsellinie;* sie ist die Verlängerung der leichtgekrümmten Deichsel des Himmelswagens über Arkturus im Sternbild des Bootes zur Spika im Sternbild der Jungfrau.
4. *Das Doppeltrapez* im Löwen, wovon das große Trapez 8° breit und 25° lang ist. Die längste Seite hat ungefähr die ganze Länge des Himmelswagens. Im Kopf des Löwen, am rechten Eck der schmalen Längsseite des großen Trapezes, ist ein kleineres, so lang, wie das große breit ist.
5. *Das große Dreieck;* hier bilden drei Sterne erster Größe — Wega in der Leier, Deneb im Schwan und Atair im Adler — dieses auffallende Bild.

Abbildung 4:

Sternbild des Schwan

6. *Die Fünfsternreihe;* sie wird aus fünf Sternen gleicher Helligkeit — Algenib im Persens, Alamak, Mirach und Sirrah in der Andromeda und Scheat im Pegasus — gebildet und schneidet die Kolurlinie in der Sirrah fast rechtwinklig.
7. *Das große Sechseck* um das Sternbild des Orion; es verbindet sechs Sterne erster Größe: Kapella im Fuhrmann, Aldebaran im Stier, Rigel im Orion, Sirius im Großen Hund, Prokyon im Kleinen Hund und Pollux in den Zwillingen.

Einige Sternbilder sind von besonderer Bedeutung. Die Menschen des Altertums fanden heraus, daß die Jahresbahn der Sonne durch ganz bestimmte Sternbilder ging. Jedes Jahr, wenn die Sonne im Frühlingspunkt stand, bedeckte sie das Sternbild des Widders, und wenn sie im Herbstpunkt stand, das der Waage. Das Sternbild des Widders bedeutete Austreibung der Herden im Frühling, die Waage symbolisierte die Tag- und Nachtgleiche. Jeden Monat durchlief die Sonne ein anderes Sternbild, und der ganze Kranz wurde Tierkreis oder Zodiakus genannt.

Im Frühling und Sommer, wenn sich die Sonne anscheinend über die Äquatorebene erhebt, bedeckt sie sechs Tierkreisbilder, die dementsprechend die aufsteigenden genannt werden. Es sind die Sternbilder Widder, Stier, Zwillinge, Krebs, Löwe und Jungfrau. Im Herbst und Winter, wenn die Sonne zum südlichen Wendekreis absteigt, bedeckt sie die sechs absteigenden Tierkreisbilder, die aus folgenden Sternbildern bestehen: Waage, Skorpion, Schütze, Steinbock, Wassermann und Fische. Da heute die Tierkreiszeichen nicht mehr mit den Sternbildern zusammenfallen, da sie bald

Abbildung 5:

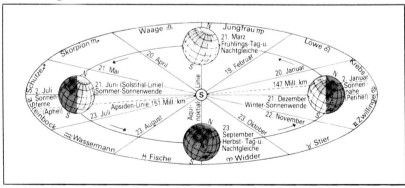

Einteilung der Erdbahn um die Sonne in 12 Abschnitte

um ein ganzes Sternbild verschoben sind, hat man den ganzen Tierkreis in 12 gleiche Teile von je 30°, mit dem Frühlingspunkt als 0°, eingeteilt; trotzdem hat man die alten symbolischen Zeichen beibehalten.

Die Sternzüge und Sternbilder scheinen ihre Gestalt zu behalten, ihre Lage verändert sich jedoch offensichtlich ständig. Die dem Himmelspol naheliegenden Sternbilder wie der Himmelswagen und die gegenüberliegende Kassiopeia gehen bei ihrer täglichen Umdrehung nicht unter. Solche Sterne sind zirkumpolar. Andere Sterne, die dem Horizont nahe sind, gehen auf und unter. Tauchen die Sterne über dem Horizont auf, beschreiben sie den Tagesbogen, sinken sie unter den Horizont, beschreiben sie den Nachtbogen.

Im Gegensatz zur scheinbaren Sonnenbahn laufen die scheinbaren Bahnen der Sterne in ihrem Tageslauf in sich selbst zurück. Die Gesamtheit aller Sterne dreht sich mit demselben Drehsinn wie die Sonne täglich um die Himmelsachse. Dieser einzelne Tageslauf dauert aber nicht 24 Stunden, sondern 23 Stunden und 56 Minuten. Da der Polarstern nur annähernd mit dem Himmelspol übereinstimmt, beschreibt auch er noch eine Kreisbahn von rund 2° Durchmesser. Beobachtet man jeden Abend um eine bestimmte Uhrzeit, zum Beispiel um 21 Uhr, ein bestimmtes Sternbild, zum Beispiel den Himmelswagen, dann steht er Anfang Mai in der Nähe des Zenits, Anfang August links vom Pol, Anfang November berührt er fast den Nordpunkt des Horizontes, und Anfang Februar steht er rechts vom Pol. Also vollführen die Sterne außer ihrer täglichen auch noch eine jährliche Scheinbewegung um die Himmelsachse.

Die Ursache der jährlichen Drehung der Sterne ist in der Sternzeit begründet. Der Tageslauf eines Sternes dauert einen Sterntag, das sind 23 Stunden und 56 Minuten. Merkt man sich die Stellung eines bestimmten Sternes, zum Beispiel Kapella im Fuhrmann um 22 Uhr, so wird diese selbe Stellung am nächsten Abend um 21.56 Uhr, am übernächsten Abend um 21.52 Uhr usw. sein. Diese täglichen vier Minuten entsprechen knapp 1°, und im Laufe eines Jahres hat der Stern eine ganze Umdrehung gemacht. Während nun die Sonne im Verlauf eines Jahres 365mal ihren scheinbaren Umlauf vollzieht, müssen die Sterne außerdem noch 365mal ein knappes Grad, also einen ganzen Umlauf mehr zurücklegen. Ein Jahr beträgt darum:

365 mittlere Sonnentage = 366 Sterntage,
genau genommen:
365,2422 mittlere Sonnentage = 366,2422 Sterntage.

Abbildung 6:

Eine lange belichtete Aufnahme des Südhimmels. Die Sterne sind zu kreisförmigen Spuren verwischt, in deren Mittelpunkt der Himmelssüdpol liegt. Die Aufnahme entstand am Anglo-australischen Observatorium in Australien und zeigt im Vordergrund eine der Teleskopkuppeln.

Scheinbare kreisförmige Sternenbewegungen

Die tägliche und jährliche Scheinbewegung der Sterne ist gleich einer rotierenden Himmelskugel um die Himmelsachse. Die tägliche und jährliche Scheinbewegung der Sonne dreht sich um die Ekliptikachse, die um 23½° zur Himmelsachse geneigt ist. Wird die Stellung eines Sternes, der in der Ekliptik liegt, genau vermerkt und nach 72 Jahren nachgeprüft, so ergibt sich, daß er um 1° weitergerückt ist. So drehen sich die Sterne im Verlauf von 360mal 72 Jahren um die ganze Ekliptik, das heißt in rund 26 000 Jahren. Der genaue Betrag ist 25 765 Jahre. Diese Periode wird ein Platonisches Jahr genannt.

So verschieben sich alle Sterne, besonders auffallend die Tierkreisbilder in der Ekliptikgegend, trotz der relativen Langsamkeit ganz beträchtlich. Seit der Zeit, zu der Ptolemäus sein astronomisches System aufstellte, bis heute sind die Tierkreisbilder um fast 30° weitergeglitten. So stehen die Zwillinge heute, wo vor 2 000 Jahren das Sternbild des Stier stand.

Schlagen wir einen Kreis vom Ekliptikpol als Mittelpunkt durch den Himmelspol und teilen ihn in 26 gleiche Teile, so bedeutet jeder Teilstrich 1 000 Jahre. In der Nähe des Teilstriches 2 000 Jahre steht der Stern Alpha im Kleinen Bär, der »Polarstern«. Er wird nicht Polarstern bleiben, denn im Laufe der Zeit gleitet er weiter um die Ekliptikachse herum. Nach 6 000 Jahren tritt der Stern Alderamin im Kepheus in die Nähe des Himmelspols; er wird dann Polarstern und nach 12 000 Jahren die Wega in der Leier, nach 22 000 Jahren Thuban im Drachen, und erst nach 26 000 Jahren wird unser heutiger Polarstern abermals Polarstern sein.

Die scheinbare Bewegung der Sterne geschieht vermittels der ganzen Himmelskugel. Die Sterne selbst sah man als feststehend, an der Himmelssphäre angeheftet, an; sie wurden darum »Fixsterne« genannt. Im Gegensatz hierzu stehen die Wandelsterne oder Planeten: Merkur in Sonnennähe, Venus als Morgen- und Abendstern, der rötlich schimmernde Mars, der hellgrüne Jupiter und der Saturn, den man ohne Hilfsmittel sehen kann. Die Bewegungen der Planeten erscheinen so sonderbar, daß ihnen besondere Sphären zugedacht werden mußten. Die scheinbaren Bahnlinien sind so merkwürdig, daß ein Planet, der eine gewisse Zeit rechtläufig lief, auf einmal stillzustehen scheint, dann rückläufig, schließlich wieder rechtläufig seine Bahn fortsetzt und eine regelrechte Schleife oder Schlinge beschreibt. Manche Bahnen sind schlangenlinig, andere zickzackförmig und bilden Spitzen mit sehr kleinen Winkeln. Trotz dieser ungewöhnlichen Bahnlinien wird jedoch eine einheitliche Richtung, entsprechend der Bewegungsrichtung der Sonne, unter den Sternen beibehalten.

Die Umlaufzeiten der Planeten sind sehr verschieden. So braucht der Jupiter 4 333 Tage oder rund 12 Jahre für einen Umlauf; er steht darum jedes Jahr in einem anderen Tierkreisbild. Merkur braucht 88, Venus 225, Mars 687 und Saturn 10 759 Tage für einen Umlauf. Die Helligkeitsschwankungen der Planeten sind oft sehr beträchtlich, so beim Merkur um zwei Größenklassen.

Auch der Mond bevorzugt in seinem Umlauf um die Erde die Ekliptikgegend. Die Vollmondscheibe hat ungefähr dieselbe Größe wie die Sonnenscheibe, rund ½°; genau genommen schwankt die Größe zwischen 28 und 34 Bogenminuten. Auffallend ist der Phasenwechsel, der von dem jeweiligen Stand der Sonne abhängt. Die synodische Umlaufzeit, die Zeit von Neumond bis Neumond, auch Lunation genannt, beträgt 29½ Tage. Steht der Mond in Konjunktion mit der Sonne, dann ist Neumond (eigentlich müßte

Abbildung 7:

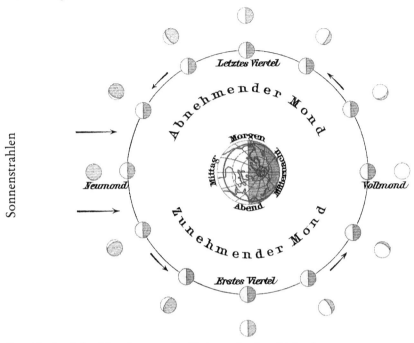

Der Umlauf des Mondes um die Erde und seine Lichtphasen

Neumond sein, wenn die erste schmale Sichel des zunehmenden Mondes erscheint). Vom ersten Viertel entwickelt sich der Mond zum Vollmond, dann nimmt er ab über das letzte Viertel zum Neumond. Wenn die Sonne untergeht, steigt der volle Mond auf und sinkt bei Sonnenaufgang unter. Die Tageskreise seines Umlaufs sind noch weniger geschlossen als die der Sonne.

Das Auf- und Abwinden der Jahresschraube der Sonne geht beim Mond in einer Lunation vor sich. Ist der Tagesbogen der Sonne im Sommer 18 Stunden lang, so beträgt der Bogen der Vollmondbahn 8 Stunden. Im Winter, wenn der Tagesbogen der Sonne am kürzesten ist, beginnt der Vollmond den Bogen seiner Bahn schon um 16 Uhr und beendet ihn um 8 Uhr. Die Zeit zwischen zwei Mondkulminationen dauert länger als ein Sonnentag, durchschnittlich 24 Stunden und 54 Minuten. Es beträgt also ein:

    mittlerer Sonnentag   24 Stunden
    Sterntag   23 Stunden und 56 Minuten
    »Mondtag«   24 Stunden und 54 Minuten

Wir heute lebenden Menschen wissen, daß alle die Erscheinungen, die die »Himmelskugel« mit der Erde als Mittelpunkt der Welt uns darbietet, der Wirklichkeit nicht entsprechen. Es ist eine metaphysische Betrachtungsweise der Welt ohne Berücksichtigung der tatsächlichen Bewegungen und Veränderungen. Sie geht von einer falschen Voraussetzung aus. Trotzdem brauchen wir uns nicht hochtrabend über die Menschen des Altertums zu stellen, denn die damaligen Forscher, die sich auf die Wahrnehmung ihrer Sinne verließen und die Welt des Scheins als reale Wirklichkeit ansahen, konstruierten mit außerordentlichem Scharfsinn einen Kosmos, der phantasievoll, doch konsequent durchdacht war. Sie stellten komplizierte Berechnungen an, wie zum Beispiel die der scheinbaren Planetenbahnen, was nur Bewunderung auslösen kann. Noch heute benutzen wir diese scheinbare Welt als gedankliches Hilfsmittel. Wir sprechen vom Himmelsgewölbe, vom Auf- und Untergehen der Sonne und anderem mehr und wissen doch genau, daß es dies alles nicht gibt.

Das Weltbild der Antike wurde aber schon damals nicht als unumstößliche »Wirklichkeit« angesehen; bei vielen tauchten Zweifel auf. Als aber die Kirche sich dieses Weltbild zu eigen machte und zum Dogma erhob, wurden alle Zweifler blutig unterdrückt. Die geistige Finsternis blieb Sieger bis ins Mittelalter hinein, bis die erste Epoche der Anschauung über den Kosmos, den Aufbau der Welt abgeschlossen war. Drei große Entwicklungsepochen formten das Weltbild des Makrokosmos. Diese Entwicklung kennzeichnet gleichzeitig den Übergang von der metaphysischen zur dialektischen Methode der Forschung und des Denkens über den Bau und die Zusammenhänge des Makrokosmos, wenn auch letztere nicht bewußt gehandhabt wurde. Diese drei Entwicklungsepochen sind:

1. **Das Ptolemäische Weltsystem,** das die Erde als Mittelpunkt der Welt ohne Bewegung, dagegen die Sterne, Sonne und Planeten als um sie bewegt betrachtet.
2. **Das Kopernikanische Weltsystem,** das die Sonne als Mittelpunkt der Welt ansieht. Die um ihre Achse rotierende Erde kreist mit den anderen Planeten um die Sonne.
3. **Das Newtonsche Weltsystem,** das besagt, daß alle Bewegungen der Himmelskörper dem einzigen Gesetz der Anziehung unterworfen sind.

Das Weltbild des Ptolemäus (2. Jahrhundert n. Chr.), das er in seinem umfangreichen Werk, die »Große Zusammenstellung der Astronomie«, dargestellt hat, stützte sich hauptsächlich auf vier Grundsätze:

1. Die Bewegung der Himmelskörper ist kreisförmig oder kombiniert kreisförmig (Planeten). Diese Auffassung blieb bis Kepler bestehen.
2. Die Erde hat Kugelgestalt. Das ist in erster Annäherung zutreffend.
3. Die Erde ist der Mittelpunkt der Welt.
4. Die Erde ist unbeweglich.
   Die letzten beiden Punkte wurden durch Kopernikus widerlegt.

Abbildung 8:

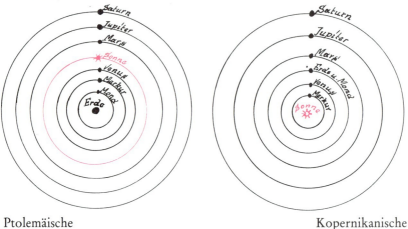

Ptolemäische   Kopernikanische

Die zwei gegensätzlichen Weltsysteme

Der *Hauptirrtum des Ptolemäus* lag in der Auffassung von der Unbeweglichkeit der Erde begründet. Man wußte nichts von der täglichen Rotation der Erde innerhalb von 24 Stunden oder aber zog eine solche Möglichkeit nicht in Betracht. Man baute auf den Schein, wodurch folgerichtig die Vorstellung einer kreisförmigen Bewegung der Himmelskörper um die Erde entstand. Zweitens mutete man der Erde keine fortschreitende Bewegung zu. Die Folge war, daß die Erde als Mittelpunkt der Welt angesehen werden mußte. Die Bewegungen der Himmelskörper wurden durch eine Reihenfolge von konzentrischen und exzentrischen Kreisen dargestellt. Die für die Bewegungen der Himmelskörper notwendig gestalteten Kristallsphären mußten durch neue Beobachtungen immer wieder vermehrt werden. So wurde die Zahl von ursprünglich acht Sphären auf über siebzig erhöht! Immer neuere Beobachtungen machten die Berechnungen so verwickelt, das Weltsystem so kompliziert und gewisse Tatsachen so unerklärlich, daß sich das Weltsystem theoretisch nicht mehr aufrechterhalten ließ. Dennoch wurde es aber von der Kirche durch ihre brutal angewandte Macht anderthalb Jahrtausende lang gestützt, bis es endlich durch Kopernikus zerschlagen und durch dessen Weltsystem abgelöst wurde.

Zwischen Ptolemäus und Kopernikus verlief eine Periode, in der, außer einigen Verbesserungen der Beobachtungsmethode, kein Fortschritt in der Erforschung des Makrokosmos zu verzeichnen war. Deshalb *gebührt Kopernikus (1473—1543) der Ruhm*, als erster die wahren Bewegungen (relativ) der Himmelskörper erkannt zu haben. Das wurde von Goethe als die *»größte, erhabenste, folgerichtigste Entdeckung, die je der Mensch gemacht hat, wichtiger als die ganze Bibel«* bezeichnet. Kopernikus berichtigte die zwei Kardinalfehler des Ptolemäischen Weltsystems durch Aufstellung von zwei fundamentalen Sätzen, die die Grundlage seines Weltsystems bilden:

1. Die Erde rotiert in 24 Stunden um ihre Achse. Die tägliche Umdrehung des Himmels ist nur eine scheinbare, hervorgerufen durch die Rotation der Erde.
2. Die Erde ist ein Planet und kreist im Laufe eines Jahres um die Sonne. Nicht die Erde, sondern die Sonne ist der Mittelpunkt der Welt.

Damit war nicht nur die scheinbare jährliche Bewegung der Sonne durch den Tierkreis, sondern wurden auch die scheinbaren Stillstände, Rückläufe und Schleifen der Planeten auf natürliche Weise erklärt.

Der große Astronom Tycho Brahe (1546—1601), dänischer Sternforscher und Lehrer Keplers, der ein guter Beobachter, aber schlechter Theoretiker war, lehnte das Kopernikanische System ab. Er hielt die Erde gänzlich ungeeignet für eine Bewegung. Messungen und Berechnungen an der Erdbahn ergaben nämlich so ungeheuer weite Entfernungen für die Fixsterne, so weite Zwischenräume, daß dies vollkommen unglaublich schien.

Dann *entbrannte der Kampf um das Kopernikanische Weltsystem zwischen Wissenschaft und Kirche*, sowohl der katholischen wie auch der evangelischen. Luther und Melanchthon wandten sich mit Schärfe gegen die Lehre von Kopernikus, und die römische Kirche erließ im Jahre 1616 ein Dekret, worin es hieß:

»Die Behauptung, die Sonne stehe unbeweglich im Mittelpunkt der Welt, ist töricht, philosophisch falsch und, weil ausdrücklich der Heiligen Schrift zuwider, förmlich ketzerisch.«

Alle Schriften, die die Behauptung aufstellten, die Erde sei beweglich, wurden verboten. Erst 1822 gab die römische Kirche die Verkündung des Kopernikanischen Weltsystems frei. Rund 100 Jahre nach Aufstellung des Systems von Kopernikus erreichte der Kampf seinen Höhepunkt. Galilei (1564—1642) setzte sich voll für die kopernikanische Lehre ein. Die Kirche scheute sich nicht, gegen den Greis zweimal ein *Inquisitionsverfahren* einzuleiten und zwang ihn, durch Androhung der Tortur, seine Ansicht zu widerrufen.

Aber der Aufstieg zur Wahrheit war nicht mehr aufzuhalten, das Werk des Kopernikus weder zu ignorieren noch zu unterdrücken. Friedrich Engels schreibt in »Ludwig Feuerbach«:

»Und so wird im Lauf der Entwicklung alles früher Wirkliche unwirklich, verliert seine Notwendigkeit, sein Existenzrecht, seine Vernünftigkeit; an die Stelle des absterbenden Wirklichen tritt eine neue, lebensfähige Wirklichkeit — friedlich, wenn das Alte verständig genug ist, ohne Sträuben mit dem Tode abzugehn, gewaltsam, wenn es sich gegen diese Notwendigkeit sperrt.« (Marx/Engels Werke Bd. 21, S. 266)

Johannes Kepler (1571—1630) entwickelte das Werk von Kopernikus weiter. Trotz mancher Fehler wurde das Kopernikanische Weltsystem die Grundlage der neuen Himmelskunde. Einer der Fehler war, daß Kopernikus den Himmelskörpern kreisförmige Bahnen zuschrieb. Mit diesem, in damaliger Zeit unumstößlichen Grundsatz aufzuräumen, war das Verdienst Keplers. Aus langjährigen Marsbeobachtungen leitete er seine ersten zwei Gesetze ab.

Das erste Gesetz (von 1609) lautet:
Die Planeten bewegen sich in Ellipsen, in derem einen Brennpunkt die Sonne steht.
Erreicht die Erde auf ihrer Bahn um die Sonne den fernsten Punkt, Aphel genannt, so beträgt die Entfernung 152,5 Millionen km. Berührt sie den sonnennächsten Punkt, Perihel genannt, so ist sie 147,5 Millionen km von der Sonne entfernt.

Keplers zweites Gesetz (von 1609) lautet:
Die Verbindungslinie zwischen Sonne und Planet überstreicht in gleichen Zeiten gleiche Flächen.
Je größer die Entfernung von der Sonne, desto langsamer die Geschwindigkeit der Planeten, weil die bestrichene Dreiecksfläche in Sonnennähe

Abbildung 9:

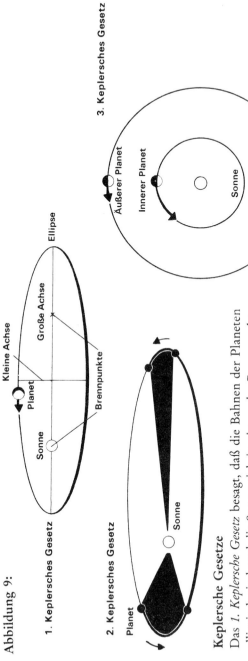

Keplersche Gesetze

Das *1. Keplersche Gesetz* besagt, daß die Bahnen der Planeten elliptisch sind und die Sonne sich in einem der Brennpunkte der Ellipse befindet.

Das *2. Keplersche Gesetz* sagt aus, daß der Radiusvektor von der Sonne zum Planeten in gleichen Zeiträumen gleiche Flächen überstreicht, daß die Bahngeschwindigkeit also von der Stellung des Planeten abhängt. In der Nähe der Sonne bewegt sich der Planet schneller als in Sonnenferne.

Das *3. Keplersche Gesetz* präzisiert die Abhängigkeit der Umlaufzeit eines Planeten von seinem mittleren Sonnenabstand, der durch die große Halbachse der Bahnellipse gegeben ist. Die Quadrate der Umlaufszeiten der Planeten verhalten sich wie die dritten Potenzen ihrer mittleren Entfernungen von der Sonne. Je näher ein Planet der Sonne steht, um so größer ist seine Bahngeschwindigkeit.

schmaler, die Grundlinie (das Stück Planetenbahn) kürzer, jedoch in Sonnennähe die Dreiecksfläche breiter und die Grundlinie länger ist. Da ein Planet das kurze Bahnstück in Sonnenferne und das längere Bahnstück in Sonnennähe in gleicher Zeit durchläuft, wechselt dadurch die Umlaufsgeschwindigkeit. So beträgt die Geschwindigkeit der Erde um die Sonne

im Perihel — 30,3 km/sek
im Aphel — 29,3 km/sek

Also: Je größer der Leitstrahl, um so kleiner die Geschwindigkeit.

Auf rein spekulativem Weg fand Kepler (1619) sein drittes Gesetz:
Die Quadrate der Umlaufzeiten der Planeten verhalten sich wie die Kuben ihrer mittleren Entfernungen von der Sonne.

Die Venus hat eine Umlaufzeit von 225, die Erde von 365 Tagen. Die Quadratzahlen der Umlaufzeiten beider Planeten stehen im Verhältnis wie:

$$\frac{225^2}{365^2} = \frac{50\,625}{133\,255} = \frac{1,0}{2,6}$$

Die Venus hat eine mittlere Entfernung von der Sonne von 108, die Erde von 150 Millionen Kilometer. Die Kubikzahlen der Entfernungen beider Planeten stehen im Verhältnis wie:

$$\frac{108^3}{150^3} = \frac{1\,259\,712}{3\,375\,000} = \frac{1,0}{2,6}$$

Die drei Gesetze Keplers begründeten die Gesetzmäßigkeit im Planetensystem, soweit das auf damaliger Grundlage möglich war. Mit den heute zur Verfügung stehenden Beobachtungsmitteln kann man allerdings feststellen, daß die Darstellung der planetarischen Bewegungen durch diese Gesetze nur annähernd richtig ist. Die Planetenbahnen sind nämlich Abweichungen unterworfen, die durch Keplers Gesetze nicht erklärt werden können. Dazu bedurfte es erst einer Neugestaltung des Weltsystems durch Newton.

Isaak Newton (1643—1727) begründete sein Weltsystem durch die Gravitation oder die allgemeine Schwere. Alle Bewegungen der Himmelskörper werden durch eine allgemeine Kraft bestimmt. Dieselbe Kraft, die den Stein zur Erde fallen läßt, zwingt auch den Mond in seine Bahn um die Erde. Vor Newton waren die Bewegungen der Himmelskörper mit dem Schleier des Geheimnisvollen bedeckt. Man hielt es für unmöglich, sie in Einklang mit irdischen Bewegungen zu bringen, vielmehr hielt man auch irgendeine überirdische Kraft für notwendig, um eine fortlaufende Bewegung zu erhalten. Kepler führte diese Kraft auf die Rotation der Sonne zurück.

Die gewaltige Entdeckung Newtons fundierte auf drei Bewegungsgesetzen, die er 1689 formulierte:

1. Solange auf einen in Bewegung befindlichen Körper keine Kraft einwirkt, bewegt er sich geradlinig mit gleicher Geschwindigkeit unaufhörlich fort (Trägheitsgesetz).
2. Eine auf den bewegenden Körper einwirkende Kraft erzeugt eine Änderung der Bewegung in Richtung der Kraft und ist ihr proportional (dynamisches Grundgesetz).
3. Wirkung und Gegenwirkung sind einander gleich und entgegengesetzt, das heißt, mit der Kraft, die ein Körper auf einen anderen ausübt, wirkt der andere Körper auch auf diesen ein, nur in entgegengesetzter Richtung (Aktion gleich Reaktion, Wechselwirkungsgrundgesetz).*

Newton schloß daraus, daß die Kraft der Schwere, die unser Erdkörper auf einen in die Höhe geworfenen Stein ausübt, indem er ihn anzieht, auch auf den Mond einwirken müsse, um ihn in seiner Bahn zu halten. Seine Berechnungen wiesen jedoch nicht das gewünschte Resultat auf, weil damals der Erddurchmesser irrtümlich mit 10 500 km angenommen wurde. Erst 20 Jahre später, als der Durchmesser der Erde genauer bestimmt worden war, nahm Newton die Berechnungen wieder auf. Die Abweichung der Mondbahn von der geraden Linie betrug pro Minute 4,9 m, das heißt, ein Körper in Mondentfernung fällt in der ersten Minute 4,9 m zur Erde. Da der Mond 60mal so weit von der Erde entfernt ist wie die Erdoberfläche vom Mittelpunkt der Erde, die Fallgeschwindigkeit auf der Erdoberfläche ein Sechzigstel des obigen Betrages, also in der ersten Sekunde 4,9 m beträgt und die Höhenänderung sich beim freien Fall wie das Quadrat der Zeiten verhält, so folgt daraus, daß die Schwerkraft auf der Erdoberfläche 60 x 60 oder 3 600mal größer ist als die Kraft, die den Mond an die Erde fesselt. Die Kraft, die den Stein zur Erde zieht, ist dieselbe, die den Mond in seiner Bahn hält; sie wird nur verringert im Verhältnis des Quadrats der Entfernung vom

---

* Als 4. Newtonsches Gesetz wird oft noch das von ihm erstmals formulierte Parallelogramm der Kräfte bezeichnet. Greifen zwei Kräfte an einem Punkt an, so werden sie mit Hilfe des Kräfteparallelogramms zu einer Resultierenden vereinigt. Die Diagonale des Parallelogramms gibt dann Größe und Richtung der resultierenden Kraft an.

Mittelpunkt der Erde. Bald erkannte man, daß die Gravitation auch für die Sonne, ja für alle Himmelskörper gültig ist.

Newton hatte das erste, wirklich weltumspannende Gesetz gefunden: das *Gravitationsgesetz:*

Jeder Körper im Universum zieht jeden anderen mit einer Kraft an, die direkt proportional ist dem Produkte der Massen und umgekehrt proportional dem Quadrat ihrer gegenseitigen Entfernung.

Von diesem Grundgesetz aller Bewegungen im Universum sagt W. Meyer:

»Newtons Gesetz war nicht mehr eine formelle Regel wie die Lehre des Kopernikus und Keplers, sondern es war ein Kausalgesetz, so einfach und allgemein, daß es nicht weiter vervollkommnet werden kann.«

Durch Newton wurde die Metaphysik der Weltanschauung durchbrochen. Ohne daß die Forscher es ahnten, eigneten sie sich mehr und mehr die dialektische Methode der Anschauung an, indem sie die Himmelskörper in ihren wahren Bewegungen, Veränderungen, Zusammenhängen und gegenseitigen Abhängigkeiten und Einwirkungen untersuchten und erforschten. Newtons Entdeckung bedeutete einen Sprung in der Entwicklung der Astronomie.

2. System Erde — Mond

Den Menschen des Altertums vor Ptolemäus, denen die Erdoberfläche nur zum geringsten Teil bekannt war — allein das Mittelmeergebiet, der Orient, zum Teil China und Indien —, mußte die Erde als eine Scheibe erscheinen. Sie verließen sich auf ihre Sinne, auf den Augenschein, daß bei einem solch gewaltigen Radius, wie es der Erdradius ist, ein kleines Stückchen dieses Kreisbogens als Ebene erscheint. Beim weiteren Ausbau des antiken Weltbildes tauchten immer mehr Zweifel auf, ob die Erde tatsächlich eine flache Scheibe sei, bis das Ptolemäische Weltsystem endgültig die Kugelgestalt der Erde als gegeben ansah.

Wahrscheinlich wird zuerst den seefahrenden Völkern die Wölbung des Meeresspiegels aufgefallen sein. Beobachtet man in einem Hafen die »aufkommenden« Schiffe, so sieht man zuerst vielleicht die Rauchfahne eines Dampfers aufsteigen, bald sind Masten, dann das Oberdeck, zuletzt das ganze Schiff sichtbar. So werden auch die damaligen Küstenbewohner des Mittelmeeres die hinter der Wasserwölbung auftauchenden Galeeren und die Schiffsbesatzung die allmählich höher steigende Küste beobachtet und daraus geschlossen haben, daß die Erde rund und nicht eben ist.

Wird in der Südrichtung der Erde in weiten Abständen jedesmal der Winkel von der Erdoberfläche zum Polarstern gemessen, so wird der Winkel immer spitzer, je näher es zum Äquator geht. Diese Winkel auf eine Ebene projeziert ergeben verschiedene Schnittpunkte, das heißt, entweder müssen mehrere Polarsterne angenommen werden oder aber nur ein einziger Polarstern, dann aber muß man die Erdkrümmung als Tatsache hinnehmen. Ptolemäus begründete die Kugelgestalt der Erde außer durch die Beobachtung der Küstenbewohner und Seefahrer vor allem mit der Tatsache, daß die Himmelskörper nicht für alle Erdbewohner gleichzeitig auf- und untergehen. Trotz allem bestanden Zweifel an der Kugelgestalt bis weit ins Mittelalter hinein. Erst mit der Weltumseglung Magellans, die im Jahre 1522 beendet wurde, wurde auch der letzte Zweifel zerstört.

Wenn wir von der Kugelgestalt der Erde sprechen, so gilt das nur in erster Annäherung; in Wirklichkeit ist die Erde eine an den Polen abgeplattete Kugel. Sie ist ein Sphäroid, entstanden infolge der Rotation um ihre Achse zu einer Zeit, als die Erde noch eine weiche Masse war.

Vom alltäglichen Gesichtspunkt aus gesehen muß die Erde eine recht beachtliche Größe haben. Um den Erdumfang zu bestimmen, brauchte nur ein bestimmtes Stück Erdoberfläche genommen zu werden. Mit Hilfe des Sonnenstandes wurde genau der Betrag von 10° der Verschiebung auf der Erdoberfläche vermerkt. Diese 10° betragen 1 111,111 km Abstand. Der Erdumfang von 360° ist dann 36mal obiger Betrag, also rund 40 000 km. Der genaue Äquatorumfang ist 40 070 km und der Äquatorialdurchmesser 12 755 km. Infolge der Erdabplattung an den Polen ist der Polardurchmesser um ein Dreihundertstel geringer; er beträgt 12 712 km. Ein Luftschiff würde 20 Tage brauchen, um die Erde einmal zu umfliegen. Wer gut zu Fuß ist, könnte eine Wanderung von 1 000 Tagen unternehmen, um eine Weltreise entlang dem Äquator durchzuführen. Die Oberfläche der Erde ist 510 Millionen km² groß, davon sind allerdings nur 145 Millionen km² Land. Auf diesen 145 Millionen km² ringen die Völker ihren Kampf ums Dasein, und um die Beherrschung dieser 145 Millionen km² führen die Imperialisten die blutigsten Expansionskriege. Das große Übergewicht der Wasserfläche (70,7% der Gesamtfläche der Erde) auf der Erde hat bestimmenden Einfluß auf das Klima; es steht in einem ursächlichen Zusammenhang mit der großartigen Entwicklung der Lebewesen auf Erden.

Der Erdball hat entsprechend seiner Größe ein anständiges Gewicht. Da die Größe der Erde bestimmt war, konnte der Rauminhalt der Erde — 1 082 730 Millionen km³ — leicht berechnet werden. Es wäre nun sehr leicht, das Gewicht zu berechnen, wenn das spezifische Gewicht (Verhältniszahl der Dichte eines Körpers zum Wasser, Gewicht pro Liter) der Erde von der Oberfläche bis zum Mittelpunkt gleich wäre; das ist aber nicht der Fall. Da die Dichte und damit die Schwere des Erdkörpers in den verschiedenen Erdschichten verschieden ist, mußte ein Durchschnittswert gefunden werden. Viele Gelehrte, darunter die hervorragenden Physiker Jolly (München) und Heyl (Amerika) haben durch zahlreiche Experimente und Berechnungen das Gewicht der Erde festgestellt. Das Ergebnis war ein durchschnittliches spezifisches Gewicht der Erde von 5½ g/cm³; das ergibt die gewaltige Zahl von rund 6 000 Trillionen Tonnen Gesamtgewicht. Da aber die obere Erdkruste nur ein spezifisches Gewicht von 2½ g/cm³ und die älteren Gesteinsschichten entsprechend ihrer größeren Dichte etwas mehr, nämlich 3,2 g/cm³ besitzen, so muß das Erdinnere aus schweren Stoffen bestehen, die mindestens neunmal das Gewicht des Wassers übertreffen. Im Vergleich mit den vorhandenen Stoffen auf der Erde kann es sich nur um einen Eisenkern, vermischt mit Nickel, handeln.

Daß die Himmelskugel als gedankliches Hilfsmittel durchaus praktisch zu verwenden war, zeigt, daß die Einteilung der Himmelskugel auf die Erde übertragen wurde. Da die scheinbare Bewegung der Himmelskugel nur auf die Achsendrehung der Erde zurückzuführen ist, so ist die Himmelsachse auch nur die verlängerte Erdachse, und der Himmelsäquator deckt sich mit dem Erdäquator. Die Wendekreise an der Himmelskugel im Sternbild des Krebses und des Steinbocks entsprechen dem nördlichen und südlichen Wendekreis der Erdkugel. Wenn die Sonne am höchsten steht, dann ist für jeden Ort, der auf dem Kreis von Pol zu Pol steht, Mittag. Es ist der Mittagskreis oder Meridian. Der Erdäquator wird in 360° eingeteilt, und durch jeden Grad läuft ein *Meridian oder Längenkreis*. Heute ist als Nullmeridian allgemein der Längengrad gültig, der durch die Sternwarte des Londoner Stadtteils Greenwich führt. Der Längengrad genügt aber nicht zur Ortsbestimmung, deshalb muß noch die Entfernung vom Äquator, die geographische Breite, bestimmt werden. Da die Entfernung vom Äquator bis zum Pol 90° beträgt, teilte man die nördliche und die südliche Erdhälfte vom Äquator an in 90 *Parallel- oder Breitenkreise* ein. So ist die ungefähre Lage der Stadt Köln 7° östlicher Länge und 51° nördlicher Breite.

Wie jedes Kind heute weiß, ist die scheinbare Bewegung der Himmelskugel nur das Spiegelbild der 24stündigen Rotation der Erde um ihre eigene Achse. Wahrscheinlich wird sich die Erde in ihren Urtagen, als sie noch eine glühende Masse war, schneller gedreht haben als heute. Infolge der Zentrifugalkraft (Fliehkraft) wurde die bewegte Masse nach außen geschleudert, die Pole wurden abgeplattet, ein Sphäroid gebildet. Der Physiker Plateau konnte die Abplattung weicher Massen experimentell nachweisen. In eine Mischung von Weingeist und Wasser mit dem spezifischen Gewicht des Olivenöls schüttete er eine kleine Menge Olivenöl, das sich zur Kugel formte und frei in der Mitte der Mischung, wie die Erde im Weltraum, schwebte. Mit Hilfe einer Nadel, die er durch die Mitte der Ölkugel steckte, setzte er die Kugel in eine rotierende Bewegung. Je schneller die Drehung, desto mehr wurde durch die Fliehkraft die Ölmasse nach außen gedrückt und die ursprüngliche Kugelgestalt abgeplattet.

Im Jahr 1851 bewies der Physiker Foucault die Rotation der Erde mit Hilfe eines riesigen Pendels von 67 m Länge. Ein in Bewegung gesetztes Pendel schwingt immer in derselben Richtung seiner Schwingungsebene. Der Versuch mit dem Riesenpendel zeigte, daß sich anscheinend die Richtung der Schwingung doch veränderte, in Wirklichkeit die Erde sich langsam unter dem schwingenden Pendel hinwegdrehte. Ein unter das Pendel gelegter Ringwall feinsten Sandes wurde durch eine am unteren Ende des Pendels an-

Abbildung 10:

Foucaults Pendelversuche 1850 und 1851

gebrachte Nadel nach jeder Schwingung durchschnitten. Im Verlauf einer Stunde war der dreißigste Teil des Ringwalles durchschnitten.

In 24 Stunden rotiert die Erde um ihre Achse, es wird ein voller Kreis beschrieben. Der ganze Kreis wird in 24 Stunden (24 h) zu 6 je 60 Zeitminuten (60 min) zu je 60 Zeitsekunden (60 sek) eingeteilt (nicht zu verwechseln mit Bogenminuten und -sekunden). Das Zeitmaß ist also demnach:

Voller Kreis = 24 h
1 h = 60 min
1 min = 60 sek

Voller Kreis = 24 h = 1 440 min = 86 400 sek

Verwendet man das Zeitmaß im Bogenmaß, so ist eine Stunde gleich 15°. Da durch ein Land, zum Beispiel das Deutsche Reich, mehrere Meridiane gehen, so mußte von Osten nach Westen zu verschiedener Zeit Mittag, also für verschiedene Orte auch verschiedene Zeit sein. Jeder Ort in der ostwestlichen Richtung hat seine eigene Ortszeit. Da ein solcher Zustand aus wirtschaftlichen und militärischen Gründen ein Unding ist, wurden Einheitszeiten eingeführt, die dann durch internationale Verständigung zu einer Art Weltzeit erweitert wurden. Die in Bogenmaß umgewandelte Stunde — 15° — ist die Breite einer Zeitzone. Durch die Mitte der ersten Zone läuft der Nullmeridian; es ist die »Westeuropäische Zeit« (WEZ). Die nächste

Abbildung 11:

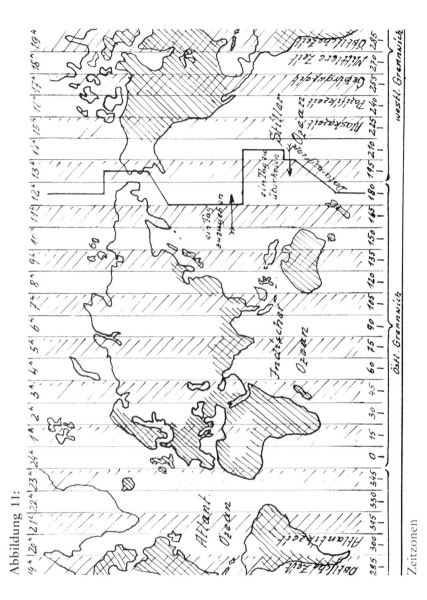

Zeitzonen

Zeitzone östlicher Länge ist die »Mitteleuropäische Zeit« (MEZ) mit einer Stunde Zeitunterschied. So reihen sich die 24 Zeitzonen um die ganze Erde aneinander.

Jeden Tag werden durch telegraphische Zeitübermittlung die Uhren einer Sternwarte richtiggestellt. Um die genaue Zeit festzustellen, benutzen die Sternwarten den »Meridiankreis«, ein Instrument von größter Genauigkeit. Ein kleines Fernrohr von 5 bis 6 Zoll Objektivöffnung mit einer Achse in der Mitte, auf der radförmige Kreise mit einer Skalenteilung von 6 zu 6 Sekunden, das heißt 360° in 60 Teile und jedes Teil abermals in 10 Teile eingeteilt, angebracht sind, wird so aufgestellt, daß die Ebene des sich durch die Achse nur in einer Richtung drehenden Fernrohrs genau in der Nord-Süd-Richtung liegt. Gleichzeitig mit dem Fernrohr drehen sich die Kreise und zeigen den Winkel an, unter dem zu bestimmten Zeiten die Sterne über dem Horizont stehen. Dabei müssen die noch so geringfügigen Fehler des Instrumentes berücksichtigt werden. Das Instrument hat im Brennpunkt ein Fadensystem aus gewöhnlich zwei waagerechten und mehreren senkrechten Fäden. Das Fernrohr wird so eingestellt, daß der Stern zwischen den beiden waagerechten Fäden läuft. Mit Hilfe einer Uhr, deren Fehlerquellen ebenfalls berücksichtigt werden, wird festgestellt, zu welcher Zeit der Stern an den senkrechten Fäden vorbeiläuft, und zusammen mit dem gemessenen Winkel ergibt sich die genaue Lage des Sternes.

Läßt man einen solchen Stern, der seit einem Jahrhundert beobachtet worden und dessen genaue Lage bekannt ist, genannt »Fundamentalstern«, durch das Fadensystem laufen, so kann man die genaue Zeit daran feststellen, wann der Stern die einzelnen Fäden passiert. Somit kann der Astronom die genaue Zeit bestimmen, und alle Uhren, zum Beispiel des Deutschen Reiches, werden durch die telegraphische Übermittlung der Sternwarte täglich mit der genauen Zeit versehen.

In erster Annäherung ist die Erdbahn eine Kreislinie (Kopernikus), in zweiter Annäherung eine Ellipse (Kepler). Der Beweis wurde aber erst durch James Bradley (1692—1762) erbracht. Es wurde ein bestimmter Fixstern ein ganzes Jahr hindurch beobachtet. Genau durchgeführte Messungen ergaben, daß im Laufe eines Jahres, eines einmaligen Erdumlaufs um die Sonne, der beobachtete Fixstern eine kleine Ellipsenbahn am Himmelsgewölbe beschreibt, in Wirklichkeit aber Spiegelbild der Erdbahn ist. Diese als Aberration des Lichtes bezeichnete Erscheinung verschiebt den Stern jeweils in der Richtung der Erdbewegung. Der Durchmesser der durch die Aberration entstandenen Ellipse beträgt rund 40 Bogensekunden.

Der Beweis, daß die Sonne in einem der Brennpunkte der Erdbahnellipse liegt, ergibt sich durch genaue Messungen der Sonnenscheibe. Stände die Sonne im Mittelpunkt einer Kreisbahn, so müßte der Winkeldurchmesser der Sonnenscheibe stets gleich groß sein. Die Tatsache aber, daß die Größe der Sonnenscheibe am 1. Januar ein Maximum, am 1. Juli ein Minimum aufweist, beweist, daß die Sonne nicht im Mittelpunkt eines Kreises, sondern in einem Brennpunkt der Ellipse steht. Da das Maximum der Sonnengröße uns im Winter erscheint, so befinden wir uns im Winter in größter Sonnennähe und im Sommer in größter Sonnenferne.

In mittlerer Entfernung von 150 Millionen km eilt die Erde in einem Jahr um die Sonne. Sie bewältigt die gewaltige Strecke von 940 Millionen km mit einer Sekundengeschwindigkeit von 29 700 m. Ein Schnellzug hat eine Geschwindigkeit von 22, ein Flugzeug von 150, der Schall von 333 und ein Geschoß von 1 000 m/sek.

Ist die Erdbahn wirklich eine Ellipse? Alle Himmelskörper sind in Bewegung, auch die Sonne eilt mit einer Sekundengeschwindigkeit von 20 km in die Richtung des Sternes Wega, alle Planeten, auch unsere Erde bei ihrem Umlauf um die Sonne mit sich nehmend. Da während des Umlaufs um die Sonne die Erde gleichzeitig die Vorwärtsbewegung der Sonne mitmacht, so beschreibt sie eine Spirallinie. Die Erdbahn ist also in dritter Annäherung eine ellipsenförmige Spirallinie.

Da wir uns im Winter in größter Sonnennähe befinden, kann also nicht die Annäherung oder Entfernung der Erde zur Sonne die Jahreszeiten bewirken. Die scheinbare Himmelsachse ist nur die verlängerte Erdachse. Stände diese Achse in gleicher Richtung mit der Ekliptikachse, das heißt, wäre die Erdachse senkrecht zur Ebene der Erdbahn gerichtet, so würde ewige Gleichförmigkeit auf Erden herrschen. Jeder Punkt auf der Erde hätte immer dieselbe Jahreszeit. Ebensolche oder noch schlimmere Verhältnisse würden bestehen, wenn die Erdachse waagerecht zur Ebene der Erdbahn gerichtet wäre. Da aber die Erdachse in einem Winkel von 23½° schräg zur Ekliptikachse geneigt ist und immer die Richtung zum Himmelspol beibehält, wird bewirkt, daß einmal die nördliche, einmal die südliche Erdhälfte sich der Sonne zuneigt. Dadurch entsteht der Jahreszeitenwechsel.

Je steiler der Einfallswinkel ist, in dem die Sonnenstrahlen die Erde treffen, desto größer ist die Wärmewirkung. Während in den Tropen das ganze Jahr hindurch die Sonnenstrahlen im steilen Winkel das Gebiet zwischen den Wendekreisen in einen Glutofen verwandeln, werden die Polargebiete, trotz halbjähriger ununterbrochener Bestrahlung, infolge des flachen Einfallswinkels kaum erwärmt.

Daß die Wirkung der Sonnenwärme von dem Einfallswinkel abhängt, zeigt der Tageslauf. Beim Sonnenaufgang treffen die Strahlen im flachen Einfallswinkel die Horizontebene, er wird beim Steigen der Sonne immer steiler bis zum Mittag, dann fällt er wieder und wird immer flacher bis zum Sonnenuntergang. In demselben Maße, wie der Winkel steigt und fällt, nimmt die Wärme zu und ab. Da nun durch die Schrägstellung der Erdachse im Sommer unsere nördliche Erdhälfte der Sonne zugeneigt ist, treffen die Sonnenstrahlen im steileren Winkel auf als im Winter, wenn unsere Erdhälfte der Sonne abgeneigt ist. Sommer auf der nördlichen Erdhälfte bedeutet gleichzeitig Winter auf der südlichen und umgekehrt; nur am Frühlings- und Herbstanfang werden beide Erdhälften gleichermaßen von der Sonne beschienen. Der Einfallswinkel einer nördlichen Breite ist gleich demselben südlicher Breite.

Der Mond beschreibt auf seiner Fahrt um die Erde keine Kreislinie, sondern in zweiter Annäherung eine Ellipse, in deren einem Brennpunkt die Erde liegt. Die Entfernung des Mondes in durchschnittlich größter Erdnähe beträgt 363 000 km, in größter Erdferne 405 000 km. Die mittlere Entfernung Erde—Mond beträgt 384 000 km, das sind genau 60,3 äquatoriale Erdhalbmesser. Um diese Strecke zu bewältigen, würde ein Schnellzug 4½ Monate, ein Flugzeug 6 Wochen, ein Telegramm nur 1,333 Sekunden (Lichtgeschwindigkeit) brauchen.

Abbildung 12:

Rankenlinie des Mondes

Da während des Mondumlaufs die Erde sich ebenfalls vorwärtsbewegt, beschreibt die Mondbahn in dritter Annäherung eine Schlangenlinie. Aber mit der Erde bewegt sich auch der Mond um die Sonne und untersteht auch ihrem Einfluß. Deshalb ist die Mondbahn in bezug auf die Sonne stets konkav, das heißt, daß die Mondbahn in Wirklichkeit auf ihrem zwangsläufigen Weg um die Sonne um die Vollmondzeit nur etwas stärker gekrümmt ist als um die Neumondzeit, der Sonne also immer die hohle Seite zukehrt. Die gewaltige Masse der Sonne übt einen störenden Einfluß auf den Mond in seiner Bahn um die Erde aus. Je nach der Stellung wird der Mond mehr oder weniger der Erde gegenüber beschleunigt. Die störende Kraft beträgt allerdings nur 1/200 der Anziehungskraft Erde—Mond. Ein einziger Mondumlauf vollzieht sich in 29 Tagen, 12 Stunden, 44 Minuten und 3 Sekunden.

Der Durchmesser des Mondes beträgt 3 470 km, knapp zweisiebtel des Erddurchmessers. 50 Mondkugeln füllen den Rauminhalt der Erde, aber 81 Mondkugeln würden erst die Erde aufwiegen; das entspricht einem spezifischen Gewicht von nur 3,38 g/cm^3, das heißt das 0,6fache der Erddichte. Die Oberfläche des Mondes besteht aus einer bimssteinähnlichen Masse. Aufgrund der geringen Masse würde ein 60 kg schwerer Mensch auf dem Mond 10 kg wiegen.

Der Mond sendet gleich unserer Erde kein eigenes Licht aus, sein milder Glanz ist reflektiertes (zurückgestrahltes) Sonnenlicht. Da der Mond ohne nennenswerte Atmosphäre (Lufthülle) ist, zeigen Licht und Schatten besonders scharfe Kontraste (Gegensätze). Der Vollmond erscheint uns als Scheibe von ½ Grad. Vom Mond aus gesehen würde die Erde als 13½ mal so große Scheibe erscheinen. Von den dunklen Ozeanen würden die Festländer als helle Flecken abstechen, und im Verlauf von 24 Stunden könnte das wechselvolle Bild der ganzen Erdoberfläche bewundert werden.

Da sich der Mond während seines Umlaufs um die Erde einmal um sich selbst dreht, so kehrt er der Erde immer dieselbe Seite zu. Wir können von der Oberflächengestaltung des Mondes deshalb immer nur die eine Hälfte beobachten. Im Altertum hielt man die Gebilde der Mondoberfläche für Spiegelbilder der Erdoberfläche. Man vermutete in den großen, dunklen Flecken Meere und gab ihnen entsprechende Namen: im Norden das große Regenmeer (mare imbrium), daran anschließend der Ozean der Stürme (ozeanus procellarum), südlich vom Regenmeer das Wolkenmeer (mare nubium). Auch Heiteres, Kritisches, Fruchtbares Meer und andere geben Kunde von der Auffassung der Alten.

Diese Namen sind beibehalten worden, obgleich man heute weiß, daß diese »Meere« weite Ebenen sind, die von einer wilden Gebirgslandschaft in seltsamen, eigentümlichen Formen umrahmt sind. Kettengebirge mit schroffen Spitzen und tiefen Schluchten, hoch im Norden die »Alpen«, etwas südlicher »Kaukasus« und »Apennin« mit Gipfeln bis zu 8 900 m Höhe (Gebirge Curtius) wechseln ab mit riesigen Ringgebirgen. Sie erinnern an mächtige Krater, aber der riesige Durchmesser läßt das als ausge-

Abbildung 13: Ringgebirge auf dem Mond

Abbildung 14:

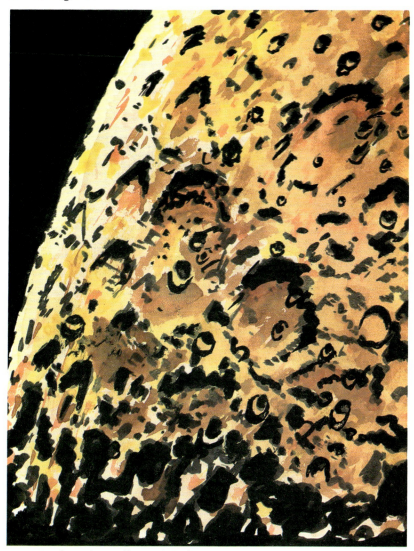

Der Mond — eine stille, tote Welt

schlossen gelten. Über die Entstehung dieser gewaltigen Ringgebirge, die es auf der Erde nicht gibt, ist man sich bis heute noch nicht im klaren.

Eines der herrlichsten Ringgebirge ist zu Ehren des großen Astronomen »Kopernikus« benannt. Von diesem Ringgebirge wie von manchen anderen gehen eigentümliche Strahlen aus, die keine Schatten werfen, also weder Erhöhungen noch Vertiefungen sein können. Riesige Bruchspalten, Hunderte von Kilometern lang, kleinere Krater und Gebirgsausläufer durchschneidend, teils schmal, teils enorm breit, durchziehen die zerklüftete Landschaft. Weit über 30 000 Kratergebilde in wechselnder Größe liegen wahllos zerstreut. Ihre gewaltige Größe ist nicht mit irdischen Vulkanen zu vergleichen.

Das zu jeder Zeit klare Oberflächenbild des Mondes, die scharfen Kontraste von Licht und Schatten, die tiefschwarzen Schatten in Kratern und Ringgebirgen, der Übergang von Tag und Nacht ohne Dämmerung, alles das sind Beweise, daß es auf dem Mond keine Atmosphäre gibt oder aber eine im Vergleich zur Erde außerordentlich dünne. Ohne Luft und darum auch ohne Schall ist der Mond eine stille, öde Welt. Wo die Atmosphäre fehlt, da fehlt auch das Wasser, fehlt jegliches Leben. Keine rauschenden Wälder, keine grünende, blühende Pflanzenwelt, keine Tierwelt, nirgendwo Leben — nur totes, ödes Gestein. Fast 15 Tage lang ist ein Mondtag mit glühenden Sonnenstrahlen, die das Gestein auf bis zu 190° C erhitzen. Dann fast 15 Tage lang Nacht, eine fürchterliche Kälte bricht über die Mondwelt herein. Keine Atmosphäre ist da, die die gewaltigen Temperaturgegensätze mildert. Das brennend-grelle Sonnenlicht, die tiefschwarzen Schatten der Gebirge und Krater, die luft- und wasserlose Welt ohne eine Spur von Leben, schroffe, nackte Felsen und loses Geröll, nirgendwo die wechselnden Farben einer Pflanzenwelt, kein Laut, nur grauenhaftes Schweigen ringsum — eine stille, tote Welt.

Wie jeder Körper, so werfen auch Erde und Mond entgegengesetzt der Lichtquelle Sonne einen Schatten. Der kegelförmige Kernschatten der Erde ist 1,4 Millionen km lang. Taucht der Mond in seinem Umlauf um die Erde ganz in den Erdschatten ein, so findet eine *vollständige oder totale Mondfinsternis* statt. Bedeckt der Schatten den Mond aber nur zum Teil, dann herrscht *teilweise oder partielle Finsternis*. In zehn Jahren finden sieben totale und acht partielle Mondfinsternisse statt. Vor und nach Eintritt des Mondes in den Kernschatten der Erde durchläuft der Mond den sogenannten Halbschatten. Er hat auf die Verfinsterung aber wenig Einfluß. Eine Mondfinsternis tritt nur bei Vollmond ein, also wenn die Erde zwischen Sonne und

Mond steht. Die Dauer der Finsternis richtet sich danach, ob der Mond den Kernschatten zentral, das heißt den Schattenkegel genau halbierend, oder neben der Mittellinie des Kegels durchläuft. Demnach kann eine totale Mondfinsternis bis zu zwei Stunden dauern. Rechnet man vom Beginn des Eintritts in den Kernschatten bis zum vollständigen Austritt, so dauert eine zentrale Finsternis rund vier Stunden. Alle Bewohner der nächtlichen Erdhälfte können eine Mondfinsternis gleichzeitig beobachten. Alle 18 Jahre 10 Tage, die sogenannte Sarosperiode, kehrt die gleiche Stellung von Sonne—Erde—Mond, Knoten genannt, wieder und damit auch die gleichen Finsternisse.

Bedeckt der Mond während seines Umlaufs die Sonne, das heißt, steht er zwischen Sonne und Erde, so findet eine *Sonnenfinsternis* statt — richtiger eine Erdfinsternis, denn der Schattenkegel des Mondes verfinstert die Erde. Sonnenfinsternisse können nur bei Neumond und bei Tage stattfinden. Außerdem können sie nur in den Gegenden der Erdkugel beobachtet werden, wo gerade der Kernschatten des Mondes, ein etwa 100 km breiter Erdstrich, vorbeistreicht. Die Schattengeschwindigkeit beträgt pro Sekunde 905 m. Die Dauer einer totalen Sonnenfinsternis kann das sehr seltene Maximum von 7½ Minuten nicht überschreiten. Steht der Mond in Erdnähe, das heißt, erreicht die Scheibengröße des Mondes die größte Ausdehnung, dann ist eine Vollfinsternis möglich; die Sonnenscheibe wird vollständig bedeckt. Befindet sich der Mond aber in Erdferne, das heißt, erreicht die Scheibengröße eine Verringerung, so daß der Mond die Sonne nicht ganz bedeckt, so findet eine ringförmige Sonnenfinsternis statt. Wird die Sonnenscheibe nur teilweise bedeckt, so ist die Finsternis teilweise oder partiell. Die Sonnenfinsternis ist begleitet von einem Temperaturrückgang, der plötzlich Luftströmungen, sogenannte Finsterniswinde, hervorruft. In einem Jahr treten im Durchschnitt zwei bis drei, höchstens fünf Sonnenfinsternisse auf. In zehn Jahren finden sieben totale, eine ringförmig-totale, acht ringförmige und acht teilweise Sonnenfinsternisse statt. Die Wiederkehr der Sonnenfinsternisse richtet sich ebenfalls nach der Sarosperiode.

Abbildung 15: Mond- und Sonnenfinsternis

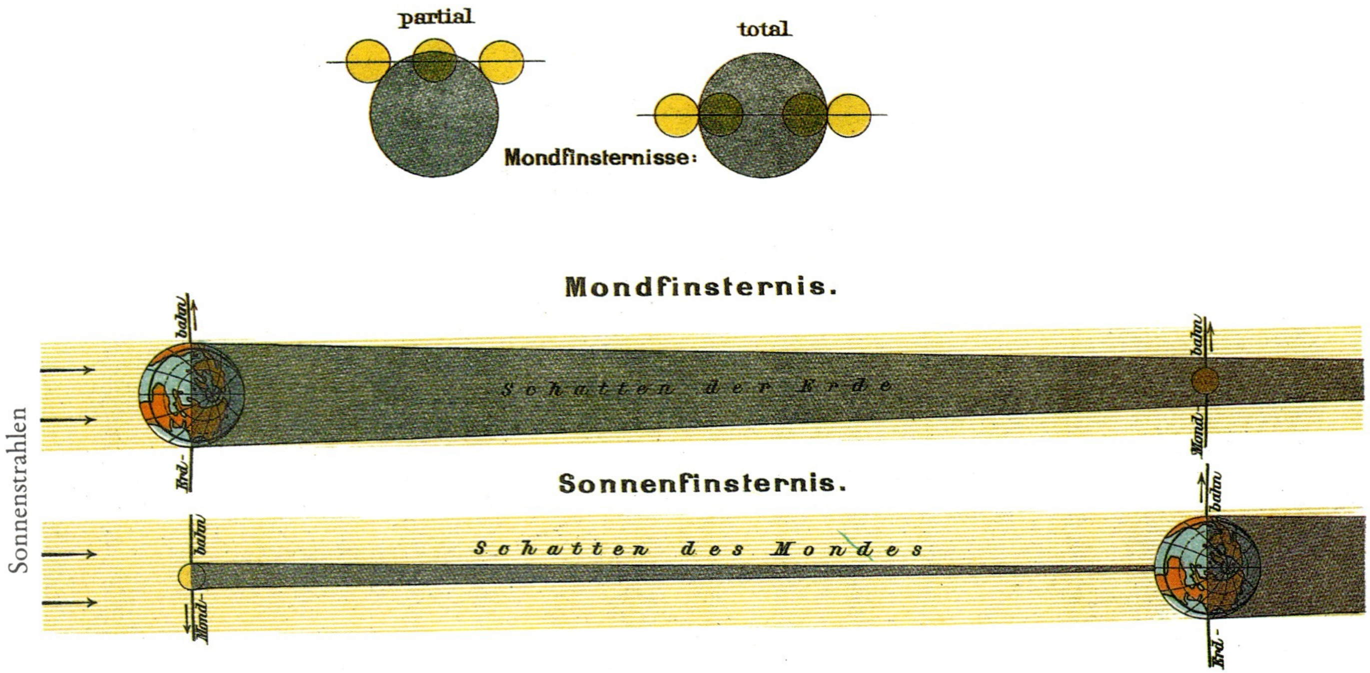

42

3. Das Sonnensystem

Kopernikus hatte die Sonne in den Mittelpunkt der Welt gesetzt. Diese falsche Annahme war durchaus verständlich, ist doch die Sonne — unsere Licht- und Wärmespenderin — eine wichtige Voraussetzung für das organische Leben. Auf einer mittleren Strecke von 149 480 000 km sendet die Sonne ihre gewaltigen Energiemengen zu uns herüber. Ein Schnellzug von 100 km Stundengeschwindigkeit würde 170 Jahre benötigen, um diesen Weg zurückzulegen, ein Telegramm immerhin noch 8,3 Minuten, solang wie das Licht von der Sonne bis auf die Erde.

Wenn auch nicht der Mittelpunkt der Welt, so ist die Sonne doch der Zentralkörper des Sonnensystems. Das ganze System wird durch die Gravitationskraft zusammengehalten. Diese Kraft ist so gewaltig, daß, sollte eine Stahlsäule die Kraft ersetzen, die die Erde an die Sonne bindet, diese Säule einen Durchmesser von 9 000 km haben müßte.

Zum Sonnensystem gehören folgende Himmelskörper:
1. Die Sonne als Zentralkörper
2. Neun große Planeten
3. Ein Schwarm Planetoiden
4. Mehrere Monde der Planeten
5. Die Kometen
6. Schwärme von Meteoriten bzw. Sternschnuppen

Die beherrschende Kraft der Sonne ist in ihrer Masse begründet, die 332 000mal die der Erde aufwiegt. Die Sonnenmasse ist 700mal so groß wie die Gesamtmasse aller anderen Himmelskörper des Systems. Die Fallbeschleunigung, das heißt die Schwere, ist auf der Sonne fast 28mal so groß wie auf der Erde, so daß ein Mensch von 75 kg Gewicht auf der Sonne 2 062 kg wiegen würde.

Die glänzende Sonnenscheibe erscheint uns — je nachdem, ob die Erde in Sonnennähe oder -ferne steht — als wechselnde Größe von 31,5 bis 32,5 Bogenminuten, also rund ½ Grad, wie die Vollmondscheibe. Die wirkliche Größe der Sonne entspricht einem Durchmesser von 1 390 000 km. Ihr Rauminhalt könnte demnach 1 300 000 Erdkugeln fassen. Da aber ihre Masse nur 332 000mal die Erdmasse übertrifft, so ist ihr spezifisches Gewicht demnach 1,41 g/cm^3, also ein recht lockerer Körper. Trotzdem wiegt der gewaltige Körper zwei Quintillionen kg. Der Sonnenkörper ist so groß, daß nicht nur alle Planeten darin bequem Platz hätten, sondern sogar die ganze Mondbahn darin verschwände, selbst wenn der Mond doppelt so weit von der Erde entfernt wäre.

Die blendende Oberfläche der Sonne, die wir wahrnehmen, ist die lichtspendende Schicht der ungeheuren Gasmasse, die Photosphäre (Lichtkugel). Ihr Licht übertrifft um 465 000 mal das des Vollmondes. Wäre es möglich, die Gesamtwärmestrahlung der Sonne zu konzentrieren, sie vermöchte einen gigantischen Eisblock in der Größe der Erde in 15 Minuten zu schmelzen, und eine Eismasse in der Größe sämtlicher Planeten wäre in fünf Monaten geschmolzen. In elektrische Energie umgewandelt, würde die jährliche Wärmestrahlung $350 \cdot 10^{27}$ Kilowattstunden ergeben. Unsere Erde erhält allerdings nur den zweimilliardsten Teil ($2 \cdot 10^{-9}$) dieser Wärmeenergie.

Ebenso gewaltig ist die Leuchtkraft der Sonne. Die größte auf Erden hergestellte Lichtquelle, der Hauptreflektor des Chicagoer Leuchtturmes, besitzt eine Leuchtkraft von etwa zwei Billionen Kerzen. Die Leuchtkraft der Sonne beträgt aber mehr als 1 000 Quadrillionen Kerzen (10^{27}). Entsprechend der gewaltigen Wärmeenergie und Leuchtkraft weist die Sonne Temperaturen auf, die keinerlei irdischen Maßstab haben. Mit verschiedenen Methoden wurde die Temperatur auf der Oberfläche auf 6 200° C errechnet. Sie ist aber geringfügig im Vergleich zur Innentemperatur, die auf 15 Millionen Grad Celsius errechnet wurde. Die unvorstellbaren Temperaturen, verbunden mit einem gewaltigen Druck von 220 Milliarden Atmosphären (1 Atmosphäre = 1,003 kg/cm^2) im Inneren der Sonne bewirken, daß im Inneren des riesigen Gasballs Wasserstoffatome zu Heliumatomen zusammengepreßt werden (Kernfusion). Dabei werden große Energiemengen in Form von Gammastrahlung frei (Gammastrahlen sind elektromagnetische Strahlen von sehr kleiner Wellenlänge).

Mit Hilfe der *Spektralanalyse,* das heißt durch Zerlegung des Lichtstrahls mittels Prismen und Reflektionsgittern wurde festgestellt, aus welchen Stoffen die Sonnenmasse besteht. Der weiße Lichtstrahl wird durch das Prisma in ein buntes Regenbogenband zerlegt, das durch Tausende Linien, nach dem Entdecker »Fraunhofersche Linien« genannt, zerteilt ist. Im Jahr 1860 schrieben Kirchhoff (1824—1887) und Bunsen (1811—1899), die Erfinder der Spektralanalyse, in einer gemeinsamen Abhandlung:

»Es ist bekannt, daß manche Substanzen die Eigenschaft haben, wenn sie in eine Flamme gebracht werden, in dem Spektrum derselben gewisse helle Linien hervortreten zu lassen. Man kann auf diese Linien eine Methode der qualitativen Analyse gründen, welche das Gebiet der chemischen Reaktion erheblich er-

weitert und zur Lösung bisher unzugänglicher Probleme führt ... *Es erscheint unzweifelhaft, daß die hellen Linien der Spektren als sichere Zeichen der Anwesenheit der betreffenden Metalle betrachtet werden dürfen. Sie können als Reaktionsmittel dienen, durch welche diese Stoffe schärfer, schneller und in geringeren Mengen sich nachweisen lassen als durch irgend ein anderes analytisches Hilfsmittel.«*

Fraunhofer fand, daß die mit **D** bezeichnete Linie des Sonnenspektrums mit der von Bunsen charakterisierten Natriumlinie zusammenfiel. So zeichnet jedes Element (Grundstoff) nur bestimmte, für sich charakteristische Linien auf das Farbenband des Spektrums. Dann fand man, daß ein Stoff diejenigen Strahlen absorbiert (aufsaugt), die er selber aussendet, wodurch die hellen Linien zu dunklen werden. Mit Hilfe dieser Methode konnte die physische Beschaffenheit der Sonne festgestellt werden. Das hatte man sich vorher nicht träumen lassen, schrieb doch noch im Jahr 1830 der französische Denker Auguste Comte:

»Wir werden niemals in der Lage sein, die chemische Zusammensetzung der Himmelskörper zu studieren. Unsere positive Kenntnis in bezug auf dieselben wird nur auf geometrische und mechanische Phänomene beschränkt sein. Es wird unmöglich sein, auf irgendwelche Weise Untersuchungen über ihre physikalischen, chemischen und anderweitigen Eigenschaften mit in den Kreis der Betrachtung zu ziehen.«

Bis dahin war es nur möglich, die quantitative Seite der Himmelskörper zu behandeln. Durch Bunsens und Kirchhoffs Entdeckung gewann die Erforschung der Himmelskörper mehr und mehr qualitativen Charakter. So konnte erst durch die großartige Methode der Spektralanalyse nachgewiesen werden, daß die Masse der Sonne aus 47 der bekannten Elemente besteht, darunter Aluminium, Blei, Eisen, Nickel, Silber, Helium, Kohlenstoff, Sauerstoff und andere mehr.

Die blendende, gleißende Sonnenoberfläche zeigt bei näherer Prüfung ein körniges Aussehen, ähnlich wie Reiskörner. Diese als Granulation bezeichnete Oberflächengestaltung ist dauernder Bewegung und Veränderung unterworfen. Schon Galilei entdeckte, daß die blendend weiße Sonnenscheibe *Flecken* aufwies, und bald fand man, daß diese Gebilde sich fortbewegten, veränderten und teils ganz verschwanden. Sorgfältige, jahrzehntelange Beobachtungen ergaben ein umfassendes Bild der Sonnenflecken. Um einen dunklen Fleck lagert ein heller, teils gestreifter Hof, Penumbra genannt. Einzelne Flecken erreichen eine enorme Größe, einschließlich der Penumbra

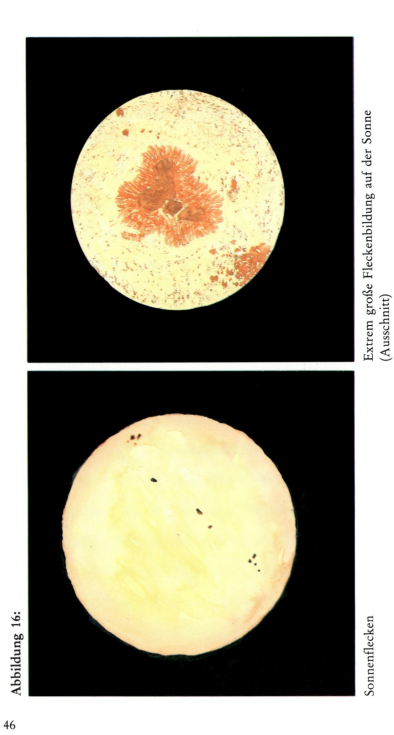

Abbildung 16: Sonnenflecken

Extrem große Fleckenbildung auf der Sonne (Ausschnitt)

zwischen 4 000 und 50 000 km Durchmesser. Oft sind Flecken zu ganzen Gruppen vereinigt. Bisweilen schlagen helle Massen über Kern und Hof, das ganze Gebilde überbrückend. Sie stellen gewaltige Gaswirbel dar, die eine Unmasse freier Elektronen (Elementarteilchen, Träger negativer Elektrizität), die aus dem Sonneninneren ausgeschleudert und weit in den Weltraum getrieben werden, enthalten. Ein Sonnenfleck entwickelt sich, hält sich oft mehrere Monate auf einem gewissen Höhepunkt, bis dann durch immer mehr helle Brücken, das Gebilde überschlagend, der Fleck zerstört wird und vergeht. Sorgfältige Beobachtungen und fortlaufende Statistiken ergaben, daß die Sonnenflecken vornehmlich in Zonen zwischen 5 und 30° nördlich und südlich vom Äquator auftreten. In hohen Breiten auftauchend, wandern sie bei zuerst zunehmender Häufigkeit dem Äquator zu, erreichen ein Maximum und nehmen bei weiterer Annäherung an den Äquator an Zahl wieder ab. Eine solche Periode der Fleckentätigkeit dauert durchschnittlich elf Jahre.

Dieser elfjährige Zyklus (Kreislauf) der Fleckentätigkeit steht in unmittelbarem Zusammenhang mit der Intensität (Stärke) des Erdmagnetismus und der Häufigkeit und Ausbreitung des wunderbaren *Nordlichtes*. Lange Zeit konnte man sich das Auftreten des Nordlichtes nicht erklären, bis das Problem von Forschern — hauptsächlich der nordischen Länder — gelöst wurde. Elektronen werden durch ein magnetisches Feld abgelenkt. Die durch die gewaltigen Wirbel der Sonnenflecken ausgeschleuderten Elektronen sausen mit bis zu 100 000 km Sekundengeschwindigkeit in die Weite. Die in Richtung Erde strebenden Elektronen geraten in das Magnetfeld der Erde und werden von ihm abgelenkt. Je zentraler die Richtung der Elektronenbahnen der Erde zuläuft, desto größer die Ablenkung, um so gewundener die Schleifen der abgelenkten Elektronenbahnen. Die Elektronen dringen dabei in die oberen Luftschichten, stoßen an die Luftmoleküle und bringen diese zum Leuchten. In Tromholts begeisterter Schilderung heißt es:

»Wie ein feenhafter, aus Licht und Farben gewebter Teppich hängt die Strahlenreihe in der Luft. Hin und her schlägt der Teppich herrliche Falten und Wellen von unendlicher Schönheit, als ob der Wind in die Falten der Strahlenstickerei Leben hineingösse, und Rot und Grün spielen am unteren Rande miteinander ... Alle die glänzenden Farbtöne, die das siebenfarbige Band des Regenbogens bilden, haben sich hier zusammengefunden, um die herrliche Lichtwölbung zu schmücken — da ist das Grün des Smaragd, das Rot des Rubin, das Blau des Saphir. Hier tummeln sich eine Schar gelbgrüner Flammen im lustigen Spiel, mächtige Säulen steigen empor, als ob sie die Wölbung des stolzen

Gebäudes unterstützen wollten; dort sieht der Himmel aus wie von einem Vorhang aus tiefrotem, durchsichtigem Stoff bedeckt. Hinter diesem Vorhang erheben sich blendend weiße Strahlen und scheinen durch ihn hindurch. Das ist die Nordlichtkrone.«

Alle elf Jahre, wenn die Fleckentätigkeit der Sonne das Maximum erreicht hat, wenn gewaltige Ströme freier Elektronen ausgeschleudert werden, dann flammen rings um die Magnetpole der Erde die Nordlichter* verstärkt auf, so daß sie sogar bis in die gemäßigten Breiten hin sichtbar werden, um dann beim Schrumpfen der Fleckentätigkeit langsam abzuflauen, um nur noch im Norden sichtbar zu werden. So spiegelt sich der Zyklus der Fleckentätigkeit in den Intensitätsschwankungen des Erdmagnetismus und der Ausdehnung des Nordlichtes wider.

Seit der Entdeckung der Sonnenflecken durch Galilei im Jahr 1610 wurde immer wieder beobachtet, daß die Flecken vom linken zum rechten Sonnenrande hin sich fortbewegen, woraus man auf eine Rotation der Sonne schloß. Das Ergebnis langer Untersuchungen zeigte eine Rotationsdauer der Sonne in der Äquatorgegend von zirka 25 Tagen. Da die Sonne ein Gasball und kein fester Körper ist, bewegen sich die Äquatormassen rascher als die an den Polen gelegenen. So ist die Rotationsdauer in 40° Breite schon um zwei Stunden verlängert.

Hauptsächlich in unmittelbarer Nachbarschaft der Sonnenflecken ziehen über Hunderttausende von Kilometern in gekrümmten, verschlungenen Formen, wie weißglühende Lichtadern, die Sonnenfackeln über die Oberfläche der Sonne dahin. Die Untersuchung der Fackeln wird dadurch erschwert, daß sie nur zum Sonnenrande hin sichtbar werden. Da die Sonnenflecken immer von ganzen Gruppen von Fackeln umgeben sind, stehen sie wahrscheinlich im inneren Zusammenhang miteinander. Wie die Beobachtung des Sonnenrandes zeigt, erheben sich die Fackeln über die übrige Photosphäre. Während die großen Fackeln mit dem Zyklus der Sonnenflecken entstehen und verschwinden, bleiben die kleinen Fackeln fortlaufend bestehen, allerdings bei dauernder Veränderung der Form und Intensität; sie erzeugen die Granulation der Sonne. Die großen Fackeln bestehen aus Dämpfen verschiedener Elemente, die in Strömen aus dem Sonneninneren hervorbrechen und über die Oberfläche dahinjagen.

---

* Auch am Südpol tritt das Licht auf, allerdings in abgeschwächter Form. Beide werden als Polarlicht bezeichnet.

Abbildung 17: Sonnenkorona (stürmische und ruhige)

Während einer totalen Sonnenfinsternis, im Moment der vollständigen Bedeckung durch den Mond, erscheint rings um den Mondrand ein zartleuchtendes, strahlendes Silberlicht, die »*Sonnenkorona*«. Es gibt eine innere und äußere Korona von ungleicher Helligkeit und Form. Die innere, die hellste und dem Sonnenrande nächste, liegt wie ein kreisrundes Band um die Sonne in einer Höhe von einigen Bogenminuten. Die äußere, an Lichtstärke allmählich nach außen abnehmende, hat eine unregelmäßige Form, oft ruhig, im zarten Lichtschimmer verschwimmend, manchmal stürmisch wie ein strahlendes Diadem. Die Länge einzelner Strahlen reicht bis zu 10 Millionen km, das ist ein dreifacher Sonnendurchmesser. Die Sonnenkorona besteht aus einer Unmenge feinster Teilchen der Sonnenmasse, die teils im reflektierten Sonnenlicht leuchten, größtenteils jedoch durch die enorme Hitze selbstleuchtend geworden sind.

Wenn der Mond die Photosphäre bedeckt, dann leuchtet ein rötlicher Saum am Mondrand, die »*umkehrende Schicht*«; sie enthält Gase, schwere Metalldämpfe niedriger Temperatur. Sie zeichnet die dunklen Fraunhoferschen Linien auf das Farbenband des Spektrums. Während der Totalität der Finsternis leuchten die Gase dieser 1 000 km starken Schicht allein und kehren das Spektrum in helle Emissionslinien (Emission = Aussendung) um; daher der Name »umkehrende Schicht«. Sie ist ein Teil der Chromosphäre (farbige Kugel), der untere Teil der der Photosphäre überlagerten Hülle und verschwimmt ohne scharfe Abgrenzung in ihr. Im Spektrum der Chromosphäre erscheinen besonders deutlich Wasserstoff, Helium und Kalzium. Über dieser 7 000 bis 11 000 km dicken Purpurlichthülle liegt die Korona.

Die Chromosphäre ist die Basis der *Protuberanzen*, purpurnen Flammen, die Feuerzungen gleich aus der Chromosphäre ausbrechen und mit riesenhafter Gewalt weit hinausgeschleudert werden. Obgleich sie auf der ganzen Sonnenoberfläche vorkommen, können sie nur am Sonnenrande und am wirksamsten bei totaler Sonnenfinsternis beobachtet werden. Die Protuberanzen sind gewaltige Ausbrüche glühender Gase und erreichen im Durchschnitt Steighöhen von 40 000 km, einzelne jedoch bis zu einer Million km, das ist die 2,5fache Entfernung Erde—Mond. Sie bestehen wie alle äußeren Schichten der Sonne hauptsächlich aus Wasserstoff (75%), Helium (23%) und aus schweren Elementen (2%). Die örtliche Übereinstimmung der Protuberanzen mit den Sonnenflecken läßt auf einen inneren Zusammenhang beider Erscheinungen schließen. Die großartige Erscheinung eines solchen Flammenausbruchs dauert oft nur einige Minuten, bei großen Protuberanzen auch einige Stunden.

Abbildung 18:

Sonnenprotuberanz (400 000 km hohe, isolierte)

Es ist durchaus verständlich, daß dieser riesige Sonnenball, diese gewaltige Energiequelle, als Zentralkörper des Sonnensystems zahlreiche Himmelskörper in seinen Bann zwingt. Neun große und ein Schwarm kleiner Planeten bilden ein System, das der Gewalt der Sonne unterstellt ist, beträgt doch die vereinigte Masse aller Planeten ein Siebenhundertfünfzigstel der Sonnenmasse. Die Planeten unterscheiden sich untereinander in Größe, Masse und Entfernung in bedeutendem Maße.

Das Schwergewicht des Planetensystems liegt, wie Abbildung 19 zeigt, in der Mitte mit Jupiter als Riesenplanet. Obwohl die Sonnenmasse die kombinierte Planetenmasse um das 750fache übersteigt, liegt der Schwerpunkt des

Abbildung 19:

	Durchmesser in km	Mittlere Entfernung von der Sonne in Mio. km
Merkur ☿	5 140	57,9
Venus ♀	12 610	108,2
Erde ♁	12 757	149,6
Mars ♂	6 860	227,9
Jupiter ♃	143 640	778,3
Saturn ♄	120 570	1 428,0
Uranus ⛢	53 390	2 872,0
Neptun ♆	50 000	4 498,0
Pluto ♇	6 400	5 910,0

Die Planeten des Sonnensystems

ganzen Sonnensystems nicht im Mittelpunkt der Sonne, sondern wandert, je nach der Stellung der einzelnen Planeten, in oder um den Sonnenkörper herum. Merkur, Venus, Mars, Jupiter und Saturn, die mit bloßem Auge gut sichtbar sind, werden als die hellen Planeten bezeichnet. Innere Planeten sind die innerhalb, äußere die außerhalb der Erdbahn befindlichen Planeten.

Merkur ist der sonnennächste und kleinste der neun großen Planeten. Der geringe Abstand von rund 58 Millionen km von der Sonne läßt eine eingehende Beobachtung dieses Planeten nicht zu. Es konnten deshalb auch keinerlei Veränderungen auf der Oberfläche festgestellt werden, die Schlüsse auf eine Rotation des Merkur zuließen, denn die einzige Beobachtungsmöglichkeit verschwimmt im Dunst der Morgen- und Abenddämmerung. In 88 Tagen vollzieht er seine stark exzentrische Bahn. Mit 53 km Sekundengeschwindigkeit (Erde 30 km/sek) hat er die größte Bahngeschwindigkeit aller Planeten, was ihm den Namen des antiken Götterboten einbrachte. Diese rasende Geschwindigkeit verhütet seinen Einsturz in die Sonne.

Es ist wahrscheinlich, daß durch die Abbremsung durch die Sonne die Rotation des Merkur so verlangsamt wurde, daß sie mit dem Umlauf zusammenfällt. In diesem Fall wäre durch die enorme Hitzeausströmung der Sonne die eine Hälfte des Merkur ausgedorrt, die andere Hälfte zu Eis erstarrt. Die Merkurbahn ist eine stark exzentrische Ellipse; der sonnennächste Punkt ist 46 Millionen km, der sonnenfernste 69 Millionen km entfernt. Das Licht des Merkur ist reflektiertes Sonnenlicht.

In einer mittleren Entfernung von 108 Millionen km kreist die **Venus** in einer mehr kreisähnlichen Bahn zwischen Merkur- und Erdbahn um die Sonne. Die Umlaufzeit beträgt 225 Tage. Während die Vorübergänge des Merkur vor der Sonnenscheibe sich alle zehn bis dreizehn Jahre wiederholen, finden die Venusdurchgänge viel seltener statt. Die letzten traten 1874 und 1882 ein, und die nächstfolgenden werden erst in den Jahren 2004 und 2012 eintreten. In unterer Konjunktion, in Erdnähe, erscheint der Durchmesser der Venusscheibe 64 Bogensekunden, dagegen in oberer Konjunktion, in Erdferne, nur 10 Bogensekunden. Die ausgeprägten Phasen lassen die Venus in unterer Konjunktion nur als schmale Sichel erkennen, in oberer Konjunktion erscheint sie als Vollvenus. Ihren größten Glanz er-

Abbildung 20:

Scheinbare Größe der Venus in größter, mittlerer und kleinster Entfernung von der Erde

reicht sie 36 Tage vor und 36 Tage nach der unteren Konjunktion als Morgen- und Abendstern; sie ist dann neben Sonne und Mond das glänzendste Gestirn des Himmels mit einer Helligkeit der 4. Größenklasse. Eine undurchsichtige, wolkenreiche Atmosphäre läßt nähere Einzelheiten auf der Oberfläche nicht erkennen. Luft- und Temperaturverhältnisse auf der Venus lassen sich am besten mit der Karbonperiode (Steinkohlenzeit vor ungefähr 300 Millionen Jahren) der Erde vergleichen. Es bestehen also durchaus die Voraussetzungen eines erdenähnlichen organischen Lebens auf der Venus. Merkur und Venus sind die zwei Planeten, die innerhalb der Erdbahn die Sonne umkreisen.

Der nächste Planet, der außerhalb der Erdbahn seine Ellipse zieht, trägt den Namen des römischen Kriegsgottes. Der **Mars** kann sich der Erde bis auf 56 Millionen km nähern, sich aber auch bis auf 397 Millionen km entfernen. Schon der große Astronom W. Herschel (1738—1822) bezeichnete den Mars als zweite Erde. Die Marsbahn ist beträchtlich exzentrisch; sie nähert sich der Sonne bis auf 207 Millionen km und entfernt sich von ihr bis zu 249 Millionen km. Die Umlaufzeit beträgt 1 Jahr 322 Tage, bei 24 km Sekundengeschwindigkeit. Der Durchmesser der rötlich schimmernden Scheibe des Mars erscheint bei gleicher Entfernung wie bei der Sonne in einem Winkel von 10 Bogensekunden, im günstigsten Fall bis zu 25 Bogensekunden. Der wirkliche Durchmesser beträgt 6 800 km. Die Marsmasse ist nur 0,1 der Erdmasse, die Dichte entspricht dem 0,7fachen der Erde. Die Achsendrehung vollzieht sich in 24 Stunden 37 Minuten. Eine wolkenarme, ungefähr 200 km hohe Atmosphäre gestattet eine bessere Oberflächenbetrachtung als bei allen anderen Planeten. Durch die Schrägstellung der Marsachse um 35° vollzieht sich ein deutlicher Jahreszeitenwechsel. Weiße Kappen an den Marspolen lassen Schnee und Eis erkennen, das durch die sommerliche Wärme zu schmelzen beginnt. Für die Pole sind Temperaturen von minus 60—70° C angenommen worden. Wahrscheinlich im Zusammenhang mit den Jahreszeiten verändern sich auch andere Gebilde auf der Marsoberfläche, die man als Länder, Meere, Seen und Kanäle bezeichnet hat, allerdings ohne Berechtigung. Die große Entfernung des Mars von der Erde — im günstigsten Fall 150mal so weit wie der Mond — läßt Einzelheiten nicht klar erkennen. Sie gibt der Forschung eine Anzahl von Rätseln auf, vor allem über die sogenannten »Kanäle«. Anderseits ermöglichte sie der Phantasie weiten Spielraum; eine unzählige Menge an Marsliteratur entstand. Während die einen die geraden, sich kreuzenden, feinen Linien auf der Marsoberfläche als künstlich geschaffene Bauten, als weltumspannendes

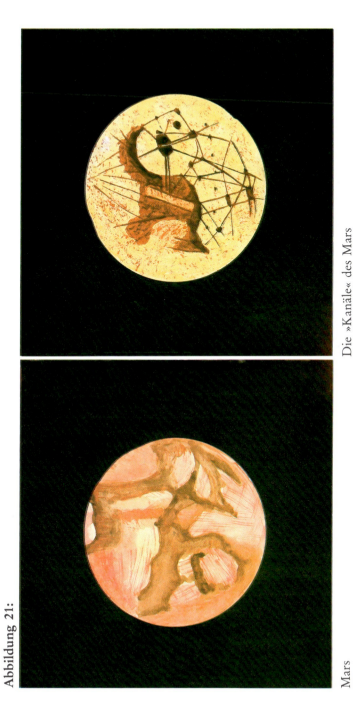

Abbildung 21: Die »Kanäle« des Mars

Mars

55

Kanalsystem ansahen, glaubten andere (darunter der schwedische Physiker und Astronom Arrhenius, 1859—1927) an gewaltige Bruchspalten. Dagegen erklärten hauptsächlich deutsche Forscher sie einfach als optische Täuschung, obgleich die Tatsache, daß auch die fotografische Platte die Erscheinungen aufweist, dem widerspricht. Wenn man auch von der Wolkenarmut der Marsatmosphäre auf eine Wasserarmut schließen kann, so besteht doch durchaus die Möglichkeit, daß Lebewesen den Mars bevölkern. Zwei Monde, Phobos und Deimos (Furcht und Schrecken) begleiten den Kriegsgott-Planeten, doch stehen deren drohend klingende Namen in keinem Verhältnis zu ihrer Größe von 10 bis 15 km Durchmesser. Deimos läuft in 30, Phobos sogar in 8 Stunden, also schneller als die Rotationszeit des Zentralkörpers, um den Mars.

Der weite Abstand der Mars- und Jupiterbahn gab Anlaß zu vielen Diskussionen und Berechnungen, bis am Anfang des vorigen Jahrhunderts durch planmäßige Beobachtungen zahlreiche Kleinplaneten (**Planetoiden**) entdeckt wurden. Seitdem wurden durch systematische Erforschung des Himmels, vor allem mit Hilfe der Fotografie, bis heute mehr als 1 300 solcher Kleinwelten aufgefunden. Ein genau reguliertes Uhrwerk dreht die Kamera entsprechend der täglichen Bewegung der Erde. Während die Fixsterne auf der Platte als Punkte oder kleine Scheibchen erscheinen, erscheint ein Planet infolge seiner raschen Eigenbewegung als Strich. Die Auffindung des Planetoiden Eros zeigte eine Überraschung: Der Erosstrich wies in der Mitte eine Einschnürung auf; der Kleinplanet war demnach Helligkeitsschwankungen unterworfen, die in einer Periode von fünf, später siebeneinhalb Stunden wiederkehrten. Wahrscheinlich handelt es sich hier um ein Doppelsystem, um zwei umeinanderlaufende Planeten.

Eigentümlich sind die Bahnen der Kleinplaneten. Während die Großplaneten annähernd eine Kreisform besitzen, weisen die Planetoidenbahnen oft langgestreckte Ellipsen auf und sind meistens stark exzentrisch. So reicht die Bahn des Hidalgo weit über die Jupiterbahn hinaus. Amor nähert sich der Erdbahn, und der Planetoid 1932 HA (die meisten Planetoiden sind durch Nummern bezeichnet) dringt sogar über die Mars-, Erd- und Venusbahn.

Im Vergleich zu anderen Himmelskörpern sind die Planetoiden winzig. Der größte und zuerst entdeckte, Ceres, der als Stern 8. Größe erscheint, hat einen Durchmesser von 800 km. Im Durchschnitt beträgt die Größe knapp 40 km, bei einzelnen sogar nur 1 km; also handelt es sich nur um mehr oder minder große Felsblöcke, deren Gesamtmasse kaum die unseres Mondes aufwiegen kann. Dieser Schwarm von Zwergplaneten soll nach der Auffassung von Olbers und anderen durch Zerfall bzw. Zertrümmerung eines Großplaneten entstanden sein. Anderer Auffassung (Valier) nach soll es sich um Baustoffe eines unvollendeten Planeten handeln. Die gewaltige Masse Jupiters übt einen störenden Einfluß auf die Kleinplaneten aus. So stehen zehn Planetoiden, die sogenannten Trojaner, unter der beherrschenden Macht Jupiters. Entsprechend dem Dreikörperproblem bilden Sonne, Jupiter und Trojaner-Gruppe die Ecken eines gleichseitigen Dreiecks, wobei jedoch die Planetoiden der Trojaner-Gruppe in periodischen Schwankungen um den Eckpunkt herumpendeln.

Als nächster der sonnenfernen Planeten außerhalb des Planetoidengürtels vollzieht der gewaltige **Jupiter** in knapp zwölf Jahren seine Bahn. 1 300 Erdbälle erst würden diese Riesenkugel füllen, aber seine Masse übertrifft die der Erde nur 320mal; also ein sehr lockeres Gebilde mit einem spezifischen Gewicht von 1,4 g/cm³. Darauf ist auch seine schnelle Rotation von zehn

Abbildung 22:

Jupiter

Stunden zurückzuführen. Seine Abplattung beträgt ein Siebzehntel des Äquatorialdurchmessers, das sind 9 500 km. Dieser Riesenplanet wiegt rund zwei Quadrillionen Tonnen, ein Tausendstel des Sonnengewichtes. Die Schrägstellung der Achse ist mit 3° so gering, daß Jahreszeiten auf dem Jupiter nicht in Frage kommen. Jupiter erscheint in mittlerer Opposition (Gegenschein) als Stern der Größe —2,2 und übertrifft an Helligkeit mitunter den hellglänzenden Sirius. Eine Atmosphäre mit großen Wasserdampfmengen läßt Einzelheiten bei einer Oberflächenbetrachtung nicht klar erkennen. Riesige, rötliche Flecken, graue Schleier in Bändern geordnet, in unregelmäßigen, wechselnden Formen deuten auf gewaltige Umwälzungen hin, hervorgerufen durch eine bedeutende Eigenwärme. Ein 40 000 km langer »roter Fleck« bildete besonders im vorigen Jahrhundert das hervorstechendste Gebilde. Färbung und Form der Streifen und Flecken unterliegen fortwährenden Änderungen.

Galilei entdeckte die vier hellen Jupitermonde, die in zwei bis siebzehn Tagen das Zentralgestirn umkreisen. Sie erscheinen als Sterne 5. und 6. Größe und sind darum mit einem kleinen Fernrohr wahrnehmbar. Ihre Durchmesser liegen zwischen 3 200 bis 4 900 km. Zu diesen vier hellen Monden gesellen sich noch acht im stärkeren Fernrohr wahrnehmbare Monde. Einer liegt noch im Umlaufsbereich der vier hellen Trabanten; sie bilden zusammen das innere System mit einer Ausdehnung von einer halben Vollmondbreite, das heißt ¼ Grad. Die anderen Monde, mit Umlaufszeiten bis zu 800 Tagen, bilden das äußere System mit einer Gesamtausdehnung von 4 Grad, das sind 8 Vollmondbreiten. Es besteht durchaus die Möglichkeit, daß sich Jupiter noch weitere Trabanten aus dem Reich der Zwergplaneten einfängt.

Der **Saturn** ist das eigentümlichste und prächtigste Gestirn des Sonnensystems. Sein Körperinhalt entspricht ungefähr 700 Erdkugeln. Seine Masse ist allerdings so locker, daß sie nur die Dichte von Kork erlangt. Dementsprechend beträgt auch die Abplattung ein Zehntel des Äquatorialdurchmessers. Die Saturnkugel wiegt rund 600 Quadrillionen kg. Helle und dunkle, bandförmige Streifen kennzeichnen die Oberfläche. Selten erscheinen dunkle Flecken; vor Jahren wurde ein »weißer Fleck« von rund 12 000 km Länge beobachtet. Die Saturnachse ist um 26° gegen die Bahnebene geneigt. Diese Neigung läßt auch das eigentümliche, um den Äquator freischwebende Ringsystem in verschiedenen Stellungen erkennen; es erscheint gewöhnlich als mehr oder weniger schlanke Ellipse, manchmal als Strich. Das Ringsystem ist kein einheitlicher Gürtel, sondern mehrere Trennungen in verschie-

Abbildung 23:

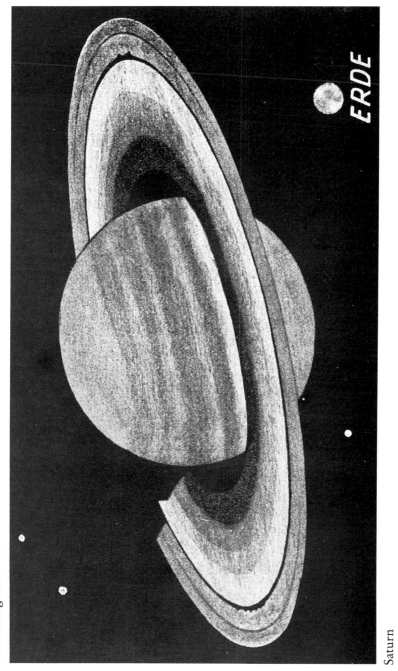

Saturn

dene Ringe machen das System sehr kompliziert. 11 000 km trennen das 70 000 km breite Ringsystem vom Äquator.

Über die innere Struktur des Ringsystems bestand lange Zeit Zweifel, bis nach einem langwierigen Forschungsweg der englische Physiker Maxwell (1831—1879) endlich die Lösung fand, daß die Saturnringe aus unzähligen kleinen, festen Körpern, aus einem Schwarm von Weltsplittern bestehen und jeder einzelne Körper als kleines Möndchen selbständig seine gesetzmäßige Bahn um den Großplaneten vollzieht. Den besten Beweis lieferte die Dopplersche Verschiebung der Spektrallinien, die ergab, daß die inneren Ringteile schneller als die äußeren den Hauptkörper umlaufen, was bei einem starren Ringsystem unmöglich ist. Die dunklen, konzentrischen Streifen im Ringsystem, die das ganze System in mehrere Teile aufspalten, stellen nur einen Mangel an Ringkörpern dar. Außer dem Ringsystem begleiten noch zehn Monde den Hauptkörper, mit Umlaufszeiten, die zwischen einem Tag und eineinhalb Jahren liegen.

Im Altertum waren nur die Großplaneten bis einschließlich Saturn bekannt. Erst 1781 wurde der **Uranus** durch W. Herschel entdeckt. Er erscheint als Stern 6. Größe und zeigt sich im Fernrohr als graugrünliches Scheibchen. Selbst das stärkste Fernrohr läßt nur einige verschleierte Streifen und Flecken erkennen. Infolge der gewaltigen Entfernung erreicht nur 1/360 der Sonnenstrahlen, die unsere Erde empfängt, den Uranus. 1787 entdeckte W. Herschel zwei Uranus-Monde*. Durch die abnorme Neigung des Uranusäquators um 98° (einzigartig im Planetensystem) gegen die Bahnebene, bewegen sich damit die vier Monde rückläufig. Diese eigentümliche Lage bewirkt auch — falls die riesige Entfernung noch eine Lichtunterscheidung zuläßt —, daß der Wechsel von Tag und Nacht unter 30° Breite 13, unter 40° 18, unter 50° 23, unter 60° 27, unter 70° 32, unter 80° 37 und unter 90° 42 Jahre dauert.

Eine der glänzendsten Taten der Astronomie war die Entdeckung des **Neptun**. Nachdem schon längere Zeit bekannt war, daß die Uranusbahn Abweichungen unterworfen war, wurden im Jahr 1845 diese Abweichungen von dem bis dahin unbekannten Pariser Mathematiker Leverrier (1811—1877) rechnerisch festgelegt. Es war eine Glanzleistung, eine Anwendung der dialektischen Methode in der Mathematik. Da Abweichungen der Planetenbahnen durch Störungen anderer Massen, in deren Graviations-

---

* Zwei weitere Monde wurden 1851 von Lassell gefunden.

bereich ein Planet gerät, entstehen, so schrieb Leverrier die Ursache der Uranusabweichung einem unbekannten Planeten zu. Ein Jahr später konnte er bereits die vollständigen Bahnelemente dieses hypothetischen Planeten bekanntmachen, auf Grund dessen der Planet an der vorausberechneten Stelle durch den Astronomen Galle tatsächlich gefunden wurde. Engels hob die Bedeutung dieser Entdeckung besonders hervor:

»Das kopernikanische Sonnensystem war dreihundert Jahre lang eine Hypothese, auf die hundert, tausend, zehntausend gegen eins zu wetten war, aber doch immer eine Hypothese; als aber Leverrier aus den durch dies System gegebenen Daten nicht nur die Notwendigkeit der Existenz eines unbekannten Planeten, sondern auch den Ort berechnete, wo dieser Planet am Himmel stehen müsse, und als Galle dann diesen Planeten wirklich fand, da war das kopernikanische System bewiesen.« (Marx/Engels Werke Bd. 21, S. 276)

Die Entfernung ist so gewaltig, daß selbst das Sonnenlicht noch 4 Stunden und 8 Minuten bis zu dem fernen Planeten braucht. Nur ein Neunhundertstel der uns gespendeten Sonnenstrahlung erreicht ihn. Das grünliche Scheibchen läßt auch im stärksten Fernrohr keinerlei Oberflächengestaltung erkennen. Ein einziger Mond umläuft den Hauptkörper rückläufig in knapp sechs Tagen.

Weitere Störungen der Uranusbahn und Störungen der Neptunbahn ließen einen noch ferneren Planeten vermuten und im Jahre 1916 errechnen. Da wurde im Januar 1930 auf fotografischem Wege der Planet **Pluto** entdeckt. Fern in Kälte und Finsternis zieht der Planet Pluto seine Bahn. Erst in 250 Jahren hat er einen Umlauf vollendet. Nur ein Zweitausendstel der uns gelieferten Sonnenstrahlen erreicht ihn. Die riesige Entfernung, die ein Schnellzug erst in 7 500 Jahren bewältigen könnte, läßt die Sonne nur als Stern erscheinen. Von uns aus gesehen erreicht die Helligkeit des Pluto die 15. Größenklasse. Die Plutobahn weicht eigentümlicherweise von allen anderen Planetenbahnen ab. Nicht nur, daß sie um 17° gegen die Ekliptikebene geneigt ist, sie besitzt auch eine außergewöhnliche Exzentrizität, so daß sie noch innerhalb der Neptunbahn eingreift.

Zum Sonnensystem gehören auch die **Kometen**, die Ursache eines jahrhundertelangen Aberglaubens waren. Sie bestehen aus dem hellleuchtenden Kern, der ihn umgebenden Hülle und dem glanzvollen Schweif. Kern und Hülle bilden den Kopf, der bei manchen Großkometen eine gigantische Größe aufweist, der Hunderte und Tausende Erdkugeln, einer sogar den ganzen Sonnenball, aufnehmen könnte. Dementsprechend besitzt auch der

Abbildung 24:

Der große Komet Donati vom Jahre 1858 über Paris

Schweif riesige Ausdehnung und eine Länge bis zu 250 Millionen km, übertrifft also mitunter die Entfernung Erde—Sonne. Die Struktur des Schweifes ist häufig unregelmäßig und kompliziert. Eigentümlich ist der Schweif des Kometen Donati; er ist in zwei Teile gespalten, die wie lange Insektenflügel auseinanderstreben. Die gewaltige Größe des Kometenkopfes steht in keinem Verhältnis zur Dichte. Er wird von einer lockeren Ansammlung kleiner Weltensplitter gebildet, die von einer aus dünnen Gasen bestehenden Nebelhülle umgeben sind. Der Schweif besteht aus außergewöhnlich dünnen, teils giftigen Gasen (Zyangas). Die Bahnen der Kometen sind im allgemeinen außerordentlich langgestreckte, schlanke Ellipsen, deren große Achse bis zu 300 Milliarden km lang ist. Die Umlaufzeiten der bis jetzt rund 500 entdeckten Kometen schwanken zwischen 3,3 bis zu 100 000 Jahren. So benötigt zum Beispiel der berühmte Halleysche Komet 76, der aus dem Jahr 1811 rund 3 070, der Bielasche Komet nur 6¾ Jahre für den Umlauf um die Sonne. Kometen mit Umlaufzeiten unter 100 Jahren werden als »periodische« bezeichnet. Die kleinste Umlaufszeit hat der Enckesche Komet.

Abbildung 25:

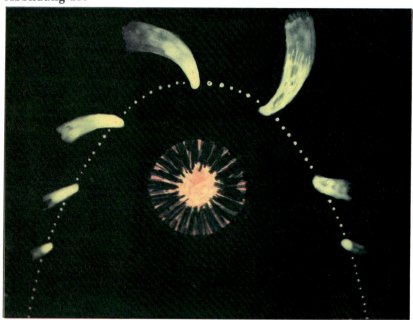

Bahn eines Kometen in Sonnennähe

Einzelne Kometen kommen während ihres Umlaufs im Perihel der Sonne fast derart nahe, daß sie in den Bereich der Glutausbrüche kommen, wie zum Beispiel der Komet von 1843, der bis auf 130 000 km der Sonnenoberfläche nahe kam. Nur seine sehr große Geschwindigkeit von 600 km pro Sekunde (Erde 30 km/sek) verhütete den Einsturz in die Sonne. Die Sonnennähe wirkt auf die Kometen umwälzend; die zwischen den Steinsplittern eingeschlossenen Gase erwärmen sich und dehnen sich aus. Durch den Druck der Sonnenstrahlung werden winzige Dunststoffe hinausgeschleudert, bilden die den Kopf umgebende Hülle und treiben in der Richtung entgegengesetzt zur Sonne als Schweif in den Raum. Oft wird ein Komet durch den Einfluß der Sonne förmlich aufgelöst, so zum Beispiel der Komet von 1882, der allmählich in viele Stücke zersprang. Die Spektralanalyse konnte zur Klärung der physischen Beschaffenheit des Kometenkopfes beitragen und Kohlenwasserstoffverbindungen, Eisen, Nickel, Chrom, Natrium, Kohlenstoff und Zyan nachweisen.

Das Material der zersprengten und aufgelösten Kometen bereichert die Schwärme der **Sternschnuppen**, die aus unzähligen kleinsten, oft nur wenige Gramm wiegenden Weltensplittern bestehen, und die sich gleich den Planeten in Ellipsenbahnen um die Sonne bewegen. Die Bahnen zweier dieser Schwärme berühren im August und November die Erdbahn und erzeugen ein sprühendes Feuerwerk den Himmel durchrasender Sterne. In Wirklichkeit entzünden sich die mit großer Geschwindigkeit in die Erdatmosphäre eindringenden Splitter infolge der Reibung an den Luftmolekülen zur Weißglut und lösen sich in Gase auf. Die zahlreichen im August erscheinenden Sternschnuppen strahlen meist aus der Gegend des Sternbildes des Perseus und werden deshalb Perseiden genannt. Da dieser Schwarm von Sternschnuppen eine Bahnellipse beschreibt, die sich mit der Bahn des Kometen 1862 III deckt, so wird es sich um Auflösungsprodukte dieses Kometen handeln. Mitte November strahlen aus dem Sternbild des Löwen zahlreiche Sternschnuppen, die Leoniden, deren Bahnlinie in der Bahnellipse des Kometen 1866 I läuft. Sternschnuppen erreichen Geschwindigkeiten bis zu 42 km/sek.

Einzelkörper mit größerer Geschwindigkeit als 42 km/sek kommen von außerhalb des Sonnensystems; es sind die **Meteoriten** oder Feuerkugeln, die Bruchteile ferner Welten sind und auf ihrer Fahrt in die Lufthülle der Erde eindringen. Sie leuchten zuerst in geringer Helligkeit auf, erhellen sich dann aber sehr rasch. Die Farbe ändert sich von gelblich zu grün und zuletzt rot. Unter Funkensprühen löst sich die Feuerkugel meistens auf und fällt in

Steinregen zur Erde. Aber auch einzelne Stein- und Metallblöcke, oft mehrere Tonnen schwer, dringen mit gewaltiger Wucht in die Erdrinde ein. Der größte Meteorit fiel 1908 in Sibirien und erzeugte einen Krater von 9 km Durchmesser; das Gewicht des Meteoriten wurde auf eine halbe Million Tonnen berechnet. Ein in Arizona niedergehender Meteorit schlug einen Krater von 1 300 m Durchmesser. Meteore besitzen dieselbe physikalische Beschaffenheit wie die Minerale der Erde, nur daß sie sich durch große Sauerstoffarmut von diesen unterscheiden.

Unser Sonnensystem mit dem Hauptgestirn als Zentralpunkt ist eine wundervoll geordnete Welt, durch das Gesetz der Gravitation ausbalanciert. Zwei wichtige Störungen beeinflussen das System:

1. machen sich Störungen durch Beschleunigung des Umlaufs der Planeten in Sonnennähe und Verlangsamung in Sonnenferne bemerkbar und
2. entstehen Störungen durch Annäherung und Entfernung der benachbarten Planeten und der dadurch vermehrten oder verminderten gegenseitigen Anziehung.

So ist die gewaltige Masse der beiden Riesenplaneten Jupiter und Saturn in der Mitte der Planetenbahnen der stärkste Störungsfaktor. Wichtig für die Stabilität des Sonnensystems ist die geringe Exzentrizität der Bahnen der gefährlichen Riesenplaneten und die geringe Masse der Kometen und Planetoiden mit ihren stark exzentrischen Bahnen.

»So können wir den Bestand unseres Sonnensystems unbedenklich für gesichert halten«, sagte Ule, »und brauchen von dem Gesetz, das die Welten führt, keine Gefahr des Umsturzes der Dinge zu besorgen. Freilich möchte ich das Wort ›ewig‹ hier nicht gern in den Mund nehmen, obgleich ich sehr gut weiß, daß manche verdiente Astronomen sich desselben bedienten, wo sie von der durch Rechnung nachgewiesenen Stabilität des Planetensystems sprechen. Meiner Meinung nach kann die Rechnung indessen keine Gewähr für eine wirklich unbegrenzte Dauer der gegenwärtigen Anordnung der planetarischen Welt leisten, vielmehr gilt hier vor allem das Wort des Dichters: ›Alles, was entsteht, ist wert, daß es zugrunde geht.‹ (Goethe) Unendlich im Raume und in der Zeit sind für den menschlichen Verstand unfaßbare Begriffe, und niemand darf sich unterfangen, mit seinen Untersuchungen die Ewigkeit umspannen zu wollen.«

4. Das Fixsternsystem

Kopernikus' wesentlicher Irrtum war, daß er die Sonne als den Mittelpunkt der Welt darstellte, sozusagen als einen ruhenden Punkt, um den sich alles dreht. »Panta rhei« — »alles fließt«, sagte der griechische Philosoph Heraklit. Alles fließt, alles bewegt sich, auch unsere Sonne saust mit allem, was ihr untertan ist, mit 20 km Sekundengeschwindigkeit der Richtung des Sternes Wega zu. Unsere mächtige Sonne, die den Alten mit ihren unzulänglichen Hilfsmitteln als Zentralkörper der Welt erscheinen konnte, ist nur eine von Milliarden Sonnen, unser Sonnensystem nur ein verschwindend kleiner Teil des Universums. Aber die riesigen Entfernungen lassen diese Sonnen — viele von gigantischem Ausmaß — als winzige Pünktchen am Himmel erscheinen.

Diese fernen Sonnen, **Fixsterne** genannt — so benannt, weil sie sich anscheinend nicht verändern — wurden in alter Zeit in »Sternbildern« als zu-

Abbildung 26:

Der Jäger Orion im Kampf
mit dem Stier

Perseus befreit Andromeda

sammengefaßte Gruppen von Sternen geordnet, so das Sternbild des Großen Bären, Stier, Orion und andere. Die Araber haben zahlreichen Einzelsternen einen Namen gegeben, wie Rigel und Beteigeuze im Orion, Aldebaran im Stier, Mizar und Benetnasch im Großen Bären, Algol im Perseus und andere. Einige Namen von hellen Sternen wie Kapella im Fuhrmann, Sirius im Großen und Procyon im Kleinen Hund, Arkturus im Bootes usw. sind auf die Griechen und Römer zurückzuführen. Später wurden die meisten Sterne mit griechischen Buchstaben, ihrer Helligkeit entsprechend, bezeichnet. Waren diese unzureichend, folgten römische Buchstaben oder auch Nummern. Man hat die Sterne in Sternkatalogen verzeichnet, darüber hinaus wurde die Lage der Sterne in Sternkarten und Globen dargestellt. Die zu einem Sternbild zusammengefaßten Sterne sind keineswegs nur die mit freiem Auge zu beobachtenden Hauptsterne, sondern es gehören bedeutend mehr Sterne zu einer solchen Gruppe. Zum Beispiel haben die Sternbilder

Kleiner Bär	54 Sterne
Drache	220 Sterne
Großer Bär	227 Sterne
Fuhrmann	144 Sterne
Zwillinge	106 Sterne
Walfisch	321 Sterne
Argo (Schiff)	829 Sterne

Die Sterne erscheinen uns teils größer, teils kleiner. Nach dieser scheinbaren Größe, die mit der wirklichen Größe nichts zu tun hat, sondern durch die Helligkeit bestimmt wird, gruppiert man die Sterne in Größenklassen. Sterne 1. bis 6. Größe lassen sich mit bloßem Auge erkennen. Der Unterschied von einer Größenklasse zur nächsthelleren wird durch den Quotient 2½ bestimmt. So ist ein Stern

5. Größe 2½mal heller als ein Stern 6. Größe
4. Größe 2½mal heller als ein Stern 5. Größe
3. Größe 2½mal heller als ein Stern 4. Größe
2. Größe 2½mal heller als ein Stern 3. Größe
1. Größe 2½mal heller als ein Stern 2. Größe
0. Größe 2½mal heller als ein Stern 1. Größe
− 1. Größe 2½mal heller als ein Stern 0. Größe
− 2. Größe 2½mal heller als ein Stern − 1. Größe
usw.

Es läßt sich also die Helligkeit noch über die 1. Größenklasse verlängern. Wega hat die Helligkeitsgröße 0, der hellglänzende Sirius — 2. Größe. Der Vollmond hat Helligkeit — 12,6 und die Sonne sogar — 26,72. Die größten Fernrohre, die das Licht sammeln und konzentrieren, lassen Sterne 7., 8. usw. bis zur 21. Größenklasse erkennen. Ein Stern 21. Größe sendet uns nur ein Hundertmillionstel der Lichtmenge, die uns ein Stern 1. Größe liefert. Um die Helligkeitsangaben noch genauer zu gestalten, wurde jede ganze Größenklasse nochmals in Zehntel und Hundertstel eingeteilt, wie 3,4 — 3,5 — 3,6 usw. So hat der Sirius genau die Größe — 1,6. Diese Helligkeit der Sterne hat selbstverständlich mit der wirklichen Leuchtkraft der Sterne nichts zu tun.

Nach sorgfältiger Zählung verteilen sich auf der ganzen Himmelskugel bis einschließlich der

1. Größenklasse	12 Sterne
2. Größenklasse	39 Sterne
3. Größenklasse	105 Sterne
4. Größenklasse	445 Sterne
5. Größenklasse	1 460 Sterne
6. Größenklasse	4 720 Sterne

Mit normalem Auge lassen sich etwa 5 500 Sterne, davon auf der nördlichen Halbkugel 2 900, erkennen. Schon ein kleines Fernrohr läßt die Anzahl der erkennbaren Sterne bedeutend höher werden. Die Pupille unseres Auges mit ihren 5 Millimetern Durchmesser läßt rund 5 500 Sterne erkennen. Ein Fernrohr mit einem Objektiv von 2½ cm offenbart 100 000 Sterne, ein solches mit 25 cm Objektivöffnung schon 5 Millionen und das Spiegelteleskop der Mount-Wilson-Sternwarte mit seinen 2½ m Spiegeldurchmesser läßt eine Milliarde Sterne wahrnehmen.

Die Anzahl der erreichbaren Sterne steigert sich mit jeder Größenklasse bis einschließlich

8. Größe auf	23 000 Sterne
10. Größe auf	170 000 Sterne
12. Größe auf	1 100 000 Sterne
14. Größe auf	6 500 000 Sterne
16. Größe auf	33 000 000 Sterne
18. Größe auf	140 000 000 Sterne
20. Größe auf	510 000 000 Sterne
21. Größe auf	890 000 000 Sterne

Dem freien Auge fällt schon eine verschiedene Färbung der Sterne auf. Darum teilt man alle Sterne entsprechend ihrer Färbung in drei Gruppen ein:

1. Weiße Sterne
Es sind die hellglänzenden, oft bläulich schimmernden Sterne mit dichter und heißer Atmosphäre, in der Wasserstoff vorherrscht. Sirius im Großen Hund, Atair im Adler, Wega in der Leier, Rigel im Orion und andere kennzeichnen diese Gruppe. Die Mehrzahl aller Sterne sind weiße Sterne.

2. Gelbe Sterne
Es sind Sterne mit weniger dicht und reichhaltig zusammengesetzter Atmosphäre. Rund ein Drittel der untersuchten Sterne, darunter Pollux in den Zwillingen, Kapella im Fuhrmann und andere, sind gelbe Sterne.

3. Rote Sterne
Das sind solche mit merklich kühlerer Atmosphäre. Zu dieser Gruppe gehören Aldebaran im Stier, Beteigeuze im Orion, Antares im Skorpion und andere und als einer der rötesten Cephei.

Eine Änderung in der Färbung eines Sternes geht in so ungeheuer langen Zeiträumen vor sich, daß sie nicht beobachtet werden kann, mit Ausnahme der sogenannten »neuen« und veränderlichen Sterne. Der Spektralphotometer ermöglicht erst eine genaue Farbenbestimmung der Sterne.

Um die Entfernung eines Punktes zu bestimmen, der unerreichbar ist, bedient man sich verschiedener Methoden. Will man zum Beispiel die Entfernung einer Laterne am jenseitigen Rheinufer wissen, so braucht man nur am diesseitigen Ufer eine bestimmte Strecke abzustecken und die Winkel an beiden Enden dieser Linie zu der jenseitigen Laterne hin zu messen. Mit diesen Werten kann man die Entfernung berechnen. Kann man mit dieser Methode die Entfernung eines Fixsternes bestimmen? Um solche riesigen Entfernungen festzustellen, genügt eine einfache Verschiebung des Standpunktes nicht, selbst der ganze Erddurchmesser, also die größtmöglichste Verschiebung auf Erden, ist ungenügend, es muß schon der ganze Erdbahndurchmesser benutzt werden. Die Messungen brauchen nur nach einem Zeitraum von genau einem halben Jahr wiederholt zu werden, um die größtmöglichste Verschiebung am Himmel zu erhalten.

Je weiter der Stern entfernt ist, um so spitzer ist der Winkel, der vom Stern zu den beiden Enden des Erdbahndurchmessers führt. Dieser Winkel wird die *jährliche Parallaxe* (griech.: Abweichung) des Sternes genannt. Die

Größe des Winkels entspricht dem Bogenmaß: Grad, Minuten und Sekunden. Die Feinheit der astronomischen Meßwerkzeuge hat eine solche Vollkommenheit erreicht, daß noch tausendstel Sekunden gemessen werden können. Dabei erscheint uns schon ein Grad als sehr spitzer Winkel. Eine noch genauere Bestimmung der Parallaxe geschieht auf fotografischem Wege, indem man mehrmals im Laufe eines Jahres die betreffende Stelle des Himmels fotografiert und aus den sehr kleinen Verschiebungen, die ein Stern gegenüber anderen auf den verschiedenen Bildern erfährt, die Parallaxe ermittelt.

Für die Maßeinheit der Entfernungen der Fixsterne genügen die irdischen Maßstäbe nicht. Eine Parallaxe von 1" entspricht 206 265 Erdbahn-Halbmessern. Diese Strecke nennt man eine *Sternweite* oder ein »Parsec«. Eine andere Einheit ist das *Lichtjahr*, das heißt, die Lichtstrahlen legen in einer Sekunde 300 000 km zurück, und da das Jahr 365 x 24 x 60 x 60 = 31 536 000 Sekunden hat, so ist ein Lichtjahr 31 536 000 x 300 000 km = rund 9,5 Billionen km lang. Das Wort Parsec ist aus den beiden Wörtern »Parallaxe« und »Sekunde« entstanden. Wir haben also als Maßeinheit für eine Parallaxe von 1":

1 Parsec = 1 Sternweite
= 30,8 Billionen km
= 3,26 Lichtjahre
= 206 265 Erdbahn-Halbmesser

Da das Lichtjahr am gebräuchlichsten ist, ergeben sich für die Parallaxen folgende Entfernungen:

Parallaxe in Bogensekunden	Entfernung in Lichtjahren
1,0	3,26
0,1	32,6
0,01	326
0,001	3 260
0,000 1	32 600
0,000 01	326 000
0,000 001	3 260 000
0,000 000 1	32 600 000
0,000 000 01	326 000 000

Selbstverständlich sind Parallaxen unter ein tausendstel Sekunden nicht mehr meßbar; sie werden auf Umwegen mit Hilfe der Spektralanalyse ermittelt.

Die sich durch die Parallaxenermittlung ergebenden Entfernungen einiger wichtiger Sterne betragen:

Stern	Parallaxe	Entfernung in Lichtjahren
Alpha Centauri	0,76"	4,3
Sirius	0,38"	8,6
Procyon	0,32"	10
61 Cygni	0,30"	11
Atair	0,22"	15
Arkturus	0,10"	32,6
Rigel	0,01"	326

Der nächste Fixstern ist Proxima (d. h. der nächste Stern) im Centauri; er ist 3½ Lichtjahre von uns entfernt. Alle die oben genannten Sterne sind uns noch verhältnismäßig nahe, andere sind Lichtjahrtausende entfernt.

Auch die räumliche Verteilung der Sterne ist von gewaltigem Ausmaß. Vergleichsweise läßt der Astronom Kobold die Sterne zur Größe eines Stecknadelkopfes zusammenschrumpfen, dann beträgt der gegenseitige Abstand 65 km. Ein Sandkorn in Köln und ein Sandkorn in Aachen, so schwach verteilt sind die Sterne. Nun ist die Sterndichte aber nicht einheit-

Abbildung 27:

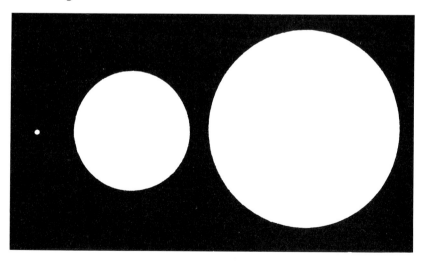

Von links nach rechts: Sonne, Rigel im Orion, Aldebaran im Stier
Größenverhältnis der Fixsterne zur Sonne

lich; die gegenseitigen Entfernungen sind sehr verschieden. Allgemein drängen sich die Sterne in der Ebene der Milchstraße dichter zusammen.

Unsere Sonne, die 1 300 000 Erdbälle faßt, erscheint uns schon ungeheuerlich groß, und doch ist sie ein Zwerg im Vergleich zu anderen Riesensonnen. So könnte der Stern Arkturus im Sternbild des Bootes 8 000 Sonnen oder 10½ Milliarden Erdkugeln aufnehmen. Beteigeuze, der rötlich schimmernde Stern im Orion, könnte sogar 27 Millionen Sonnenbälle fassen, wird aber noch übertroffen vom Stern Antares, der für 135 Millionen Sonnen Platz hat. Diese titanenhafte Zusammenballung der Materie wird gemildert durch die entsprechende Entfernung, so daß Störungen in den Bahnen der Sonnen dadurch aufgehoben oder unmerklich gemacht werden und die Gefahr eines Zusammenstoßes unwahrscheinlich ist. Zum Beispiel gelangt erst alle drei Billionen Jahre ein anderes Sonnensystem in die Nähe des unseren. Die Sterne sind nun nicht etwa alle solche Riesen wie die obengenannten; es gibt mittlere Größen und Zwerge, und viele sind kleiner als unsere Sonne.

Die Helligkeit der Sterne, nach den verschiedenen Größenklassen geordnet, hat mit der wirklichen Leuchtkraft nichts zu tun. Ist schon die Leuchtkraft unserer Sonne so gewaltig, daß 500 Billionen Reflektoren des Chicagoer Leuchtturmes vereinigt werden müßten, um den gleichen Effekt zu erzeugen, so wird sie doch von vielen anderen Sonnen übertroffen, so zum Beispiel durch den Stern Sigma Doradus um fast 300 000mal. Andererseits ist die Lichtkraft mancher Sterne, wie zum Beispiel die des Sternes Wolf 359 rund 50 000mal schwächer als die der Sonne. Rigel im Orion ist fast 25 000mal so hell wie die Sonne, obwohl er nur einen 19mal größeren Durchmesser hat. Alpha Herkules dagegen hat einen 150fachen Sonnendurchmesser, jedoch nur 190mal größere Leuchtkraft. Obgleich die Beteigeuze (im Orion) 27 Millionen Sonnenbälle aufnehmen könnte, besitzt sie aber nur die 5 000fache Lichtkraft der Sonne.* Die mit schwächster Leuchtkraft versehenen Sterne sind außer dem oben genannten Wolf 359 der Begleiter von Alpha Centauri und Procyon B von je 0,000 06 absoluter Helligkeit.

Angliedernd an die Gruppierung der Sterne nach Farben werden die Fixsterne nach verschiedenen Spektralklassen eingeteilt. Die von Vogel und Secchi aufgestellten vier bzw. drei Klassen mußten nach Verfeinerung der

---

* Heutige Untersuchungen ergaben höhere Werte.

Instrumente erweitert werden. Nach Untersuchung von über 200 000 Sternspektren wurden folgende Hauptklassen unterschieden:

Klasse B: Heliumsterne (Delta Orionis) mit überwiegend Helium- und Wasserstofflinien.

Klasse A: Siriussterne (Sirius, Wega) mit hervorstechenden Wasserstofflinien, Kalziumlinie K schwach entwickelt.

Klasse F: (Delta Aquilae, Canopus) Die Kalziumlinien H und K sind intensiv, Wasserstofflinien treten schwächer auf.

Klasse G: Sonnensterne (Sonne, Kapella) Auffallend sind die Kalziumlinien H und K und die Liniengruppe G.

Klasse K: (Arkturus) Hervorstechend sind die Kalziumlinien H und K und das G-Band (Eisen, Titan, Kalzium).

Klasse M: (Beteigeuze, Alpha Herkules) Die Titanoxidbanden sind am stärksten. Das G-Band ist in einzelne Linien aufgelöst.

Diese Hauptklassen sind durch Einfügung einer Zahl nochmals unterteilt. Die Reihenfolge der Spektralklassen entspricht der Gruppierung der Sterne in Farben von Weiß zu Rot. B-Sterne sind die weißen, G-Sterne die gelben, M-Sterne die roten Sterne.

Aus dieser Reihenfolge muß man schon schließen, daß entsprechend der Farbe die Temperatur der Sternoberfläche von den B- zu den M-Sternen hin niedriger wird. Mit Hilfe der Planckschen Energiegleichung kann man aus den Intensitäten der einzelnen Bezirke eines Sternspektrums die Temperatur der Sternoberfläche berechnen, denn die Intensitätsverteilung im kontinuierlichen Spektrum hängt von der Temperatur des strahlenden Körpers ab. Daraus ergeben sich folgende Mittelwerte:

Spektralklasse	Temperaturen
Bo	23 000 Grad Celsius
Ao	11 000 Grad Celsius
Fo	7 000 Grad Celsius
Go	5 400 Grad Celsius
Ko	4 200 Grad Celsius
Ma	3 300 Grad Celsius
Mb	3 000 Grad Celsius

Es gibt auch noch größere Oberflächentemperaturen. Die höchste Temperatur der bekannten Sterne beträgt 30 000° C und die niedrigste noch wahrnehmbare Temperatur 1 650° C. So schwanken die Temperaturen in einem

Spielraum von 30 000 : 1 650 oder 18 : 1. Draconis hat beispielsweise 25 500° C, Pegasi 2 800° C Temperatur. Die Verschiedenheit der Temperatur erzeugt die Verschiedenheit der Spektraltypen.

Die weißen Sterne stehen demnach am Anfang der Entwicklung, die allmählich kühler werden, zu gelben, dann zu roten Sternen übergehen und schließlich ganz erkalten. Aber auch die weißen Sterne müssen einen Entwicklungsprozeß durchgemacht haben. Man kann sie als Ergebnis der Zusammenballung der Materie ansehen, die durch die Konzentration erglüht, durch Rotation und weitere Konzentration immer mehr erhitzt, erst rot, dann gelb, schließlich weiß leuchtet.

Abbildung 28:

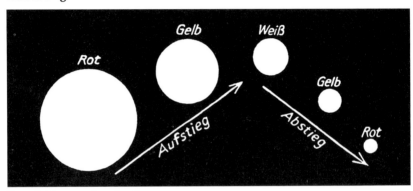

Entwicklungsreihe der Sterne

Damit wären zwei Entwicklungsreihen gegeben: eine aufsteigende, von roten über gelbe zu weißen Sternen, und eine absteigende, von weißen über gelbe wieder zu roten Sternen, also von geringerer zur höchsten, dann wieder zu niedrigerer Temperatur.

Welcher Stern befindet sich nun in aufsteigender und welcher in absteigender Entwicklungsreihe? Da die Sterne während des ganzen Entwicklungsprozesses immer mehr komprimieren (sich zusammenziehen), so stehen am Anfang also Sterne geringer Dichte und am Ende Sterne höchster Dichte. Ein Stern hat in der Periode geringer Dichte natürlich größere Ausdehnung als in der Periode höchster Dichte. So beginnt die Entwicklungsreihe mit den roten Riesensternen der M-Klasse, die bei zunehmender Temperatur immer dichter und kleiner werden und als weiße Sterne der A- und B-Klasse die höchste Temperatur besitzen. Trotz bedeutender Komprimierung sind es noch immer Riesen. Dann beginnt der Prozeß schneller Abkühlung, die Sterne werden immer dichter und enden als rote Zwerge der M-Klasse. Somit verläuft die Entwicklungsreihe der Sterne nach folgendem Schema:

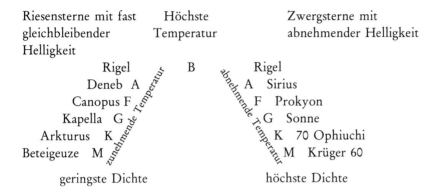

Riesensterne mit fast gleichbleibender Helligkeit — Höchste Temperatur — Zwergsterne mit abnehmender Helligkeit

geringste Dichte — höchste Dichte

Für jede Gruppe ist ein typischer Stern bezeichnet. Ob ein Stern die ganze Entwicklungsreihe durchläuft, das heißt, ob er sich überhaupt bis zur B-Klasse entwickelt, hängt von seiner Masse ab. Nur die massereichsten Sterne erreichen solche hohen Temperaturen. Sterne geringerer Masse — und das sind die meisten — steigen höchstens bis zur F- oder G-Klasse, um dann gleich wieder abzusteigen. Die Masse der Sterne schwankt gewöhnlich zwischen einem Zehntel bis 50 Sonnenmassen. Die Entwicklung eines Sternes hängt also von drei Faktoren ab: Temperatur, Dichte und Masse.

Die Bestimmung des Sterndurchmessers geschieht mit Hilfe des Interferometers, das heißt, man macht sich die Interferenzerscheinung (wird im II. Kapitel behandelt) zunutze, um den Winkeldurchmesser eines Sternes zu ermitteln. Ein solcher Apparat ist das Hookerteleskop auf dem Mount Wilson. An der Öffnung des Teleskops ist ein langer Stahlbalken angebracht, der an den Enden je einen beweglichen Spiegel trägt. Diese fangen die Strahlen eines Sternes auf und leiten sie zu den 114,2 cm voneinander befindlichen feststehenden Spiegeln. Die Strahlen gelangen von dort zum Hohlspiegel im Inneren des Teleskops und, nachdem sie zweimal zurückgeworfen worden sind, zur Beobachtung. Die verstellbaren Spiegel können von zwei bis zu sechs Meter Abstand verändert werden. Die beiden Strahlen, die von den beweglichen Spiegeln ins Innere des Teleskops gelangen, überlagern sich, sie interferieren jeweils bei einem bestimmten Spiegelabstand. Dieser richtet sich nach der Größe des Sterndurchmessers. Bei der Durchmesser-

bestimmung von Beteigeuze im Orion zeigte sich, daß die Interferenzstreifen bei 250 cm Spiegelabstand sichtbar wurden, bei 300 cm aber verschwanden. Um nun den Winkeldurchmesser des Sternes zu berechnen, verfährt man nach dem Satz vom schmalen Dreieck:
Querseite = Längsseite mal Arcuszahl

Die Querseite ist der Gangunterschied, das heißt, die Wellenlänge des Strahles, die Längsseite entspricht dem Abstand 300 cm. Das Sternlicht der Beteigeuze ist orangefarbig, was einer Wellenlänge von 0,000 06 cm entspricht. Querseite 0,000 06 cm geteilt durch die Längsseite 300 = 0,000 000 2 Arcuszahl. 0,000 004 8 Arcuszahl ist gleich 1 Bogensekunde. Der Durchmesser ist also gleich 1/24 Bogensekunde. Da die Entfernung der Beteigeuze etwa 200 Lichtjahre beträgt, so ergibt die Rechnung einen tatsächlichen Durchmesser von der 300fachen Sonnengröße. Durch diese Methode fand man Aldebaran im Stier mit 40 und Arkturus im Bootes mit 20fachem Sonnendurchmesser. Andere Riesensterne sind noch größer: So hat Scheat im Pegasus 100, Mira im Walfisch, Alpha Herkules und Antares haben 300 bis 500fachen Sonnendurchmesser.

Die Dichte ist bei diesen Riesensternen allerdings gering. Sterne der B- und A-Klasse haben gewöhnlich Dichten von 0,01 bis 1 der Sonnendichte. Die geringsten der bis jetzt gefundenen Dichten haben W Crusis der G-Klasse von 10^{-6} und Epsilon Aurigae der F-Klasse von 10^{-8}facher Sonnendichte. Andere Sterne erreichen Dichten von 50 000 g/cm^3 und sogar darüber hinaus. Während zum Beispiel der Sirius ein spezifisches Gewicht von 0,9 g/cm^3 hat, ist das des Siriusbegleiters (Sirius ist ein Doppelsternsystem) 50 000 g/cm^3. Für derartige Dichten gibt es überhaupt kein irdisches Vergleichsmaß. Hier müssen schon die Bausteine des Kosmos, die Protonen, Neutronen und Elektronen, unvorstellbar dicht zusammengepackt sein.

Würden die hingerichteten chinesischen Astronomen Hi und Ho heute, nach mehr als 4 000 Jahren, ins Leben zurückkehren, so würden sie die Stellung der Gestirne scheinbar unverändert finden. Sie würden erklären: Die Sterne sind »Fixsterne«, an der Himmelskugel angeheftet, sie sind unbeweglich. Trotz dieser anscheinenden Starrheit haben die Fixsterne eine Eigenbewegung, wie auch unsere Sonne eine Bewegung hat. Durch diese Sonnenbewegung wird ein Stern scheinbar bewegt; er nähert oder entfernt sich uns. Diese von der Sonne herrührende Bewegung heißt parallaktische Bewegung. Zieht man diese von der Eigenbewegung ab, so bleibt die spezielle oder pekuliare Bewegung. Radiale (strahlenartige) Sternbewegung richtet sich in der Gesichtslinie auf uns zu oder von uns weg, tangentiale senkrecht zur Gesichtslinie. Die meisten Sterne haben eine sehr kleine Eigenbewegung. Im allgemeinen ist die Eigenbewegung der Sterne sehr verschieden, im Durchschnitt nicht mehr als eine Vollmondbreite in 2 000 Jahren. Die größte Eigenbewegung hat der Barnardsche »Pfeilstern« im Sternbild des Schlangenträgers (ein Stern 10. Größe), er eilt in 1 000 Jahren fast sechs Vollmondbreiten weiter.

Abbildung 29:

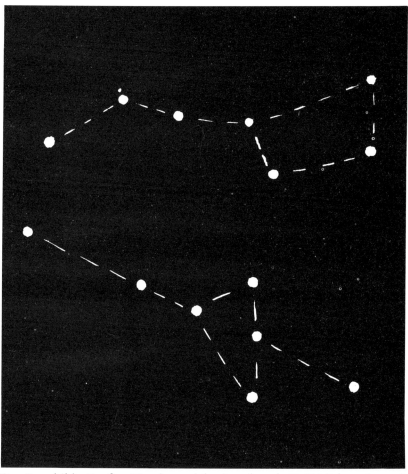

Das Sternbild »Großer Bär« heute (oben) und nach 20 000 Jahren (unten)

Durch ungleiche Eigenbewegung werden auf lange Sicht die Sternbilder verschoben, wie zum Beispiel das Sternbild des Großen Bären, das vor 20 000 Jahren eine ganz andere Gestalt hatte als heute und nach gleichem Zeitraum wiederum vollständig verändert sein wird. Man mißt die Eigenbewegung nach Bogensekunden pro Jahr. Einige Sterne von mehr als einer Sekunde Eigenbewegung sind:

Stern	Größenklasse	Eigenbewegung
Barnards Pfeilstern	9,7	10,3"
Kapteyns Stern	8,3	8,7"
Groombridge 1830	6,5	7,1"
Lacaille 9352	7,4	7,0"
61 Cygni	5,6; 6,3	5,2"
Alpha Centauri	0,3; 1,7	3,7"
Arkturus	0,2	2,3"

Eigentümlicherweise sind die Sterne der Spektralklasse B die schwächst-, die der F-Klasse die stärkstbewegten. Die Eigenbewegung steigt also von der M- zur F-Klasse, fällt bis zur B-Klasse, steigt wieder bis zur F- und sinkt dann zur M-Klasse. Dieses Phänomen ist bisher noch nicht ergründet worden.

Zur Feststellung der Geschwindigkeit der Sterne bedient man sich des Dopplerprinzips (benannt nach dem österreichischen Physiker Chr. Doppler, 1803—1853), das auf dem Satz beruht:

Wird durch Bewegung eine Verminderung der Entfernung zwischen Beobachter und Tonquelle hervorgebracht, so wird der Ton erhöht, findet das Gegenteil statt, erniedrigt.

Diese Erscheinung rührt daher, daß bei Annäherung einer Tonquelle an das Ohr des Beobachters mehr Schallschwingungen, bei Entfernung weniger in derselben Zeit aufgenommen werden. Bewegt sich eine Tonquelle von 500 Schwingungen und einer Geschwindigkeit von 20 m pro Sekunde an dem Ohr des Beobachters vorbei, so werden bei Annäherung 20:333 (Schallgeschwindigkeit) = rund ein Siebzehntel mehr Schwingungen und bei Entfernung ebensoviel weniger Schwingungen aufgenommen, das heißt im ersten Falle rund 530, im zweiten etwa 470 Schwingungen. Die Anwendung des Dopplerschen Prinzips auf Lichtwellen stieß auf große Schwierigkeiten, die in der enormen Lichtgeschwindigkeit begründet liegen. Bei Annäherung einer Lichtquelle an das Auge des Beobachters muß eine Farbenänderung in der Richtung der schnelleren Schwingungen nach Violett hin und bei Entfernung nach Rot hin erfolgen. Da nun die Geschwindigkeiten der Himmelskörper verschwindend gering im Vergleich zur Lichtgeschwindigkeit sind, ist die Farbenänderung unmerklich. Hier hilft nun die Spektralanalyse; mit dieser Methode lassen sich selbst kleinste Verschiebungen registrieren. Das Spektrum der zu untersuchenden Lichtquelle läßt man gleichzeitig mit einem Vergleichsspektrum eines Elementes, das auch in der Lichtquelle enthalten ist, erscheinen. Nähert sich nun die Lichtquelle, zum Beispiel ein Stern, unserer Erde, so findet eine Verschiebung der Linien nach Violett hin statt. Bei umgekehrtem Vorgang, bei Entfernung, findet eine Rotverschiebung statt. Obwohl die Verschiebungen, selbst bei 100 km und mehr Sekundengeschwindigkeiten, nur sehr geringe Beträge aufweisen, sind Apparate und Meßmethoden so verfeinert, daß Geschwindigkeiten bis auf 1 km Genauigkeit gemessen werden können.

Eine sich uns nähernde Bewegung wird, entsprechend der Verminderung der Sternentfernung, als negative und eine sich von uns entfernende, die die Sternentfernung vergrößert, als positive Radialgeschwindigkeit bezeichnet. Bei Bestimmung der Radialgeschwindigkeiten ist stets zweierlei zu berücksichtigen:

1. Die Bewegung der Sonne. Ist die Bewegungsrichtung — das heißt der Apex der Punkt, wohin die Sonne strebt — und die Geschwindigkeit der Sonne bekannt, so läßt sich bei Berücksichtigung dieser Faktoren die wirkliche Geschwindigkeit festlegen.

2. Die Bewegung der Erde. Die Erde bewegt sich mit 30 km Sekundengeschwindigkeit um die Sonne. Bilden nun Sonne — Erde — Stern einen rechten Winkel, und liegt der Stern in der Umlaufebene der Erde, so muß die Radialgeschwindigkeit des Sternes entweder negativ oder am anderen Ende der Erdbahn positiv um 30 km/sek falsch erscheinen. Befindet sich der Stern in gleicher Richtung Erde — Sonne, so ist die annähernde oder entfernende Bewegung der Erde ausgeschaltet, weil die Erdbewegung quergerichtet ist. Je mehr die Sterne außerhalb der Erdbahn liegen, um so weniger macht sich der Einfluß der Erdbewegung geltend. Doch auch diese abweichenden Beträge müssen berücksichtigt und bei genauen Bestimmungen muß auch die Erdrotation in Rechnung gezogen werden.

Wird nun die Bewegung eines Sternes in der Gesichtsrichtung von dem Einfluß der Sonnen- und Erdbewegung befreit, so ergibt sich die wirkliche Radialgeschwindigkeit. Die ermittelte Radialgeschwindigkeit einiger bekannter Sterne beträgt:

Stern	Größe	km/sek	Stern	Größe	km/sek
Sirius	−1,6	− 8	Prokyon	0,5	+ 21
Canopus	−0,9	+ 21	Atair	0,9	+ 26
Kapella	0,2	+ 30	Aldebaran	1,1	+ 55
Arkturus	0,2	− 4	Spica	1,2	+ 2
Wega	0,1	− 14	Regulus	1,3	+ 7
Alpha Centauri	0,3	− 22	Deneb	1,3	− 4
Rigel	0,3	+ 23	Beteigeuze	(0,9)	+ 21

Im allgemeinen gleichen sich die negativen und positiven Radialgeschwindigkeiten aus. Bei Sternen der A-Klasse überwiegen die positiven; bei Sternen der B-Klasse macht sich die nach außen strebende Tendenz noch viel stärker bemerkbar. Dieses Phänomen kommt um so stärker zur Geltung, je größer die Sternentfernung ist.

Die tangentiale, also senkrecht zur Gesichtslinie fortschreitende Bewegung wird in Bogensekunden gemessen und in km umgerechnet. Wird bei einem Stern sowohl tangentiale wie radiale Bewegung festgestellt, so verläuft die Bewegungsrichtung schräg zur Gesichtslinie. Aus beiden Bewegungen ergibt sich die Totalgeschwindigkeit oder absolute Geschwindigkeit in Bezugnahme der Parallaxe des Sternes. Sterne bis zu 63 km/sek absoluter Geschwindigkeit werden als normal bewegte bezeichnet, Sterne mit größerer Geschwindigkeit als raschbewegte. Eine Statistik der raschbewegten Sterne ergab für die verschiedenen Spektralklassen folgende prozentuale Beteiligung:

B	A	F	G	K	M
½	0	3	18	24	49

Während die A-Klasse fast keine raschbewegten Sterne aufzuweisen hat, sind rund die Hälfte der roten M-Sterne raschbewegte. Einige dieser kosmischen Schnellzüge der verschiedenen Spektralklassen (Sp) haben absolute Geschwindigkeiten (G), die sich aus der Radialgeschwindigkeit (R), der tangentialen Bewegung (T) und der Parallaxe (P) wie folgt berechnen lassen:

Stern	Sp	R (km/sek)	T (″)	P (″)	G (km/sek)
Lalande 1966	F 5	− 325	0,64	0,016	364
A.G. Berlin	F 0	+ 339	0,54	0,007	494
Lalande 15 290	F 7	− 242	1,96	0,023	467
Lalande 23 995	F 3	+ 144	0,88	0,012	372
Lalande 27 274	F 4	+ 160	0,79	0,013	322

Stern	Sp	R (km/sek)	T (")	P (")	G (km/sek)
A.Oe. 14318/20KO	G 8	+ 300	3,68	0,044	491
A.Oe. 20 452	F 5	− 179	1,18	0,015	391
Barnards Pfeilstern	M b	− 106	10,27	0,540	132

Die größte bisher festgestellte Totalgeschwindigkeit bei Fixsternen beträgt 1 000 km/sek. Kapteyns Untersuchung der Eigenbewegung von 2 400 Sternen ergab, daß die Sterne zwei Bewegungsrichtungen bevorzugen, deren Ziele er als »scheinbare Vertices« der Eigenbewegung bezeichnete. Danach bewegen sich alle Sterne allgemein in zwei Sternströmen oder Sterntriften, und innerhalb dieses gemeinsamen Stromes finden regellose Sonderbewegungen statt. Andere Astronomen bestätigen durch weitere Untersuchungen diese Auffassung. Das Ergebnis ist, daß die beiden Sternströme entgegengesetzt und parallel zur Ebene der Milchstraße verlaufen, nicht voneinander getrennt, sondern sich gegenseitig durchsetzend. Die Anzahl der Sterne von Strom I und II verhält sich wie 3:2 und die Geschwindigkeit wie 1,52 : 0,86. Atair, Alpha Andromeda, Regulus, Alpha-, Beta-, Gamma-Centauri gehören zum ersten, Wega, Sirius, Arkturus und die Sonne zum zweiten Strom. Schwarzschild vertritt hierzu folgende Auffassung:

»Wenn wir uns die Milchstraße wie früher horizontal liegend vorstellen, so wandern diese beiden Sternschwärme parallel zu einem Durchmesser ebenfalls horizontal. Denken Sie sich nun zahllose ähnliche Sternschwärme hinzu, die alle ungefähr längs derselben Straße wandern, die einen in der einen Richtung nach dem Fuhrmann zu, etwa ebensoviele in der entgegengesetzten Richtung nach dem Adler zu, so bekommen Sie die richtige Erscheinung. Die Wege sind nicht scharf aneinander gebunden, sondern laufen zum Teil erheblich auseinander. Schon die Hyaden (Sternhaufen im Stier) weichen ein wenig von der mittleren Richtung ab, die etwas südlich vom Fuhrmann nahe auf die Beteigeuze im Orion gerichtet ist. Es gibt auch Sterne, die quer zu unserer Straße und auch solche, die aus der Ebene der Milchstraße herauswandern, aber als Haupttatsache bleibt bestehen: Es existiert eine ungeheure Heerstraße, der die Sterne mit Vorliebe folgen, in der sie sich begegnen und wieder aneinander vorbeiziehen, und diese Straße ist parallel einem Durchmesser des Milchstraßensystems.«*

Nicht alle Sterne vollführen neben der allgemeinen Triftbewegung regellose Sonderbewegungen, oft besitzen ganze Sterngruppen gemeinsam pa-

---

* Diese Auffassung wurde von Lindblad bestritten.

rallele Bewegungen, so beispielsweise die Hyaden. Auf Grund der perspektiven Erscheinung weisen die Bewegungsrichtungen auf einen Punkt hin. Die Geschwindigkeit von uns weg beträgt 46, die seitlich gerichtete 20 km/sek. Nach 65 Millionen Jahren wird die Hyadengruppe als gedrängter Sternhaufen in der Nähe der Beteigeuze erscheinen.

Beobachtet man scharf den Stern Mizar im Schwanz des Großen Bären, so erkennt man ein wenig daneben ein Sternchen sechster Größe, Alkor, das Reiterlein. Außerdem hat Mizar einen kleinen teleskopischen Begleiter. Auch in anderen Sternbildern entdeckte man ähnliche Doppelsterne. Manche sind »optische Doppelsterne«, das heißt solche, die von uns aus als nahe zusammenstehend gesehen werden, in Wirklichkeit aber hintereinander und weit auseinander stehen. Die meisten jedoch sind physische **Doppelsterne;** sie gehören zusammen und bilden ein System. Mit Hilfe des Fernrohres vermehrt sich die Zahl der beobachtbaren Doppelsterne in hohem Grad; bis jetzt (1940) auf weit über 20 000. Die Doppelsterne — manchmal auch ein Mehrsternsystem von drei bis fünf Sternen — bewegen sich um einen gemeinsamen Schwerpunkt in Umlaufszeiten von einigen Stunden bis zu Tausenden von Jahren. Manche mit Hilfe des Spektroskops entdeckten Doppelsterne haben eine sehr geringe Umlaufzeit, zum Beispiel Beta Cephei eine von viereinhalb Stunden und Doppelstern BD + 6° 1309 eine von 14 Tagen. Spektroskopische Doppelsterne sind solche, deren Komponenten (mitwirkende Bestandteile) direkt nicht beobachtet werden können.

Ein interessantes spektroskopisches Doppelsternsystem, das von dem kanadischen Astronomen Plaskett sorgfältig untersucht wurde, ist das mit BD + 6°, 1309 bezeichnete. Es handelt sich um zwei Riesensterne mit 18- und 20fachem Sonnendurchmesser, die 90 Millionen km voneinander entfernt sind und sich mit 200 bis 250 km/sek Geschwindigkeit um einen gemeinsamen Schwerpunkt drehen. Das System hat eine Masse, die 160mal die der Sonne übertrifft. Bei einer Oberflächentemperatur von 17 000° C hat das Doppelsternsystem eine 27 000fache Sonnenleuchtkraft. Trotz dieser ungeheuren Helligkeit erscheint der Doppelstern in sechster Größe. Dementsprechend beträgt die Entfernung 10 000 Lichtjahre.

Bei diesen und anderen spektroskopischen Doppelsternen teilen sich die wichtigsten Spektrallinien, die auseinander und wieder zusammengehen. Da die Bahnebene in unserer Blickrichtung liegen muß, um die Beobachtung durchführen zu können, bewegt sich der eine Stern auf uns zu, dessen Spektrallinien verschieben sich nach Violett, der zweite Stern dagegen eilt von

Abbildung 30:

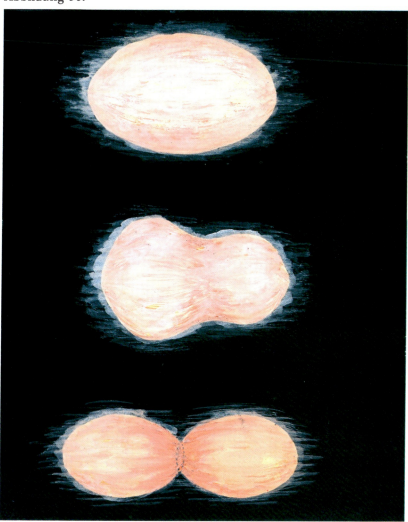

Entstehung von Doppelsternen

uns weg, seine Linien verschieben sich nach Rot. Stehen beide Sterne hintereinander, dann vereinigen sich beide Linien.

Die beiden Komponenten des Doppelsternes Kapella sind 127 Millionen km voneinander entfernt und laufen in 104 Tagen umeinander. Sonstige Werte des Kapellasystems zeigt folgende Tabelle:

Kapellasystem	Größere Komponente	Kleinere Komponente
Scheinbare Größe	+ 0,8	+ 1,1
Spektrum	G0	F 5
Durchmesser in Mio. km	16	8
Masse in Sonneneinheiten	4,2	3,3
Temperatur in Kelvingraden	5700°	7400°

Ein schwieriges Problem bot das Doppelsystem Sirius. Aus der wellenförmigen Bewegungslinie des Sirius schloß der Astronom Bessel (1784—1846), daß dieser Stern einen unsichtbaren Begleiter habe. Darauffolgende Berechnungen ermöglichten im Jahr 1862 dessen Auffindung, was wegen der enormen Überstrahlung des Sirius sehr schwierig war. Langwierige und sorgfältige Beobachtungen und Berechnungen haben dieses schwierige Doppelsternsystem gelöst. Der Siriusbegleiter läuft in drei Milliarden km Entfernung um den Hauptstern herum.

Ein Beispiel eines mehrfachen Sternsystems bietet der Stern Zeta im Krebs, ein vierfaches System. Um einen Doppelstern kreist im weiten Abstand ein spektroskopischer Doppelstern in 600 bis 700 Jahren herum. Durch die wechselnde Störung wird die Bahn des äußeren Doppelsternes zur Wellenlinie.

Die außerordentlich geringe Umlaufzeit des Doppelsternes Beta Cephei von viereinhalb Stunden entspräche einem Bahndurchmesser von 45 000 km. Bei Doppelsternen, die Umlaufzeiten bis zu 17 Stunden haben, müssen sich die Komponenten berühren. Solche Systeme besitzen außergewöhnlich große Umlaufgeschwindigkeiten. Der Doppelstern RR Centauri wurde von Darwin (Sohn des großen Naturforschers) als Beispiel eines solchen zusammenhängenden Gebildes bezeichnet. In Berührung stehende F-Sterne, die fast 2 000° C heißer sind als unsere Sonne, die also im gasförmigen Zustand umeinanderrasen — ein ungewöhnliches Bild.

Poincaré, Darwin und Schwarzschild entwickelten folgende Hypothese der Entstehung der Doppelsterne: Ein durch Rotation entstehendes Ellipsoid verträgt ein Verhältnis des Äquator- zum Polardurchmesser von höchstens 1 000 : 583. Wird infolge von Abkühlung die Rotation fortgesetzt beschleunigt, so überwiegt die Zentrifugalkraft. Die Masse wölbt sich an zwei entgegengesetzten Enden des Äquators aus, wird zu einem dreiachsigen Ellipsoid, dann birnenförmig, schnürt in der Mitte mehr und mehr ein, bis der Körper plötzlich in zwei Teile auseinanderreißt, die sich dann zu Ellipsoiden formen. Der so entstandene Doppelstern erhält im Laufe der Zeit durch Gezeitenwirkung eine Bahnerweiterung bis zu einer gewissen Grenze. Moulton und Russell bezweifelten, daß die Gezeitenwirkung ausreichen würde, um die Umlaufzeit von Stunden oder Tagen in viele Jahre umzuwandeln. Jeans nimmt an, daß dazu erst die Gravitationswirkung sich nähernder Sterne ausreichen würde. Auch Walters macht den Einfluß eines dritten Körpers, durch Massenaufspaltung, für die Entstehung von Doppelsternen verantwortlich.

Manche Fixsterne erfahren in ihren Lichtverhältnissen Veränderungen verschiedenen Charakters; sie werden »**Veränderliche**« genannt und mit einem großen Buchstaben vor ihrem Namen als solche bezeichnet. Man unterscheidet:

1. Periodische Veränderliche
a) Algolsterne
b) Kurzperiodische Veränderliche
c) Langperiodische Veränderliche
2. Veränderliche ohne deutliche Periodizität
a) Unregelmäßig Veränderliche
b) »Neue« Sterne

Algol im Perseus ist der typische Vertreter eines Bedeckungsveränderlichen. Plötzlich verblaßt der Stern im regelmäßigen Abstieg um 1,2 Größenklassen im Zeitraum von 4 Stunden und 53 Minuten, um dann, ohne auf diesem Niveau zu verweilen, in demselben Zeitraum wieder zum Normallicht anzusteigen. Normal beträgt die Helligkeit Größe 2,2, im Minimum 3,4. Die Periode von einem Tiefstand zum anderen beträgt 2 Tage, 21 Stunden. Lange Zeit blieb diese Lichtschwankung unerklärlich, erst 1873 fand Vogel die Lösung des Rätsels. Algol ist ein spektroskopischer Doppelstern, dessen Bahnebene wir von der Kante beobachten. Der Hauptstern hat einen Durchmesser von 4,5 Millionen, der Begleiter von 1,7 Millionen km (Sonne = 1,4 Millionen km). Der Bahndurchmesser beträgt 9,6 Millionen km. Der Begleiter ist nicht ganz dunkel, wohl aber beträchtlich lichtschwächer, denn es tritt auch dann eine geringfügige Lichtschwankung ein, wenn der Hauptstern den Begleiter bedeckt. Veränderliche Sterne vom Algol-Typus sind also nichts anderes als Erscheinungen von »Sternfinsternissen«, analog der Sonnenfinsternis.

Kurzperiodische Veränderliche zerfallen in drei Gruppen. Bei der ersten Gruppe dauert die Periodenlänge weniger als einen Tag. Hauptvertreter ist RR Lyrae mit einer Periode von zehn Stunden. Die Sterne dieser Gruppe sind am ganzen Himmel verteilt und haben eine große Eigenbewegung. Die zweite Gruppe hat Periodenlängen von ein bis zehn Tagen, deren Hauptvertreter Delta Cephei mit einer Periode von 5 1/3 Tagen ist. Es sind im allgemeinen Lichtriesen, ohne große Eigenbewegung, dünn im Raum verteilt und sehr weit entfernt. Zur dritten Gruppe der kurzperiodischen Veränderlichen gehören Sterne mit Perioden von zehn bis sechzig Tagen.

Die unter dem Namen Cepheiden zusammengefaßten Gruppen der kurzperiodischen Veränderlichen, benannt nach dem Hauptvertreter Delta Cephei, haben neben den obengenannten Unterschieden gleiche Erscheinungsmerkmale. Die Lichtkurve steigt vom Minimum zum Maximum rasch, fällt dann langsamer, oft zögernd, vor dem Minimum am langsamsten. Die Helligkeitsunterschiede betragen 0,6 bis 1,5 Größenklassen. Lichtminimum ist zugleich Temperaturminimum, die Sterne werden rötlicher und ändern ihre Spektralklasse, so entspricht zum Beispiel Delta Cephei im Maximum F 1, im Minimum G 0,5. Auch die Periodenlänge beeinflußt die Spektralklasse, so ist eine Periode von

   ½ Tag   = Spektraltypus A
   4 Tage   = Spektraltypus F 5
   8 Tage   = Spektraltypus G0
  18 Tage   = Spektraltypus K 5
  60 Tage   = Spektraltypus M

Entsprechend dem periodischen Lichtwechsel schwankt auch die Radialbewegung. Diese Schwankungen der Radialbewegung, die im Helligkeitsmaximum die größte Annäherung, im Minimum die höchste Fluchtbewegung haben, lassen sich nicht als Umlaufsbewegung von Doppelsternen deuten, denn es fehlen die Doppellinien im Spektrum. Die Cepheiden sind also keine spektroskopischen Doppelsterne. A. Ritter deutete die Phänomene der kurzperiodischen Veränderlichen durch »Pulsation«, das heißt ein regelmäßiges Ausdehnen und Zusammenziehen der Sterne. Abgesehen davon, daß die fortgesetzte Regelmäßigkeit der Lichtschwankung eine solche Pulsation unwahrscheinlich macht, wäre auch das Rätsel, wie die Pulsation entsteht, noch nicht gelöst.

Die langperiodischen Veränderlichen haben Perioden von zwei Monaten bis zu zwei Jahren, sie gruppieren sich meistens um 300 Tage Periodenlänge herum. Hauptvertreter ist Mira im Walfisch, der »Wunderstern«. Er wurde zuerst vor allen anderen als Veränderlicher erkannt. Seine Periodenlänge schwankt zwischen 320 und 340 Tagen. Die Helligkeit erreicht im Maximum 2. bis 5. Größe und im Minimum 8. bis 9. Größe, das sind Unterschiede von fünf bis sechs Größenklassen. Der langperiodische Chi im Schwan erreicht sogar Unterschiede von zehn Größenklassen. Im allgemeinen betragen sie jedoch vier und fünf Klassen. Mira-Sterne sind die rötesten Sterne, die es gibt, meist M-Sterne, zeigen aber im Lichtmaximum Wasserstofflinien. Im Minimum treten helle Linien von Eisen, Magnesium und Silicium auf. Bei manchen Mira-Sternen verändert sich die Periodenlänge, so verkürzte sich zum Beispiel die Periode bei R Hydrae alle 3 415 Tage um 10 Tage und hat seit 1784 bis 1914 von 500 Tagen auf 403 Tage abgenommen. Verschiedene langperiodische Veränderliche zeigten ebenfalls Schwankungen der Radialbewegung, aber in umgekehrter Richtung wie bei den Cepheiden: größte Annäherung im Minimum und höchste Fluchtbewegung im Maximum. Diese Tatsache spricht ebenfalls gegen die Pulsationshypothese. Mira und die meisten seiner Art sind rote Riesen von geringer Dichte. Mira hat einen 200fachen Sonnendurchmesser.

Bei manchen unregelmäßig Veränderlichen ist die Ursache der Lichtschwankung vorüberziehenden kosmischen »Nebelschwaden« zuzuschreiben. Bei anderen führen innere Ursachen zur unregelmäßigen Schwankung. Beteigeuze und der Granatstern (My Cephei) zeigen noch einen mehr oder weniger regelmäßigen Charakter und bilden Übergänge zu den Mira-Sternen. Beteigeuze weist nur Helligkeitsunterschiede von 0,2 Größenklassen auf und zeigt neben einer kurzen Periode von 250 Tagen eine lange von 6 Jahren. Auch der Granatstern zeigt wechselnde Perioden von 90 und 1 000 Tagen, doch sind alle diese Perioden unbeständig. Die Radialbewegung schwankt beim Granatstern um 13 km, bei Beteigeuze um 5 km. Während der unregelmäßig Veränderliche RV Tauri eine auf- und abschwankende Lichtkurve zeigt, je zwei Maxima oder Minima rund 69 Tage auseinanderliegend, kommt es zum Beispiel bei SS Cygni zu plötzlichen Aufhellungen in steil aufsteigenden Lichtkurven, dann wieder zu langsamem Fallen auf das gewöhnliche Niveau des Minimums.

Im Jahr 1572 entdeckte Tycho Brahe einen **»Neuen Stern«** im Sternbild des Kassiopeia. Das mächtige Auflodern eines großen, hellen Sternes an einer Stelle, wo vorher nichts zu sehen war, bedeutete ein solch ungewöhnliches Ereignis, daß Tycho Brahe sich diese Tatsache von einigen Bekannten bestätigen ließ. Bis zum vorigen Jahrhundert glaubten weite Kreise an eine Schöpfung aus dem Nichts. Von dieser ersten, als einwandfrei dokumentierten Nova Kassiopeiae (nova stella = neuer Stern) bis zum Jahr 1901, als die bedeutende Nova Persei I erschien, waren schon insgesamt 21 mehr oder minder hell aufleuchtende »Neue Sterne« registriert. Seitdem sind weitere zahlreiche Novae erschienen. Die bedeutendsten in diesem Jahrhundert sind außer der Nova Persei I die im Jahr 1918 im Adler auftauchende Nova Aquilae III und die 1925 für unsere Gegend nicht sichtbare Nova Pictoris.

Die »Neuen Sterne« sind unscheinbare, schwachleuchtende Sterne, die durch einen besonderen Vorgang zum plötzlichen, großartigen Aufleuchten gebracht werden. Die Nova Kassiopeiae hatte einen solch wunderbar überstrahlenden Glanz, Sirius und Jupiter übertreffend, daß sie, die Wolken durchbrechend, sogar das Tageslicht besiegte. Die Helligkeitsunterschiede der vier bedeutendsten Novae betrugen:

Nova	· Größte Helligkeit	Helligkeit vorher	Abnahme bis
Kassiopeiae	−3,0	4	9,0
Persei I	0,1	13 bis 14	12,5
Aquilae III	−0,5	10 bis 11	10,0
Pictoris	1,0	12	8,0

Neben dem Maximum an Lichtentfaltung treten deutlich helle Linien im Spektrum auf, so zum Beispiel bei der Nova Aquilae. Die Vergrößerung der Helligkeit um zehn bis zwölf Größenklassen bedeutet eine 60 000fache Lichtstärke, was nur auf gewaltige, unvorstellbare Umwälzungen zurückzuführen ist, die eine ungeheure Aufblähung des Sternes zur Folge haben.

So wuchs der Durchmesser der Nova Pictoris von 2,8 Millionen km (doppelter Sonnendurchmesser) vor der Katastrophe auf 595 Millionen km, das ist so groß wie die engsten Planetoidenbahnen. Zu berücksichtigen ist, daß sich diese Katastrophe vor 4 500 Jahren ereignete, denn um so viele Lichtjahre ist der Stern entfernt. Die Nova Aquilae blähte sich derart gewaltig auf, daß sie 20 Tage nach der Entflammung einen Durchmesser von 12 Milliarden, 165 Tage danach einen solchen von 60 Milliarden km besaß, das entspricht der 10fachen Entfernung Sonne—Pluto. Es wird sich hier nicht um einen festen Begriff eines Durchmessers handeln, sondern um hellaufleuchtende, mit ungeheurer Wucht hinausgeschleuderte Gasausströmungen. Die Vorgänge müssen mit solch unerhörter Heftigkeit erfolgen, daß eine Radial-

Abbildung 31:

Ein »Neuer Stern« im Weltall

bewegung der Ausströmungen von 2 000 km/sek erzeugt wird. Es gibt sonst kein Vergleichsbild in der Natur, das uns einen solchen Explosionsvorgang begreiflich machen könnte. Wahrscheinlich blähen sich die äußeren Schichten des Sternes explosionsartig auf, um dann auseinanderzuplatzen und die sonst unsichtbaren Strahlen erscheinen zu lassen.

Was ist nun die Ursache dieser Katastrophe? Zahlreiche Hypothesen wurden aufgestellt, um die Vorgänge zu erklären; die wichtigsten seien in Stichworten aufgeführt: Zusammenstoß mit einem Kometen, mit einem Planeten, einem Meteorschwarm, einem Gasnebel, Zusammenstoß zweier Meteorschwärme, zweier fester Körper, Reibung zweier Körper und Bildung eines dritten, Kondensation, Verbrennung, Annäherung zweier Sonnen, Aufblähung und Zerplatzen, Explosion, Fleckenbildung und atomare Veränderung. Vogel und Arrhenius vertreten die Zusammenstoß-Theorie zweier Sterne. Diese Auffassung muß wohl aus folgenden Gründen aufgegeben werden: Von 1900 bis 1926 sind allein 44 Novae registriert, aber die wenigsten werden beobachtet. Man hat geschätzt, daß jährlich mindestens 10 Novae heller als 9. Größe sichtbar werden. Es müßten also sehr häufig Zusammenstöße stattfinden, was aber von der Verteilung und Bewegung der Sterne im Raum her unwahrscheinlich ist. Trotzdem sind äußere Einflüsse nicht von der Hand zu weisen. Da die Novae fast ausschließlich die Milchstraßenebene bevorzugen und in den Bereich der »kosmischen Staubwolken« treten, ist es sehr wahrscheinlich, daß diese Wolken den äußeren Anlaß für eine innere Katastrophe bilden. So leuchteten in der engeren und weiteren Umgebung der Nova Persei riesige Nebelmassen, die das Licht der Nova reflektierten. Auch R Aquarii und andere wiesen in ihrer nächsten Umgebung Nebelwolken auf. Hartmann, Direktor der Sternwarte in La Plata, der das Novae-Problem eingehend erforscht hat, sah die treibende Kraft der umwälzenden Vorgänge in chemischen und radioaktiven Umwandlungen der Atome und schlußfolgerte aus seinen sorgfältigen Beobachtungen:

»Die Erscheinung der Nova ist eine, lediglich im inneren Zustande gewisser Sterne begründete Erscheinung. Es ist eine ohne äußeren Anlaß in einem kritischen Punkte der Entwicklung eintretende Störung des physikalisch-chemischen Gleichgewichtes, die zu einer stürmischen, explosiven Umwandlung des ganzen Weltkörpers führt.«

Das häufige Auftreten der Novae beweist jedenfalls, daß solche katastrophalen Vorgänge nichts Außergewöhnliches, nichts außerhalb des Entwicklungsprozesses sich Abspielendes sind oder gar als störendes Element die Entwicklung eines Sternes oder sogar des Kosmos hemmend beeinflussen könnten, sondern daß vielmehr im Entwicklungsvorgang eines jeden Sternes eine Spannungskrise eintritt, die nur durch eine gewaltige Explosion behoben werden kann. Anknüpfend an das obige Zitat Hartmanns bemerkt Valier:

»Dieser letzte, scheinbar so harmlose, gelehrtenhaft stille Satz deckt einen Abgrund ungeahnter Schauer. Wie, wenn auch unsere Sonne zu jenen ›gewissen Sternen‹ gehörte. Da man es keinem Stern von außen ansehen kann, ob er etwa im Mittelpunkt schon hart am ›kritischen Spannungspunkt‹ angelangt ist, so wären wir keinen Augenblick sicher, daß es auch eines Tages unserer Sonne einfällt, zu zerplatzen.«

Das Novae-Problem zeigt jedenfalls mit aller Deutlichkeit, daß es Dinge in der Natur gibt, die sich nur dialektisch erklären lassen. Die Entwicklung verläuft sprunghaft und, wie die Erscheinung der Novae zeigt, oft mit Katastrophen erfüllt. Auch die ruhig flimmernden Sterne sind durchaus keine fertigen Dinge, sondern Gebilde, die in ständiger Bewegung und Veränderung begriffen sind.

5. Das Milchstraßensystem

Der zartschimmernde Bogen der **Milchstraße** ist eines der interessantesten Gebilde des Himmels. Die Milchstraße weist beträchtliche Unterschiede in Helligkeit und Form auf. Am lichtstärksten ist das Gebiet vom Schwan bis zum Centauris, am schwächsten erscheint das Gebiet des Einhorn und Fuhrmann. Der hellste Fleck ist die Schildwolke südlich des Adler. Im weitgeschweiften Bogen zieht die Milchstraße vom Einhorn über Zwillinge, Stier, Fuhrmann, Perseus, Kassiopeia, Kepheus, Schwan, Adler, Schütze und Schlangenträger über die nördliche Himmelskugel. Ohne scharfe Abgrenzung verschwimmen die Ränder der Milchstraße in die dunkle Umgebung. Neben hellschimmernden Lichtwolken treten feine Schleier, zarte Flocken und Bänder auf, vielfach von dunklen Flecken oder Gängen unterbrochen. Die Milchstraße als Ganzes ist kein den Himmel umspannendes Band, das hin und wieder unterbrochen und im Sternbild des Schwans in zwei Arme gespalten ist; sie ist auch kein von der Fixsternwelt losgetrenntes Gebilde, sondern ein kompliziertes, schwer zu beschreibendes Gebäude. Das silbernschimmernde Licht der Milchstraße wird durch die Riesenfernrohre in das von unzähligen Einzelsternen zerlegt. Die Zahl der Einzelsterne wird auf etwa 35 Milliarden geschätzt. Unser Sonnensystem und die Fixsternwelt sind nur ein Teil des Milchstraßensystems.

Um über dieses Gebilde als Ganzes ein Bild zu bekommen, muß man es in Gedanken von weit außerhalb betrachten, wie es der Astronom Schwarzschild durch folgenden Überblick versucht:

»Denkt man sich aus großer Distanz auf unser Sonnensystem zufliegend, so gewahrt man — das ist wenigstens die durch viele Wahrscheinlichkeitsgründe gestützte Ansicht der Astronomen — ein von der übrigen Welt durch weite, leere Räume getrenntes, wohlbegrenztes Gebilde, eine Art von leuchtendem Nebelfleck, nicht unähnlich dem Andromedanebel, der Gestalt nach einem etwas unregelmäßigen, stark abgeplatteten Rotationsellipsoiden vergleichbar. Bei näherem Herankommen löst sich der Nebelfleck in etwa 100 Millionen einzelne Sterne auf. Nach der Mitte des Ganzen zu stehen die Sterne dichter, auch ist ein Farbenunterschied der einzelnen Regionen vorhanden. Der äquatoriale Gürtel des Systems — der vom irdischen Standpunkt aus als Milchstraße erscheint — ist mehr von blauweißen Sternen besetzt, während abseits von der äquatorischen Mittelebene die Durchschnittsfarbe der Sterne des Systems gelblicher ist. Zwischen den Sternen ziehen sich lange Nebelflächen hin, einige große Nebelbatzen befinden sich in dem äquatorialen Gürtel, zahlreiche, aber kleine Nebel-

Abbildung 32:

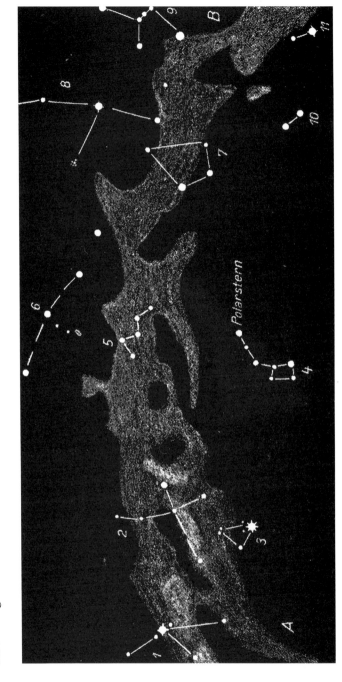

Milchstraße am Nordhimmel. Die Sternbilder: 1 Adler, 2 Schwan, 3 Leier, 4 Kleiner Bär, 5 Kassiopeia, 6 Andromeda, 7 Fuhrmann, 8 Stier, 9 Orion, 10 Zwillinge, 11 Kleiner Hund

häufchen stehen an den Polen des Ellipsoids zusammengedrängt. Der Äquator ist hinwiederum besetzt von einer Menge rundlicher Klumpen, in denen sich Tausende von Sternen auf enge Haufen zusammendrängen.«

Setzt uns schon die Größe des Sonnensystems in Erstaunen, so ist uns die ungeheure Ausdehnung des Fixsternsystems unfaßlich, aber was ist das schon im Vergleich zum Milchstraßensystem! Seeliger, dem das Beobachtungsmaterial der letzten Jahrzehnte noch nicht zur Verfügung stand, berechnete die Größe der linsenförmigen Milchstraße auf 11 750 Lichtjahre bei größtem Durchmesser und 2 900 Lichtjahre bei kleinstem Durchmesser. Dagegen stellte Kapteyn folgende Werte auf:

Größter Durchmesser   55 000 Lichtjahre
Kleinster Durchmesser   11 000 Lichtjahre

Gegenwärtig betrachtet man die Milchstraße als flache, linsenförmige Scheibe mit einem Längsdurchmesser von 100 000, einer Dicke von 15 000 Lichtjahren in der Mitte und 3 000 zum Rand hin. Gould, Honzean-Kobold und Newcomb ermittelten am besten die Lage des Milchstraßenpoles; aus den Ergebnissen wurde 190,65 Grad Rektaszension (gerade Aufsteigung eines Gestirnes) und 27,5 Grad Deklination festgelegt. Unser Sonnensystem steht etwa 45 Lichtjahre nördlich der Milchstraßenebene, deshalb erscheint uns die Milchstraße als schwachgekrümmter Bogen. Das ganze bis jetzt umschriebene System nennt man das (engere) **galaktische System.**

Die Erforschung des Milchstraßensystems wurde vor allem mit Hilfe der Fotografie vorangetrieben. Die Auflösung des zartschimmernden Lichtbandes zeigte eine solche Fülle von Einzelsternen, daß sie unmöglich in Sternkatalogen registriert werden konnten. Diese Sterne sind nicht etwa gleichmäßig im Raume des Systems verteilt, sondern sie nehmen an Dichte zu, je näher sie in der Richtung des Milchstraßenäquators liegen. Die Verdünnung ist in der Richtung zu den Milchstraßenpolen am größten. Von der Mitte aus, wo die Sterne am dichtesten verteilt sind, nimmt die Sterndichte nach den Randgebieten allseitig ab. Neben den eigenen Sonderbewegungen vollführen die Sterne allgemeine Triftbewegungen, die scheinbar nach einem Punkt hinziehen und nach zwei entgegengesetzten Richtungen verlaufen. Die Erscheinung der beiden Sterntriften ist das Ergebnis einheitlicher Rotation um die Milchstraßenachse. Der Mittelpunkt des kreisenden Sternsystems liegt nach Kapteyn etwa 2 000 Lichtjahre von der Sonne entfernt* in der Richtung zum Sternbild Schütze.

---
* Nach heutigen Berechnungen etwa 30 000 Lichtjahre

Entgegen der »Zweistromhypothese«, daß sich die Sterne in zwei entgegengesetzten, durcheinandergehenden Triften in ihrem Umlauf bewegen, nimmt Lindblad eine einheitliche Umlaufsrichtung im Sinne der Uhrzeigerbewegung an. Die Umlaufsdauer für einzelne Sterne oder Sterngruppen ist sehr groß und verschieden. Für unsere Sonne zum Beispiel wurde sie auf 400 Millionen Jahre geschätzt. Manche Sterngruppen oder Sternfamilien haben, obwohl ihre einzelnen Sterne über große Räume und verschiedene Sternbilder verteilt sind, doch eine einheitliche Bewegung. So zum Beispiel die Bärenfamilie, die außer den fünf hellen Sternen des Großen Bären noch Sterne aus dem großen Sechseck, Löwen und andere umfaßt. Mit einer Geschwindigkeit von 18 km/sek führen sie sämtlich eine einheitliche Bewegung durch.

Die Milchstraße besteht nicht nur aus Sternen, sondern innerhalb derselben, besonders in den Randgebieten, lagern ungeheuer ausgedehnte **Nebelmassen**. Es sind die hellen oder unregelmäßigen Nebel. Im Wehrgehänge des Orion, eben noch mit bloßem Auge erkennbar, leuchtet ein mattschimmerndes Wölkchen, der *große Orionnebel*. Ein wild zerklüftetes Lichtgewoge, unregelmäßig in Form und Helligkeit, dunkle Furchen wechseln mit hellen Flecken, allmählich in feinste Lichtäderchen in den dunklen Himmel übergehend, und inmitten dieses wechselnden Gebildes funkeln weiße, gelbe und rote Sterne — das ist das Bild des berühmten Nebels.

Mehr als 1 000 Lichtjahre beträgt die Entfernung und mehrere 100 Lichtjahre die Tiefenausdehnung der gewaltigen Nebelmassen. Der Durchmesser der riesigen Nebelwolke wird etwa 10 Lichtjahre betragen. Das Spektrum besteht aus hellen Linien, also handelt es sich anscheinend um »selbstleuchtende« Gase. Trotz des scheinbaren Chaos ist eine ordnende Wirkung spürbar, und die ganzen Nebelmassen bewegen sich mit 17,5 km/sek von uns fort; nur der westliche Rand nähert sich uns. Es scheint sich also um rotierende Bewegungen zu handeln mit schätzungsweise 300 000 Jahren Umlaufszeit. Die Gesamtmasse des Nebels ist auf ungefähr 10 000 Sonnenmassen berechnet worden. Trotz dieser riesigen Masse ist die Ausdehnung so gewaltig, daß die Dichte außerordentlich dünn ist. Die »luftleer« gepumpte Röhre der Physiker enthält immer noch eine Milliarde Moleküle pro cm^3, der Orionnebel dagegen nur etwa tausend. Das Spektrum zeigt Wasserstoff, Helium, Kohlenstoff und Stickstoff, letztere drei Elemente sind ionisiert; sie befinden sich in einem Anregungszustand. Die Anregungsenergie kann nur von sehr heißen Sternen geliefert werden. Der Orionnebel wird wie die Gürtelsterne und der glänzende Rigel mit seiner fast 25 000fachen Sonnen-

Abbildung 33:

Der große Nebel im Sternbild Orion, eine Gaswolke im All

leuchtkraft von B-Sternen umlagert. Entsprechend der Linien müßten die Gasmassen des Nebels 15 000° C Temperatur haben, aber der geringen Dichte nach müßte eine Temperatur nahe dem absoluten Nullpunkt vorherrschen. Es kann sich demnach nur um eine kalte Strahlung handeln, die von den benachbarten heißen Sternen angeregt ist.

Die helle Lichtwolke des Orionnebels ist nur ein Teil der weit über die Grenzen des ganzen Sternbildes verbreiteten Nebelschwaden. Es gibt noch zahlreiche Nebel von der Art des Orionnebels; mehr als 60 dieser unregelmäßigen Nebel sind bekannt, die meisten sind jedoch viel lichtschwächer als der berühmte Vertreter. Ein interessantes Gebilde ist der Nordamerikanebel, der in allen Einzelheiten seiner äußeren Umrisse dem nordamerikanischen Kontinent ähnelt. Er empfängt sein Licht von dem Stern Deneb im Schwan. Manche unregelmäßigen Nebel können nur durch lange Belichtungszeit fotografiert werden, so zum Beispiel der Plejadennebel, in dem die vier hellsten Sterne der Gruppe eingebettet sind. Das Spektrum des Nebels stimmt mit dem der Sterne überein; das Licht der Nebelwolke ist also reflektiertes Sternenlicht. Merkwürdig gestaltet ist der Trifidnebel im Schützen. Er erscheint zerklüftet, als ob er in mehrere Stücke auseinanderbrechen wollte. Wahrscheinlich lagern dunkle Nebelmassen davor, die den hellen Nebel teilweise bedecken.

Oft wird das schimmernde Sternenmeer der Milchstraße unterbrochen von dunklen Stellen, Höhlen und Kanälen, sogenannten »Kohlensäcken«, die Sternleeren vortäuschen. In Wirklichkeit sind die Stellen genau so dicht mit Sternen besät wie die hellen Sternwolken, sie werden nur verdeckt von Schwaden *dunkler Nebel*. Es sind gewaltige Massen kosmischen Staubes, oft von riesiger Ausdehnung. Typisch für die höhlenartige »Sternleere« ist der Coconnebel im Schwan. Dunkle Nebelwolken von wechselnder Form belagern die Milchstraße im Schützen. Die lichtbedeckenden dunklen Nebel sind oft um bedeutende Strecken näher als die verdeckten Sternwolken. So sind die »Tauruswolken« nur etwa 500 Lichtjahre von uns entfernt. Stark hervorstechend, teils klar abgegrenzt, ist das Bild einer langgestreckten, dunklen Nebelbank im Ophiuchus und Skorpion. Während das Gebiet von Antares über Sigma Scorpii sternreich ist, ist die Gegend rings um den Stern Sigma Ophiuchus, der eine etwas zerklüftete Nebelmasse erleuchtet, durch eine dunkle, lichtabschirmende Nebelbank bedeckt. Teils scharf abgezeichnet, sich der Sternwolke anschließend, nach Osten verlaufend und nur durch vereinzelte Lichtpunkte davorliegender Sterne unterbrochen, erscheint sie wie ein dunkler Vorhang. Die Entfernung dieser Nebelbank beträgt schätzungsweise 600 Lichtjahre, ihre Länge nahezu 70 Lichtjahre.

Rings um den Stern 12 im Einhorn liegt ein dunkles Nebelfeld. In die helle Sternwolke hinein kriechen dunkle Zonen wie der Wurm im Obst. Nur spärlich gesäte Sterne beleben die Nebelhöhlen. Die Entfernung mancher Nebel zählt doch bedeutend größere Werte als die obengenannten, so sind zwei dunkle Nebel im Schwan 1 500, ein Dunkelnebel im Schild über 2 000 Lichtjahre entfernt.

Von den hellen Nebeln nehmen die Cirrusnebel, obwohl sie zu den unregelmäßigen Nebeln gezählt werden, eine besondere Stellung ein. Sie bilden keine zusammenhängende Nebelmasse, kompakt wie der Orion- oder Nordamerikanebel, sondern erscheinen wie vom Sturm gepeitschte Wolkenfetzen oder wie zarte Schleier. Im Sternbild des Schwan hebt sich wie ein feingewebter Schleier in langgestreckter, leicht gebogener Form der östliche Cirrusnebel NGC 6992 von dem lichtschwächeren Hintergrund ab. Einige Grad davon entfernt, fast ebenso lang hingestreckt, liegt der westliche Cirrusnebel NGC 6960, Sturmvogel genannt, dessen südlicher Teil wie eine ausgebreitete Vogelschwinge erscheint, wie vom Sturm zerzaust, ängstlich flatternd. Lebhaft spielen die einzelnen Formen der Nebelschwaden

Abbildung 34:

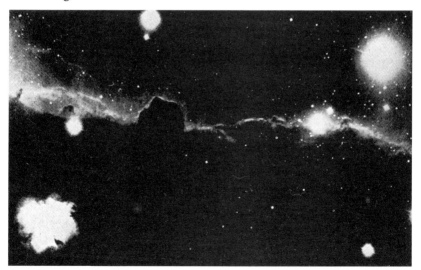

Dunkle Wolke im Sternbild des Orion mit hellem Saum

ineinander, verweben sich zu einem Knäuel oder flattern in langen Fäden, lösen sich auf in zartem Hauch. Dazwischen, regellos hingestreut, leuchten die zahlreichen Lichtpunkte der fernsten Sterne, überstrahlt von einigen näher liegenden.

Von ganz anderer Art als die *unregelmäßigen Nebel* sind die planetarischen. Sie erscheinen im stärksten Fernrohr nur als kleine Scheibe von regelmäßiger Form, kreisrund oder elliptisch. Viele sind ringförmig, und fast alle enthalten im Zentrum einen Stern von heißestem Typ. Etwa 150 dieser eigentümlichen Gasnebel sind bekannt. Sie sind durchschnittlich 1 000 bis 1 500 Lichtjahre entfernt. Die meisten liegen in der Milchstraßenebene; die Richtung zum Schützen wird von den kleinsten bevorzugt. Einzelne liegen außerhalb der Milchstraße. Die Durchmesser der planetarischen Nebel mögen unser Sonnensystem an Größe wohl bis tausendfach übertreffen. Trotz der äußerst geringen Dichte erreichen ihre Massen oft mehr als das 100fache der Sonnenmasse. Das Ganze rotiert in Umlaufzeiten von 1 000 bis zu 133 000 Jahren. Das Spektrum der planetarischen Nebel zeigt verschiedene Gase, die ungleich vom Zentrum nach außen verteilt sind. Unerklärt ist das grüne Nebellicht wie auch das Auftreten ultravioletter Strahlung. Wahrscheinlich entstehen die verschiedenen Spektralbilder dadurch, daß die Anregungsenergie vom Zentrum nach außen hin schwächer wirkt, also anscheinend vom Zentralsystem ausgeht. Ein schönes Exemplar von planetarischem Nebel ist der *Ringnebel* in der Leier. Sein Durchmesser ist auf 170 Milliarden km errechnet worden.

Sterne, die in unregelmäßig losen Gruppen geordnet sind, nennt man *offene Sternhaufen*. Die mehr als 300 bisher registrierten Haufen gehören zum engeren Milchstraßensystem. Typische Vertreter sind die Plejaden, Hyaden und andere. Die Unterscheidung, ob ein Stern zum Haufen gehört oder nicht, wird am sichersten durch Trennung nach den Spektraltypen vorgenommen. So gehören die Plejaden den Spektralklassen zwischen B und A an, die Hyaden den Klassen A bis K. Zum Plejadentyp zählt der *Doppelsternhaufen* Chi M 34 im Perseus, der Haufen M 36 im Fuhrmann und das Geflimmer im Haar der Berenike — ausgesprochene Hyadentypen.

Die Entfernung der offenen Sternhaufen beträgt bis zu 9 000 Lichtjahre. Die Gruppe der Plejaden — Siebengestirn genannt, weil mit freiem Auge sieben Einzelsterne unterschieden werden können — besteht in Wirklichkeit aus insgesamt weit über 200 Sternen, die in ungefähr 420 Lichtjahren Entfernung sich jährlich um etwa eine zwanzigstel Bogensekunde rückwärts bewegen. Zur Hyadengruppe zählen auch etwa 200 Sterne, die einen Haufen von

Abbildung 35:

Ringnebel in der Leier

30 bis 40 Lichtjahren Durchmesser bilden. Zum Hyadenstrom gehören allerdings über 1 000 Sterne, die über den größten Teil des Himmels zerstreut liegen. Die Entfernung des eigentlichen Haufens beträgt 120 Lichtjahre. Allgemein bevorzugen die offenen Sternhaufen einen 10 Grad breiten, in der Milchstraßenebene liegenden Gürtel.

Die Unregelmäßigkeit in der Helligkeit der Milchstraße hat zum größten Teil ihre Ursache in den dunklen Nebeln. Sie fehlen nirgends ganz, nehmen jedoch vom Schwan bis zum Einhorn allmählich ab. Dort, wo sie nicht den Hintergrund beschatten, treten dichte, als helle Flecken erscheinende Sternwolken in Erscheinung. Sie erscheinen wie starke Verdichtungen der Sternzahl. So wird die in 2 500 Lichtjahren Entfernung liegende Einhornwolke etwa 3 Millionen Sterne enthalten, auf den Quadratgrad wohl 7 000 Sterne. An sie schließt sich eine schwächere Wolke in den Zwillingen an. Im Schwan, wo auch unregelmäßige Nebel auftauchen, erscheint die Sterndichte bedeutend größer. So kommen auf einen Quadratgrad der großen Schwanwolke etwa 15 000 Sterne. Die hellste Stelle der Milchstraße liegt in den Sternbildern Adler und Schild. Die Schildwolke enthält wohl rund 22 000 Sterne pro Quadratgrad. Sie wird nur noch von der großen Sternwolke im Schützen übertroffen. Bei der Schwanwolke mit ihren etwa 4½ Millionen Sternen handelt es sich nur um eine im Vordergrund rund 2 000 Lichtjahre entfernt liegende Teilwolke. In viel weiterer Entfernung liegen die noch sternreicheren Hauptwolken. Die Schildwolke ist in ihrer Mitte ungefähr 10 000 Lichtjahre entfernt. Nicht ganz so groß ist die Entfernung der Sternwolke im Fuhrmann, die eine Ausdehnung von 10 000 Lichtjahren im Durchmesser hat. Für eine Sternwolke zwischen Skorpion und Centaur ist eine Bewegung von 7 km/sek nachgewiesen worden. Alle die genannten Sternwolken sind ein Teil des engeren Milchstraßensystems. Es sind mehr oder weniger große Sternverdichtungen; allerdings scheinbare, weil wir auf die Kante der flachen Linse sehen. Deshalb liegen alle diese Sternwolken in der Richtung des Milchstraßenäquators.

Viel weiter, weit außerhalb des engeren Milchstraßensystems, schimmern zwei gleichartige kosmische Gebilde, die Große und die Kleine Magellansche Wolke. Sie wären nicht sichtbar, wenn sie in der Hauptebene der Milchstraße lägen und von davorliegenden Sternwolken verdeckt würden. Die Große Magellansche Wolke liegt jedoch 33°, die Kleine etwa 44° vom Milchstraßenäquator entfernt auf der südlichen Himmelskugel, die Große im Sternbild Dorado, die Kleine im Tukan. Der Umstand, daß sie also außerhalb des Gürtels der eigentlichen Sternwolken des Milchstraßensystems liegen, macht sie so gut sichtbar. Die Entfernung der großen Wolke beträgt 110 000, die der kleinen 100 000 Lichtjahre. Der Abstand zwischen beiden Wolken beträgt 40 000 Lichtjahre. Der äußere Durchmesser entspricht etwa 14 000 Lichtjahren bei der großen und 6 500 bei der kleinen Wolke. Zahlreiche helle Sterne mit zum Teil ungeheurer Lichtkraft bis zu 300 000 Sonnenhelligkeiten, meistens Übergiganten, treten in beiden Wolken auf. In der kleinen Wolke sind mehr als 500 000 Sterne heller als 16. Größe enthalten. Es sind in beiden Wolken etwa 1 800 veränderliche Sterne gefunden worden, die alle schwächer als 11. Größe sind. Es handelt sich hier um Delta-Cephei-Sterne mit Perioden von 15 Stunden bis zu 100 Tagen.

Auf Grund des Perioden-Helligkeitsgesetzes konnte die Entfernung ziemlich genau bestimmt werden. Das Gesetz lautet:

Je mehr Zeit ein Delta-Cephei-Stern braucht, um einmal den Helligkeitswechsel durchzumachen, desto größer ist seine Leuchtkraft.

Die Leuchtkraft richtet sich nach der Entfernung. Kennt man die Leuchtkraft, so läßt sich die Entfernung aus dem Unterschied zwischen Leuchtkraft und scheinbarer Helligkeit errechnen. Die Untersuchungsergebnisse der Delta-Cephei-Sterne im Fixsternsystem geben also den Schlüssel zur Entfernungsbestimmung weitab liegender Gebilde. Befindet sich in irgendeinem fernen kosmischen Gebilde ein Veränderlicher vom Typus Delta Cephei, so braucht man nur die Lichtwechselperiode und die scheinbare Helligkeit zu ermitteln, um damit die Entfernung zu bestimmen. Die Leuchtkraft beträgt in Sonneneinheiten für die verschiedene Periodendauer:

Periodenlänge (in Tagen)	1	2	10	100
Leuchtkraft (Sonne = 1)	100	250	1 000	20 000

Somit war es nicht schwer, die Entfernung der beiden Magellanschen Wolken sowie noch viel fernerer Gebilde zu bestimmen. Beide Magellansche Wolken enthalten viele Sternhaufen, sowohl offene als auch kugelförmige. Außerdem sind zahlreiche helle, unregelmäßige Nebel vorhanden. Allein in der kleinen Wolke etwa 280, mit einem mittleren Durchmesser von 15 Lichtjahren und durchschnittlich bedeutend größerer Leuchtkraft als der Orionnebel. In der größeren Wolke befinden sich etwa 20 untersuchte »Gasnebel«, darunter der größte überhaupt bekannte (30 Doradus) mit einem Durchmesser von 130 Lichtjahren, der in Entfernung des Orionnebels gebracht ungefähr 15mal heller als die Venus im größten Glanz erstrahlen würde.

Abbildung 36:

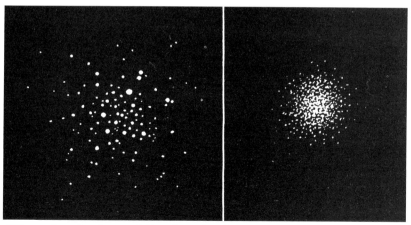

Offener Sternhaufen und Kugelsternhaufen

Das Gebiet außerhalb des engeren Milchstraßensystems wird nicht allein durch die beiden Magellanschen Wolken bevölkert, sondern es ist das eigentliche Reich der *kugelförmigen Sternhaufen,* von denen bis jetzt 95 bekannt sind. Im nördlichen Gebiet des Herkules erscheint dem freien Auge ein winziges, matt nebliges Fleckchen, das in den Riesenfernrohren in feine Sternpünktchen, harmonisch um einen Kern geordnet, aufgelöst wird. Nur im Inneren fließen die einzelnen Lichtpunkte der Sterne ineinander, selbst im stärksten Fernrohr unauflösbar. Es ist der kugelförmige Sternhaufen M 13 (NGC 6205), dessen hellste Sterne die Größe 13,5 nicht überschreiten. Es ist der schönste und hellste Haufen, etwa 33 000 Lichtjahre entfernt. Die Entfernung der kugelförmigen Sternhaufen ist sehr verschieden. So ist Omega Centauri 20 000, NGC 7006 185 000 und der am weitesten entfernte Sternhaufen 350 000 Lichtjahre entfernt. Alle sind annähernd gleichwertig, was Größe, Form und inneren Aufbau betrifft. Sie sind nicht immer rein kugelig, sondern teils auch elliptisch. Der mittlere Durchmesser beträgt im dichteren Kern 25 bis 30 Lichtjahre, der Gesamtdurchmesser mindestens 300 Lichtjahre.

Die Sterndichte ist bedeutend größer als im Fixsternsystem; sie wird etwa 30 000fach so dicht sein. Hier handelt es sich also um eine Zusammenballung von Sternen mit starker Konzentration zur Mitte. Nach Shapleys Untersuchungen ist die Anzahl der Sterne dieser Haufen sehr groß; so konnten bei NGC 5272 rund 40 000, bei NGC 6205 mindestens 100 000 Einzelsterne nachgewiesen werden. Dementsprechend ist auch die gesamte Leuchtkraft so groß wie von mehreren hunderttausend Sonnen. Das Gesamtspektrum eines kugelförmigen Sternhaufens setzt sich aus Sternen aller Spektralklassen zusammen und enthält wahrscheinlich auch sehr viele Zwergsterne, so daß die Gesamtzahl der vorhandenen Sterne in die Millionen geht.

Zur Entfernungsbestimmung dienten auch bei den kugelförmigen Sternhaufen vornehmlich die veränderlichen Sterne vom Typus Delta Cephei. Es wurden die kurzperiodischen Sterne verwandt, die teils so häufig auftreten, daß sie »Haufenveränderliche« genannt werden. Die meisten Kugelhaufen wiesen jedoch keine kurzperiodischen Delta-Cephei-Sterne auf. Trotzdem konnte Shapley durch Helligkeitsdifferenzen der roten Giganten und Übergiganten und vermittels der Gleichwertigkeit aller Kugelhaufen die Entfernung der einzelnen Haufen bestimmen.

Eigentümlich ist die Verteilung der kugelförmigen Sternhaufen im Raum. Sie liegen zu beiden Seiten der Milchstraßenebene verteilt. Das läßt vermuten, daß sie zum System der Milchstraße gehören, obwohl kein einziger Kugelhaufen im Bereich des engeren Milchstraßensystems liegt, denn der nächste ist immerhin 5 000 Lichtjahre über den äußeren Durchmesser der Milchstraße hinaus entfernt. Die Kugelhaufen liegen nun nicht etwa rings um die Milchstraße verteilt, sondern bevorzugen eine bestimmte Richtung, deren galaktische Länge 325° beträgt. Zwischen 41 und 195° galaktischer Länge, also fast eine Halbkugel des Himmels, deren mittlerer Teil die Milchstraße nördlich des Orion ist, steht nicht ein einziger Kugelhaufen. In der Richtung zu den Sternbildern Schütze und Skorpion liegt ein Punkt, um den innerhalb eines Kreises von 30° Radius mehr als die Hälfte aller Kugelhaufen lagern. Eine weitere Eigentümlichkeit ist, daß die Kugelhaufen, obwohl sie beiderseits der Milchstraßenebene liegen, eine etwa 10 000 bis 15 000 Lichtjahre dicke Schicht fast vollständig meiden. Ob in den von Kugelhaufen freien Gebieten wirklich keine vorhanden oder nur von Dunkelnebel bedeckt sind, ist noch nicht geklärt, doch wird das tatsächliche Fehlen angenommen. Die kugelförmigen Sternhaufen bewegen sich in bedeutenden Geschwindigkeiten. Die Gesamtgeschwindigkeiten betragen im Durchschnitt 100 km/sek, manche jedoch sind viel höher, bis zu — 410 und + 225 km/sek. Die Bewegungen der Einzelsterne innerhalb eines Kugelhaufens konnten der großen Entfernung wegen bisher nicht beobachtet werden.

Die zutreffende Ansicht über die Struktur des engeren Milchstraßensystems entwickelte der Holländer Easton, der Verlauf und Helligkeit der verschiedenen Milchstraßengebiete eingehend untersuchte. Er kam zu dem Ergebnis, daß die Sterne der Milchstraße in Form einer mehrarmigen Spirale angeordnet sind. Die Arme der Spirale sind so gelagert, daß unser Sonnensystem, das innerhalb der Windungen liegt, dem Spiralgebiet, das die Sternbilder Schwan und Adler durchzieht, bedeutend näher ist als dem entgegengesetzt liegenden Einhorn, wodurch die Milchstraße in den zwei Sternbildern heller erscheint. Hier beginnen auch die Windungen, die nicht alle in einer Ebene verlaufen, sondern teils ober-, teils unterhalb dieser Ebene, von uns aus teils als gespaltene Arme (im Schwan), stellenweise als mehrere Windungen hintereinander gesehen werden. Die dichten, hellen Sternwolken entstehen darum durch mehrere hintereinander liegende oder sich kreuzende Spiralarme. Das Zentrum des gesamten Spiralsystems liegt ungefähr im Sternbild des Schützen. Die Richtung zum Schützen weist demnach in zweifacher Hinsicht einen Zentralpunkt auf: den des Milchstraßensystems und den des Systems der Kugelhaufen.

Shapleys Untersuchungen über die kugelförmigen Sternhaufen ergaben, daß sie das Milchstraßensystem zu einem »Großen Galaktischen System«

erweitern, in dem das engere System wie eine kleine flache Linse eingebettet liegt. Die Kugelhaufen sind Milchstraßen im kleinen, die wie Parasiten an der größeren haften. Auch das Große Galaktische System hat die Gestalt einer elliptischen Linse, allerdings nicht so flach wie das engere System. Die Hauptebene des großen Systems fällt mit der des engeren zusammen. Das Zentrum des Großen Galaktischen Systems muß folgerichtig dort sein, wo die meisten kugelförmigen Sternhaufen liegen, also ebenfalls in der Richtung des Schützen, wohl etwa 30 000 Lichtjahre von uns entfernt. Demnach wird der Längsdurchmesser des großen Systems rund 160 000 Lichtjahre betragen. Die Anzahl der in diesem System befindlichen Sterne wird auf 300 Milliarden geschätzt, wozu auch die Nebelmaterie von der Masse je eines Sternes als Einheit gerechnet wird. Zu diesem großen System gehören auch die beiden Magellanschen Wolken. Ob zwischen den einzelnen Gebilden des Großen Galaktischen Systems sich auch isolierte Einzelsterne bewegen, ist nur in einem Falle nachgewiesen. Es handelt sich um einen veränderlichen Stern vom Delta-Cephei-Typus 14. Größe, der 140 000 Lichtjahre in der Richtung des Schützen entfernt liegt.

6. System der Weltinseln

Hört nun mit dem Großen Galaktischen System, dieser Weltinsel, in der unsere Erde nur eine äußerst bescheidene Rolle spielt, die sichtbare Welt auf? Als die **Spiralnebel** entdeckt wurden, war man sich über deren Bedeutung nicht im klaren. Die Zeichnungen von Herschel, Lord Rosse und anderen von den Spiralnebeln weichen von dem Bildmaterial der Fotografie vollständig ab. Erst durch die Fotografie konnten die Form und eine große Anzahl dieser Gebilde festgestellt werden. Nicht immer erscheinen sie als Spiralen von so schöner, klarer Form wie die Spiralnebel M 51 in den Jagdhunden und NGC 3 031 im Großen Bären. Manche Formen erscheinen aufgelöster, andere erscheinen langgezogen, wieder andere wie ein in der Mitte verdickter Strich; wir sehen solche dann von der Kante. Ob mehr oder weniger schräg gesehen, fast alle haben spiraliges Aussehen.

Ursprünglich war man geneigt, diese Spiralnebel als dem Milchstraßensystem zugehörig zu betrachten, man hielt sie für eine Art »Weltnebel« wie die unregelmäßigen Nebel. Erst die Riesenfernrohre in Verbindung mit der Fotografie brachten die Erkenntnis, daß die sogenannten Spiralnebel keine Nebel sind, sondern Sternsysteme, Systeme von der Art unserer Milchstraße, die weit außerhalb des Großen Galaktischen Systems liegen. Jeder Spiralnebel ist eine Weltinsel, und jede dieser Inseln ist durch weite Zwischenräume von anderen getrennt.

Im Sternbild der Andromeda schimmert ein mattes Lichtwölkchen 6. Größe, eben noch mit freiem Auge erkennbar — der berühmte *Andromedanebel M 31*. Er liegt im Inneren des Bogens, den die drei hellen Andromedasterne bilden und erscheint in dreifacher Mondgröße mit zentraler Verdichtung. Der Andromedanebel ist eine der nächsten und größten der Weltinseln, rund 900 000 Lichtjahre* entfernt. Er hat die Gestalt einer flachen Linse mit einem Durchmesser von 80 000 Lichtjahren. Viele Milliarden Sterne dieses Systems haben eine absolute Leuchtkraft von insgesamt 660 Millionen Sonneneinheiten. Seine Gesamtmasse beträgt 35 Milliarden Sonnenmassen. Man schätzt die Lebensdauer des Andromedanebels auf 100 Billionen Jahre. Manche dieser Angaben sind allerdings noch recht hypothetisch. Um eine Vorstellung von der ungeheuren Entfernung zu geben, sei erwähnt, daß das Licht des Andromedanebels, das heute unser Auge trifft,

---

* Heutige Berechnungen kommen auf 2,2 Millionen Lichtjahre.

Abbildung 37:

Der große Spiralnebel im Sternbild Andromeda

so lange schon auf der Reise ist, wie das ganze Menschengeschlecht von Urbeginn an besteht.

Durch spektrographische Messungen wurde nachgewiesen, daß die Spiralnebel rotieren. Der Spiralnebel NGC 4 594 an der Südwestgrenze der Jungfrau wendet uns fast genau seine Kante zu. Dieser Nebel wurde von F. G. Peasa eingehend untersucht. Entsprechend der Rotverschiebung besaß der Stern eine Fliehbewegung von 1 140 km/sek, am Ostende des spindelähnlichen Gebildes aber 400 km/sek mehr und am Westende um denselben Betrag weniger als in der Mitte, das heißt also, daß der Nebel mit 400 km/sek rotiert. Die Innenteile rotieren nun nicht etwa gleichmäßig von außen abnehmend entsprechend langsamer, sondern vielmehr verhältnismäßig schneller, denn statt 56 km/sek bei gleicher Winkelgeschwindigkeit in 20" Abstand von der Mitte besaß der Nebel 100 km/sek Rotationsbewegung, wie Slipher feststellen konnte. Dieser Forscher fand Rotationen bei den Nebeln NGC 221, 224, 598, 1 068, 2 683, 3 031, 3 623, 3 627, 4 594 und 5 005. Der Andromedanebel (NGC 224) rotiert mit 100 km Sekundengeschwindigkeit. Von Maassen berechnete die Umdrehungszeiten für die Spiralnebel NGC 5 457, 598, 5 194/5, 3 031 auf 85 000, 160 000, 45 000 und 58 000 Jahre. Trotz dieser enormen Zeitlängen wurden die Umdrehungszeiten noch als zu niedrig angenommen. Nach neueren Berechnungen ist zum Beispiel die Rotationsdauer des Andromedanebels auf 19 Millionen Jahre gesetzt worden.

Zunächst nahm man an, daß die Spiralnebel, ähnlich den anderen Nebeln, aus lockerer Materie bestünden und daß die Teilchen durch die Rotation langsam von außen zur Mitte strömten, sich dort konzentrierten und nach langer Zeit zum Stern entwickelten. Die Spiralnebel sind aber gewaltige Sternsysteme analog unserer Milchstraße, die entsprechend dem Richtungssinn der Spiralarme rotieren, und anscheinend treiben die Massen der Sterne nach außen, das heißt die Spiralnebelsysteme dehnen sich aus. Infolge der sehr großen Rotationsgeschwindigkeit werden solche Systeme zu flachen Linsen.

In vielen Spiralnebeln ist das Auftreten neuer Sterne beobachtet worden. Wenn sie auch als sehr schwache Sternchen erscheinen, so wird es sich doch um Riesenexemplare handeln, denn es muß die enorme Entfernung berücksichtigt werden. Es kann sich hier nicht etwa um Novae unserer Milchstraße handeln, denn diese liegen fast ausschließlich in der Nähe der Milchstraßenebene, dagegen bevorzugen die Spiralnebel die Gegend zum

Milchstraßenpol. Der Andromedanebel ist besonders eingehend nach neuen Sternen untersucht worden. Seit dem Jahr 1885, als eine außergewöhnlich helle Nova auftrat und als Stern 8. Größe erschien, bis Anfang 1929 wurden 85 Novae im Andromedanebel registriert. Fast ausschließlich treten sie in dem Zentralgebiet, vor allem im Kern, zahlreich auf. Aufgrund dessen nimmt Hubble eine Gesetzmäßigkeit an und schätzt die jährlich auftretenden neuen Sterne im Andromedanebel auf 30, die allerdings nur zum Teil sichtbar werden. Die Lichtkurven der Novae in den Spiralnebeln gleichen denen der Milchstraße. Die durchschnittliche Minimalhelligkeit der Milchstraßen-Novae beträgt 5., die der Spiralnebelnovae 17. Größe. Das entspricht einem Entfernungsunterschied von 1 : 250.

Zur Entfernungsbestimmung der Spiralnebel benutzt man vornehmlich die Methode der Delta-Cephei-Sterne. Da es nun außerordentlich schwierig wäre, in dem dichten Zentralgebiet Delta-Cephei-Sterne zu finden, untersucht man die »aufgelösten« Teile der Außengebiete. Legt man um den hellen Andromedastern Mirach einen Kreis, der durch den Andromedanebel geht, so findet man letzterem gegenüber einen zweiten Spiralnebel: M 33 im Triangulum (Dreieck). Man bezeichnet ihn gern als Schwester unserer Milchstraße. In den Endteilen des südlichen Hauptarmes, die aus mehr oder weniger großen Sternhaufen bestehen, fand man genügend Veränderliche vom Typus Delta Cephei. Als Ergebnis der Untersuchung wurden für den Spiralnebel M 33 folgende Werte gefunden:

Entfernung: 860 000 Lichtjahre (heutige Werte: 2 350 000 Lichtjahre)
Durchmesser: 25 000 Lichtjahre (heutige Werte: 46 000 Lichtjahre)

Von den mehr als 50 aufgefundenen Veränderlichen im Andromedanebel besaßen 40 Delta-Chephei-Carakter. Diese beiden Spiralnebel (M 33 und M 31) sind die zweit- und drittnächsten. Als nächster Spiralnebel liegt NGC 6 822 in einer Entfernung von 660 000 Lichtjahren von uns als Nachbarinsel neben der unsrigen.

Die Verteilung der Spiralnebel am Himmel ist sehr unterschiedlich. Vom Milchstraßenpol zum -äquator hin nimmt die Zahl der Weltinseln immer mehr ab. Zudem ist die nördliche Polzone reichhaltiger als die südliche. Die auffallende Armut des Milchstraßengürtels an Spiralnebeln kann zum Teil auch durch Bedeckung durch Dunkelnebel verursacht werden. Trotzdem besteht die Tatsache, daß die Spiralnebel bestimmte Gegenden bevorzugen und dort in ganzen Schwärmen auftreten. So liegen im Bereich der Sternbilder »Haar der Berenice« (Coma) und Jungfrau (Virgo) wahre Nester von Weltinseln. 2 775 einzelne Nebel sind in einem einzigen zusammenhängenden Gebiet in diesen Sternbildern gezählt worden. Die nächsten dieser Nebel liegen 2 Millionen, die weitesten 120 Millionen Lichtjahre entfernt. An verschiedenen anderen Stellen im Bereich dieses Gebietes liegen eine Reihe anderer lokaler Nebelnester, die teilweise eine drei- bis vierfach größere Entfernung besitzen als die »Vordergrundgruppe«. Unter diesen Lokalnestern befinden sich die entferntesten bekannten Gebilde des Weltalls. Der Umfang des großen Nebelfeldes im Bereich der Coma und Virgo entspricht einer Himmelsfläche, die eine Handfläche bei ausgestrecktem Arm bedeckt. Ein anderes, kleineres Nebelnest im Coma umfaßt rund 800 Nebel 14. bis 19. Größe mit einer durchschnittlichen Entfernung von 50 Millionen Lichtjahren. Ein Nebelfeld im Großen Bären liegt etwa 150 Millionen Lichtjahre entfernt. Auch im Perseus, bei 20 Ceti und anderen Gebieten sind Nebelnester gefunden worden. In einem Nebelfeld der Größe 40 mal 50 Bogenminuten (Halbmondgröße) häuften sich 304 Nebel. Könnte das 2,50 m im Durchmesser große Spiegelteleskop der Mount-Wilson-Sternwarte die ganze Himmelsfläche, auch die der südlichen Halbkugel, erfassen, so wären etwa 2 Millionen Spiralnebel erreichbar. Der im Bau befindliche 5-Meter-Spiegel wird die Erfassung von etwa 8 Millionen Nebeln ermöglichen. Bis jetzt sind rund 120 000 sicher erfaßt.

Abbildung 38:

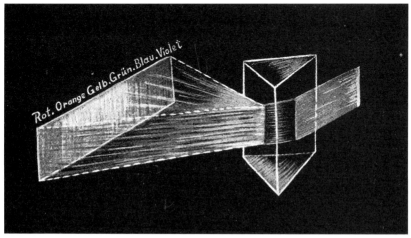

Entstehung eines Spektrums

Eines der merkwürdigsten Phänomene, wohl das charakteristischste Merkmal der Spiralnebel, ist die ungewöhnlich große Radialgeschwindigkeit, die alle anderen Gebilde des Weltalls derart überflügelt, daß es nicht nur rätselhaft erscheint, sondern zu einem Problem ersten Ranges geworden ist. Die ersten Spiralnebelspektra wirkten schon befremdend, nicht allein dadurch, daß Radialbewegungen von durchschnittlich 600 km/sek errechnet wurden, sondern daß, von einigen Ausnahmen abgesehen, alle Spektren eine Rotverschiebung aufwiesen, was also heißt, daß die Nebel sich von uns entfernen.

NGC	Radialgeschwindigkeit	NGC	Radialgeschwindigkeit
221	— 185 km/sek	3 623	+ 800 km/sek
224	— 220 km/sek	4 151	+ 960 km/sek
278	+ 650 km/sek	4 214	+ 300 km/sek
584	+ 1 800 km/sek	4 449	+ 200 km/sek
936	+ 1 300 km/sek	4 565	+ 1 100 km/sek
1 068	+ 920 km/sek	4 594	+ 1 140 km/sek
3 031	— 30 km/sek	4 649	+ 1 090 km/sek
3 368	+ 940 km/sek	7 331	+ 500 km/sek
3 379	+ 810 km/sek	7 619	+ 3 780 km/sek

NGC 221 ist der Nebel im Dreieck (Triangulum), und NGC 224 ist der große Andromedanebel. Das zigarrenförmige Spektrum von NGC 224 weist eine geringe Verschiebung nach links, nach Violett hin auf. Noch klarer zeigt sich dieselbe Verschiebung bei der Aufnahme des Spektrums NGC 221. Darüber und darunter sind als Vergleichsspektrum Heliumlinien mitfotografiert. Das linke Ende des Nebelspektrums weist zwei Lücken auf: die beiden »Absorptionslinien« von Kalzium H und K. Auf die Verschiebung dieser Linien stützt sich die Beobachtung. Die normale Lage dieser Linien zeigt das Spektrum des Tageslichtes. Die beiden obengenannten Nebel weisen also beide eine Verschiebung nach Violett auf; sie nähern sich uns. Dieselbe Erscheinung zeigt sich bei noch drei Nebeln. Es sind Ausnahmen, alle anderen Nebel weisen Rotverschiebung auf.

So ergab sich aus dem Spektrum NGC 385 eine Radialgeschwindigkeit von + 6 700 km/sek. Weitere Ergebnisse zeitigten Radialgeschwindigkeiten der nahe am Milchstraßenpol liegenden Nebel NGC 4 853, 4 860 und 4 865 von + 7 300, + 7 800 und + 4 700 km/sek. Das war im Jahr 1929. Ein Jahr später entdeckte man Radialgeschwindigkeiten von 11 000 km/sek. In den darauffolgenden Jahren erlebte man eine Sensation nach der anderen. So zeigte das Spektrum des hellsten Nebels im Löwen eine Geschwindigkeit von + 19 700 km/sek und das eines Nebels in den Zwillingen rund 40 000 km/sek. Mitte der dreißiger Jahre sind bei den entferntesten Nebeln sogar 42 000 und 50 000 km/sek gemessen worden. Das sind Geschwindigkeiten, die unvorstellbar sind, als wenn ein phänomenales Etwas den Erdäquator in einer Sekunde umraste. Alle Nebel weisen Rotverschiebung auf, alle streben in allen Richtungen von uns fort. Anscheinend unterstehen alle Nebel einem von Hubble gefundenen Gesetz:

Die Radialgeschwindigkeit wächst im gleichen Verhältnis mit der Entfernung, das heißt die fernsten Nebel haben die größten Radialgeschwindigkeiten.

Bläht sich das Weltall auf? Befindet sich das ganze Universum in einem explosionsartigen Prozeß? Oder kann vielleicht nicht eine Täuschung vorliegen?

Versetzt man sich von der hohen Warte eines die Weltinseln überblickenden Beobachters in die spekulierenden Gedankengänge der Astronomen des Altertums, die unsere winzige, unscheinbare Erde in den Mittelpunkt der Welt versetzten, um die sich alle Himmelsgebilde bewegen sollten, dann erkennt man den gewaltigen Fortschritt der wissenschaftlichen Forschung. Die Entwicklung der Wissenschaft ist eng verbunden mit der Entwicklung der menschlichen Gesellschaftsordnung. Jede Neuordnung der Gesellschaftsstruktur erlebte einen Aufschwung derjenigen Wissenschaft, die im Interesse der herrschenden Gesellschaftsordnung war. Betrachtet man die einzelnen Systeme des Makrokosmos, so kommt einem die unvorstellbare Größe der kosmischen Gebilde und deren Entfernungen zum Bewußtsein. So betragen die Entfernungen in Lichtzeit:

Erde — Mond
1,3 Sekunden   Sonne — Pluto
                4,5 Stunden   Stern zu Stern
                               mehrere Jahre   Weltinsel zu Weltinsel
                                                rund 1 Million Jahre

Unsere Erde und der Mond, unser Sonnensystem, das Fixsternsystem, alle sind Teile des Milchstraßensystems, und die Milchstraße ist nichts anderes als eine der Millionen Weltinseln. Jede dieser Inseln bildet eine Welt für sich. Sollten auch sie in einem gewissen Zusammenhang stehen? Sollten auch sie zu einem noch höheren System zusammengeschlossen sein?

Der schwedische Astronom Charlier ist der Ansicht, daß Hunderttausende dieser Weltinseln ein »Überweltsystem« bilden, das die Form einer abgeplatteten Kugel besitzt. Nach Charlier soll der Durchmesser dieses Systems 1 000 Millionen Lichtjahre betragen. Andere Forscher kommen auf 2 000 Millionen Lichtjahre. Um diese Welt zu durchqueren, würde das Licht so viel Zeit brauchen, wie die Erde zu ihrer Entwicklung vom glühenden Gasball bis heute benötigte.

Die Masse dieses »Überweltsystems« wird auf 11 000 Trillionen Sterne geschätzt. Aufgrund einer umfassenden Nebelstatistik entwickelte Charlier die Form der »Überwelt«, deren Längsachse in die Richtung des galaktischen Pols weist. Dort sind die meisten Nebel zu verzeichnen. Nach der Nebelstatistik würde die Form in der Richtung des Milchstraßenäquators eine Einschnürung erleiden. Das ist jedoch nur eine optische Täuschung, die durch die lichtbedeckenden dunklen Nebel verursacht wird. So gleicht die Form einem riesigen Ei.

Ist nun diese Charliersche »Überwelt« das Weltall? Alle bis jetzt beobachteten Himmelsgebilde gehören diesem System an. Charlier ist jedoch der Meinung, daß es viele solcher »Überweltsysteme« geben wird, die aber wohl niemals, selbst mit den vollkommensten Instrumenten der Zukunft nicht, beobachtet werden können. Dieses großartige Weltbild geht selbstverständlich weit über unser Vorstellungsvermögen. Bilden nun die vielen Charlierschen »Überwelten« zusammen ein noch größeres System? Hört mit diesem größeren System das Weltall auf? Ist die Anzahl der Weltinselsysteme unbegrenzt? Ist das Weltall endlich oder unendlich?

Hauptsächlich sind es zwei Gründe, die gegen das Vorhandensein eines unendlichen Weltalls angeführt werden:
1. Wenn die Gesamtmasse der Welt unendlich groß ist, so wirkt unbegrenzte Massenanziehung auf jedes Teilchen, und irgendein Massenzusammenhalt würde in der Welt unmöglich sein.
2. Stünden in allen Richtungen unendlich viele leuchtende Gestirne, so müßte unser Himmel ununterbrochen in einem Glanze strahlen, von dem selbst die Sonne erbleichen würde.

Charlier wies nach, daß diese Einwände nicht stichhaltig seien, wenn ein System so und sovielter Ordnung in einem bestimmten Verhältnis zu einem nächstkleineren System steht. So bauen sich die Systeme zu immer höherer Ordnung nach einem bestimmten Verhältnis zwischen der Mitgliederzahl eines Systems und dem durchschnittlichen Abstand je zweier Systeme derart auf, daß dieser Abstand größer ist als das Produkt der Quadratwurzel der Anzahl der betrachteten Systeme plus durchschnittlicher Halbmesser des Systems nächstniedriger Ordnungsstufe. Das Endergebnis einer streng mathematischen Untersuchung lautet:

Diese Verhältniszahl, mit sich selbst multipliziert, muß gleich sein der Anzahl der Objekte, die das System der nächstkleineren Ordnung besitzt.

Nach Charliers Berechnungen müßte demnach das »Überweltsystem« rund eine Milliarde Lichtjahre groß sein. Der größte Leitstrahl der mit dem 2,50-m-Spiegelteleskop der Mount-Wilson-Sternwarte erfaßten Gebilde beträgt etwa 150 Millionen Lichtjahre*. Charliers Theorie hält eine Unendlichkeit des Weltalls durchaus für möglich. Einsteins Relativitätstheorie hält eine *»zwar unbegrenzte, doch nicht unendlich große Welt«* für wahrscheinlich. Die Grundlage dazu bot der Michelson-Versuch und die Fitzgerald-Lorentz-Kontraktion.

Mit 30 km/sek-Tempo durchrast unsere Erde den ruhend gedachten Äther. Die Lichtgeschwindigkeit müßte nun verschiedene Werte haben, je nachdem ob sie in gleicher oder quer zur Fahrtrichtung der Erde gemessen wird. Dies festzustellen, war der Zweck des im Jahr 1881 unternommenen und berühmt gewordenen Michelsonschen Versuchs. Der Apparat bestand aus einer Lichtquelle L, von der ein Lichtstrahl auf eine unter 45° geneigte Glasscheibe fällt, die den Strahl in zwei Teile, in einen durchgelassenen (A) und einen reflektierten (B) halbiert. Strahl A bewegt sich in der Fahrtrichtung der Erde, fällt auf einen Spiegel und wird in ein Fernrohr reflektiert. Strahl B durcheilt quer zur Fahrtrichtung die gleiche Entfernung, wird durch einen Spiegel zurückgeworfen und dringt, die Glasscheibe durcheilend, ebenfalls in das Fernrohr. Da nun Strahl B quer zur Fahrtrichtung der Erde läuft, muß er etwas früher eintreffen als Strahl A, und durch diese Verschiebung müssen Interferenzstreifen entstehen. Wird nun der ganze Apparat um 90° gedreht, so müssen die beiden Strahlen ihre Rolle vertauschen. Nach Berechnungen des holländischen Physikers Lorentz müssen sich die beiden Ergebnisse um den zehnmillionsten Teil unterscheiden. Die Präzision des Michelsonschen Apparates war von solcher Empfindlichkeit, daß noch ein Milliardstel angezeigt worden wäre. Obwohl Michelson seine Versuche im Jahr 1887 gemeinsam mit Morley wiederholte und während

---

*Heute reichen die Beobachtungsmöglichkeiten bis in eine Entfernung von 10 Milliarden Lichtjahren

Abbildung 39:

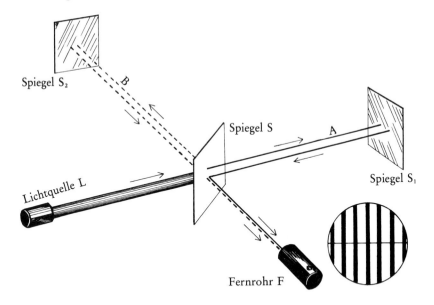

Michelson-Morley-Experiment

der Versuchsdauer der gesamte Verkehr Chicagos ruhte, um jede Erschütterung zu vermeiden, blieb das Ergebnis negativ; der Versuch war mißlungen.

Michelson nahm an, daß das negative Ergebnis dieses Experimentes darauf zurückzuführen sei, daß die Erde den Äther mitnähme. Im Jahr 1892 stellte Fitzgerald eine kühne Hypothese auf, die von Lorentz ausgebaut wurde. Nach dieser Theorie sollen alle Körper, die sich gegen den Äther bewegen, in der Bewegungsrichtung etwas verkürzt werden, und zwar um denselben Betrag, den Michelsons Apparat anzeigen sollte, ohne Rücksicht auf ihre physikalischen Eigenschaften. Außerdem sollen alle Uhren, die gegen den Äther bewegt werden, um etwas nachgehen.

Die Fitzgerald-Lorentz-Kontraktion, wie die Verkürzung genannt wurde, will den mißlungenen Versuch Michelsons erklären. Danach wird der Spiegelarm A, der in der Fahrtrichtung der Erdbahn liegt, um etwas verkürzt. Der ganze Apparat hat sich in der Richtung etwas zusammengezogen, und diese Verkürzung entspricht genau dem Betrag, um die Lichtzeit in Längs- und Querrichtung gleich werden zu lassen. Diese Verkürzung kann man freilich nie feststellen, denn alle Körper, auch Maßstäbe, unser

Arm, ja selbst das Auge, erleiden dieselbe Verkürzung, und das Zeitmaß wird verlängert.

Kann man sich eine Verkürzung der Körper immerhin noch vorstellen, so ist es doch unwahrscheinlich, daß die Verkürzung für alle Körper, ganz gleich, welche physikalischen Eigenschaften sie besitzen, dieselben Werte haben soll. Ganz und gar unerklärlich aber ist, daß der Äther auch das Zeitmaß beeinflussen soll, obgleich zwei Amerikaner diese Beeinflussung experimentell nachgewiesen haben wollen (was wohl auf einen Irrtum zurückzuführen ist). Jedenfalls glaubt man in der Lorentz-Verkürzung ein Mittel gefunden zu haben, durch das die Natur uns die absolute Bewegung verbergen will.

Ganz fern auf schnurgerader Chaussee kommt scheinbar langsam ein Auto wie angekrochen. Je näher es kommt, um so schneller und schneller läuft es und rast plötzlich an den Beobachtern vorbei. War die Bewegung wirklich so unterschiedlich? Selbstverständlich war sie während der ganzen Fahrt gleich. Blickt man aus einem haltenden Eisenbahnzug auf einen Nachbarzug, so vermeint man plötzlich, unser Zug setze sich in Bewegung, obgleich der Nachbarzug langsam angefahren ist. Erst ein Blick auf das ruhende Bahnhofsgebäude klärt den Irrtum auf. Sollen wir darum die Alten verurteilen, die meinten, der ganze Himmel drehe sich um die Erde? Es ist unsinnig, eine absolute Bewegung feststellen und damit auch messen zu wollen. Eine Bewegung läßt sich nur feststellen in bezug auf andere Dinge, zum Beispiel grob gesehen im fahrenden Eisenbahnzug an Telegrafenstangen, Häusern, der Landschaft. Wir können keine absolute Bewegung feststellen, jede feststellbare Bewegung ist relativ. Das gilt auch im Weltall. Das besagt nicht, daß es keine absolute Bewegung gibt. Die Welt ist sich bewegende Materie. Die Gesamtbewegung der Weltmaterie ist die absolute Bewegung. Die absolute Bewegung ist also die Summe aller relativen Bewegungen. Jede Bewegung, die wir feststellen können, ist eine relative Bewegung. So stellen wir die Bewegung beispielsweise unserer Sonne nur in bezug auf die andere Sternenwelt fest. Um eine Bewegung messen zu können, muß etwas vorhanden sein, an der man sie messen kann. Ist denn nun nicht der Äther etwas physikalisch Feststehendes, Ruhendes? Muß sich an ihm nicht die absolute Bewegung feststellen lassen? Der negative Ausgang des Michelsonschen Versuchs zeigt, daß das nicht der Fall ist.

Daraus zog Einstein (Physiker, geb. 1879) durch Aufstellung seiner Relativitätstheorie die Konsequenz. Sein erstes Grundprinzip lautet daher:

Nur relative Bewegungen der Körper gegeneinander lassen sich feststellen, nur sie haben physikalischen Sinn.

Statt der absoluten Bewegung nachzujagen oder zu erklären, die absolute Bewegung lasse sich durch die Fitzgerald-Lorentz-Kontraktion bloß nicht feststellen, fand Einstein es richtiger anzunehmen, die absolute Bewegung existiere gar nicht und sei deshalb nicht wahrzunehmen. Es würde darum keine Bewegung zum Äther geben, und man könne ihn auch nicht für die Kontraktion verantwortlich machen. Deshalb müsse ohne Rücksicht darauf, wie das Interferometer zur Bewegungsrichtung steht, die Lichtgeschwindigkeit immer konstant sein. Ohne zu untersuchen, wie diese Konstanz zustandekommt, nimmt Einstein sie als gegeben hin und stellt damit sein zweites Grundprinzip auf:

Die Lichtgeschwindigkeit bleibt immer konstant.

Das steht aber im Widerspruch zu unseren Vorstellungen. Die Relativitätstheorie erklärt, daß wir den durch das Experiment gegebenen Tatsachen Rechnung tragen und unsere Begriffe von Raum und Zeit ändern müssen. Den Erfahrungen gegenüber müssen die Vorstellungen weichen; deshalb mußte ein Weg gefunden werden, das Denken mit der Erfahrung in Einklang zu bringen. Diesen Versuch unternahm die Relativitätstheorie, und dieser Weg wurde von Minkowski mit mathematischen Formeln gepflastert.

Minkowskis Welt ist eine vierdimensionale Welt, indem er die drei Raumdimensionen noch mit einer vierten, einer Zeitdimension, verband. Den Bahnschaffner, der meine Fahrkarte locht, kenne ich als dreidimensionales Wesen, das eine bestimmte Tätigkeit ausübt; mehr weiß ich nicht von dem Mann. Seine Familie kennt aber auch seine frühere Tätigkeit, seine Hoffnungen, seine Fehlschläge, seine Erfolge. Für die Familie ist mit diesem dreidimensionalen Wesen noch die Vergangenheit, die Zeit verbunden, wodurch ein vierdimensionales Etwas entstand. Jedes »Ereignis« in dem Leben dieses Schaffners ist ein Punkt in seiner vierdimensionalen »Welt«. Punkt reiht sich an Punkt, und das ganze Geschehen zeichnet eine Weltlinie. Jedes Ding, jedes Wesen hat nach Minkowski seine Weltlinie.

Sechs Eisenbahnarbeiter tragen eine Schiene; für kurze Zeit laufen alle sechs Weltlinien zusammen. Jeden Morgen fahren zwei Arbeiter zusammen mit der Straßenbahn zur Arbeitsstätte. Eines Morgens fehlt einer. »*Er hat die Straßenbahn verfehlt*«, denkt der andere. »*Die beiden Weltlinien haben sich verfehlt*«, sagt Minkowski.

Wird nicht täglich der Zeitbegriff mit dem räumlichen verbunden? Ein Behälter von 1 m Kantenlänge wird mit Wasser gefüllt. Die Füllung von 1 m^3 Wasser ist nicht nur ein räumliches Geschehen, sondern auch ein zeitliches. Der Behälter von 1 m^3 Raumgröße wurde in 30 Minuten mit Wasser gefüllt. Ein Arbeiter schachtet einen Graben von 10 m^3 Rauminhalt aus. Die Arbeitsleistung wird nicht nur nach der Raumgröße der bewegten Erde gewertet, sondern auch nach der Zeit, in der sie bewegt wurde. So ist also der dreidimensionale Raum gewissermaßen in die vierdimensionale »Raum-Zeit-Welt« eingebettet. So ist auch das Weltall aufzufassen.

»Die neue Theorie ist auf dem Boden der Tatsachen erwachsen. Darin liegt ihre Stärke. Ihre Tendenz ist eine radikale. Von Stund an sollen Raum für sich und Zeit für sich völlig zu Schatten herabsinken, und nur eine Art Union der beiden soll Selbständigkeit bewahren.« (Minkowski)

Eine solche Raum-Zeit-Welt können wir uns freilich nicht vorstellen. Wollen wir etwas anschaulich machen, begrifflich nahe bringen, so arbeiten wir mit zwei, drei Dimensionen. Wir sind dreidimensionale Wesen und denken in drei Dimensionen. Eine vierdimensionale Welt ist undenkbar. Wenn man sich eine solche Welt auch nicht vorstellen kann, so ist es doch wahrscheinlich, daß sie existiert, sagen die Relativisten, denn *»die Welt ist nach Raum und Masse zwar unbegrenzt, aber nicht unendlich groß«*.

Unbegrenzt und doch endlich? Um das begreiflich zu machen, das heißt, um eine an sich unvorstellbare Sache dem Verständnis nahe zu bringen, gebrauchen die Relativisten ein Gleichnis, das trotz seiner Anschaulichkeit ebenso hinkt wie alle Gleichnisse. Nehmen wir an, unsere Erde sei mit winzigen, völlig platten Käfern bevölkert, die weder ein Oben noch Unten, Außen noch Innen kennen. Es sind zweidimensionale Wesen, denen eine dritte Dimension vollständig fremd, unvorstellbar ist. Diese platten, zweidimensionalen Wesen gehen auf Reise ins Unbekannte, nach allen Richtungen. Und als sie eine unausdenkliche Zeit gewandert, aber noch niemals an eine Grenze gestoßen sind, müssen sie feststellen: Die Welt ist unbegrenzt, nirgends ein Ende; die Welt ist unendlich! Es gab aber Physiker unter diesen zweidimensionalen Wesen, die daran zweifelten, und die sagten: *»Wir müssen diese unsere Welt ausmessen, dann haben wir Gewißheit.«* Die Geometer machten sich auf die Beine und maßen nach Euklides (großer griechischer Mathematiker, um 300 v. u. Z.) Gesetzen. Nach diesen Gesetzen muß die Winkelsumme eines Dreiecks stets 180° betragen. Die zweidimensionalen Geometer vermaßen größere und kleinere Dreiecksflächen und fanden alles in Ordnung, immer 180°. Doch die Physiker gaben sich nicht zufrieden und bereiteten ein ganz großes Experiment vor. Es sollte ein Dreieck vermessen werden, dessen Seiten je 10 000 km betragen sollten. Sie wußten nicht, daß das ein Viertel des Erdumfangs war und daß ja unsere Erde eine Kugel ist (sie konnten ja nur in zwei Dimensionen denken). Man erwartete wie immer eine Winkelsumme von 180°, das Ergebnis jedoch war aufregend für die ganze zweidimensionale Welt: Die Winkelsumme dieses großen Dreiecks betrug 270°. Das war unbegreiflich, unvorstellbar für die zweidimensionalen Wesen. Eine einzige Dimension mehr, und es wäre für sie eine Selbstverständlichkeit gewesen. »*Seht*«, so sagten die Physiker, »*wir können uns den Tatsachen des negativen Ausgangs des Experiments nicht verschließen, es muß so etwas wie eine gekrümmte Fläche geben.*« »*Und seht*«, sagen unsere Relativisten, »*es muß einen gekrümmten Raum geben, unbegrenzt, aber nicht unendlich. Um das zu begreifen, müssen wir uns noch eine Dimension herholen, müssen vier Dimensionen in Rechnung stellen.*«

Schnurgerade läuft die gestoßene Billardkugel über das Tuch. Wir legen eine schwere Eisenkugel in die Mitte des Billardtisches, die das Tuch unmerklich einbiegt. Stoßen wir die Billardkugel jetzt längs an der Eisenkugel vorbei, dann läuft sie in einem Bogen um die Eisenkugel. Es gibt zwei Möglichkeiten der Ursache:

1. Die Anziehungskraft der Eisenkugel zwingt die Billardkugel, im Bogen zu laufen;
2. die gekrümmte Fläche des Billardtuches zwingt zum krummen Lauf.

Und so, sagen die Relativisten, gibt es zwei Möglichkeiten, die Bewegungen der Himmelskörper zu erfassen. Sie lassen sich sowohl durch die Anziehungskraft, durch Newtons Gravitation, erklären wie auch durch Einsteins Gravitationstheorie der »Raumkrümmung«.

Der Raum ist demnach gekrümmt; das ganze Weltall ist ein einziger, gekrümmter Raum. Nicht gleichmäßig gekrümmt, sondern an manchen Stellen wird die Krümmung durch eine kleine Vertiefung verstärkt. Dort ist Zusammenballung von Materie, ein Stern. Ist der Raum gekrümmt, so sind alle Linien gekrümmt, selbst das Licht verläuft nicht geradlinig. Gerät es in die Raumkrümmung des Bereiches eines Sternes, einer Sonne, so biegt es sich zum Bogen. Wir sagen dann: Gerät das Licht in das Gravitationsfeld schwerer Massen, so wird es abgelenkt. Alle Linien, selbst die »geradeste«, sind mehr oder weniger gekrümmte Linien; es sind »geodätische« Linien. Auf einer geodätischen Linie bewegt sich die abgefeuerte Kanonenkugel, fliegt eine Sternschnuppe, umläuft die Erde die Sonne. Und die verstärkte Raumkrümmung, die Raumvertiefung um die Sonne, zwingt die Erde zur Kreis- bzw. Ellipsenbahn. Und die Raumkrümmung macht die Form der Milchstraße zur flachen Linse.

Die Raumkrümmung erklärt, was Newtons Gravitation Schwierigkeiten bereitet. Newtons Gravitationstheorie gründete auf Fernwirkung, die Einsteins auf Nahwirkung. Die Merkurbahn beschreibt eine Ellipse, in derem einen Brennpunkt die Sonne steht. Die Bahnebene ist nicht feststehend, sondern sie dreht sich ihrerseits innerhalb von drei Millionen Jahren um die Sonne. Das ließ sich mit der Newtonschen Gravitationstheorie nicht erklären, und man vermutete einen der Sonne noch näher stehenden Planeten — schon mit dem Namen »Vulkan« getauft —, der als Störungsfaktor die Ursache der merkwürdigen Merkurbahn sein sollte. Nach den Gleichungen der Relativitätstheorie ergibt sich diese allmähliche Drehung von selbst.

Wenn die Sterne besondere Vertiefungen des gekrümmten Raumes darstellen, so muß sich die Größe des Weltalls als eines allseitig umfassenden gekrümmten Raumes berechnen lassen. Je weiter wir in das Weltall vorstoßen, um so mehr zieht sich der gekrümmte Raum zusammen und der Lichtstrahl, der die Sonne oder einen fernen Spiralnebel verläßt, wird, dem gekrümmten Raum folgend, nach Jahrmillionen zum Ausgangspunkt zurückkehren wie ein Weltenbummler. Das Weltall ist darum kugelig und der Lichtstrahl, der den ganzen kugeligen Raum durcheilt, trifft nirgends auf eine Grenze; das Weltall ist darum unbegrenzt. Aber dieser kugelige Raum ist nicht unendlich, er hat eine bestimmte Größe und läßt sich berechnen. Die Formel dafür lautet:

$$R^2 = \frac{2}{X \cdot p}$$

$\frac{2}{X}$ entspricht dem Wert von $1{,}08 \cdot 10^{27}$, und p ist die mittlere Dichte der Materie (Verteilung der Sterne) im Weltall. Diese ist sehr gering, so daß als Wert für den Durchmesser rund zwei Milliarden Lichtjahre berechnet wurde. So umläuft also der Lichtstrahl, entsprechend der Relativitätstheorie, innerhalb von sechs Milliarden Jahren einmal das All.

Die Spiralnebel befinden sich auf der Flucht, sie rasen mit unvorstellbarer Geschwindigkeit. Ringsum streben sie nach außen und je ferner, um so schneller. Wie ist das möglich, da doch der Raum nach Einstein geschlossen ist, gekrümmt wie eine gewaltige Überkugel, die endlich ist und deren Größe man berechnet hat. Nun, sagen die Relativisten, die Spiralnebel jagen nicht durch den Raum, der Raum selbst jagt mit, er dehnt sich aus.

»Wenn sich das Milchstraßensystem über den ganzen endlichen und geschlossenen Raum erstreckt«, sagt Eddington, *»so kann es sich nur dann ausdehnen, wenn sich der Raum selbst ausdehnt. So kommt es, daß wir nicht nur zur Betrachtung eines sich ausdehnenden materiellen Systems, sondern auch eines sich ausdehnenden Raumes geführt werden.«* (»Die Naturwissenschaft auf neuen Bahnen«)

Friedmann und Lemaître erklären, daß solch ein Raum, ein solches Weltall, unstabil sei, sich ausdehnen oder zusammenziehen müsse. Die Rotverschiebung weist eben auf Ausdehnung. Aber das Licht ist schon Jahrmillionen unterwegs, vielleicht befinden wir uns darum heute schon im Prozeß der Zusammenziehung, was wir allerdings wiederum erst in Jahrmillionen feststellen können (vorausgesetzt, daß bis dahin Einsteins Theorie noch genügend Anhänger hat, die einen atmenden, pulsierenden, kugelförmigen Raum für wirklich halten).

Immerhin, diese Erklärung rettete das überkonstruktive Etwas des gekrümmten Raumes. Strahlung ist Energie, Energie hat Masse, und Masse hat Energie. Einstein behauptet, Licht hat Masse, und das Experiment hat das bewiesen. Nicht nur das, Masse und Energie sind identisch, zwei Formen ein und derselben Sache. Masse zieht Masse an. Die Anziehungskraft, die Energie, die die Masse verkörpert, hält die Sternsysteme zusammen.

Die Spiralnebel sollen nun auseinanderstreben, das Weltsystem zersprengen, die Abstoßung die Anziehungskraft überwiegen? Wo bleibt dann die in Masse verkörperte Energie? Die Kraft der Abstoßung muß dann größer sein als die Anziehungskraft, jedenfalls gewaltig groß, da sich die Entfernung der Nebel alle 1 300 Millionen Jahre verdoppelt. Eine solche Kraft müßte sich dann aber auch innerhalb von Sternsystemen bemerkbar machen, also in Systemen wie unserem Sonnensystem, der Fixsternwelt oder den Sternhaufen.

Was sollte nun unser Sonnensystem bewegen, sich auszudehnen? Die Spiralnebel streben anscheinend alle von uns fort, fliehen unser Milchstraßensystem. Demnach ist unsere Milchstraße das Zentrum der Welt, und weil alle Spiralnebel von ihr fliehen, anscheinend eine ruhende Insel im bewegten Meer der Welt. Ruhend, ein ruhender Punkt im Weltall? Dann gibt es ja doch eine feststellbare, meßbare absolute Bewegung, alle relativen Bewegungen könnten an ihr gemessen werden. Das ist doch offensichtlich zu unwahrscheinlich. Kein Rätsel des Makrokosmos ist von so entscheidender Bedeutung wie die Rotverschiebung der Spiralnebel. Was kann die Lösung sein?

Abbildung 40:

Spiralnebel M 51 im Sternbild der Jagdhunde

7. Urgeschichte der Erde

Im Weltall oder im Milchstraßensystem spielt unsere Erde eine verschwindend geringe Rolle, im Sonnensystem schon eine bedeutende. Die Erde ist ein Teil des Sonnensystems, und die Frage nach dem Ursprung der Erde ist die Frage nach der Entstehung des Sonnensystems. Die Planeten sind Kinder der Sonne. Daß die Sterne, auch Sonnen, einen Entwicklungsprozeß hinter sich haben, ist heute eine anerkannte Tatsache.

Am Anfang der Sternentwicklung steht ein unregelmäßiger Nebel aus Gas- und Staubmassen. Auch unsere Sonne muß sich einst aus einer solchen kosmischen Staubwolke entwickelt haben. Sie ist heute in das Stadium eines gelben Zwergsternes gerückt. So weit wären die Dinge durchaus klar. Zweifellos müssen die Planeten aus derselben Nebelmasse geboren sein, aus der die Sonne entstand. Aber über das »Wie« der Entwicklung streiten verschiedene Theorien, die man in zwei Gruppen, monistische und dualistische, zusammenfassen kann. Die erstere sucht die formende Kraft innerhalb, die zweite außerhalb des Sonnensystems. Die wichtigsten Vertreter der ersten Gruppe sind Kant und Laplace, die der zweiten Gruppe Arrhenius (Zusammenstoßhypothese) und Moulton, Chamberlin und Jeans (Gezeitenhypothese).

Als 29jähriger schrieb Kant 1754 die »Naturgeschichte und Theorie des Himmels«, eine Erklärung der Entstehung des Sonnensystems. Nach dieser Ansicht füllte das Gebiet des gesamten Sonnensystems eine äußerst fein verteilte Gasmasse, die die Materie für alle Körper des Sonnensystems enthielt. Die gegenseitige Anziehung der einzelnen Teilchen erzeugte Bewegung und Verdichtung zum Zentrum. Die Bewegungsrichtung verlief allmählich in geschlossenen Bahnen mit einem Drehungssinn um den Mittelpunkt. Die Gasmasse nahm die Gestalt einer flachen, rundlichen Linse an. Durch die stärkere Anziehung der inneren Massen konzentrierten sich gewaltige Gasmassen im Zentrum, und diese Kernmassen bildeten die spätere Sonne. Auch außerhalb der Kernmasse, um die sich alles drehte, bildeten sich kleine, lokale Verdichtungen in der Gaswolke, die in bestimmten Abständen vom Kern Sammelpunkte bildeten, aus denen sich die Planeten entwickelten, die alle in derselben Richtung die Zentralmasse umkreisen. Aus den lokalen Gaskonzentrationen entstanden außer Planeten, entsprechend der Größe der Gasmasse, nochmals eine oder mehrere kleine Anhäufungen, die Material für die Monde bildeten, und diese umkreisen im Drehsinn der Rotationsrichtung die Planeten.

Die entscheidenden Argumente gegen Kants Ansicht wandten sich gegen die Auffassung der Entstehung der Bewegung aus dem Zustand der Ruhe. Bewegung ist ein Wesenszug der Materie wie Masse, seit jeher vorhanden und nicht entstanden. Somit trifft in diesem Falle die Kritik an Kants Ansicht durchaus das Richtige. Andere Argumente gegen Kants Theorie sind nicht so wichtig.

Engels kennzeichnet die Bedeutung dieser Kantschen Theorie in treffender Weise als dialektische Methode, weit über den bisherigen metaphysischen Anschauungen stehend:

»Die Kantsche Theorie von der Entstehung aller jetzigen Weltkörper aus rotierenden Nebelmassen war der größte Fortschritt, den die Astronomie seit Kopernikus gemacht hatte. Zum ersten Male wurde an der Vorstellung gerüttelt, als habe die Natur keine Geschichte in der Zeit. Bis dahin galten die Weltkörper als von Anfang an in stets gleichen Bahnen und Zuständen verharrend; und wenn auch auf den einzelnen Weltkörpern die organischen Einzelwesen abstarben, so galten doch die Gattungen und Arten für unveränderlich. Die Natur war zwar augenscheinlich in steter Bewegung begriffen, aber diese Bewegung erschien als die unaufhörliche Wiederholung derselben Vorgänge. In diese, ganz der metaphysischen Denkweise entsprechende Vorstellung, legte Kant die erste Bresche, und zwar in so wissenschaftlicher Weise, daß die meisten von ihm gebrauchten Beweisgründe auch heute noch Geltung haben. Allerdings ist die Kantsche Theorie bis jetzt noch, streng genommen, eine Hypothese.« (»Anti-Dühring«, Marx/Engels Werke Bd. 20, S. 52/53)

Laplace (Astronom und Mathematiker, 1749—1827) nahm einen rotierenden, glühend-gasförmigen Sonnenball als vorhanden an. Diese Sonne besaß eine ungeheuer weite Atmosphäre, die bis zum Bereich des entferntesten Planeten hinausreichte. Im Laufe der Zeit sank die Temperatur der glühenden Gaskugel, wodurch der Sonnenball zusammenschrumpfte. Nach physikalischen Gesetzen mußte dadurch die Rotationsgeschwindigkeit stark zunehmen, die äußersten Gasmassen trennten sich los, nach und nach lösten sich mehrere Gasringe, die ohne Zusammenhang allmählich zerrissen. Die Gasmasse eines jeden Ringes zog sich um den Kernpunkt zusammen, bildete einen Ball, aus jedem der so entstandenen Bälle entwickelte sich ein Planet, dessen Bahn die Stelle des früheren Ringes einnahm. Die gleiche Bewegungsrichtung der Gasringe bewirkte auch die gleichgerichtete Umlaufsbewegung der Planeten in nur wenig zueinander geneigten Bahnen.

Abbildung 41:

Kant-Theorie der Weltentstehung

Abbildung 42:

Laplace-Theorie der Weltentstehung

Derselbe Vorgang, der zur Lostrennung der Gasringe vom Sonnenball führte, wiederholte sich bei den großen Planeten. Auch hier trennten sich aus den gleichen Gründen ein oder mehrere Gasringe von den Planetenbällen los, aus denen sich dann später die Monde formten. Die Hauptmasse des ganzen Systems zog sich im Laufe der Zeit immer mehr zusammen und bildete die heutige Sonne als Zentralgestirn des ganzen Systems. Kants und Laplaces Hypothesen wirken bestechend in der Einfachheit der Mittel, die die Welt aufbauen sollen, jedoch haften ihnen manche Fehler an, die neuere Forscher durch die dualistische Theorie zu beheben versuchten.

Arrhenius versuchte einen ewigen Kreislauf des Werdens und Vergehens in der Entwicklung eines Sternsystems einzuschalten: Nebelflecken bilden Sonnen und Sonnen wieder Nebelflecken. Aus den Schuttabladestätten des Weltalls, aus den kosmischen Staub- und Gaswolken, bilden sich durch Konzentration der Teilchen zum Zentrum hin Nebelbälle und daraus im Laufe der Entwicklung die Sterne, erst rote, dann gelbe und weiße, die dann im Laufe der Zeit abkühlen und schließlich erlöschen. Erloschene Sterne wandern durch das Weltall und treffen mit glühenden Gasbällen zusammen, die im ersten Entwicklungsstadium stehen. Die Gewalt des Zusammenstoßes bewirkt die Lösung der noch großen Temperatur im Inneren des erloschenen Sternes, die explosionsartig hervorbricht und die ganze Masse glühender Gasfladen in wirbelnde Bewegung versetzt. Ein spiralförmiger Nebel entsteht mit einem größeren Massenkern, aus dem sich die Sonne bildet. Aus den Spiralarmen, die zerreißen, entstehen durch Konzentration der einzelnen großen Fetzen die Planeten. Die im Laufe der Zeit allmählich erkalteten Himmelskörper des so entstandenen Systems bilden wiederum neue Geschosse zukünftiger Zusammenstoßkatastrophen — ein ewiger Kreislauf.

Die meisten Forscher der Neuzeit halten jedoch einen Zusammenstoß zweier Himmelskörper für nicht wahrscheinlich, wohl bestände größere Wahrscheinlichkeit der Annäherung zweier Himmelskörper auf so nahe Entfernung, daß die Gravitationswirkung gegenseitig in Erscheinung tritt.

Diesen Gedankengängen entsprechend stellten Poincaré, Darwin jr., Moulton, Chamberlin, Jeans und andere verschiedene Gezeitenhypothesen auf zur Erklärung der Entstehung des Sonnensystems. Nach Moulton und Chamberlin näherte sich im Anfangsstadium der Entwicklung unserer Sonne, als sie noch ein sehr lockerer Riesenstern war, eine andere Sonne. Durch die Gravitationskräfte beider Sterne wurde in der Ursonne eine Flutwirkung erzeugt, ähnlich der Wasserflut der Ozeane, die durch die Gravitationswirkung des Mondes entstand. Gewaltige Gasausströmungen, riesige Eruptionen, brachen aus zwei gegenüberliegenden Stellen der Sonne hervor, aus denen sich ein hauptsächlich zweiarmiger, spiralförmiger Nebel herausschälte, mit der Sonne als Kernmasse. Die ungleiche Verteilung der Materie in den Spiralarmen bildete verschiedene Sammelpunkte, aus denen die Planeten entstanden. Aus kleineren Massen formten sich die Monde.

Etwas anders erklärt Jeans die Gezeitenhypothese. Nach ihm wölbt sich, durch die Gravitationswirkung des sich nähernden Sternes hervorgerufen, ein Flutberg glühender Gase aus der Atmosphäre der Ursonne direkt unterhalb des Sternes empor, wandert über die Oberfläche der Sonne dahin, sich stets unterhalb des Sternes haltend, während auf der gegenüberliegenden Seite der Sonnenoberfläche eine andere kleine Erhebung entsteht. Bei der größten Annäherung des Sternes wird die Gravitationswirkung so groß, daß sie die Schwerkraft der Sonne übersteigt. Die Spitze des Flutberges schießt auf den Stern zu, dadurch die unteren Schichten des Berges mit sich reißend. In dem Prozeß der Loslösung hat der Stern bei seinem Übergang die größte Annäherung schon wieder überschritten, so daß keine neuen Gasmassen aus der Sonne herausgezogen werden. Der gewaltige herausgezogene und losgelöste Flutberg hängt wie eine riesenhafte, zigarrenförmige Faser zwischen Ursonne und Stern. Die beiden Enden der Faser laufen spitz zu, in der Mitte die dickbauchige Ansammlung der Gasmassen, entstanden während der größten Annäherung des Sternes. Die glühende Faser kühlt sich allmählich ab, zieht sich tropfenweise zusammen, Tropfen von astronomischer Größe, die größten im Mittelstück und die kleinsten an den beiden Enden. Die einzelnen gewaltigen Tropfen bewegen sich dann als unabhängige Körper, und je mehr der vorbeigestrichene Stern in der Ferne verschwindet, um so mehr verläuft die Bewegung in geordneten Bahnen. So wurden aus den großen Tropfen die Planeten (in Sonnennähe und -ferne die kleinen, in der Mitte die Riesenplaneten) und aus kleineren zwischendurch entstandenen Tropfen die Monde geformt. Als Folge der Gezeitenkatastrophe wurden ringsum Trümmer verstreut, durch die die Planeten ihren Weg bahnten und die die Planetenbahnen dauernd beeinflußten.

Vom Standpunkt des Entwicklungsgedankens erklärt die monistische Auffassung die Entstehung des Sonnensystems natürlicher, als es die dualistische macht. Von diesem Gesichtspunkt aus gesehen ist die Hypothese von Kant und Laplace, trotz aller Mängel und Fehler, im Grundprinzip der der dualistischen Vertreter überlegen. Betrachtet man alle großen Entwicklungsvorgänge der Welt, ob in der anorganischen oder organischen Natur,

Abbildung 43:

Arrhenius-Theorie der Weltentstehung

immer ist die Ursache der Veränderung in der inneren Struktur, den inneren Widersprüchen, in der Einheit und dem Kampf von Gegensätzen zu suchen. Wohl üben äußere Einflüsse einen oft bestimmenden Charakter aus, aber dann kaum in so katastrophaler Form. Deshalb ist Arrhenius' Zusammenstoßhypothese von vornherein unwahrscheinlich.

Noch unhaltbarer erwies sich Hörbigers Welteistheorie. Danach sollen die Weltgebilde durch Zusammenprall riesiger Eis- und Glutmassen entstanden sein. Aber auch der Gezeitenhypothese haftet große Unwahrscheinlichkeit an. Um eine solche Gezeitenwirkung auszulösen, daß gewaltige Mengen Materie von der Größe aller Planeten aus der Ursonne herausgerissen werden, müßte der vorüberziehende Stern eine viel größere Masse haben als die Ursonne, damit die Schwerkraft der Sonne überwunden wird. Zweitens müßte der Stern, um eine solche Gasfaser herausziehen zu können, verhältnismäßig nahe am Bereich der Sonne vorüberziehen. Damit besteht nicht nur die Gefahr, daß die herausgerissene Gasfaser von dem Stern aufgefangen wird, sondern sogar die Möglichkeit, daß die Sonne selbst als Doppelsternkomponente an den Stern gebunden wird. Alles zusammengenommen ist die dualistische Hypothese zu unwahrscheinlich, sowohl vom Standpunkt der Möglichkeit der Gestaltung als auch vom Standpunkt der Entwicklung. Richtiger ist, die neuesten Erkenntnisse mit der monistischen Auffassung zu vereinigen.

Die einzelnen Teilchen eines riesig ausgedehnten, unregelmäßigen Nebels befinden sich in regelloser Bewegung. Das Licht eines benachbarten Sternes heizt die Temperatur der freischwebenden Atome und Moleküle auf — wie neuerdings nachgewiesen wurde auf rund 10 000 bis 15 000 Grad Celsius. Diese kolossale Temperatur erhöht die Geschwindigkeit der Moleküle und Atome. Der Strahlungsdruck des benachbarten Sternes gibt den Bewegungen der Nebelteilchen mehr und mehr einheitliche Richtung. Gleichzeitig findet eine immer stärkere Konzentration der Materieteilchen zum Zentrum hin statt. Durch die Anziehung der zentralen Masse auf die äußeren Teilchen wird die Bewegungsrichtung in Rotationsrichtung umgebogen. Die konzentrierte Kernmasse rotiert schneller, gleichzeitig wirkt die Zentrifugalkraft, das ganze Nebelgebilde flacht nach außen ab, zerteilt sich in verschiedene Spiralarme; der unregelmäßige Nebel ist zum spiralförmigen geworden. Aus dem ballförmigen Kernstück bildet sich die Sonne. Die Mittelstücke der Spiralarme konzentrieren sich zu Riesenplaneten, aus den massenärmeren Teilen der Spiralarme am Ende und in Kernnähe entwickeln sich die kleineren Planeten. Aus den zwischenliegenden Nebelbatzen entste-

Abbildung 44:

Hörbigers Welteistheorie

hen Monde und Planetoiden. Die Abstände der Planeten von der Sonne entsprechen der Entfernung der Konzentrationspunkte in den Spiralarmen vom Kern. Die gleichgerichtete Umdrehungsrichtung der Planeten liegt in der Rotation des spiralförmigen Nebels begründet.

Die Erde als Gasball kann keine Sonne gewesen sein, die in das Weltall leuchtete, dazu war die Masse zu gering, ist doch die Masse unserer Sonne 333 000mal so groß wie die Erdmasse. Die geringe Masse war auch die Ursache für die schnelle Abkühlung der Erde.

Auf der dunkelglühenden Oberfläche begann die Krustenbildung. Erst einzelne Schollen, immer wieder zerrissen, in glühende, kochende Krater hineingerissen und geschmolzen, bis im Laufe von Jahrmillionen eine dünne, zusammenhängende Schicht, noch oft durchbrochen, entstand. Immer stärker wurde die Kruste, immer mehr wurden die stürmischen Gewalten im Inneren gebändigt. Noch war kolossale Unruhe, hoben und senkten sich Schollen, zertrümmerten, wurden verschoben, gewaltige Vulkane überschwemmten große Gebiete mit glühender Lava. Die Eigenwärme der Erde trat durch die fester werdende Kruste mehr und mehr zurück. Die Sonnenstrahlung begann, die Uratmosphäre zu beeinflussen: Klimazonen und Kältepole entstanden. Mit der Zusammenschrumpfung des Erdballes schiebt sich die Erdrinde zusammen, entstehen Gebirge, senken sich Täler. Die damit verbundene Spannung erzeugt Erschütterungen des Schollengefüges, die sich wellenförmig verbreitern: Erdbeben, die, regellos und besonders heftig im Tertiär auftretend, oft ganze Erdteile in Bewegung bringen und die Erde bis ins Innere erschüttern. Auf Grund dieser Erdbeben kann man mit Hilfe von Seismographen, den Erdbebenapparaten, Schlüsse auf die Beschaffenheit der verschiedenen Erdschichten ziehen.

Die Kant-Laplacesche Theorie übte auch ihren Einfluß auf die Auffassung über das Erdinnere aus. Man sah die Erde als eine glühend-flüssige Kugel an, die von einer dünnen, festen Rinde umgeben ist. Soweit man mit Hilfe von Bohrlöchern die Temperatur feststellen konnte, stieg diese bei ungefähr 33 m Tiefe um 1 Grad Celsius. Daraus errechnete man in 100 km Tiefe 3 000 Grad Celsius, eine Temperatur, bei der jedes Gestein schmelzen müßte und folglich die Erdrinde nirgends dicker sein kann. Man hatte dabei aber einen sehr wichtigen Faktor nicht beachtet: den Druck.

Hoher Druck ändert den Schmelzpunkt und manche Eigenschaften der Elemente und der chemischen Verbindungen. Da das spezifische Gewicht unserer Erde im Durchschnitt 5,5 g/cm³, das der oberen Gesteinsschichten jedoch nur 2,5 g/cm³ beträgt, muß im Erdinneren eine schwere Masse von der Dichte des Stahls sein. Die Seismographen stellen nun jede Erdbebenschwingung, auch die mit unseren Sinnesorganen nicht mehr wahrnehmbaren, fest. Erdbebenwellen, die längs der Erdoberfläche laufen, besitzen durchweg die gleiche Geschwindigkeit. Die Wellen, die die Tiefenzonen durchlaufen, haben veränderte Geschwindigkeit, das heißt, sie nehmen bis zu 2 900 km Tiefe an Geschwindigkeit gleichmäßig zu, um sich dann wieder unverändert fortzupflanzen. Daraus schließt man, daß in 2 900 km Tiefe ein fester Erdkern von hoher Dichte beginnt, und die Beobachtung der verschiedensten Wellen läßt auf eine Dichte von der des Stahls schließen.

Das Erdinnere setzt sich demnach aus drei Hauptschichten zusammen: Außen ein fester Gesteinsmantel, die Erdkruste, dann folgt die flüssige Schale (Pyrosphäre), die dem Mittelpunkt zu allmählich festere Eigenschaften annimmt, in 2 900 km Tiefe beginnt der feste Eisenkern (Barysphäre).

Abbildung 45:

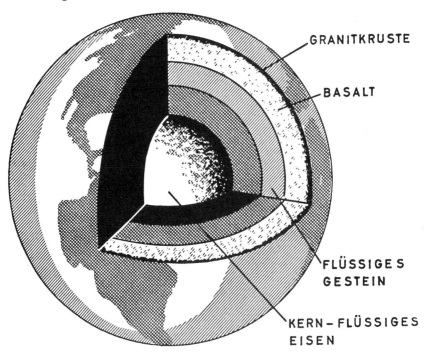

Aufbau des Erdinneren

Diese Dreiteilung erhält dann noch eine Unterteilung, so daß das Innere der Erde folgenden konzentrierten Bau aufweist: Zuoberst, also die Oberflächenschicht, ist die sogenannte »*Bruchzone*« mit einer durchschnittlichen Dichte von 2,6 g/cm^3 und 80 km Mächtigkeit. Nur in dieser Schicht gehen die Veränderungen der Erdoberfläche vor sich, türmen und senken sich Schollen, entstehen Spannungen, die Erdbeben erzeugen, und hier steigen in Bruchspalten zähflüssige Gesteinsmassen auf, brechen als Lava aus den Vulkanen der Erdoberfläche hervor. Der zähflüssige Gesteinsbrei entstammt der »*Fließzone*«, die 120 km Tiefe erreicht. Eine Temperatur von 600 bis 700 Grad Celsius macht die kristallisierten Gesteine nachgiebig, zähflüssig. Die Kontinente der Erde sind in diesem zähen Brei eingetaucht, schwimmen gewissermaßen auf ihm.

Während die Bruchzone hauptsächlich aus leichten, kieselsäurereichen Gesteinen, vor allem Silizium und Aluminium (Sial) besteht, beginnen in der Fließzone die schweren, kieselsäurearmen Gesteine, vornehmlich Silizium und Magnesium (Sima), die sich in der Urgebirgsschale fortpflanzen. Diese Schicht besteht aus schweren Massengesteinen von der Dichte 3,4 g/cm^3 und ist 1 200 km dick. Sie wiegt etwa 1 714 Trillionen Tonnen. Dann beginnen die Zwischenschichten von einer durchschnittlichen Dichte von 6,4 g/cm^3. Sie mögen aus 70 Prozent Schwefeleisen bestehen. Ihr Gesamtgewicht beträgt 2 582 Trillionen Tonnen. Während beim Beginn der Urgebirgsschale etwa 28 000 Atmosphären Druck herrschte, stieg der Druck beim Beginn der Zwischenschichten auf rund ½ Million Atmosphären. In 2 900 km Tiefe beginnt der schwere Kern von 1 685 Trillionen Tonnen Gewicht. Er ist zusammengesetzt aus 88 Prozent Eisen, 6 bis 10 Prozent Nickel, der Rest aus Kohlenstoff, Phosphor, Kobalt und Platin. Trotz einer Temperatur von annähernd 4 000 Grad Celsius wird die Festigkeit, infolge des Druckes von 1½ bis 3 Millionen Atmosphären, ein Mehrfaches von der des Stahls sein.

Die werdende Erde in der Periode der Krustenbildung war umgeben von einer dichten Dampfhülle. Erst mit der Abkühlung der Atmosphäre schlugen die ersten heißen Wassertropfen nieder. Der Siedepunkt des Wassers ist abhängig vom Atmosphärendruck, das heißt, je größer der Atmosphärendruck, um so höher auch der Siedepunkt des Wassers. Während der Siedepunkt in Meereshöhe (das ist Normaldruck) 100° C beträgt, siedet das Wasser in 4 800 m Höhe bei 84° C. Da nun das gesamte Wasser der Erde in einer mächtigen Dampfhülle die Uratmosphäre durchsetzte und den Druck dadurch gewaltig verstärkte, so betrug der Siedepunkt dementsprechend

375° C. Solange die Temperatur in der Atmosphäre noch über diesem Punkt lag, konnte kein Wasser niederschlagen, sobald aber dieser Punkt unterschritten wurde, vollzog sich die Bildung der Urmeere verhältnismäßig rasch, die allerdings lange Zeit hindurch nur aus sehr heißem Wasser bestanden und mit der Abkühlung der Erdoberfläche ebenfalls langsam erkalteten. Je mehr die Eigenwärme der Erde zurückging, um so mehr wirkte die Sonnenstrahlung und erzeugte den Kreislauf des Wassers.

Im Laufe der Zeit veränderten sich Festländer und Meere; ganze Erdteile wurden überschwemmt, winzige Schalentierchen setzten gewaltige Kalkmassen ab und schufen neue Erdschichten, wieder trat das Meer zurück, um andere Gebiete zu überschwemmen, also eine dauernde Unruhe und Bewegung, verursacht durch die Faltungen der Erdkruste, Türmung und Senkung des Schollengefüges. Ganze Kontinente verschoben sich und Meere nahmen andere Flächen ein, dauernd das Antlitz der Erde verändernd.

Das heutige Kartenbild der Erde ist nicht zu vergleichen mit dem vor Millionen Jahren. Anhand der verschiedenartigen Schichten der Erdrinde und der darin eingeschlossenen, versteinerten Reste von Pflanzen und Tieren hat man das Antlitz der Erde in den jeweiligen Perioden bildlich rekonstruiert. Die älteste Periode zeigte das Bild eines großen, zusammenhängenden Erdteils vom nördlichen Südamerika, quer durch den Atlantischen Ozean über Afrika, den Indischen Ozean bis einschließlich zum Gebiet der ehemaligen deutschen Südseeinseln, das sogenannte »Gondwanaland«. Während halb Europa und ein Drittel Asiens sich zu einem kleineren Kontinent zusammenschlossen, bildeten Nordamerika, Grönland bis einschließlich Island und Spitzbergen das große Festland Atlantis.

In den folgenden Perioden trennte sich Asien von Europa, dieses erhielt Bindung mit Atlantis, und auch dieser Erdteil hing in Amerika mit dem langgestreckten Gondwanaland zusammen. Zwischendurch erstreckte sich ein schmales Mittelmeer, das Tethys-Meer. Diese großzügige Verlandung nahm in der folgenden Periode noch stärkere Formen an, nur durch kanalförmige Meere und Becken mehr zerrissen. Gondwanaland und Asien sind getrennte Blöcke, Atlantis ist von Nordamerika durch ein Becken gespalten, hängt aber noch mit Europa zusammen, dieses ist aber auch durch eine schmale Landbrücke quer durch den atlantischen Ozean mit Nordamerika verbunden.

Die nächsten Perioden wurden durch drei große Kontinentblöcke gekennzeichnet:

1. Gondwanaland, einschließlich Australien
2. Asien mit Nordosteuropa
3. Atlantis über Nordamerika bis Ostasien

Sie bildeten die drei geschlossenen Landmassen. Mittel- und Westeuropa waren überschwemmt, und eine Wasserspalte zwischen Grönland und England—Norwegen entstand. In der darauffolgenden Periode befanden sich alle großen Kontinentblöcke in Auflösung. Asien hing mit Australien zusammen, war aber von Europa getrennt, das mit Ausnahme der nordischen Länder ganz unter Wasser lag. Gondwanaland wurde gespalten, Afrika hing aber noch mit Südamerika zusammen, Nordamerika und Grönland bildeten einen Block, und tiefe Buchten, schmale Wasserstraßen gaben dem Kartenbild ein zerrissenes Gepräge.

Während die nächste Periode wenig am Kartenbild veränderte, brachte die letzte vor der heutigen eine gewaltige Unruhe und Umwandlung über die Erde. Schon deutlich formen sich die heutigen Erdteile in ihren rohen Umrissen. Noch ist Mitteleuropa bis hinein nach Zentralasien zum größten Teil unter Wasser, aber dann heben sich die jungen Kettengebirge von den Alpen bis zum Himalaja. Gegen Ende der Periode ist unser heutiges Kartenbild der Erde fertiggestellt (es befindet sich aber nach wie vor in allmählicher Umwandlung).

Der im Jahr 1930 bei einer Forschungsexpedition in Grönland ums Leben gekommene Alfred Wegener vertrat die Hypothese, daß die großen Landmassen in grauer Vorzeit ein geschlossenes Ganzes, einen einzigen Kontinent, gebildet hätten. Die kontinentalen Sialmassen schwimmen auf der schweren Sima-Unterschicht und treiben heute wie Wracks auf dem Meer. Durch Bruchspalten gefördert, rissen die Landmassen in einzelne Kontinentblöcke auseinander, und seitdem bewegen sich diese Blöcke ganz langsam hauptsächlich in zwei Richtungen, in zwei Driften, die eine nach Westen und die andere nach Süden zu. Wenn auch die Bewegung sehr langsam, einige Meter im Jahr, vonstatten geht, so muß sich doch im Laufe von Jahrmillionen die Lage der einzelnen Kontinentblöcke sehr verändern.

Wegener stützte sich dabei auf die Ähnlichkeit des Küstenverlaufs, der Anpassungsmöglichkeit der Ostküste Amerikas an die Westküste Europa—Afrikas, der Zusammenfügungsmöglichkeiten der Formen Afrikas, Südasiens und Australiens in rohen Linien, das Übergehen bestimmter Gebirgszüge in verschiedene Erdteile und vor allem auf das Messungsergebnis, daß sich Grönland jährlich ungefähr um 32 m Nordamerika nähere. Wegeners

Theorie unterlag starker Kritik, vornehmlich von amerikanischen Forschern, die die Driftbewegung als Fehler alter Instrumente werteten. Neuere Messungen haben nun tatsächlich das frühere Ergebnis nicht bestätigt; das Treiben der Kontinente ist also nicht erwiesen.*

Die Anhänger Wegeners erklären jedoch das neueste Messungsergebnis als Folge des zeitweiligen Stillstandes der Driftbewegung, was die Falschheit der Theorie noch keineswegs bewiesen habe. Die Hypothese Wegeners ist aber zu unwahrscheinlich, denn die Bruchzone der Erde ist eine 80 km dicke Schale, eine zusammenhängende Hülle, deren tiefste Einbuchtung, der große Ozean (Pazifik), 10 km nicht übersteigt. Die Kontinente haben kein so großes Massenübergewicht, um einen seitlichen Druck von solch gewaltigem Ausmaß ausüben zu können. Woher sollte da die Kraft der Driftbewegung kommen?

Die Vielgestaltigkeit der Erdoberfläche ist im Laufe von Jahrmillionen entstanden. Nicht plötzlich, katastrophenmäßig (obgleich in Einzelfällen auch Katastrophen sich ereigneten), sondern ganz allmählich türmten sich die Gebirge, senkten sich Täler und bildeten sich Schluchten, Erscheinungen lokalen Charakters. Im Zusammenhang damit senkten sich größere Landteile und wurden von den Meeren überschwemmt. Andere hoben sich, ein fortwährendes, unheimlich langsames, aber sicheres Schwanken des ganzen Schollengefüges, ein Vorgang, der sich nur in der Bruchzone der Erde abspielt. Welche gewaltige Kraft bewirkt eine solche Veränderung?

»*Daß das Einsinken an Spalten*«, schreibt Neumayr in seiner »Erdgeschichte«, »*die Bildung von Senkungsfeldern und Verwerfungen lediglich unter der Einwirkung der Schwere vor sich geht, daß außer dieser kein aktiver Zug in die Tiefe vorhanden ist, bedarf kaum einer eingehenden Erörterung; damit jedoch muß eine Zusammenziehung im Innern stattfinden. Die Faltenbildung ihrerseits stellt ein Zusammenschrumpfen der Oberfläche auf kleinerem Raum dar, eine Zusammenschiebung, welche sich am besten unter der Voraussetzung erklärt, daß die tieferen Teile der Erde sich zusammenziehen, die äußeren Partien dagegen annähernd ihre alte Ausdehnung behalten und sich nun falten müssen,*

---

* Eine Kontinentaldrift im Sinne Wegeners konnte auch bis heute nicht nachgewiesen werden. Mit den weiteren Erkenntnissen über den Aufbau der Erde hat sie völlig an Bedeutung verloren. Aber Verschiebungen sind mittlerweile nachgewiesen, so beispielsweise am über 1 000 km langen San-Andreas-Graben in Kalifornien (USA) Verschiebungen von 3 cm pro Jahr.

um sich dem verminderten Volumen ihrer Unterlage anzuschmiegen ... daß alle die erwähnten Wirkungen lediglich durch die allmähliche Abkühlung der Erde hervorgebracht werden.« (Band 1, S. 332)

Während die zähflüssige, schmiegsame Sima-Unterlage sich dem Schrumpfungsprozeß ohne weiteres anpassen kann, ist die feste, verhältnismäßig starre Sial-Schicht dazu nicht in der Lage. Der Überschuß der zusammengeschrumpften Schalenoberfläche türmt sich zu gewaltigen Kettengebirgen auf, so hoch, bis die Spannung nachläßt.

Den gebirgsbildenden Kräften stehen die abtragenden Kräfte gegenüber, die unermüdlich tätig sind, die Gebirge zu zerstören. Seit der erste Regen niederschlug, nagt und wäscht das Wasser die Bergspitzen, graben Rinnsale und Bäche Einschnitte in die Gebirge, reißen Erdschollen und Felsstücke herunter, zersägen und zerbröckeln Körnchen um Körnchen, und die Ströme schleppen gewaltige Massen bis ins Meer und lagern sie dort ab.

Aber auch als chemisches Lösungsmittel tritt das Wasser auf. So werden Salze und Gips von reinem Wasser leicht aufgelöst, etwas schwerer werden Kalksteine, Silikate und andere zersetzt. Alle diese Minerale wandern durch die Flüsse zum Meer, wodurch der hohe Salzgehalt der Ozeane zu erklären ist.

Die Verwitterung ist einer der entscheidensten Faktoren bei der Gebirgsabtragung. Gesteine saugen Wasser auf, das gefriert, sich beim Auftauen ausdehnt und das Gestein zersprengt. Besonders in den Tropengegenden wirkt der Temperaturwechsel: Am Tage von der glühenden Sonne erhitzt, des Nachts durch empfindliche Abkühlung abgeschreckt, dehnen sich die Gesteine aus und ziehen sich wieder zusammen, lockern und zerbröckeln. Auch die Wurzeln der Pflanzen senken sich in Risse, wachsen und sprengen allmählich Felsstücke los. Plötzlich, ruckartig setzen manchmal Bergstürze und Erdrutschungen gewaltige Gesteinsmassen in Bewegung. Gletscher schleifen Mulden aus und tragen Felsstücke mit fort, und der Wind fegt Sand- und Staubmassen in weitentfernte Gebiete. So gewaltig die gebirgsbildenden Kräfte auch sind, so vielgestaltig sind die abtragenden Kräfte; ein gigantisches Ringen, das die Oberfläche der Erde dauernd verändert.

Aber nicht nur mechanische und chemische Vorgänge wirken an der Gestaltung der Erdoberfläche, sondern auch die Welt der Lebewesen. Gewaltige Kalkbänke wurden durch die Schalen verschiedener Weichtiere, durch die zertrümmerten, gegliederten Stiele der Seelilien, Teile von Seeigeln und

Seesternen gebildet. Bedeutender sind jedoch die Bauten der Korallen, die wunderbaren Gebilde der Ozeane; es handelt sich hier um Ausscheidungen komplizierter Kalkgerüste. Alle diese Kalkbildner treten jedoch zurück im Vergleich zu den Foraminiferen, winzigen Tieren mit zierlichen Kalkschälchen, die in solch ungeheuren Mengen auftreten, daß sie Kalkschichten bis zu 1 000 m Mächtigkeit aufbauten. Der Kreidefelsen der Insel Rügen ist ein Beispiel für die Bildung der Schichtgesteine durch diese Tierchen.

Auch Pflanzen stellen das Material für den Aufbau der Gesteine, so zum Beispiel die Kalkalgen. Die an verschiedenen lokalen Stellen auftretenden, oft bedeutenden Stein- und Braunkohlenschichten sind Reste riesiger Pflanzen. Manche Tiere haben Körperchen aus Kieselsäure gebildet, darunter als die wichtigsten die Radiolarien, die aus ihren Resten Kieselschiefer und Feuerstein geschaffen haben. Die Schicht der Sedimentgesteine wurde durch Faltung der Erdkruste gehoben, zerrissen, ineinandergeschoben und übereinandergeschachtelt, alte und junge Ablagerungen durcheinandergebracht.

So bietet eine geologische Karte ein überaus buntes Bild, einen Abdruck der erdgeschichtlichen Perioden, einen gestaltenreichen Wandel der Erdgeschichte, den Joh. Walther mit den Worten zusammenfaßt:

»Wie eine grandiose Wandeldekoration ziehen vor unserem Auge weltgeschichtliche Ereignisse von der größten Tragweite vorüber. Tausende von Metern von sich überlagerten Gesteinsdecken, deren bunter Farbenwechsel, mannigfaltige Lagerung, Fossilarmut oder Versteinerungsreichtum uns zu denken gibt, können wir schrittweise durchmessen. Wir wandeln über den mit Muscheln besäten Meeresgrund, besteigen die steilen Abhänge erloschener Vulkane, sehen die verkohlten Massen uralter Floren in den Kohlenlagern und die Niederschläge blauer Wüstenseen in den Salzlagern; die flüchtigen Herden schlanker Steppentiere und die Schwärme wandernder Fischzüge. — Alles liegt versteinert zu unseren Füßen.«

Im 18. Jahrhundert begann man eifrig, die Sedimente zu studieren. Solange die einzelnen Schichten regelmäßig aufeinanderfolgten, also ungestörte, horizontal liegende Schichten vorlagen, war die Sache einfach. Anders aber bei gestörten Schichten, wo manchmal alte Sedimente den jüngeren überlagert waren. Oft fehlten ganze Zwischenschichten, und je tiefer man in das Studium der Sedimente eindrang, um so schwieriger wurde das Problem. So gut wie es ging, ordnete man die verschiedenen Schichtfolgen. Immer mehr aufeinanderfolgende Sedimente kamen zum Vorschein. Und langsam bildete sich ein Schema aller Schichtgesteine heraus, das lückenhaft, ohne Zusammenhang, keine klare Folge aufwies. Es fehlte noch ein allgemeines Kennzeichen, um alle Sedimentgesteine in ein klares, übersichtliches Schema unterzubringen.

Schon immer fand man versteinerte Reste vorweltlicher Lebewesen in den Schichten. Man maß aber diesen Fossilien keinen Wert bei, bis dann gegen Ende des 18. Jahrhunderts William Smith die große Bedeutung erkannte und System in das Schema der Sedimentgesteine brachte. Die Erkenntnis, die er in mühevoller Kleinarbeit gewonnen hatte, kleidete er in die bescheidenen Worte:

»Fossilien sind lange als seltsame Erscheinungen studiert worden, sie wurden mit großer Mühe gesammelt, mit Sorgfalt aufbewahrt und manchem als Wunder gezeigt, aber niemals hat man die erstaunliche Ordnung und Regelmäßigkeit sehen wollen, mit der die Natur sie eingeordnet hat und die durch jede besondere Gruppe eine besondere Schicht erkennen läßt.«

Jede Schicht hat also ihre besonderen Formen von Fossilien. Das bedeutet, daß eine Schicht nach dem fossilen Inhalt, nach den »Leitfossilien«, bestimmt werden kann.

Nachdem die Leitfossilien als allgemeines Kennzeichen der Schichtgesteine erkannt worden waren, wurden die aufeinanderfolgenden Schichten der Sedimente in verschiedene Systeme mit Unterabteilungen eingeteilt, oben sind die jüngeren, unten die älteren Schichten. Vom Beginn der Lebewesen bis heute ist die Erdgeschichte durch vier große Zeitalter gekennzeichnet: Eozoikum (Periode der Urlebewesen), Paläozoikum (Periode der Altlebewesen), Mesozoikum (Periode der Mittellebewesen) und Neozoikum (Periode der Neulebewesen). Dann folgt die Einteilung der Zeitalter in Formationen, die darüber hinaus noch in verschiedene Unterabteilungen zerlegt werden (siehe Abbildung Seite 140).

Im Verlauf der einzelnen Formationen sind eine Reihe nutzbarer Steine gebildet worden, so zum Beispiel im Algonkium verschiedene Erzlager Amerikas, im Kambrium, Silur und Devon Erz- und Steinsalzlager, im Karbon Steinkohle, im Perm die Stein- und Kalisalzlager Mitteldeutschlands, die Mansfelder Kupferlager und sonstige Erzlager, im Trias Gips, Marmor und Bausteine (Sandstein), im Jura Kalkstein, Lithographenschiefer, Ölschiefer und die Lothringer Eisenerze, in der Kreide Schreibkreide, Asphalt und Feuersteine, im Tertiär Braunkohle, Bernstein und Bausteine und im Quartär Torf, Ton, Sand, Kies und andere.

Abbildung 46:

DIE ERDZEITALTER   DIE ENTWICKLUNG DES LEBENS

Mio Jahre	Zeitalter Tiere/Pflanzen	System/Periode	Serie	Mio Jahre	Millionen Jahre		
0	Känozoikum / Neophytikum	Quartär	Holozän / Pleistozän		2	Quartär	Auftreten des Menschen
			Pliozän	1,5–2 / 5			
		Tertiär	Miozän	24		Tertiär	Ausbreitung der Säugetiere
50			Oligozän	34–36			
			Eozän	53–54			
			Paläozän	65	65		
	Mesozoikum / Mesophytikum	Kreide	obere			Kreide	letzte Dinosaurier, erste Primaten; erste Bedecktsamer
100				100			
			untere				
150		Jura	Malm	136	136	Jura	erste Vögel
			Dogger				
			Lias				
200		Trias	Keuper / Muschelkalk / Buntsandstein	195	195	Trias	erste Säugetiere, erste Dinosaurier, Vorherrschaft säugerähnlicher Reptilien
				225	225		
250		Perm	Zechstein			Perm	Massensterben mariner Gruppen
			Rotliegendes				
	Paläozoikum / Paläophytikum			280	280		
300		Karbon	oberes			Karbon	erste Reptilien; Blütezeit der niederen Gefäßpflanzen
			unteres	320			
350		Devon	oberes	345	345	Devon	erste Amphibien, erste Insekten; Vorläufer der Nacktsamer
			mittleres	358			
			unteres	370			
400		Silur		395	395	Silur	erste Landpflanzen
				430	430		
450		Ordovizium	oberes	450		Ordovizium	Artenexplosion der Metazoen; erste kieferlose Fische
			unteres				
500	Eophytikum			500	500		
		Kambrium	oberes			Kambrium	erste Chordatiere
			mittleres				
550			unteres				
				570	570		erste skelettähnliche Elemente, Ediacara-Fauna
	Präkambrium	Proterozoikum			650	Präkambrium	
2500				2500			
		Archaikum			3500		erste Stromatolithen und Mikrofossilien
4000				4000			

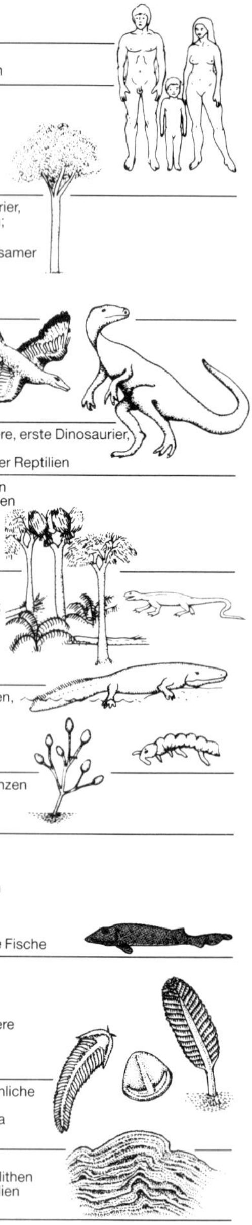

Die Erdzeitalter und die Entwicklung des Lebens

Auch die Erde hat einen dialektischen Entwicklungsprozeß hinter sich. Von dem kosmischen Nebel des Sonnenmaterials löst sich ein Schwaden, und es bildet sich daraus ein glühender Ball. Atome verlagern sich, verschiedene chemische Verbindungen entstehen, und beim Erkalten, bei der ersten Krustenbildung werden die Urgesteine aus dem Schmelztiegel der Erde geformt, vermischt mit Erzen aller Art. Auch die mit Wasserdampf gesättigte Uratmosphäre kühlt allmählich ab, Wasser schlägt nieder, klimatische Verhältnisse entstehen, und immer mehr beeinflußt die Sonnenstrahlung die Atmosphäre. Die mit dem Abkühlungsprozeß verbundene Zusammenschrumpfung der Erde formt und gestaltet im fortwährenden Heben und Senken, Verschieben und Übereinanderschachteln des Schollengefüges das Antlitz der Erde. Durch Zerbröckeln und Verwittern der Oberflächengesteine, Vermischung mit Mineralsalzen und anderem wurde die richtige chemische Zusammensetzung einer Ackerkrume erzeugt, die die Grundlage einer reichhaltigen, sich immer höher entwickelnden Vegetation bildete.

Die ersten Lebewesen entstehen, ein Umschlagen der Quantität in Qualität, ein gewaltiger Sprung, und die Unruhe der dauernden Umgestaltung der Erdoberfläche überträgt sich auf die Lebewesen. Ein ständig neues Formen und wieder Verändern schafft für jede Periode (Formation) ganz bestimmte Gestalten, Leitfossilien, die die prägnantesten Kennzeichen der verschiedenen Erdschichten wurden. Es handelt sich hier um Sedimente, Schichtgesteine, die die meisten nutzbaren Gesteine stellten, Gesteine, die für die Entwicklung der Menschheit von großer Bedeutung waren und sind. So hängt die Geschichte unserer Erde sehr eng mit der Entwicklung der Lebewesen, insbesondere der Menschheit, zusammen, wie eben alle Entwicklungsformen Stadien der Entwicklung des Kosmos sind. Von diesem Standpunkt aus hat man auch die religiöse Schöpfungsgeschichte zu beurteilen. Dazu schreibt Lenin:

»*Doch entspricht der Lehre der Religion zum Beispiel über die Vergangenheit der Erde und über die Erschaffung der Welt keine objektive Realität. Der Lehre der Wissenschaft aber, daß die Erde **vor** jeder Sozialität, **vor** der Menschheit, **vor** der organischen Materie existierte, daß sie im Laufe einer **bestimmten** Zeit, in einem in bezug auf andere Planeten **bestimmten** Raume existierte, dieser Lehre (obwohl sie auf jeder Stufe der wissenschaftlichen Entwicklung ebenso relativ ist wie jedes Stadium der Religionsentwicklung auch) **entspricht** eine objektive Realität.*« (Lenin Werke Bd. 14, S. 183/84)

II. Der Mikrokosmos

1. Geschichtliches

Der Kosmos ist das Weltall, das Universum, die Natur in umfassender Bedeutung. Haeckel sagt: »*Natur ist alles, alles ist Natur!*« Der Mensch steht inmitten der Natur, inmitten des Kosmos. Der Mensch, der die Welt interpretiert, ist darum Ausgangspunkt für einen Blick in die unfaßbare Größe des Makrokosmos, in die wirbelnde, wandelnde Welt des Mikrokosmos mit all den vielen Erscheinungen, Veränderungen und Entwicklungen.

»*Wenn wir also die Wirklichkeit der physikalischen Welt und der Wesenheiten, die sie aufbauen, erörtern, so haben wir keinen Grund, zwischen den makroskopischen und den mikroskospischen Wesenheiten einen Unterschied zu machen. Sie muß als ein Ganzes behandelt werden.*« (Eddington)

Wenn aber trotzdem Mikro- und Makrokosmos gesondert untersucht werden, so nur aus dem Grund der besseren Übersichtlichkeit, nicht etwa weil in beiden verschiedene Wesenheiten, verschiedene Gesetze vorherrschen.

Seit mehreren tausend Jahren erheben die Menschen die Frage nach der Art der Baustoffe des Kosmos. Was sind die Bausteine des Kosmos? Bestehen alle Dinge des Kosmos aus gleichen Stoffen? Sind die Bestandteile aller Weltkörper dieselben, aus denen die Erde zusammengefügt ist? Mit Hilfe der Spektralanalyse konnte eingehend die physische Beschaffenheit der Sterne, der kosmischen Nebel, ja selbst der entferntesten Gebilde, der Spiralnebel, geklärt werden. Alle diese Forschungen bewiesen nun, daß, abgesehen von einigen Elementen, die auf der Erde bisher noch nicht bekannt sind, sämtliche Himmelskörper aus den gleichen Bausteinen bestehen, aus denen auch unsere Erde gebildet wurde. Die Erde ist nur ein winziger Teil des Makrokosmos, den der Mathematiker Bertrand Russel als Klümpchen von unreinem Kohlenstoff und Wasser bezeichnet.

Schon im Altertum beschäftigten sich Ägypter, Babylonier, Inder und Griechen mit der Ergründung der Frage, ob nicht die Vielgestaltigkeit der Materie auf eine Ursubstanz zurückzuführen sei. Urwasser, Urluft oder Urfeuer sollten das *ursprünglich Eine* darstellen. So erklärte Empedokles von Agrigent (zirka 492—430 v. u. Z.) die Mannigfaltigkeit der Dinge aus verschiedenartiger Mischung von vier Urstoffen — die sogenannten »Elemente« — Wasser, Feuer, Erde und Luft.

»*Aus diesen Elementen, den Wurzeln der Dinge, entsproßt alles, was da war, ist und sein wird, Bäume und Männer und Weiber und Tiere, selbst Götter, langlebige an Ehren reiche. Wie wenn Maler bunte Weihetafeln verfertigen und dazu vielfarbige Gifte mit ihren Händen ergreifen und harmonisch mischen, von dem einen mehr, von dem anderen weniger, woraus sie Gestalten hervorbringen, die allem möglichen gleichen.*«

Aristoteles (384—322 v. u. Z.) übernahm diese Theorie und vervollständigte sie, indem er alle Eigenschaften der Materie auf vier Grundeigenschaften zurückführte: das Kalte, Warme, Feuchte und Trockene. Diese lassen sich in vier Paaren vereinigen: das Trockene-Warme, Trockene-Kalte, Feuchte-Warme und Feuchte-Kalte. Seine Definition der Elemente lautet:

»*Ein Element ist derjenige Körper, in welchen die übrigen Stoffe zerlegt werden können, der in ihnen potentiell oder aktuell enthalten ist und der nicht mehr in andere ähnliche Arten geteilt werden kann.*«

Aristoteles sah in chemischen Prozessen eine Umwechselung der Elemente oder Eigenschaften und war überzeugt von der natürlichen und künstlichen »transmutatio« der Stoffe. Damit war er der geistige Vater der Alchemie.

Die Erkenntnis über die Elemente hat sich heute grundlegend gewandelt. Aristoteles' vier Elemente sind in Wirklichkeit keine Elemente, denn die Erde ist ein Gemisch von vielen Elementen, Wasser ist eine Verbindung der Grundstoffe Wasserstoff und Sauerstoff. Luft ist im wesentlichen ein Gemisch von Sauerstoff und Stickstoff, und Feuer ist nichts anderes als ein chemischer oder Verbrennungsvorgang. Wird ein Stoff mit Hilfe chemischer Mittel zerlegt, so lassen sich die so gewonnenen Teile nicht weiter zerlegen; es sind darum Grundstoffe. Ein Element ist also ein Grundstoff, der sich chemisch nicht weiter zerlegen läßt. Das besagt allerdings nicht, daß es weiterhin nicht teilbar ist. Und nicht vier Elemente, sondern 92 Elemente bauen unsere Erde auf, wovon 90 bis jetzt erkannt wurden.

Als Empedokles seine Elementlehre verkündete, begründeten Leukipp und Demokrit die Atomlehre, wonach die Materie aus winzigen, unzerlegbaren Teilchen, den »Atomen« (atomos = unteilbar) zusammengesetzt sei. Alles Naturgeschehen ist nur Veränderung eines immer Bestehenden.

»Aus nichts wird nichts. Nichts was ist, kann zu nichts werden. Alle Veränderung ist nur Verbindung und Trennung von Teilchen.«

Zahl, Größe, Gestalt, Lage und Anordnung der Atome bestimmen die Verschiedenheit der Materie. Vereinigung und Trennung, Veränderung der Lage und Anordnung der Atome bewirken Entstehen, Vergehen und Veränderung der Stoffe. Unendlich an Zahl und Formverschiedenheit, bauen diese Atome die Welt auf. *»Nichts existiert als Atome und der leere Raum, in dem sie sich bewegen.«*

Da Aristoteles die Atomlehre verwarf, die christliche Kirche jedoch Aristoteles als den einzig Berufenen anerkannte, so übernahm auch die Kirche, die die Geistesrichtung des Abendlandes beherrschte, die Ablehnung. Damit wurde die Atomistik für Jahrhunderte unterdrückt; noch im Jahr 1624 stand auf Erörterung der Atomlehre an der Universität in Paris die Todesstrafe.

Im frühen Mittelalter blühte die Alchemie, die sich zur Aufgabe machte, eine Verwandlung der Stoffe herbeizuführen. Welche Vorstellung man von den Metallen hatte, zeigt eine Kosmographie (Weltbeschreibung) des 13. Jahrhunderts:

»Die Metalle haben in ihrer Entwicklung einen Anfang und ein Ende. Ersteres ist das Quecksilber, letzteres das Gold, das die vollkommensten Eigenschaften aller Metalle in sich vereinigt und unter ihnen die gleiche Stellung einnimmt wie der Mensch unter den Tieren. In der Mitte der Entwicklung stehen die anderen Metalle. Ihre Eigenschaften verwandeln sich allmählich, bis wir zum Golde kommen. In der Natur tritt das aber nicht ein, weil die Metalle in den Gruben schädlichen Einflüssen ausgesetzt sind, durch welche sie auf einer bestimmten Stufe ihrer Entwicklung stehen bleiben. Daß alle Metalle ein und dieselbe Substanz sind, in verschiedenen Stufen der Entwicklung, folgt daraus, daß alle im Feuer schmelzen und sich in Quecksilber verwandeln. Kühlt man sie ab, so zeigen sie wieder ihre ursprüngliche Verschiedenheit.«

Wenn auch die Alchemisten mit der Umwandlung von unedlen Metallen in Gold natürlich keinen Erfolg aufweisen konnten, so gebührt ihnen doch das Verdienst, das Experiment als die Grundlage der chemischen Forschung eingeführt zu haben. Durch ihre fortwährenden Versuche entdeckten sie eine Reihe bis dahin unbekannter Stoffe wie Phosphor, Antimon und Arsen. Andererseits wurde eine systematische Experimentierarbeit gehemmt durch die Ansicht, daß zum Veredeln von Metallen ein bestimmtes Mittel, »Stein der Weisen« genannt, notwendig sei. Diesen aufzufinden, sollte nicht nur Glück und Reichtum bedeuten, sondern der »Stein« sollte auch die Eigenschaft besitzen, Krankheiten zu heilen und das Leben zu verlängern. Valentinus, der in der zweiten Hälfte des 16. Jahrhunderts lebte, war der letzte wirkliche Alchemist.

Der englische Physiker Robert Boyle (1627—1691) schuf die Grundlage der modernen Chemie, indem er hervorhob, daß sich die Chemie zunächst damit zufriedengeben müsse, die für sie unzerlegbaren Bestandteile, die allein als Elemente in Frage kommen, zu erforschen. Er brach mit der aristotelischen und alchemistischen Auffassung der Elemente und erklärte als Kennzeichen der Elemente, daß sie sich mit den bekannten Mitteln nicht weiter zerlegen lassen. Damit war das Element zu einem experimentalen Begriff geworden. War bisher die Naturforschung ein spekulativer Begriff, so begann jetzt eine ernsthafte, wissenschaftliche Forschung auf metaphysischer Grundlage.

Bis zum Ende des 18. Jahrhunderts befaßten sich die Chemiker hauptsächlich mit der Erforschung von Verbrennungsprozessen; es entstand die Phlogistontheorie. Diese Theorie nahm an, daß alle brennbaren Stoffe einen besonderen Stoff, Phlogiston, enthalten, der bei dem Verbrennungsprozeß entweicht. Je mehr Phlogiston ein Stoff enthält, desto leichter die Verbrennung. Kohle ist ungemischtes Phlogiston. Diese Theorie war als Arbeitshypothese sehr fruchtbar. Viele chemische Verbindungen, gasförmige Grundstoffe wie Sauerstoff und gasförmige Verbindungen wurden entdeckt. Das gesammelte Untersuchungsmaterial wurde so reichhaltig, daß es selbst die Ursache für die Haltlosigkeit der Theorie bot.

Die Phlogistontheorie wurde dann von dem französischen Chemiker Lavoisier (1743—1794) beseitigt. Er erkannte die Bedeutung des Sauerstoffes für den Verbrennungsprozeß und bewies unwiderlegt, daß zum Beispiel Metallverkalkung in der Verbindung des Metalls mit dem Sauerstoff der Luft bestand. Mit Hilfe genauer Gewichtsmessungen stellte er bei seinen vielen Versuchen durch quantitative Verwandlung fest, daß Sauerstoff die Ursache der Verbrennungserscheinung ist. So betrug zum Beispiel der Unterschied zwischen dem Gewicht des Metallkalkes und dem des Metalls genau den Betrag des aufgenommenen Sauerstoffes.

Im Jahr 1808 wurde von dem englischen Chemiker Dalton (1766—1844) die Atomtheorie noch auf der Grundlage Demokrits ausgearbeitet.

»Die chemische Analyse und Synthese geht nicht weiter als bis zur Trennung der Atome und ihrer Wiedervereinigung. Keine Neuerschaffung oder Zerstö-

rung des Stoffes liegt im Bereich chemischer Wirkung. Wir könnten ebensogut versuchen, dem Sonnensystem einen neuen Planeten einzuverleiben oder einen vorhandenen zu vernichten, als ein Atom Wasserstoff zu erschaffen oder zu zerstören. Alle Änderungen, welche wir hervorbringen können, bestehen in der Trennung von Atomen, welche vorher verbunden, und in Vereinigung solcher, welche vorher getrennt waren.«

Dalton nahm an, Wasser sei eine Verbindung von je einem Atom Sauerstoff und Wasserstoff und machte den Versuch, das relative Gewicht der Atome festzulegen. Von Wasserstoff als Einheit (tatsächlich doppelt vorhanden) ausgehend, bestimmte er, bei Zugrundelegung des Gewichtsverhältnisses zwischen den Sauerstoff- und Wasserstoffmengen, das relative Gewicht des Sauerstoffatomes auf 7, während es in Wirklichkeit 16 beträgt. Im folgenden einige von Daltons Atomgewichten im Vergleich zu den heute gültigen Werten:

Wasserstoff	1	1,0078
Sauerstoff	7	16
Natrium	21	22,997
Kalium	35	39,10
Silber	100	107,880

Dalton fügte die Atomistik in die vorhandenen Naturwissenschaften ein, die dann mehr und mehr die Physik eroberte.

Die Elemente und chemischen Verbindungen bestehen nicht aus freien Atomen, sondern aus Gruppen von zwei und mehreren, »Moleküle« (lat. molecula = kleine Masse) genannt. Im allgemeinen setzen sich die *Moleküle* bei Elementen aus gleichartigen, meistens zwei Atomen zusammen, besonders bei Gasen. Nur die Edelgasmoleküle (Helium, Neon, Argon, Krypton, Xenon und Emanation/Radon) und die Metalldämpfe bestehen aus je einem Atom. Dagegen treten bei chemischen Verbindungen der Elemente die verschiedenartigen Atome in verschiedener Anzahl zu Molekülen zusammen. So besteht zum Beispiel ein Molekül Zucker aus 24, Eiweißstoffe aus mehreren hundert Atomen.

Der schwedische Chemiker Berzelius (1779—1848) hat sich in der Atomgewichtsbestimmung und der Bezeichnung der Atome und Moleküle verdient gemacht. Er bezeichnete die Elemente mit ihrem Anfangsbuchstaben, zum Beispiel H = Wasserstoff (Hydrogenium), O = Sauerstoff (Oxygenium), C = Kohlenstoff (Carbo) usw. und die Anzahl der Atome mit der betreffenden kleinen Zahl unten. So wird ein Molekül Wasserstoff mit H_2 bezeichnet.

Die Moleküle sind äußerst winzig, ein Kohlensäuremolekül ist beispielsweise ein zweimillionstel Millimeter groß. Der Physiker Loschmidt berechnete, daß ein Kubikzentimeter eines Gases bei 0 Grad Celsius und einer Atmosphäre Druck 27,2 Trillionen Moleküle enthält. Dabei sind noch Zwischenräume vorhanden, und eine wirbelnde Bewegung aller Moleküle findet statt. Durch häufiges Zusammenprallen der in gerader Richtung dahinschießenden Moleküle wird die Richtung fortwährend geändert, wodurch ein Zickzackkurs entsteht. So stoßen in der Luft in der Sekunde vier Milliarden Teilchen zusammen. Die Moleküle üben auf die Wände der Gasbehälter einen Druck aus. Bringt man den Stoff in erhöhte Temperatur, so wächst die Bewegungsgeschwindigkeit der Moleküle, zum Beispiel beim Wasserstoff von 2 000 m/sek bei 20 Grad Celsius auf 4 000 m/sek bei 1 000 Grad Celsius. Der Druck auf die Wände der Behälter steigt. Somit ist Wärme nichts anderes als eine Form der Bewegung.

Die meisten Stoffe, mit denen wir täglich in Berührung kommen, sind chemische Verbindungen oder weitere Mischungen von solchen. Bei chemischen Verbindungen wirken die einzelnen Moleküle aufeinander, zum Beispiel werden Wasserstoff und Chlor zu Chlorwasserstoff.

$$H_2 + Cl_2 = 2\ HCl$$

Die Chemie behandelt die Zusammensetzung und Zerlegung der Stoffe. Wird ein Körper nach seinen Grundstoffen, den »Elementen«, und deren Mengenverhältnissen untersucht, so findet eine qualitative und quantitative Analyse statt.

»Der Chemiker bringt ein Mineral durch seine Fragen zum Sprechen; es antwortet ihm, daß es Schwefel, Eisen, Chrom, Kieselerde, Tonerde oder irgend eines der Worte der chemischen Sprache der Erscheinungen, in gewisser Weise geordnet, enthält. Dies ist die chemische Analyse.« (Justus von Liebig)

Viele Metalle färben, in eine nicht leuchtende Gasflamme gehalten, die Flammen eigentümlich. An diesen Flammenfärbungen sind sie schon zu erkennen. So leuchtet Barium gelbgrün, Natrium gelb, Calcium ziegelrot, Kalium fahlviolett usw. Im Jahr 1859 entdeckten Bunsen und Kirchhoff die Spektralanalyse; mit Hilfe dieser Methode konnte eine großartige Untersuchung der Stoffe durchgeführt werden. Die Lichtstrahlen glühender Gase oder Dämpfe, durch ein Glasprisma zerlegt, zeigen nicht alle Regenbogenfarben wie beim Sonnenlicht, sondern man erhält ein von dunklen Stellen unterbrochenes Spektrum mit einigen hellen Linien. Die Lage dieser Linien ist für jedes Element charakteristisch und durch die Wellenlänge der Farbe bezeichnet. So kann man auch mehrere Elemente gleichzeitig nebeneinander und neben großen Mengen auch äußerst winzige Teilchen, zum Beispiel in sechs Millionen Teilen Quellwasser noch ein Teil Cäsium nachweisen. Selbst bisher nicht bekannte Elemente wie Gallium, Indium, Scandium und andere, wurden auf diesem Wege entdeckt. Durch das Zusammenwirken zahlloser Atome treten die Linien deutlich in Erscheinung. Jedes Element zeigt mehrere Linien, so zum Beispiel Wasserstoff 33, Helium 100, Natrium 35, Eisen 1 500 bis 5 000. Chemische Verbindungen zeigen ein reichhaltiges Linienspektrum. Durch die Bewegung der Atome um einen gemeinsamen Schwerpunkt entsteht ein Bandenspektrum; eine Kante der Linien erscheint verschwommen.

Findet eine chemische Verbindung von Grundstoffen statt, so entsteht ein vollständig neuer Stoff. Diese chemischen Verbindungen stehen immer in einem bestimmten mengenmäßigen Verhältnis der beteiligten Stoffe. Es ist kein einfaches Gemisch zweier oder mehrerer Elemente, zum Beispiel ergibt die Mischung von zwei Teilen Wasserstoff und einem Teil Sauerstoff noch kein Wasser. Erst wenn die Mischung im ganzen oder lokal durch einen elektrischen Funken stark erhitzt wird, tritt eine Verbindung der beiden Gasarten ganz plötzlich ein. Also erst durch die chemische Reaktion findet ein Umschlag der Quantität in Qualität statt.

»Man kann die Chemie bezeichnen als die Wissenschaft von den qualitativen Veränderungen der Körper infolge veränderter quantitativer Zusammensetzung«, sagt Engels in »Dialektik der Natur« (Marx/Engels Werke Bd. 20, S. 351).

Wird ein Gemisch von je einem Teil Wasserstoff und Chlor belichtet, so verbinden sich beide Elemente langsam zu Salzsäure. Ein Teilchen Chlor, dieses grünlichgelbe Gas, verbindet sich mit einem Teilchen des silberglänzenden Leichtmetalls Natrium zu Kochsalz. Eine chemische Verbindung von je einem Teilchen Kohlenstoff, Stickstoff und Wasserstoff ergibt die so äußerst giftige Blausäure. Diese »kleinsten Teilchen« sind die Atome. Der durch die chemische Verbindung gewonnene Stoff ist mit mechanischen Mitteln nicht mehr zerlegbar. Es besteht auch kein wesentlicher Unterschied zwischen anorganischen und organischen Stoffen. So gelang es den Chemikern, schon viele organische Verbindungen synthetisch herzustellen.

Der deutsche Chemiker Wöhler stellte zum Beispiel Harnsäure aus Ammoniumcyanat her. Die meisten organischen Stoffe bestehen aus Kohlenstoff in Verbindung mit Wasserstoff und Sauerstoff.

Die physikalische Chemie untersucht die Formen, in denen sich die Atome zu Molekülen ordnen. Bei vielen organischen Verbindungen haben sich die Atome, in Reihen geordnet, zu Kettenmolekülen zusammengeschlossen. Im Wassermolekül ordnen sich die zwei Wasserstoffatome und das Sauerstoffatom zur spitzen Dreieckform. Kohlenstoffverbindungen bauen ihre Atome in Pyramidenform in den Ecken und im Mittelpunkt auf. Andere Verbindungen treten in Form von Ringen auf. Die meisten anorganischen Stoffe haben Kristallgitterform. Beim Chlornatrium (Kochsalz) sind die rund 0,000 000 1 mm großen Atome zum regelmäßigen, würfelförmigen Gitterwerk mit einem Millionstel mm Abstand, immer ein Chloratom neben einem Natriumatom angeordnet. Ein einziges Salzkörnchen von Stecknadelkopfgröße enthält rund acht Trillionen solcher Urkristallgitter. Es gibt Stoffe mit sehr komplizierten Kristallgitterformen. Bei den meisten festen Stoffen ist die Kristallstruktur unregelmäßig und verwischt, andererseits gibt es wunderbare Formen, von denen Hans Kayser sagt: *»Ein vollkommener Kristall ist vielleicht der einzig vollkomme Gedanke (?), den die anorganische Natur restlos zu Ende gedacht hat.«*

Die Moleküle der festen Stoffe unterstehen in ihren Bewegungen einem einheitlichen Gesetz, ihre Schwingungen sind lokal begrenzt und pendeln um die Gleichgewichtslage hin und her. Sie nähern oder entfernen sich bei Temperaturunterschieden, so dehnt sich das Eisen im Schmiedefeuer aus und zieht sich beim Erkalten zusammen. Die Temperatursteigerung bringt sie also in größere Bewegung. Würde die Temperatur so weit heruntergedrückt werden, daß sie den »absoluten Nullpunkt«, $-273,16°$ C, erreichen würde, so würden die Moleküle nach der »klassischen Physik« in »völliger« Ruhe erstarren. Wird die Temperatur immer mehr erhöht, so tritt der feste Körper allmählich in den flüssigen Aggregatzustand ein.

Bei allen flüssigen Stoffen wirken die nebeneinanderliegenden Moleküle aufeinander, sind leicht verschiebbar, gehen lebhafter durcheinander und bilden keine einheitliche Form mehr, verlieren aber trotzdem nicht den Verband. Nur die Oberflächenatome brechen einzeln aus und entweichen; die Flüssigkeit verdunstet. Immerhin steht der Molekularverband den festen Körpern noch näher als den gasförmigen. Bei noch weiterer Erhöhung der Temperatur geht die Bindung der Moleküle verloren; es tritt der gasförmige

Aggregatzustand ein. Ohne Bindung, frei vom Verband, wirbeln die Moleküle regellos und wild neben- und durcheinander, stoßen aufeinander und wechseln ständig die Richtung in schwirrenden Zickzackbahnen. Diese Zickzackbewegung der Moleküle nennt man die Brownsche Bewegung, von dem Botaniker Brown zuerst entdeckt. So stoßen in der Luft bei normaler Temperatur in jeder Sekunde pro Kubikzentimeter 100 Trilliarden (10^{23}) Moleküle zusammen.

Das Bindungsvermögen der Atome der verschiedenen Elemente ist nicht immer gleich, sondern verschiedenartig. Die Wertigkeit oder Valenz (Sättigungsvermögen) eines Elements ist die *»Zahl, welche angibt, wieviel Atome Wasserstoff oder Äquivalente (Wertgleichung) anderer Grundstoffe ein Atom eines Elementes zu binden oder zu ersetzen vermag«*. Entsprechend der Formel H_2O ist das Wasserstoffatom einwertig, das Sauerstoffatom zweiwertig, weil das Sauerstoffatom zwei Wasserstoffatome binden kann:

Wasser H_2O = H — O — H

Entsprechend den Formeln ihrer Oxyde (Verbindungen der Elemente mit Sauerstoff) sind Natrium und Kalium einwertig, Magnesium zweiwertig, Aluminium dreiwertig, Kohlenstoff vierwertig. Bindet ein vierwertiges Kohlenstoffatom vier einwertige Wasserstoffatome, so entsteht:

$$\text{Methan } CH_4 = H - \underset{\underset{H}{|}}{\overset{\overset{H}{|}}{C}} - H$$

Vereinigen sich zwei vierwertige Kohlenstoffatome mit sechs einwertigen Wasserstoffatomen, so erhalten wir:

$$\text{Äthan } C_2H_6 = H - \underset{\underset{H}{|}}{\overset{\overset{H}{|}}{C}} - \underset{\underset{H}{|}}{\overset{\overset{H}{|}}{C}} - H$$

Die Strukturformel für Butan C_4H_{10} lautet:

```
H   H   H   H              H       H       H
|   |   |   |              |       |       |
H - C - C - C - C - H  oder  H - C ─── C ─── C - H
|   |   |   |              |       |       |
H   H   H   H              H     H - C - H   H
                                   |
                                   H
```

Betrachten wir noch mal obige Strukturformeln:

CH_4 — Methan
C_2H_6 — Äthan
C_3H_8 — Propan
C_4H_{10} — Butan

Die quantitative Veränderung der Molekülverbindungen erzeugt jedes Mal einen qualitativ verschiedenen Stoff. Schon dieses einfache Beispiel zeigt — in noch stärkerem Maße komplizierte chemische Verbindungen — wie Quantität in Qualität umschlägt.

Die Wertigkeit ist nicht immer so einfach gelagert, sondern bei verschiedenen Stoffen äußerst verwickelt. So sollte Gold nur einwertig sein, aber Goldchlorid ($AuCl_3$) beansprucht ein dreiwertiges Goldatom. Also können Atome außer den Hauptvalenzen noch Nebenvalenzen besitzen, so kann Eisen zweiwertig als Ferroverbindung und dreiwertig als Ferriverbindung, Kupfer einwertig als Cuproverbindung und zweiwertig als Cupriverbindung auftreten.

Für die chemische Analyse ist die Kenntnis der relativen Atomgewichte von besonderer Bedeutung. Da sie von den Gewichtsverhältnissen der chemischen Verbindungen abgeleitet werden, hat man Sauerstoff als Grundlage mit dem relativen Atomgewicht 16,00 angenommen. Wasserstoff ist das leichteste Element mit dem Atomgewicht 1,008, dann folgt Helium mit 4, Kohlenstoff hat 12, Eisen 55,84, Silber 107,88, Uran als das schwerste Element hat 238,14 Atomgewicht. Selbstverständlich haben diese Zahlen mit dem wirklichen Gewicht nichts zu tun, sondern sie sind Verhältniszahlen. Aber auch das wirkliche Gewicht ist ermittelt worden. So wiegt zum Beispiel ein Wasserstoffatom 1,663 Quadrillionstel eines Grammes oder

0,000 000 000 000 000 000 000 001 663 Gramm.

Bei den Grundstoffen und auch bei den chemischen Verbindungen findet keine Verschmelzung, kein Ineinanderübergehen der Atome statt, sondern die Atome werden trotz der verhältnismäßig weiten Abstände voneinander durch elektrische Kräfte zusammengehalten. Eine Verbindung des einwertigen Wasserstoffatoms mit einem einwertigen Chloratom ergibt ein Salzsäuremolekül. Die Wertigkeit oder Valenz ist in Wirklichkeit die Anziehungskraft positiver und negativer elektrischer Ladungen. Das Wasserstoffatom mit positiver und das Chloratom mit negativer elektrischer Ladung binden sich, weil entgegengesetzte Elektrizitäten (eine der Formen der Energie) sich anziehen, dagegen gleiche sich abstoßen. Diese elektrischen Kräfte wirken auch im Bau der Atome selbst. Ist das Atom vollständig, so sind die elektrischen Kräfte ausgeglichen, es wirkt nach außen elektrisch neutral. Ist das Atom unvollständig, das heißt, fehlt ein Teil der negativen Ladung oder ist ein Teil zu viel, so ist die Neutralität aufgehoben, es wirkt nach außen hin, auf Grund des Überschusses negativer oder positiver Ladung, entweder elektrisch negativ oder positiv. Das positiv und negativ geladene Atom, unvollständige Atome also, streben zueinander hin und binden sich. Das Wasserstoffatom gibt einen bestimmten Teil negativer Ladung ab, die von dem Chloratom aufgenommen wird, dadurch wirkt das Wasserstoffatom positiv, das Chloratom negativ. Diese bestimmte negative Ladung nennt man Elektron (zugleich Elementarteilchen).

Die geschichtliche Periode der Untersuchung und Erforschung des Mikrokosmos wird gekennzeichnet durch die metaphysische Methode, die Analyse und Zergliederung der Erscheinungen. Das ist eine naturwissenschaftliche Methode, die unvollständig und zusammenhanglos ist, die die Bewegungen und Veränderungen der Dinge und Erscheinungen untereinander unbeachtet läßt und auch vorläufig unbeachtet lassen mußte, denn es mußten alle Entdeckungen bis zum Anfang des 19. Jahrhunderts einer Analyse unterzogen und geordnet werden. Somit war die metaphysische Methode historisch berechtigt und notwendig. Dennoch ist es eine beschränkte Methode, die in ihrer historischen Notwendigkeit ursprünglich fördernd in der Weiterentwicklung der Naturwissenschaft wirkte und sie aus dem spekulativen Rahmen heraushob, dann aber in einseitiger Anwendung in Verbindung mit weltanschaulichen Hypothesen zum Hemmnis, ja zum Rückschritt in der Naturerkenntnis führte. Anstatt »Vereinigung von Analyse und Synthese« wurden durch die metaphysische Methode die verschiedenen Naturerscheinungen isoliert, in absoluten Grenzen festgelegt, Materie, Energie, Bewegung, Raum und Zeit wurden abstrakt behandelt.

Die stürmische industrielle Entwicklung seit Beginn des 19. Jahrhunderts ermöglichte einerseits eine rasche Entfaltung der Naturwissenschaft, besonders in der Physik, Chemie und Biologie. Andererseits zwang sie zur Änderung der Methode und zur Umwälzung der Weltanschauung. Die metaphysische Vorstellung zerbröckelte mehr und mehr, das ganze Naturgeschehen wurde vom Standpunkt der Entwicklung aus gesehen. Der Entwicklungsgedanke, zuerst auf die Entstehung des Weltalls angewandt, wurde dann auf die Geologie, die Lebewesen, Embryologie, Physik usw. übertragen. Die Grenzen wurden verwischt, die verschiedenen Wissenschaftsgebiete flossen entsprechend der Übergänge und Zusammenhänge der Naturerscheinungen ineinander. Was fehlte, war die philosophische Begründung dieser neuen, spontan entstandenen Methode. Diese philosophische Begründung gaben Marx und Engels mit der Theorie des dialektischen Materialismus.

2. Die Bausteine des Kosmos

Demokrits »unteilbare« Atome sind eine Fiktion (Nichtbestehendes). In Wirklichkeit bestehen die Atome aus mehreren Teilchen von äußerster Kleinheit, unsichtbar und unerkennlich nach Form und Masse, winzige *Elementarteilchen:* das Elektron, ein sehr leichtes Teilchen negativer und das Proton, ein 1 830mal schwereres Teilchen positiver Elektrizität.* Das einfachste Atom, das Wasserstoffatom, besteht aus einem Elektron in der Größe von einem zweibillionstel Millimeter, das auf der kleinsten Bahn im Abstand von 0,000 000 005 mm um das nur einhundertbillionstel Millimeter große Proton kreist wie ein Planet um die Sonne. Denkt man sich das Wasserstoffatom in der Größe unserer Erde, so kreist in der Riesenentfernung von 6 350 km das nur 240 m große Elektron um ein 12 cm großes Proton. Die Größe des Elektrons entspricht nicht seiner Masse; es ist ein fast gewichtsloser Körper von 1/1 830 der Masse des Protons und wiegt nicht einmal ein tausendquadrillionstel Gramm. Das Elektron macht in der Sekunde 6 500 Billionen Umdrehungen um das Proton, wodurch ein Zusammenstürzen der beiden Teilchen Elektron und Proton infolge der Anziehung verhindert wird; die Zentrifugalkraft gleicht die Anziehungskraft aus. Alle Stoffe, gasförmige, flüssige und feste, organische und anorganische, sind ein wirbelnder Mückenschwarm kreisender Elektronen um die Protonen. Könnte man die Protonen und Elektronen eines Bleiblocks von einem Kubikmeter Größe zusammenpressen, er würde bei gleichbleibendem Gewicht nur noch die Größe von ein paar Kubikmillimetern haben. Und alle Protonen und Elektronen, aus denen der menschliche Körper besteht, zusammengepackt, würden nur den Raum von der Größe eines Stecknadelkopfes füllen.

Da die schweren Protonen das Atomgewicht darstellen, so müßte Helium mit dem Atomgewicht 4 auch vier Protonen im Kern besitzen. Aber vier positive Ladungen so dicht zusammen würden sich gegenseitig abstoßen

---

* Außer den Elementarteilchen Proton, Elektron und Neutron sind *heute* über 200 Elementarteilchen bekannt. Viele von ihnen entstehen bei der Wechselwirkung zwischen kosmischer Strahlung und Erdatmosphäre. Man teilt die Elementarteilchen in folgende Gruppen ein:
- Leptonen (leichte Teilchen)
- Mesonen (mittelschwere Teilchen)
- Baryonen (schwere Teilchen)

und den Heliumkern sprengen. Außerdem müßten vier Elektronen den Kern umkreisen, um das elektrische Gleichgewicht herzustellen. Aber alle Untersuchungen ergaben, daß das Heliumatom nur zwei Außenelektronen besitzt. Chadwicks Entdeckung im Jahr 1932 löste die Frage: Die Wilsonkammer-Aufnahme zeigte neben normalen Strahlen eine feine Wasserstoffbahn, ein befreites Proton, das aber keine Ladung besaß; es war also elektrisch neutral, hatte aber zirka dasselbe Gewicht wie ein geladenes Proton. Man nannte es Neutron.

Über die Struktur (Art der Zusammensetzung) des Neutrons ist man sich noch nicht einig. Während Chadwick das Neutron als eine Vereinigung eines Protons und eines Elektrons ansieht, nehmen Schüler und Schmidt die Existenz eines negativen Protons an und erklären das Neutron aus der Zusammensetzung eines solchen mit einem positiven Elektron. Joliot und Curie sehen das Neutron als die wirkliche Einheit der schweren Materie an, als ein Element ohne Ladung. Somit wäre das Proton eben eine Zusammensetzung eines Neutrons mit einem positiven Elektron. Protonen und Neutronen werden im Atomkern durch sogenannte starke Wechselwirkungskräfte zusammengehalten. Das Heliumatom enthält im Kern zwei Protonen und zwei Neutronen, wodurch das Atomgewicht 4 vorhanden ist, und als Hülle zwei Außenelektronen.

Jedes Element ist mit einer fortlaufenden Atomnummer bezeichnet: Wasserstoff mit Nr. 1, Helium mit Nr. 2 usw. bis zum Uran mit Nr. 92. Diese Ordnungsnummer ist gleich der elektrischen Ladung im Kern, und diese Ladung ist für jedes Atom entscheidend. Entsprechend dieser Ordnungsnummer hat das Atom eines Elementes die gleiche Anzahl Protonen im Kern, dazu noch so viel Neutronen, um das fehlende Atomgewicht zu ersetzen. Bei einem neutralen Atom sind auch die gleiche Anzahl Elektronen vorhanden. So hat ein Kohlenstoffatom — Ordnungszahl 6 und Atomgewicht 12 — sechs kreisende Elektronen und im Kern sechs Protonen und sechs Neutronen. Chrom — Ordnungszahl 24 und Atomgewicht 12 — besitzt 24 Elektronen und im Kern 24 Protonen und 28 Neutronen. Im Uranatom wirbeln 92 Elektronen um einen Kern, der aus 92 Protonen und 146 Neutronen besteht. Aus diesen Beispielen ist zu ersehen, daß jedes Element zwei Bestimmungszahlen aufweist:

1. Das Atomgewicht = Summe der Protonen und Neutronen im Kern
2. Die Ordnungszahl = Kernladungen entsprechend der Zahl der Protonen

Außer der Umlaufsbewegung haben die Elektronen noch eine eigene Achsenbewegung, den sogenannten Spin, und auch die Protonen und Neutronen im Kern sausen mit 10 000 km/sek um eine gemeinsame Achse.

Es gibt elektrisch neutrale und elektrisch geladene Atomsysteme. Entscheidend für ein Atom ist die Zahl der Kernladung. Normalerweise, das heißt bei einem neutralen Atom, entspricht die Zahl der Außenelektronen der der Kernladung. Die Außenelektronen bilden die Hülle des Atoms. Diese Hülle kann man sich nach dem Bohrschen Atommodell als Schalen oder Ringe vorstellen. Manche Atome mit stark besetztem Elektronenring besitzen die Neigung, Elektronen abzugeben. Geschieht dieses, so ist das Atom nicht mehr vollständig, weil es weniger Elektronen als Protonen und damit keine ausgeglichene elektrische Ladung mehr hat. Durch die überschüssige positive Ladung wirkt das Atom nach außen elektropositiv. Andere Atome mit schwachbesetztem Elektronenring haben das Bedürfnis, freigewordene Elektronen aufzunehmen. Dadurch erhalten sie einen Überschuß an negativer Ladung und wirken nach außen elektronegativ. Atome mit genügend besetztem Elektronenring haben weder Neigung, Elektronen abzugeben, noch das Bedürfnis, welche zu empfangen; sie bleiben also vollständig und wirken nach außen neutral. Elemente mit solchen Atomen sind die Edelgase Helium, Neon usw.

Da sich entgegengesetzte Elektrizität anzieht, verbinden sich im allgemeinen die elektropositiven Atome mit elektronegativen zu Molekülen; sie ergänzen einander und werden befriedigt. Also ist eine chemische Verbindung nichts anderes als das Ergebnis des Unbefriedigtseins zweier Atomsysteme. Da die Edelgase an sich befriedigte Atomsysteme haben, gehen sie auch deshalb keine chemische Verbindung ein. Ein elektropositives Natriumatom verbindet sich mit einem elektronegativen Chloratom zu Kochsalz, indem das elektronenhungrige Chloratom ein Elektron von dem übersättigten Natriumatom übernimmt. Werden die beiden Atome in dieser neuen Zusammenstellung gelöst, so sind es keine normalen Atome mehr; sie werden als Ionen (griechisch = wandernde Teilchen) bezeichnet. Das negative Ion bewegt sich, wandert, strebt zum positiven Ion. Die Wertigkeit oder Valenz, das heißt die Bindefähigkeit, hängt von der Anzahl der Elektronen ab, durch die das Unbefriedigtsein ausgedrückt wird. Das Natriumatom, das fähig ist, ein Elektron abzugeben, hat darum die positive Valenz 1, und das Chloratom, das fähig ist, ein Elektron aufzunehmen, hat die negative Valenz 1. Die befriedigten Edelgasatome haben die Valenz 0.

Der Chemiker Lothar Meyer (1830—1895) schrieb im Jahr 1864:

»Die eigentümlichen, regelmäßigen Beziehungen, welche seit langem zwischen den Atomgewichten der verschiedenen Elemente aufgefunden wurden, haben, namentlich in den letzten Jahren, wiederholt die Behandlung der Frage veranlaßt, ob nicht unsere Atome selbst wieder Vereinigungen von Atomen höherer Ordnung, also Atomgruppen oder Moleküle seien. In der Tat hat letztere Ansicht eine außerordentlich große Wahrscheinlichkeit für sich, da die Atomgewichte gewisser Gruppen untereinander nahe verwandter Elemente ganz ähnliche Beziehungen untereinander darbieten, wie zum Beispiel die Molekulargewichte gewisser Reihen organischer Verbindungen analoger Konstitution.«

Im Jahr 1868 stellten dann Lothar Meyer und Dimitri Mendelejeff (1834—1907) das *periodische System der Elemente* auf, das später ergänzt wurde, woraus zu ersehen war, wie die Elemente mit ähnlichen Eigenschaften in gewissen Abständen, Perioden, wiederkehren. Aufgrund dieser Gesetzmäßigkeit hat Mendelejeff Atomgewichte und Eigenschaften der Elemente Gallium, Scandium und Germanium vorausgesagt, die durch die spätere Entdeckung bestätigt wurden. Bisher ungenaue Atomgewichte stellte er rein theoretisch richtig.

Die Tabelle des periodischen Systems zeigt, daß zum Beispiel das Bindungsvermögen der Elemente dem Sauerstoff gegenüber von Gruppe zu Gruppe von eins zu sieben steigt. Die Edelgase mit den Ordnungsnummern 2, 10, 18, 36, 54 und 86 als befriedigte Atomsysteme sind Übergänge zwischen Systemen positiver und negativer Valenzen, das heißt unbefriedigter Atomsysteme. Sie gehören der Gruppe mit Wertigkeit 0 an. Zwischen den Atomsystemen zweier Edelgase liegen Atomsysteme dreier Typengruppen.

1. Gruppe positiver Valenz 1, 2, 3, z. B. Lithium, Beryllium und Bor
2. Gruppe negativer Valenz — 1, — 2, — 3, z. B. Fluor, Sauerstoff und Stickstoff
3. Gruppe unentschiedener Valenz 4, zwischen beiden liegend, die sowohl positiv wie negativ wirken können, z. B. Kohlenstoff

Da Sauerstoff zum Beispiel mit seinen acht Elektronen im Vergleich zum Helium sechs Elektronen zu viel oder im Vergleich zum Neon zwei Elektronen zu wenig hat, so hat er entweder die positive Valenz 6 oder die negative Valenz 2. Weil es aber einfacher ist, zwei Elektronen aufzunehmen als sechs abzugeben, ist die Befriedigung leichter durch negative Valenz zu erreichen.

Die Atomtabelle zeigt oft bei Erhöhung der Ordnungszahl um 2, daß das Atomgewicht um 4 steigt:

Fluor	Nr. 9	Atomgewicht 19
Natrium	Nr. 11	Atomgewicht 23
Aluminium	Nr. 13	Atomgewicht 27
Phosphor	Nr. 15	Atomgewicht 31

Anscheinend fügen sich die Protonen und Neutronen im Kern oft zu einem Viererbund zusammen, entsprechend einem Heliumkern. Elemente mit hohen Atomnummern sind sehr selten, sie müßten aber im Jugendalter unserer Erde viel häufiger vorhanden gewesen sein, wahrscheinlich mehr als Elemente mit kleinen Atomnummern. Die schweren Elemente, unter dem Namen »radioaktive Elemente« bekannt, haben ein wenig festgefügtes Atomsystem; sie geben ohne äußeren Anlaß Teilchen frei. Handelt es sich um Elektronen, so werden sie mit ungeheurer Geschwindigkeit fortgeschleudert. Werden positive Teilchen ausgeschleudert, so ist die Geschwindigkeit bedeutend vermindert, immerhin noch 15 000 km/sek.

Der französische Forscher Henri Becquerel (1852—1908) fand im Jahr 1896, also kurz nach der Entdeckung der Röntgenstrahlen, daß die uranhaltige Pechblende dauernd Strahlen aussandte, die eine im lichtdichten Papier verschlossene Fotoplatte schwärzten und die Entladung elektrisch geladener Körper bewirkten. Marie und Pierre Curie (1867—1934 und 1859—1906) setzten die Untersuchungen fort und entdeckten in dem uranfreien Rest der Pechblende das Radium, »das Strahlende«, das Element 88 mit Atomgewicht 226. Aus 10 000 Tonnen Pechblende wurde ein Gramm Radium mit einem Kostenaufwand von 160 000 Reichsmark gewonnen, das den dreifachen Verkaufswert hatte. Bis jetzt hat man in der Welt erst eineinhalb Pfund Radium gewonnen. Das Ehepaar Curie vermutete, daß sich die radioaktive Materie im Zustand des Zerfalls befinde, indem sie dauernd Teilchen ausstrahle:

»Die Materie erleidet dabei eine Umwandlung, welche die Quelle der ausgestrahlten Energie ist. Aber es ist keine gewöhnliche, chemische Umwandlung, denn bei einer solchen bleiben die Atome unverändert. Bei der radioaktiven Umwandlung ändert sich das Atom.«

Eingehende Untersuchungen ergaben nun, daß das Radium nicht eine, sondern drei verschiedene Arten von Strahlen aussandte, die deshalb erfolgreich erforscht werden konnten, weil sie millionenfach stärker waren als die der Pechblende. Die Zerlegung der Strahlen mit Hilfe eines Magnetfeldes brachte als Ergebnis:

1. Alphastrahlen, schwere, positiv geladene, mit ungeheurer Wucht fortgeschleuderte Teilchen,
2. Betastrahlen, sehr leichte, negativ geladene, mit annähernd 300 000 km/sek dahinschießende Teilchen,
3. Gammastrahlen, die sich als Röntgenstrahlen von tausendmal stärkerer Durchdringung als die künstlich erzeugten erwiesen und die Panzerplatten zu durchdringen vermögen.

Ein Gramm Radium verfeuert in einer Sekunde 5 000 000 000 Alphateilchen. Durch die Abbrennung dieser mit 15 000 km/sek fliegenden Alphateilchen wird Reibungswärme erzeugt. In einer Stunde könnten die Alphateilchen von 4 kg Radium eine Wärme erzeugen, um einen Liter Wasser zum Sieden zu bringen. Weitere Untersuchungen ergaben, daß alle radioaktiven Elemente dauernd Stahlen aussenden. Man schließt daraus, daß der Atomzerfall wahrscheinlich eine allgemeine Eigenschaft der Elemente sein könnte und die Folge eines langen Entwicklungsweges sei, was A. Sieverts in den Worten zusammenfaßte:

»*Die Ergebnisse der Radioaktivitäts-Forschung leiten zu der besonders von Soddy ausgeführten Vorstellung, daß die chemischen Elemente nicht von Anfang an vorhanden waren, sondern daß sie sich erst im Laufe von Jahrmillionen gebildet haben und daß ihre Umbildung auch heute noch nicht abgeschlossen ist (möglicherweise sind auch einzelne Elemente schon ausgestorben; sie könnten in die Lücken des periodischen Systems gehört haben). Damit wird der Gedanke der Entwicklung, der jetzt so viele Wissenszweige beherrscht, auch auf die anorganischen Materien übertragen.*«

Kampf der Gegensätze — Einheit der Gegensätze! Die Spannung der gegensätzlichen Kräfte in der Atomeinheit, die gerade bei den schwersten Elementen am stärksten sein muß, erreicht einen Punkt, der unerträglich wird. Die Hülle des einheitlichen Atomverbandes wird gesprengt, Quantität schlägt in Qualität um. Quantitative Veränderung erzeugt einen qualitativ neuen Stoff.

Durch das ausgeschleuderte Alphateilchen verlor das Radiumatom zwei positive Kernladungen, also zwei Protonen, damit war die Ordnungsnummer nicht mehr 88, sondern 86, also ein neues Element mit Atomgewicht 222, das Radium-Emanation (lateinisch emanare = ausströmen) genannt wurde. Das Alphateilchen erwies sich somit als ausgeschleuderter Heliumkern, ein Viererverband, zwei Protonen und zwei Neutronen, dem sich auf seiner Fahrt ein oder zwei freie Elektronen anschließen können. Das rasende Betateilchen, ein Elektron, kann auch nur aus dem Kern kommen, da ein Außenelektron eine solche Geschwindigkeit nicht erreichen kann. Es wird wahrscheinlich ein Neutron zersprungen, die negative Ladung, das Elektron, ausgeschleudert, die positive Ladung, das Proton, zurückgeblieben sein. Dadurch stieg die Protonenzahl und damit die Kernladung und somit auch die Ordnungsnummer um 1, bei gleichbleibendem Atomgewicht.

Weder große Hitze noch große Kälte vermag die Selbstauflösung der Radiumatome irgendwie zu beeinflussen. Nach verborgenen, unerbittlichen Gesetzen, ohne äußeren Anlaß, zerfällt das Radium.

»Die anscheinend starre Materie ist der Schauplatz von Geburten, mörderischen Zusammenstößen, Selbstvernichtungen. Sie ist der Schauplatz von Leben und Tod.« (Marie Curie)

Aufgrund der Zerfallsgeschwindigkeit wurde die durchschnittliche Lebensdauer der radioaktiven Stoffe berechnet. Der Zerfall geht in sogenannter Halbzerfallszeit (Halbwertzeit) vor sich, das heißt, daß eine bestimmte Menge Radium 1 580 Jahre braucht, bis die Hälfte der Atome zerfallen ist. In weiteren 1 580 Jahren zerfällt diese Hälfte wiederum um die Hälfte, das heißt ein Viertel der ursprünglichen Menge, davon abermals in 1 580 Jahren die Hälfte usw., bis nach Billionen Jahren das letzte Atom zerfallen ist. Das nächste Atomsystem — Radium-Emanation — zerfällt schon in 3,85 Tagen Halbwertzeit. Über eine Reihe von Zwischenstufen mit Halbwertzeiten von 25 Jahren bis zu einer milliardstel Sekunde mündet das Radium in Radiumblei mit der Atomnummer 82. Radium selbst ist aber schon ein Zerfallsergebnis des Urans, das eine Halbwertzeit von 7,5 Milliarden Jahren hat.

Das Endprodukt des Radiumzerfalls, das Radiumblei, hat ein Atomgewicht von 206, das des gewöhnlichen Bleis aber von 207,2. Beide Bleie sind isotope Elemente (griechisch isos = gleich und topos = Ort). Sie stehen trotz verschiedenen Atomgewichts an gleicher Stelle im periodischen System. Das erklärt auch, warum die Atomgewichte nicht immer ganze Zahlen sind, wie zum Beispiel Chlor mit Atomgewicht 35,5. Da es zweierlei Chlor gibt, mit Atomgewicht 35 und 37, beide im Verhältnis von 3 : 1 gemischt, so entsteht das Chlorgewicht von 35,5. Zwei Arten Neon mit den Atomgewichten 20 und 22 zeigen in der Mischung das Atomgewicht 20,2. Die Untersuchung der schweren Elemente, von Thallium angefangen, ergab für jede Stelle des Systems eine »Plejade«, das heißt eine ganze Gruppe von sieben Isotope. Quecksilber hat sechs Isotope. Weiterhin fand man, daß fast alle Elemente ein Gemisch verschiedener Isotopen sind, selbst auf 5 000

Wasserstoffatome normalen Gewichts kommt ein Atom mit Gewicht 2. Dieser schwere Wasserstoff wurde 1932 entdeckt und Deuterium benannt.

Der englische Physiker Aston hat sich in der Auffindung von Isotopen besondere Verdienste erworben. Das Ergebnis war, daß Elemente einer einzigen Atomart von ganzzahligen Atomgewichten nicht oder nur sehr wenig abweichen. Im Jahr 1815 stellte der englische Arzt Prout die Hypothese auf, daß die Wasserstoffatome Uratome seien, aus denen sich alle Elemente bildeten. Der Grundgedanke ist durchaus richtig, zeigt doch der Zerfall der radioaktiven Elemente, daß die Alphastrahlen Heliumkerne sind. Wenn Helium ein Bestandteil aller schweren Elemente ist, so ist es durchaus möglich, daß Wasserstoff ein Bestandteil aller Elemente sein kann. Man müßte darum durch Zertrümmerung eines Atomkernes einen Wasserstoffkern lösen können. Diese Versuche der Atomzertrümmerung gelangen im Jahr 1919 zuerst dem englischen Physiker Rutherford (1871—1937). Er bombardierte Zehntausende Alphateilchen aus Radium C, unserer stärksten Energiequelle, in ein mit Stickstoff gefülltes Gefäß. Zehntausende Alphateilchen gingen daneben, bis schließlich ein Volltreffer auf einen Stickstoffkern traf und ihn zertrümmerte. Durch die Gewalt des Aufprallens wurde ein Proton — ein Wasserstoffkern — hinausgeschleudert; Stickstoff war in Wasserstoff umgewandelt.

Anfang dieses Jahrhunderts gab es noch eine Reihe Physiker und Chemiker, die erklärten, Atome seien nicht nachweisbar, Atome und Moleküle seien Fiktionen. Einer der bekanntesten Vertreter dieser Ansicht war der Physiker und Philosoph E. Mach (1838—1916), der in einer Polemik gegen Max Planck, einen der größten deutschen Physiker, der Machs Subjektivismus bekämpfte, erklärte:

»Die eigentliche Differenz, die sich bisher offenbart hat, bildet der Glaube an die Realität der Atome. Das ist es auch, weswegen Planck kaum genug degradierende Worte für solche Verkehrtheit finden kann ... Man sieht, die Physiker sind auf dem besten Wege, eine Kirche zu werden und eignen sich auch schon deren geläufige Mittel an. Hierauf antworte ich nun einfach: Wenn der Glaube an die Realität der Atome für Euch so wesentlich ist, so sage ich mich von der physikalischen Denkweise los, so will ich kein richtiger Physiker sein, so verzichte ich auf jede wissenschaftliche Wertschätzung, kurz, so danke ich schönstens für die Gemeinschaft der Gläubigen. Denn die Denkfreiheit ist mir lieber.«
(Mach, »Die Leitgedanken meiner naturwissenschaftlichen Erkenntnislehre und ihre Aufnahme durch die Zeitgenossen«)

Dagegen ruft der amerikanische Physiker Darrow aus:

»*Einer der gewaltigsten Unterschiede zwischen allen früheren Generationen und unserer Generation ist: Wir haben unsere Atome gesehen!*«

Selbstverständlich ist ein Atom zu winzig, um als solches gesehen zu werden. Aber sagen wir nicht, wir haben eine Sternschnuppe gesehen, obwohl wir in Wirklichkeit nur deren leuchtende Spur gesehen haben? So erklärt denn auch Darrow:

»*Ein Teilchen, das zu klein ist, um im buchstäblichen Sinne des Wortes gesehen zu werden, kann uns seine Gegenwart gar nicht anders bekunden als dadurch, daß es irgendwo aufschlägt, einen Stoß vollführt oder eine Spur hinterläßt.*« (»Renaissance der Physik«, S. 144/145)

Wird eine fluoreszierende Schicht (Stoff, der durch auffallende Strahlen leuchtet) auf einer Glasplatte aufgetragen, von einem Schwarm Alphateilchen getroffen, so erstrahlt ein Funkensprühen winzigster Blitze. Jeder dieser kleinsten Blitze rührt von dem Aufklatschen eines einzigen Partikels her.

Im Jahr 1910 erfand C. T. R. Wilson in Cambridge einen Apparat — *Expansions- oder Nebelkammer* genannt — einen mit reiner, feuchter Luft gefüllten, durchsichtigen Behälter. Den Boden der Kammer bildet ein beweglicher Kolben, der durch plötzliches Senken eine Ausdehnung und Abkühlung der feuchten Luft in der Kammer bewirkt, die unter gewissen Umstän-

Abbildung 47

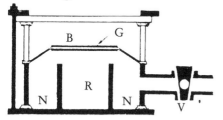
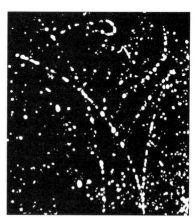

Nebelkammer: B = Beobachtungskammer; G = Gummimembran (kann bis N sinken); N = Nockenanschläge für G; R = Raum, der ausgepumpt wird; V = Ventil zum Auspumpen

Nebelkammer und ihre Wirkung

den zur Nebelbildung führt. Nebel ist niedergeschlagener Wasserdampf, der sich auf kleinen Teilchen (Staub, Ruß und dergleichen) festklammert; eine Art »Stützpunkte«, ohne die eine Nebelbildung nicht entstehen kann. Wilson entdeckte, daß Ionen, das heißt Moleküle und Atome, denen ein Außenelektron fehlt, ebenfalls wie Staubteilchen Wasserdampf kondensierten. In der staubfreien Wilson-Kammer sind keine nebelbildenden Stützpunkte enthalten, das ändert sich aber, wenn zum Beispiel Alphateilchen durch die Kammer geschossen werden. Das Alphateilchen entreißt auf seiner raschen Fahrt den Luftmolekülen Elektronen; eine Kette von Ionen entsteht, auf die die abgekühlte, feuchte Luft der Kammer niederschlägt: Ein Nebelstreifen entsteht. Entsprechend der Verschiedenheit der Energieladung ist die Länge der Nebelstreifen verschieden. Dieser Nebelstreifen währt so lange, bis das Alphateilchen zwei Außenelektronen aufgefangen hat, das heißt, elektrisch neutral geworden ist und dadurch die ionisierende Kraft verloren hat. Dieser Vorgang wurde durch die durchsichtigen Wände der Wilson-Kammer fotografiert.

Blackett gelangen die ersten Aufnahmen der Atomzertrümmerung. Von 23 000 Aufnahmen, auf denen 415 000 Alphateilchen fotografiert wurden, war in acht Fällen eine Atomzertrümmerung zu sehen. Experimente in der Wilson-Kammer wurden nicht nur mit Alphateilchen, sondern auch mit anderen Atomkernen, mit Elektronen und Neutronen, durchgeführt. Während die Kernspuren geradlinig verlaufen, sind die Elektronenspuren mäanderartig und gekrümmt, was in der Verschiedenheit der Masse und Energie seine Ursache hat. Im Vergleich zu langsamen Elektronen verläuft der Nebelstreifen der schnellen, energiereichen Betateilchen geradliniger. Trotz der hohen Geschwindigkeit ist die abstoßende Kraft der die Luftmoleküle umgebenden Außenelektronen so groß, daß das Elektrongeschoß leicht abgelenkt wird und die ionisierende Wirkung geringer ist als das wuchtige, die Atomsysteme durchdringende, aber langsamer fliegende Kerngeschoß, das Zeit genug hat, die Atome zu ionisieren. Die gekrümmte Elektronspur rührt von einem elektromagnetischen Kraftfeld her, von dem die Wilson-Kammer umgeben ist; das leichte Elektron wird stark angezogen und in einer gekrümmten Bahn abgelenkt.

Werden Alphapartikel in eine mit Helium (mit Wasserdampf vermischt) gefüllte Wilson-Kammer hineingeschossen und trifft nun ein Alphateilchen auf einen Heliumkern, so wird es abgelenkt. Durch die gleichen Massen des Alphateilchens und des Heliumkernes sind die Spuren beider rechtwinklig gegabelt, entsprechend dem Gesetz Newtons:

Trifft ein elastischer Ball auf einen anderen, in Ruhe befindlichen von gleicher Masse auf, dann bildet die Richtung, in der der erste fortgeschleudert wird, zur Richtung, in welcher der zweite abprallt, einen rechten Winkel.

Ein solcher Zusammenprall findet nicht allzuoft statt, denn ein gewaltiges Hindernis ist zu überwinden: die Kraft der elektrischen Abstoßung zwischen dem positiv geladenen Alphateilchen und dem positiv geladenen Atomkern. Diese gleiche Ladung bildet gewissermaßen einen Wall, der erst durchstoßen werden muß. Um diesen Wall zu durchstoßen, muß das Geschoß mit einer Energie von acht Millionen Elektronvolt ausgerüstet sein. Und diese Energie hat gerade das Alphateilchen. Auch Elektrongeschosse haben das gleiche Hindernis zu überwinden, die abstoßende Kraft der negativ geladenen Außenelektronen der Atomsysteme. Um den Wall der gleichen Ladung zwischen Geschoß und Ziel aufzuheben, wurden (zuerst von Fermi) Neutronen, Geschosse ohne Ladung, benutzt. Und die Neutronen erwiesen sich als stärkste Waffe der Transmutation, der Umwandlung der Elemente.

Bis zum Jahr 1932 hatte man angenommen, daß nur das Proton Träger der positiven Ladung sei. Da entdeckte Anderson in Chicago bei der Aufnahme in seiner Wilson-Kammer ein leichtes Teilchen, das nach Masse und Bahnkrümmung dem Elektron glich, aber nach der entgegengesetzten Seite abgelenkt wurde, also positiv geladen war, das er Positron benannte. Wahrscheinlich hat beim Auftreffen eines Geschosses auf den Kern ein Proton seine positive Ladung verloren. Diese »rein positive Ladung« wird als Positron hinausgeschleudert und läßt ein Neutron zurück.

Das macht die Auffassung über das Neutron sehr kompliziert. Einerseits ist das Neutron ein ladungsloses, nacktes Masseteilchen, entstanden durch ein, seiner positiven Ladung beraubtes, Proton, andererseits ein Masseteilchen, das positive und negative Ladung in sich vereinigt, das dadurch neutralisiert wird, entstanden durch die Verbindung eines Protons mit einem Elektron. Wie Wilson-Kammer-Aufnahmen zeigen, kann aber auch beim Auftreffen auf einen Kern ein positives und ein negatives Elektron, ein Elektronenpaar, erzeugt werden. Diese Zwillingsgeburt würde die letztere Auffassung über das Neutron bestätigen. Wäre das aber richtig, so könnte es wahrscheinlich sein, daß ein solches Neutron einmal nur sein positives Elektron verlieren würde und damit ein negatives Proton zurückbliebe. Ein solches negatives Proton ist bisher nicht nachgewiesen worden, jedenfalls ist sein Vorhandensein noch stark umstritten. Ein Elektron und ein Positron können sich auch unterwegs vereinigen; sie fließen zusammen und verschwinden. Die dadurch freiwerdende Energie erzeugt Strahlung.

Im Jahr 1935 veröffentlichte der Japaner Yukawa einen durch rein spekulative Methode aufgestellten neuen Erklärungsversuch über die Kräfte im Atomkern. Diese Hypothese forderte eine neue Korpuskelart von der gleichen elektrischen Ladungseinheit, jedoch der 140fachen Masse eines Elektrons. Diese hypothetischen Yukawa-Teilchen stießen zuerst auf glatte Ablehnung bei den Physikern, bis dann solch schwere Elektronen in den sogenannten kosmischen oder Höhenstrahlen entdeckt wurden. Diese neue Korpuskelart wurde Mesotron genannt.

3. Elektrizität

Die Untersuchung über die Bausteine der Welt hat also ergeben, daß die Atome der 90 bekannten Elemente nicht die kleinsten Einheiten sind, sondern daß sie wiederum aus positiven und negativen Elektrizitätsträgern aufgebaut sind. Damit ist einer der wesentlichen Bausteine eine bis jetzt am kleinsten erkannte Einheit — die materiellen Elektrizitätsträger. Alle Materie ist elektrisch, keine Elektrizität ohne Materie. Wir unterscheiden positive und negative Elektrizität, eine dritte Art von Elektrizität gibt es nicht. *»Diese Zweiteilung der Elektrizität muß offenbar etwas sehr Tiefwurzelndes, sehr Fundamentales sein.«* (L. de Broglie: »Licht und Materie«, S. 72/73) Daraus schließen bürgerliche, vom subjektiven Idealismus beeinflußte Wissenschaftler, daß Materie überhaupt kein notwendiger Bestandteil des Kosmos sei, daß sie verschwindet, daß Energie und Elektrizität die letzten Einheiten zum Aufbau des Weltalls wären, wie H. Günther beispielsweise schreibt:

». . . in der Energie und der Elektrizität hat sie (die Wissenschaft) zwei Einheiten gefunden, deren vollkommene Erhaltung sicher ist. Die Energie äußert sich dadurch, daß sie die Elektrizität in Bewegung setzt; die Elektrizität ist der einzige bekannte Bestandteil der Materie, aus der das Weltall aufgebaut ist.«

Lenin nahm entschiedene Frontstellung gegen alle Versuche, die Materie auf Elektrizität, Energie oder Bewegung zu reduzieren, indem er erklärte:

*»Wenn die Physiker sagen, ›die Materie verschwindet‹, so wollen sie damit sagen, daß die Naturwissenschaft bisher alle ihre Forschungen über die physische Welt auf die drei letzten Begriffe: Materie, Elektrizität und Äther zurückgeführt hat; jetzt dagegen bleiben **nur** die zwei letzten übrig, denn es gelingt, die Materie auf Elektrizität zurückzuführen . . . Die Naturwissenschaft führt also zur ›**Einheit der Materie**‹ (ebenda) — das ist der wirkliche Inhalt jenes Satzes vom Verschwinden der Materie, von der Ersetzung der Materie durch Elektrizität usw., der so viele Köpfe verwirrt. ›Die Materie verschwindet‹ heißt: Es verschwindet jene Grenze, bis zu welcher wir die Materie bisher kannten, unser Wissen dringt tiefer; es verschwinden solche Eigenschaften der Materie, die früher als absolut, unveränderlich, ursprünglich gegolten haben (Undurchdringlichkeit, Trägheit, Masse usw.) und die sich nunmehr als relativ, nur einigen Zuständen der Materie eigen erweisen. Denn die **einzige** ›Eigenschaft‹ der Materie, an deren Anerkennung der philosophische Materialismus gebunden ist, ist die Eigenschaft, **objektive Realität zu sein**, außerhalb unseres Bewußtseins zu existieren.«* (Lenin Werke Bd. 14, S. 259/260)

Schon den Griechen war bekannt, daß Bernstein, wenn er mit einem Tuch oder Fell gerieben wurde, in einen eigentümlichen Zustand geriet, den man elektrisch nannte. Man hat lange Zeit gebraucht, um festzustellen, daß Elektrizität kein Zustand einzelner Stoffe ist, sondern eine Eigenschaft, die allen materiellen Elementarteilchen eigen ist. Dabei fand man, daß zwischen den beiden Elektrizitätsarten eine Dissymmetrik (Unebenmäßigkeit) besteht, daß die Struktur der beiden Elektrizitätsarten verschieden ist. So schreibt der französische Physiker L. de Broglie:

»*Die Struktur der beiden Elektrizitätsarten hat sich als sehr verschieden erwiesen. Die positive Elektrizität ist, viel mehr als die negative, an die Trägheitseigenschaften der Materie gebunden, die durch die Masse symbolisiert werden. Infolge dieses Umstandes mußte man annehmen, daß die negative Elektrizität ganz allgemein viel beweglicher ist als die positive und daß sie daher in den Bewegungen der Elektrizität eine viel aktivere Rolle spielt.*« (»Licht und Materie«, S. 73/74)

Die Entdeckung des Elektrons bestätigte die Annahme der größeren Beweglichkeit. Viele Versuche ergaben stets das gleiche Ergebnis, daß alle Elektronen von gleicher Gattung sind, daß sie alle gleiche Masse und Ladung haben, daß sie winzig kleine, unfaßlich leichte, sehr bewegliche Partikel sind.

Dem amerikanischen Physiker Millikan (geb. 1868) gelang es, die elektrische Ladung des Elektrons festzustellen. Ein Coulomb (benannt nach dem französischen Physiker Ch. A. de Coulomb, 1736—1806) ist eine Elektrizitätsmenge, die bei einer Stromstärke von einem Ampere pro Sekunde durch den Draht fließt. Demnach beträgt die elektrische Ladung eines Elektrons 1,58 Zehntrillionstel Coulomb, das heißt, daß bei einer Stromstärke von 1,58 Ampere pro Sekunde zehn Trillionen Elektronen durch einen Draht jagen. Durch den Draht einer 16kerzigen Glühlampe sausen in jeder Sekunde so viel Elektronen, daß das deutsche Volk, wenn jeder Deutsche pro Sekunde zwei Elektronen zählen würde, bis zum Jahre 2500 Tag und Nacht zählen müßte. Das Elektron besitzt eine äußerst geringe Masse, deren Wert gleich $9 \cdot 10^{-28}$ g beträgt.

Dagegen besitzt der Träger der positiven Ladung, das Proton, eine sehr viel größere Masse, wenn auch absolut gesehen von sehr kleinem Wert, immerhin fast 2 000mal schwerer als das Elektron. Im Jahr 1932 wurde das Positron entdeckt, das die gleiche Masse wie das Elektron besitzt. Die elektrische Ladung des Protons sowie des Positrons ist gleich der Elektronenladung, nur mit entgegengesetzten Vorzeichen. Der Bau der Atome zeigt, daß sich fast alle Masse der Materie und alle positive Elektrizität in der sehr kleinen Zentralregion (Zentralbereich), im Atomkern, konzentriert.

Auf diese sehr viel größere Masse wirkt die Anziehungskraft des Außenelektrons gering, umgekehrt zwingt die schwere Kernmasse das leichte, bewegliche Außenelektron zum planetarischen Umlauf. Alle Dinge, alle Stoffe, die uns umgeben, alle Körper enthalten ungeheure Mengen beider Elektrizitäten. Sind die beiden Arten der Elektrizität vollkommen ausgeglichen, so wirkt der Körper nach außen neutral. Läßt man einen Körper »laden«, so ist sein Gleichgewicht gestört. Hat ein Körper einen Überschuß an Elektronen, so wirkt er elektrisch negativ, besitzt aber ein Körper einen Überschuß an Protonen, so ist er elektrisch positiv geladen.

Man kann einen Körper durch das Reibungsverfahren laden. Wenn man einen fettfreien Kamm ein paar Mal durch frischgewaschene und getrocknete Haare kämmt und ihm kleine Papierschnitzel nähert, so zieht er diese Fetzen an; er ist also elektrisch. Obwohl uns die Oberfläche der Haare und des Kammes glatt erscheint, dringen die Elektronen des einen Systems, durch die Reibung angeregt, in das des anderen und lassen die Protonen zurück; der Kamm ist durch Ansammlung von Elektronen elektrisch negativ, die Haare elektrisch positiv geworden. So werden zum Beispiel Glas und Katzenfell durch Reibung positiv, Siegellack und Seide negativ geladen. Überläßt man die durch die Reibung elektrisch gewordenen Körper sich selbst, so kehren die Elektronen der umliegenden elektronegativen Systeme auf Körper der elektropositiven Systeme zurück, wodurch das Gleichgewicht wieder hergestellt, die Körper elektrisch neutral geworden sind. Voraussetzung ist hierbei, daß sich die Körper in Luft befinden, denn die Luft hilft den Elektronen bei ihrer Massenabwanderung aus übermäßig geladenen Körpern. Trotzdem setzt sie den Elektronen Widerstand entgegen; durch die Wucht des Aufpralls mit den Luftmolekülen entsteht ein Funke. So ist auch der Blitz, der gewaltigste Funke, nur die Auswirkung der ungeheuren Gleichgewichtsstörung in den Gewitterwolken.

Zur Leitung der Elektrizität eignen sich besonders Metalle. In ihren Atomsystemen können die Elektronen wild und frei, fast ungehindert, umhertollen, von einem System zum nächsten schießen. Darum eignen sich Metalle deshalb als gute Leiter, weil die Elektrizität sich mehr oder weniger frei bewegen kann. Dagegen ist sie bei Nichtleitern wie Porzellan, Glas und Gummi gebunden, isoliert. Die Leitung der Elektrizität kann auf drei verschiedene Arten vor sich gehen:

1. Elektronenbewegung zum positiv geladenen Körper,
2. Protonenbewegung zum negativ geladenen Körper und
3. Vermittlung zwischen zwei entgegengesetzt geladenen Körpern durch dazwischenliegende Moleküle oder Atome, das heißt Leitung durch Gas (Ionenleitung).

In jedem Gas sind die Moleküle in wilder Bewegung, die durch Temperaturerhöhung noch vergrößert wird. Zwischen den Molekülen befinden sich auch freie Elektronen. Nimmt ein Molekül eines Gases, dessen Atomsystem ein Bedürfnis an Elektronen hat, zum Beispiel ein Sauerstoffmolekül, ein freies Elektron auf, so wird es zu einem negativen Ion. Sobald das Gas zwischen zwei entgegengesetzt geladene Platten gebracht wird, richtet sich die bisher ungeregelte Bewegung der freien Elektronen und der negativen Ionen in Richtung auf die positive Platte zu. In dieser Bewegung brechen sie in ungeladene, das heißt neutrale Molekülsysteme ein, die von den geladenen Platten unbeeinflußt bleiben. Durch den Zusammenstoß entreißen sie Elektronen, so daß diese Moleküle zu positiven Ionen werden, die ihrerseits jetzt in der Richtung der negativen Platte wandern. Es entwickelt sich also ein Strom entgegengesetzt geladener und entgegengesetzt gerichteter Ionen und Elektronen, das heißt, es fließt ein elektrischer Strom zwischen den beiden Platten.

Da in den festen Körpern die Bewegung der Moleküle beschränkt ist, kann die Elektrizitätsleitung nur durch Elektronenbewegung geschehen, und weil von allen festen Körpern die Metalle Atomsysteme besitzen, die gern bereit sind, Elektronen abzugeben, eignen sie sich am besten als Leiter; die Elektronen können sich frei von einem Atom zum anderen bewegen. Wird an einem Drahtende ständig Spannung aufrechterhalten, so sausen die Elektronen auf der Flucht vor dem negativen Pol durch den Draht dem positiven Pol zu. Aber auch ohne Spannung sind die Elektronen in wilder Bewegung, die mit 100 km/sek durch das Kristallgitterwerk der Metallatome oder -ionen jagen. Einzelne Elektronen werden von positiven Ionen aufgefangen, dann treten andere an ihre Stelle; der elektrische Strom geht weiter.

Die Stromstärke ist gleich der pro Sekunde durch den Draht fließenden Elektrizität. Beim Durchgang eines Elektronenstromes durch den Draht, was nur unter Aufwendung von Energie geschehen kann, stoßen die Elektronen auf Atome und Hindernisse in Form von Ionen, wodurch Reibungswärme entsteht. Je stärker die Wärmebewegung, das heißt, je größer der elektrische Widerstand, um so größere Spannung ist notwendig, oder aber man erhält bei gleicher Spannung schwächeren Strom. Also hängt die Stromstärke von der Spannung ab. Der Widerstand ist um so größer, je länger und dünner der Draht ist.

Der Engländer Joule (1818—1889) fand das Gesetz der Wärmeentwicklung, das nach ihm die »Joulesche Wärme« genannt wurde; es lautet:

Wärme = Stromstärke · Spannung · Zeit

Joule stellte auch das Prinzip der mechanischen Wärmetheorie auf:

»Die Wärme ist eine sehr rasche Bewegung der unsichtbaren Teilchen der Körper. Diese Bewegung erzeugt in uns eine Empfindung, die uns veranlaßt, den Körper heiß zu nennen. Was in unserer Empfindung Wärme ist, ist also in der Körperwelt nichts als Bewegung.«

Eine Wattsekunde ist die Wärme, die ein Strom von 1 Ampere und 1 Volt pro Sekunde erzeugt. 1 PS entspricht 736 Watt (benannt nach dem Erfinder der Dampfmaschine, James Watt, 1736—1819). Eine Kilowattstunde ist die Energie, mit der Strom eine Stunde lang 1 000 Watt Arbeit leisten kann. Hat die Wärmebewegung eine bestimmte Höhe erreicht, so entsteht Licht.

Zwei Metallplatten — Elektroden genannt — die 1—2 cm voneinander entfernt sind, werden geladen, die eine mit positiver, die andere mit negativer Elektrizität. Das geschieht, indem die Batterie die Elektronen aus der einen Platte austreibt und durch den Draht in die andere Platte leitet und dort anhäuft. Ist die Spannung hoch genug und die Anziehung zwischen den entgegengesetzt geladenen Platten stark genug, dann springt ein Funke von der negativen Platte zur positiven über, das heißt, die Elektronen durchqueren die Luft, stürzen sich auf die positive Platte und entladen sie. Die Batterie muß die Arbeit von neuem beginnen.

Wird nun dieser Vorgang in einer dickbauchigen Glasröhre mit kleinerer Plattenladung und geringerer Spannung wiederholt, so kann die tolle Galoppade der Elektronen in einen sanften Strom verwandelt werden, wenn die Luft in der Röhre mit Hilfe der Luftpumpe auf zum Beispiel ein Tausendstel Atmosphären verdünnt wird. Die Elektronen treten aus der negativ geladenen Elektrode, »Kathode« genannt, heraus und wandern in Form einer Wolke zur »Anode«.

»Was geschieht, ist prächtig anzuschauen. Die ›unsichtbare‹ Luft nimmt Form und Farbe an. Sie scheint sich zu leuchtenden Nebeln zu verdichten, sich zu Inseln farbiger Wolken zusammenzuballen, von dunklen Zonen getrennt. Kein

Wind stört diese Wolken, sie verwehen nicht, sie vergehen nicht. Ihre Farben gemahnen zuweilen an den Himmel nach einem besonders prunkvollen Sonnenuntergang, manchmal sind sie unvergleichbar, beispiellos... Die leuchtenden Wolken in unserer Röhre gleichen am ehesten den mythischen Feuerwolken; sie stellen die dünnste Form sichtbarer Materie dar, die kosmische Wolke vielleicht ausgenommen, die die unendlich weiten Entfernungen des Weltenraumes erfüllt. Sie besteht aus Schwärmen erregter, leuchtender Atome, mit freier Elektrizität vermengt.« (K. K. Darrow, »Renaissance der Physik«, S. 53/54)

Wird nun die Luft in der Röhre so weit herausgepumpt, daß sie nur etwa ein Hunderttausendstel Atmosphäre Druck enthält, die Batterie aber verstärkt wird, so fließt der Strom noch immer. Ist die Kathode in einer birnenförmigen Röhre der breiten Glaswand gegenüber angebracht, die Anode an die Seitenwand gerückt, so leuchtet die innere Glaswand mit einem klaren, grünen Licht. Diese Strahlen können todbringend, bei richtiger Handhabung heilbringend sein. Es sind die von dem deutschen Physiker Röntgen (1845—1923) entdeckten X-Strahlen oder auch Röntgenstrahlen genannt. Infolge ihres Durchdringungsvermögens werden Röntgenstrahlen zum Durchleuchten des menschlichen Körpers verwandt. Bei den Kathodenstrahlen wie auch bei den X-Strahlen handelt es sich um Elektronen, und bei all den Versuchen war es das Gas in der Röhre, obwohl es sehr verdünnt war, das das Ausfließen der Elektronen ermöglichte.

Kann in einer gasfreien, luftleeren Röhre, einem »Vakuum«, auch der Elektronenstrom fließen? Ein vollständiges Vakuum kann überhaupt nicht hergestellt werden, denn die am vollkommensten ausgepumpten Röhren enthalten immer noch unzählige Atome, bestenfalls ein Verhältnis der Dichte in der Röhre zur gewöhnlichen Atmosphärendichte wie 1 : 100 Billionen. In dieser fast luftleeren Röhre fließt, trotz größter Spannung, kein Strom; die Elektronen können ohne besondere Hilfe nicht heraus und zur gegenüberliegenden Anode fließen. Anders aber, wenn wir der Kathode Wärme (oder Licht) zuführen. Wird nun der Kathodendraht zur hellen Rotglut erhitzt, so steigert sich die Heftigkeit der Elektronenbewegung. Das geschieht durch Einschaltung eines Heizakkumulators (Akkumulator = Elektrizitätssammler). Immer mehr Elektronen treten aus dem Wirkungsbereich der Oberflächenatome heraus und verlassen den Draht; sie erscheinen als freie Elektronen. Die Elektronen verdampfen aus dem Draht, legen sich als dichte Wolke um die Kathode, um dann von der positiven Anode angezogen zu werden. Ein Elektronenstrom fließt mit großer Geschwindigkeit durch die »luftleere« Röhre.

Schaltet man ein negativ geladenes Drahtgitter in den Weg zwischen Kathode und Anode, so wird ein Teil der Elektronen auf Grund der abstoßenden Kraft gleicher Elektrizitäten ab- und zurückgestoßen. Die negative Ladung kann so verstärkt werden, daß kein Elektron durchkommt. Durch Regulierung der Gitterladung kann der Elektronenstrom geschwächt und wieder gestärkt werden; das Gitter wirkt wie ein Wasserleitungsventil.

Viele Jahre dauerte es, bis auch das Gegenstück des Elektrons, das Proton, nachgewiesen werden konnte. Die Untersuchungen der radioaktiven Elemente brachten die ersten Erkenntnisse; die Alphastrahlen erwiesen sich als positiv geladene Teilchen, als Heliumkerne. Der englische Chemiker Aston isolierte dann mit Hilfe seines Massenspektrographen die positiven Elektrizitätsträger, die sogenannten »Kanalstrahlen«. Durch die Energie des elektrischen Stromes werden die Elektronen aus den Atomen einer röhrenförmigen Kathode herausgerissen und wandern in Richtung der Anode. Die zurückgebliebenen ionisierten, positiven Atomreste, die Kanalstrahlen, werden in entgegengesetzte Richtung geschleudert, durchwandern die Kathodenröhre (Kanal) und werden, bevor sie zur Fotoplatte gelangen, durch ein elektrisches und magnetisches Kraftfeld abgelenkt. Je größer die Ladung der Kanalstrahlen, desto größer die Anziehung durch das elektrische Kraftfeld, desto stärker die Ablenkung. Andererseits, je kleiner die Masse, desto größer die Ablenkung durch das magnetische Kraftfeld; die kleineren Masseteilchen treffen darum auf eine andere Stelle der Fotoplatte als die schwereren Teilchen. An der Lage der Kanalstrahlen auf der Fotoplatte können darum Schlüsse über Masse und Ladung der Teilchen gezogen werden. Durch diese Versuche Astons war das Atomteilchen der positiven Elektrizität, das Proton, das einzeln die gleiche Masse besitzt wie ein Wasserstoffatom, klargestellt.

Auch der elektrische Strom hat seine Geschichte. Als eines Tages im Jahr 1789 der italienische Arzt Galvani (1737—1798) in einem Raum, wo eine Elektrisiermaschine Funken sprühte, mit Froschschenkeln experimentierte, berührte einer der Gehilfen einen frischpräparierten Schenkel mit einem eisernen Werkzeug, worauf das Froschbein lebhaft zuckte. Dieselbe Beobachtung wurde gemacht, wenn es blitzte. Aber auch ohne Blitz und Elektrisiermaschine konnten die Zuckungen hervorgerufen werden, indem der Schenkel mit einem kupfernen Haken an ein Eisengitter gehängt wurde, allerdings mußte der Schenkel das Gitter berühren. Galvani glaubte, daß Elektrizität und Leben miteinander verbunden seien und wollte elektrische Erscheinungen in den Geweben untersuchen. Damit hatte er selbstverständlich kein Glück, denn die elektrischen Erscheinungen, die er am Froschschenkel beobachtete, waren entstanden durch einen chemischen Prozeß, mittels der Flüssigkeit im Froschschenkel in Verbindung mit zwei Metallen.

Der italienische Physiker Volta (1745—1827) wurde aufmerksam auf die Beobachtungen Galvanis und machte sie nutzbar, indem er die erste Batterie erfand. Er ordnete eine Kette von drei verschiedenen Gliedern — Kupferscheibe, Säuretuch, Zinkscheibe, dann wieder mit dem ersten beginnend — zu einer Säule senkrecht aufeinander. Er erzielte an dem Kupferende eine positive, an dem Zinkende eine negative Ladung. Je mehr von den Dreigliedersätzen aufeinandergehäuft wurden, desto größer die entgegengesetzte Ladung an den Enden. Diese »galvanischen Elemente« sind sehr leistungsfähig und arbeitswillig. Ihre stetig fließenden Ströme leisten mehr als die verheerende Kraft der Gewitterentladung. Trotz der Millionen Volt und Tausenden von Ampere, die in einem Gewitter toben, bringt eine unscheinbare Klingelbatterie während ihrer Lebensdauer doch ungefähr dieselbe elektrische Stommenge auf.

Die Stromerzeugung geht vor sich, indem die Säure in der Batterie die Elektronen aus den Kupferplatten austreibt und den Zinkplatten zuleitet. Klemmt man an die Enden einen Draht, so wird der elektrische Strom weitergeleitet. Die Stromstärke entspricht der durch den Draht geleiteten Elektrizitätsmenge. Die Einheit der Stromstärke heißt Ampere (benannt nach dem französischen Physiker A. M. Ampère, 1775—1836). Ein Ampere ist ein Strom, der in der Minute 10,43 ccm Knallgas von 0° und Atmosphärendruck entwickelt. Je stärker die Spannung, desto größer die Stromstärke. Seit der praktischen Ausnutzung der Elektrizität besteht das Problem, immer höhere Spannungen zu erreichen. Und das Wort »Hochspannung« ist nur ein relativer Begriff.

Einer der wichtigsten physikalischen Begriffe ist das »Feld«. Was ist ein Kraftfeld? Dieselbe Kraft, die den Stein zur Erde fallen läßt, zieht auch den Mond an; es ist die Schwerkraft. Der Bereich der Schwerkraft unserer Erde ist das »Schwerefeld« der Erde. Die Feldlinien der Erde laufen geradlinig auf den Mittelpunkt der Erde zu, anderseits reichen sie bis in die Unendlichkeit, wenn auch die Anziehungskraft der Erde mit zunehmender Entfernung immer schwächer wird. Auch der Mond hat sein Schwerefeld; es wirkt genau so auf die Erde wie das Schwerefeld der Erde auf den Mond, wenn es auch, entsprechend der geringeren Masse, viel schwächer ist als das der Erde. Ebbe und Flut sind die Wirkung des Mondfeldes.

Ein zweites Kraftfeld ist das Magnetfeld. Schon lange war die eisenanziehende Fähigkeit des Magneteisensteins bekannt, von den Griechen nach dem Fundort Magnesia so benannt. Im Mittelalter erhielt der Magneteisenstein praktische Verwendung durch Erfindung des Kompasses. Die Magnetnadel des Kompasses wird immer in der Richtung des magnetischen Pols der Erde gezogen. Rings um den Magneten lagern die Feldlinien, die zu erkennen sind, wenn ein mit Feilspänen bestreutes Papier auf einen Magneten gelegt wird; von selbst ordnen sich die Späne zu Linien.

Ein drittes Kraftfeld ist das elektrische Feld. Durch Reibung werden eine Bernsteinkette, eine Siegellack- oder Glasstange elektrisch; ringsherum entsteht ein elektrisches Feld. In der Umgebung der elektrisch geladenen Körper entsteht ein eigentümlicher Spannungszustand, das Feld. Wird die Ladung aufgehoben, so verschwindet das Feld. Zwischen der negativ und positiv geladenen Platte wird der Zustand der Spannung, ein Zustand wie ein gespanntes Gummiband, wie Sehnsucht, immer unerträglicher, bis plötzlich die Elektronen von der negativen Platte in einer Funkengaloppade sich auf die positive Platte stürzen; die Ladung verschwindet, das Feld bricht zusammen. Auch das Atom als geschlossenes Ganzes ist ein elektrisches Feld. Entsprechend dieser Tatsache formuliert denn auch der deutsche Physiker Sommerfeld gemäß seiner idealistischen Einstellung Machschen Gepräges:

»Im Grunde ist ein Elektron nichts anderes als eine Stelle, in die elektrische Kraftlinien von allen Seiten einmünden.«

Elektrische Kraftlinien sind Bewegungslinien; demnach ist die Materie ausgeschaltet, was bleibt, ist nur Bewegung. Wieder stoßen wir, wie so oft, auf den Versuch, die Materie durch Bewegung zu ersetzen. Keine Bewegung ohne Materie und keine Materie ohne Bewegung! Auch für den englischen Physiker Faraday (1791—1867) ist das Feld das einzig physikalische Reale; die elektrischen Ladungen sind nur wichtig, um das Feld aufzubauen. Karlson faßt den Begriff des Feldes wie folgt zusammen:

»In einem Feld, sei es elektrischer, magnetischer Natur oder ein Schwerefeld, besteht in jedem Punkt des Raumes um den erregenden Körper herum ein sonderbarer Spannungszustand. In jedem Punkt des Feldes wirkt auf einen geeigneten Körper eine Kraft von bestimmter Richtung und Größe. Ein freibeweglicher Körper im Feld bewegt sich gemäß dieser Feldkraft.« (»Du und die Natur«, S. 80)

Im Jahr 1820 entdeckte der Däne Professor Oersted (1777—1851) die magnetische Wirkung des elektrischen Stromes, indem er beobachtete, wie der fließende Strom eine Kompaßnadel ablenkte. Hier muß also ein magnetisches Feld wirken. In Bewegung gesetzte Elektrizität besitzt darum dieselbe Kraft wie zum Beispiel der Magneteisenstein. Ruhende Elektrizität besitzt diese Eigenschaft nicht, erst der fließende Strom baut das Magnetfeld auf. Die magnetischen Kraftlinien lagern sich in konzentrischen Kreisen um den Draht, durch den der Strom fließt. Wird der Strom ausgeschaltet, so verschwindet das magnetische Feld.

Die Entdeckung Oersteds kam dem französischen Physiker Ampère zu Ohren, der daraus schloß, daß, wenn ein Strom auf einen Magneten wirkt, auch zwei Ströme aufeinander wirken müßten. Ein Stromkreis gleicht einem Magneten, weil er auf einen Magneten eine Kraft ausübt, zwei Stromkreise gleichen zwei Magneten und müssen darum aufeinander einwirken. Um einen zur Schlinge gebogenen Draht — einen Kreisstrom — gehen die magnetischen Kraftlinien im Bogen herum und schließen sich den Anfangslinien an. Die Wirkung des Einzeldrahtes ist dieselbe wie die der Spule, die nur durch die vielen Windungen entsprechend vermehrt ist. Durch geschickte Anordnung mehrerer Kreisströme wies Ampère sein erstes Grundgesetz nach. Es lautet:

Kreisströme sind Magnete

Das Magnetfeld einer Spule entspricht dem eines Magnetstabes, jede Windung, das heißt jeder einzelne Kreisstrom, wirkt wie ein Scheibchen, ein Blatt des Stabes. In jedem Körper fließen dauernd winzige Kreisströme von molekularer Größe. Während bei unmagnetischen Körpern diese Ströme regellos durcheinander wirbeln, dadurch nach außen hin keine Wirkung erzeugen können, sind sie bei magnetischen Körpern in einheitlicher Umlaufsebene ausgerichtet und wirken durch diese Einheitlichkeit nach außen hin magnetisch. Elektrizität und Magnetismus sind verwandt, mehr noch, Magnetismus ist eine Erscheinungsform der Elektrizität. Das erklärt Ampères zweites Grundgesetz:

Magnete sind Stromkreise

Jedes kreisende Elektron in einem Atomsystem beschreibt einen Stromkreis, darum ist jedes Atom magnetisch. Heute ist man in der Lage, die magnetische Stärke mancher Atome zu berechnen, ja zu messen. Verläuft der Elektronenwirbel regellos, so wirken die Atome nach außen hin unmagnetisch, das heißt, die magnetische Wirkung des einen Stromkreises hebt die des anderen auf. Befinden sich die Elektronenwirbel bei den meisten Atomen eines Materials in einer Richtung und einer Umlaufsebene, so wird die Wirkung der magnetischen Kraft in dem Maße verstärkt, wie die Einheitlichkeit Schritt hält. So gleichen die Elektronenstromkreise der unmagnetischen Körper dem regellosen Menschengewühle auf dem Marktplatz, die der magnetischen Körper der einheitlichen, geschlossenen Marschordnung von Soldaten. Das bedeutet also:

Magnetisierung ist Ausrichtung

Daraus geht hervor, daß Magnetismus und Elektrizität Erscheinungsformen der Bewegung sind.

Der englische Physiker Faraday wies im Jahr 1831 nach, daß ein Magnetfeld auch Strom erzeugen kann, indem er eine Drahtschleife, die mit einem Galvanometer verbunden war, in ein Magnetfeld, parallel zu den Feldlinien, brachte und dann ruckartig um 90° drehte, so daß die Kraftlinien durch die Ebene der Schleife gingen. Das Ergebnis war, daß der Galvanometer plötzlich ausschlug; durch die Drehung entstand ein kurzer Stromstoß im Draht. Schneidet also ein bewegter Leiter die Kraftlinien eines Magnetfeldes, so wird ein Strom »induziert«. Nur bewegte Elektrizität baut ein Magnetfeld auf, und nur in bewegten Leitern entsteht Induktionsstrom.

Elektronen werden durch ein Magnetfeld abgelenkt. Läuft die Bewegungseinrichtung senkrecht zu den magnetischen Feldlinien, so steht die ablenkende Kraft senkrecht zu den Feldlinien. Also stehen alle drei, Elektronenrichtung, magnetische Feldlinien und Ablenkungskraft, rechtwinklig aufeinander wie die drei Kanten eines Würfels oder wie Daumen, Zeigefinger und Mittelfinger der rechten Hand. Wird ein Kupferdraht quer durch die Linien eines Magnetfeldes geschoben, so wandern die Elektronen, durch die ablenkende Kraft gezwungen, links durch den Draht. Man kann auch das elektromagnetische Feld erzeugen, indem man durch einen Draht Strom schickt, der um den Draht ein magnetisches Feld aufbaut. Bewegt man nun einen parallel laufenden zweiten Draht durch dieses Feld, so entsteht in diesem ein Induktionsstrom.

Nur bewegte Ladung, ein elektrischer Strom, erzeugt ein elektromagnetisches Feld. Ruhende Ladung, das heißt ausgeglichene Ladung, hat ein elektrostatisches Feld. Diese Grundtatsachen zusammengefaßt ergeben:

»Eine Ladung erzeugt ein elektrostatisches Feld. Elektrischer Strom, ein Fließen von Ladung, wird dadurch ermöglicht, daß durch chemische Prozesse ein Spannungsunterschied dauernd erhalten bleibt, neue Ladungen ständig nachgeliefert

werden. Ein elektrischer Strom umgibt sich, solange er fließt, mit einem magnetischen Feld. Jedes magnetische Feld erzeugt im bewegten Leiter einen Strom. Wichtig für die letzten beiden Tatsachen ist also die Bewegung, die Veränderung.« (Karlson, »Du und die Natur«, S. 105/106)

Sind diese Tatsachen nicht ein klarer Beweis der Dialektik im Naturgeschehen?

4. Energie

Alle physikalischen Vorgänge sind Bewegungen, sei es im Makrokosmos oder im Mikrokosmos. Jede Bewegung erfordert eine gewisse Arbeit. Bewegt ein Arbeiter eine Last, zum Beispiel eine Schubkarre voll mit Steinen, so geschieht das nur durch körperliche Arbeit, durch Aufwendung von Muskelkraft. Allein, daß er sich selbst fortbewegt, gelingt nur durch Anstrengung seiner Muskeln. Ein genügend starker Wind setzt die Flügel einer Windmühle in Bewegung. Hier leistet die Windkraft diese Arbeit. So besitzen alle Körper oder Systeme, die Arbeit leisten, Energie. Alle Vorgänge im Kosmos, Bewegungen, Veränderungen, sind zurückzuführen auf gewisse Arbeit. Somit wird unsere gesamte Naturauffassung von dem Begriff »Arbeit« beherrscht. Und der Mittelpunkt unseres rastlos schaffenden, technischen Zeitalters, die Verkörperung der Arbeit, das ist der Arbeiter. Es entspricht dem natürlichen Entwicklungsvorgang, daß der entscheidendste Faktor auch der beherrschende sein wird.

Es kann eine Kraft als Druck oder Zug wirken, sie wird stets gemessen durch das Gewicht, das aufgewandt werden muß, um den Widerstand zu beseitigen. Wird eine Last von 1 Kilogramm 1 Meter hoch gehoben, oder wird ein Widerstand von 1 Kilogramm auf einem Weg von 1 Meter überwunden, so wird ein Meterkilogramm (mkg) Energie verwandt. Schaltet man die Zeit mit ein, so entsteht ein neuer Begriff: der Effekt (Wirkung, Erfolg), das bedeutet die in der Zeiteinheit geleistete Arbeit. Wird in einer Sekunde eine Arbeit von 75 Meterkilogramm geleistet, so nennt man diese Einheit 1 PS (75 mkg/sek).

Mit Hilfe eines Staudammes kann das Wasser eines Flusses aufgestaut, aufgespeichert werden. Dieses aufgestaute, in eine bestimmte Höhenlage gebrachte Wasser besitzt eine bestimmte Energiemenge. 1 Kubikmeter Wasser in 3 Meter Höhenlage vereinigt in sich die Energie von 3 000 Meterkilogramm. Das gehobene Wasser der Staubecken stellt darum einen gewaltigen Energievorrat dar. Die bestimmte Energiemenge des gehobenen Wassers ist, solange das Wasser gestaut ist, ruhende Energie.

Auch die aufgezogenen Gewichte eines Uhrwerkes besitzen in dieser Höhenlage bestimmte potentielle Energie. Oder es wird eine Uhr durch Federn getrieben. Die Feder wird gespannt. Die dabei aufgewandte Arbeit, das heißt die verausgabte Energie der Muskeln, wird in der gespannten Feder aufgespeichert, Spannungsenergie oder Spannung genannt. Beide Fälle —

ruhende und Spannungsenergie — nennt man potentielle Energie, im ersten Fall wird sie durch die Höhenlage, im zweiten Fall durch die Spannung bestimmt.

Gerät ein System, in dem die potentielle Energie gespeichert ist, in Bewegung, so wird die potentielle Energie in Energie der Bewegung (kinetische Energie) umgewandelt. Die potentielle Energie (Quantität) schlägt in kinetische Energie (Qualität) um. Wird eine Armbrust gespannt, so enthält der Bogen aufgespeicherte Spannungsenergie, die beim Abzug des Hahnes im Bruchteil einer Sekunde in Bewegungsenergie des Pfeils, kinetische Energie, umgewandelt wird. So hat auch das fließende Wasser, das Turbinen in Bewegung setzt, kinetische Energie.

Das Maß der potentiellen Energie ist kpm, Gewicht mal Höhe. Die kinetische Energie kann man nicht so ohne weiteres messen, sie hängt ab von der Masse und der Geschwindigkeit des bewegten Körpers, das heißt vom Weg, den er in der Zeiteinheit zurücklegt. Die Geschwindigkeit kann gleich bleiben, zu- oder abnehmen, entsprechend sind die Bewegungen gleichförmig, beschleunigt oder verzögert.

Von großer Höhe läßt man einen Körper herabfallen. Infolge der Schwerkraft wächst die Geschwindigkeit: Sie beträgt am Ende der ersten Sekunde rund 10 m/sek, am Ende der zweiten 20 m/sek und am Ende der dritten 30 m/sek. So ist die Fallbewegung eine beschleunigte Bewegung. Die Schwerkraft der Erde verursachte in diesem Fall die Beschleunigung. Die Beschleunigung ist aber nicht allein abhängig von der Größe der Kraft, sondern auch von der Masse des Körpers, auf den die Kraft einwirkt. Die Masse eines Körpers ist gleich dem Widerstand, den er der Beschleunigung entgegensetzt. Die kinetische Energie kann also gemessen werden, wenn Masse und Geschwindigkeit berücksichtigt werden. Die Gleichung lautet:

Energie = ½ · Masse · Geschwindigkeit · Geschwindigkeit

Demnach besitzt eine abgefeuerte Granate von 50 kg Masse und 1 000 m/sek Geschwindigkeit eine kinetische Energie von ½ · 50 · 1 000 · 1 000 = 25 000 000 Joule. Ein Joule, benannt nach dem berühmten englischen Physiker, ist die praktisch benutzte Einheit der Energie. Eine bedeutend kleinere Einheit ist die Energieeinheit erg; 10 Millionen (10^7) erg ergibt ein Joule.

Von dem Begriff Energie ist der Begriff Impuls (Antrieb) zu unterscheiden. Auch er hängt von Masse und Geschwindigkeit ab. Seine Gleichung lautet:

Impuls = Masse · Geschwindigkeit

So hat die oben bezeichnete Granate den Impuls 50 · 1 000 = 50 000 kg m/sek. Prallt beim Billardspiel eine Kugel auf die andere, so überträgt die erste einen Teil ihres Impulses auf die andere. Die erste hat einen Geschwindigkeitsverlust erlitten, die zweite, die sich in Ruhe befand, Geschwindigkeit erhalten.

Die in rascher Bewegung befindlichen Moleküle eines Gases üben auf die Wände des Behälters einen Druck aus, der sich verstärkt, wenn die Temperatur gesteigert wird, das heißt, durch Temperaturerhöhung wächst die Bewegungsgeschwindigkeit der Moleküle und vergrößert sich die Wucht des Aufpralls auf die Wände. Wärme ist darum nichts anderes als kinetische Energie der Moleküle. Temperaturerhöhung steigert die kinetische Energie und damit die Geschwindigkeit. Umgekehrt sinkt die kinetische Energie durch Abkühlung. Wird die Temperatur von einem Gramm Wasser von 14,5 auf 15,5° C erhöht, so stellt dieser Energiebetrag eine Kalorie (calor = Wärme) dar. Die Kalorie (Grammkalorie = gcal), die Einheit der Wärmeenergie, ist gleich $4{,}19 \cdot 10^7$ erg.

Entsprechend dem verschiedenartigen Aufbau der Moleküle haben die Stoffe auch eine verschiedene spezifische Wärme, das heißt, ein Körper A mit größerer spezifischer Wärme als ein Körper B hat bei gleicher Temperatur und gleichem Gewicht eine größere Wärmemenge gespeichert. Wird ein heißer Körper A mit einem kalten Körper B in Berührung gebracht, gleichen sie ihre Temperatur aus, indem durch Molekülstöße an der Berührungsstelle ein Teil der Energie von Körper A auf Körper B übertragen wird, bis zur Temperaturgleichheit. Je mehr die Temperatur eines Körpers sinkt, desto langsamer wird die Bewegung seiner Moleküle, bis ein Punkt erreicht wird, wo dem Körper keine Energie mehr entzogen werden kann. Dieser absolute Nullpunkt liegt bei minus 273,16° C oder 0K (Kelvin). Es ist jedoch mit keinem Mittel möglich, den Nullpunkt ganz zu erreichen.

Prallt ein Vollgeschoß auf eine Panzerplatte, so ist die ganze kinetische Energie des Geschosses plötzlich verschwunden, sie ist in Wärme umgewandelt. Durch intensives Hämmern kann Eisen zur Rotglut erhitzt werden. Auch hier passiert eine Umwandlung der kinetischen Energie des Hammers in Wärme. Umgekehrt kann Wärme in Energie umgewandelt werden. Das beste Beispiel ist die Dampfmaschine und der Explosionsmotor. Durch Erhitzung der Wassermoleküle im Lokomotivkessel geraten diese in rasche Bewegung: Umwandlung der Wärme in kinetische Energie. Ein Griff am

Regulatorhebel, und Schwärme rasender Wasserdampfmoleküle prasseln gegen den Kolben im Zylinder; langsam setzt sich der Kolben in Bewegung. Wärme ist in mechanische Arbeit umgewandelt.

Durch Überdruckkessel werden die Dampfmoleküle noch mehr erhitzt, die Geschwindigkeit der Moleküle steigt, der Druck gegen den Kolben wird verstärkt. Die Wärme entsteht durch Verbrennung von Kohle, das ist ein chemischer Prozeß. Sie verwandelt sich in der Dampfmaschine erst über den Umweg des Wassers in Arbeit. Beim Explosionsmotor werden Gase, zerstäubte Leicht- oder Schweröle, durch Zündung plötzlich zur Verbrennung gebracht. Diese plötzliche Erhitzung steigert die Geschwindigkeit der Gasmoleküle derart, daß sie mit ruckartiger Wucht gegen den Kolben prallen und ihn in Bewegung setzen.

Die bei dem Verbrennungsprozeß frei gewordene Wärme ist sehr groß. Ein Gramm Kohle gibt bei der Verbrennung 8 000 Kalorien (1 cal = 0,427 mkp) frei, andere Brennstoffe noch viel mehr, so 1 g Petroleum 11 000 und 1 g Wasserstoff sogar 34 000 Kalorien. Im Vergleich dagegen hat Dynamit pro Gramm nur 1 300 Kalorien. Der Wert des Sprengstoffes liegt also nicht in der Größe der abzugebenden Wärme, sondern in der Geschwindigkeit der Energieabgabe.

Eine Kugel wird elektrisch geladen, dadurch wird in demselben Augenblick ein elektromagnetisches Feld aufgebaut. Wird nun ein gleichartig elektrisch geladener Körper in das Feld gebracht, so erfährt er eine Abstoßung. Zur Überwindung der Abstoßung muß eine Arbeit geleistet werden, entsprechend dem Produkt von Abstoßung und Weg. Diese Arbeit oder die aufzuwendende Energie nennt man die elektrische Spannung. Also ist die elektrische Spannung, die ein elektrisch geladener Körper in einem Punkt seiner Umgebung bewirkt, eine Energiemenge, die notwendig ist, die gleichartige Einheit der Elektrizitätsmenge von der »Grenze« des Feldes bis zu diesem Punkt zu bringen, das heißt, die Abstoßung zu überwinden. Die Einheit der Spannung heißt Volt (benannt nach Volta). Dies ist eine Spannung, die ein galvanisches Element besitzt, wenn es durch einen Quecksilberfaden von 1,063 m Länge und 1 qmm Querschnitt bei 0° C einen Strom von 1 Ampere liefert.

Bei der Übertragung der elektrischen Energie auf große Strecken ist mit Verlust durch Stromwärme zu rechnen. Mit der Stromstärke wachsen die Verluste durch Stromwärme. Da aber die elektrische Energie aus dem Produkt von Stromstärke und Spannung besteht, kann der Verlust bei der Fernübertragung vermindert werden, wenn die Stromstärke eine Verminderung, die Spannung eine entsprechende Steigerung erfährt. Während nun die elektrische Energie dieselbe bleibt (Stromstärke mal Spannung), sind die Verluste und die Kosten der Strombahnen (durch kleinere Dimensionen im Querschnitt) bedeutend verringert. Das war aber erst möglich durch die Einführung des Wechselstromes. Die Änderung der beiden Faktoren Stromstärke und Spannung geschieht durch sogenannte Transformatoren (Umformer).

Eine Hochspannungsleitung von 75 Ampere und 150 000 Volt Spannung führt über Land. Sie übermittelt die ungeheure Energie von 15 300 PS. Diese gewaltige Kraft enthält jedoch nicht das hoch oben an den eisernen Masten schwankende Kabel, denn die Energie fließt nicht durch, sondern um den Draht. Der Strom, der durch das Kabel fließt, baut rings um sich sein elektromagnetisches Feld auf. Und nur dieses Feld enthält die ganze gewaltige Energie von 15 300 PS; das Kabel ist nur dazu da, die Riesenkraft zu leiten.

Es geht auch ohne Draht. Die Radiosendestation strahlt nach allen Seiten Energie als elektromagnetische Wellen aus, wahllos überall hin. Der Empfänger erhält nur einen winzigen Bruchteil davon, und den muß er verstärken. Aber es gibt schon Richtstrahler, Sender, die ihre Energie, wie ein Scheinwerfer einen Lichtkegel, nur nach bestimmten Richtungen ausstrahlen. Wann kommt die Zeit, wo es ganz ohne Leitungsdraht geht?

Man kann Elektronen, Protonen oder Deuteronen (schwere Wasserstoffkerne) kinetische Energie übertragen, wenn sie in einer luftleeren Kammer unter elektrischer Spannung gehalten werden. In der Kammer herrscht ein elektrisches Feld. Durchqueren die Korpuskeln das Feld, so sind sie der Spannung ausgesetzt, die ihre Geschwindigkeit beschleunigt.

»Die Spannung zwischen den zwei Punkten, an welchen die Teilchen das Feld betreten und verlassen, ist das Produkt aus der Feldstärke mit der Entfernung, welche die Teilchen auf ihrem Wege durch das Feld zurücklegen. Sie ist in diesem — und jedem anderen — Falle der gesamten kinetischen Energie proportional, die von den Teilchen während des Durchquerens des Feldes erworben wird.« (Darrow, »Renaissance der Physik«, S. 306)

Die obengenannten Teilchen besitzen eine elektrische Ladung von der Einheit $e = 4{,}774 \cdot 10^{-10}$ elektrostatische Ladungseinheiten; es ist die kleinste Einheit der positiven und negativen Elektrizitätsmenge. Die Ladungseinheit aller anderen Atomkerne erhöht sich entsprechend der Ordnungszahl. So ist der Heliumkern oder das Alphateilchen gleich 2 e. Wird nun eine Korpuskel mit der Ladung e durch ein Feld mit einer Spannung von einem Volt geschickt, so erwirbt das Teilchen eine kinetische Energie von einem »Elektronvolt«. Das ist eine Energieeinheit äußerst winziger Größe, etwa $1{,}59 \cdot 10^{-11}$ erg oder 0,000 000 000 015 9 erg (1 kpm hat 98 100 000 erg). Ein Alphateilchen besitzt eine Energie von 8 Millionen Elektronvolt. Um ein Teilchen mit der Ladung e (Elektron, Proton, Deuteron, Positron) mit der Energie eines Alphateilchens auszustatten, muß ein elektromagnetisches Feld mit einer Hochspannung von 8 Millionen Volt erzeugt werden. Für einen Heliumkern mit der Ladung 2 e bräuchten, um dasselbe Ergebnis zu erzielen, nur 4 Millionen Volt erzeugt zu werden, weil ein solcher Kern, entsprechend seiner Ladung, die doppelte Summe der kinetischen Energie von der Spannung erhält. Die Erzielung solch hoher Spannung ist für die Umwandlung der Elemente von großer Bedeutung.

Die Unmöglichkeit eines Perpetuum mobile, das heißt einer Maschine, die ohne Energiezufuhr sich selbst in Gang hält, wurde schon seit langem erkannt, allerdings hielt man es anfangs nur auf mechanischem Gebiete für ausgeschlossen, was aus den Worten Huygens (1629—1695) hervorgeht:

»Wir werden zeigen, daß diese Voraussetzung, obgleich sie bedenklich scheinen könnte, nichts besagt als das, daß schwere Körper nicht von selbst sich aufwärts bewegen, und wenn dies Erfinder neuer Konstruktionen zu benutzen verständen, die irrtümlicherweise ein Perpetuum mobile herzustellen versuchen, würden sie leicht ihren Fehler erkennen und einsehen, daß diese Sache auf mechanischem Wege nicht möglich sei.«

Der französische Physiker und Ingenieur Carnot (1796—1832) übertrug 1824 als erster die Unmöglichkeit des Perpetuum mobile auch auf andere Gebiete.

»Man wird vielleicht einwenden, daß das Perpetuum mobile, welches nur für mechanische Vorgänge als unmöglich erwiesen ist, bei Anwendung von Wärme oder Elektrizität vielleicht möglich ist; aber kann man denn die Erscheinungen der Wärme und der Elektrizität als etwas anderes auffassen denn als Bewegungen gewisser Körper, und müssen sie als solche nicht den allgemeinen Gesetzen der Mechanik genügen?«

Diese Übertragung der Unmöglichkeit des Perpetuum mobile auf alle Gebiete der Physik bedeutet, daß nur immer eine Umwandlung, nie aber eine ursprüngliche Erzeugung von Energie in Frage kommen kann.

»Zweitens die Verwandlung der Energie, die uns alle zunächst in der anorganischen Natur wirksamen sogenannten Kräfte, die mechanische Kraft und ihre

Ergänzung, die sogenannte potentielle Energie, Wärme, Strahlung (Licht, resp. strahlende Wärme), Elektrizität, Magnetismus, chemische Energie, als verschiedene Erscheinungsformen der universellen Bewegung nachgewiesen hat, die in bestimmten Maßverhältnissen die eine in die andere übergehn, so daß für die Menge der einen, die verschwindet, eine bestimmte Menge einer andern wiedererscheint und so daß die ganze Bewegung der Natur sich auf diesen unaufhörlichen Prozeß der Verwandlung aus einer Form in die andre reduziert.« (Marx/Engels Werke Bd. 21, S. 295)

Dies ist eine der großen Entdeckungen, die die Kenntnis von dem Zusammenhang der Naturprozesse mit Riesenschritten vorangetrieben haben.

Der Arzt J. Robert Mayer (1814—1878) schloß erstens aus der Unmöglichkeit des Perpetuum mobile, und zweitens weil mechanische Arbeit, Wärme und Elektrizität zu einem gemeinsamen Oberbegriff »Energie« zusammenzufassen seien, das heißt dasselbe seien, daß die Energie immer erhalten bliebe, ganz gleich, ob sie in mechanischer, elektrischer, chemischer oder thermischer Form auftritt. Mayer nahm jedoch eine qualitative Verschiedenheit der einzelnen Energieformen an. Darin wurde er von dem Physiker Hermann Helmholtz (1821—1894) ergänzt bzw. verbessert, der nur zwei Arten, die potentielle und kinetische Energie, gelten läßt, die allerdings in verschiedener Weise bemerkbar werden. Zusammen formulierten 1847 Mayer, Helmholtz, Joule und Colding den ersten Hauptsatz der Thermodynamik (Wärmelehre):

Die Summe der Energie bleibt bei allen Prozessen in der Welt konstant. Energie kann weder geschaffen noch vernichtet werden!

Das ist der Erhaltungssatz der Energie, das Energieprinzip. Damit wurde auch unter das Thema Perpetuum mobile endgültig ein Schlußstrich gezogen.

Im Jahr 1878 schrieb Engels im »Anti-Dühring«:

*»Wurde noch vor zehn Jahren das neuentdeckte große Grundgesetz der Bewegung gefaßt als bloßes Gesetz von der **Erhaltung** der Energie, als bloßer Ausdruck der Unzerstörbarkeit und Unerschaffbarkeit der Bewegung, also bloß nach seiner quantitativen Seite, so wird dieser enge, negative Ausdruck mehr und mehr verdrängt durch den positiven der **Verwandlung** der Energie, worin erst der qualitative Inhalt des Prozesses zu seinem Recht kommt und worin die letzte Erinnerung an den außerweltlichen Schöpfer ausgelöscht ist.«* (Marx/Engels Werke Bd. 20, S. 13)

Der obengenannte N. L. S. Carnot, Mitbegründer der mechanischen Wärmetheorie, stellte in Anwendung auf Wärmemaschinen zwei Sätze auf: Erstens sei »*die in der Dampfmaschine geleistete Arbeit der Menge der vom Kessel zum Kondensator übergehenden Wärme proportional*«; zweitens sei »*jede Arbeitsleistung der Wärme an den Übergang von Wärme von einem wärmeren zum kälteren Körper gebunden*«. Diese Sätze boten die Grundlage zur späteren Formulierung des zweiten Hauptsatzes der Thermodynamik durch den Physiker Clausius (1822—1888):

Es ist grundsätzlich unmöglich, daß sich Wärme vollständig in Arbeit umwandelt; ein Teil bleibt immer Wärme und strebt zu niedrigeren Temperaturen hin.

Alle Energieformen verwandeln sich in Wärme. Gleichzeitig besteht die Tendenz der Temperaturausgleichung ohne Erzeugung neuer qualitativer Unterschiede. Dieses Verhalten der Energie bezeichnet der englische Physiker William Thomson (später Lord Kalvin, 1824—1907) als Degradierung der Energie. Es tritt eine Entwertung der Energie ein. In einem abgeschlossenen System hat die Energie, die eine höhere Intensität besitzt, die Möglichkeit mechanischer Arbeitsleistung. Die bei allen Vorgängen entstehende Wärmebildung erzeugt die Tendenz, daß die Energie, ohne gleichwertige Umformung, von der höheren zur niederen Intensität übergeht und damit die Möglichkeit mechanischer Arbeitsleistung verliert. Somit vermehrt sich in einem abgeschlossenen System durch die von selbst eintretenden, nicht mehr umkehrbaren Vorgänge diejenige Energiemenge, die nicht mehr in Arbeit umgewandelt werden kann.

Clausius prägte, ergänzt durch den deutschen Physiker Boltzmann (1844—1906), für diese Vorgänge den Begriff **Entropie,** das heißt, daß die Natur die Energie entwertet oder zerstreut, indem sie die Unterschiede aufhebt, daß der gemischte Zustand der wahrscheinlichste ist. Clausius vereinfachte dementsprechend die Formulierung des zweiten Hauptsatzes der Thermodynamik:

Die Entropie der Welt strebt einem Maximum zu!

So einseitig lautet jedoch der Boltzmannsche Satz über die Entropie nicht, vielmehr erklärt Boltzmann:

»*Es läßt sich nur behaupten, daß mit sehr großer Wahrscheinlichkeit die Entropie eines sich selbst überlassenen Systems zunimmt, sie kann aber auch abnehmen.*«

Die Trillionen und aber Trillionen Moleküle in einem Gasbehälter jagen anscheinend willkürlich und sinnlos durcheinander. Die gewaltig große Zahl der Moleküle läßt nur die durchschnittliche Wirkung der Moleküle statistisch erfassen. Wie eine Sterbeversicherung nicht nach den Wirkungsmöglichkeiten einzelner Versicherter ihre Statistik aufstellt, sondern nach den Gesetzen und Methoden der Wahrscheinlichkeitsrechnung, so wurden auch bei der Untersuchung der Quadrillionen Moleküle Mittelwerte in Rechnung gestellt.

Der englische Physiker Maxwell stellte eine Wahrscheinlichkeitskurve auf, woraus zu ersehen war, daß eine bestimmte, mittlere Geschwindigkeit senkrecht zur Fläche des Gefäßes besteht, so auch der Anteil der Moleküle mit größerer oder kleinerer Geschwindigkeit. Die Untersuchungen über Druck und Wärmeleitung ergaben, daß die Bewegung der Moleküle so verläuft, daß die Wärme niedrigeren Temperaturen zustrebt, die Natur die Unterschiede aufhebt, die Gasmoleküle einem endgültigen Gleichgewichtszustand zustreben und daß also der gemischte Zustand der wahrscheinlichste ist. Alle Systeme haben demnach dauernd einen natürlichen Zug zum endgültigen Gleichgewichtszustand der größten Unordnung, aus dem keine mechanische Arbeit mehr gewonnen werden kann.

Die beiden Grundsätze des Energiegesetzes — das Erhaltungsgesetz und das Bewegungsgesetz —, auf das Weltall als abgeschlossenes System angewandt, lauten demnach:

1. Hauptsatz: Die Energiesumme des Weltalls bleibt konstant.
2. Hauptsatz: Die Entropie strebt einem Maximum zu.

Die Konsequenz aus dem zweiten Hauptsatz von R. Clausius ist, daß man das Universum als endliche Größe anzusehen hat. Weil alle natürlichen Vorgänge nicht umkehrbar sind, wächst die Entropie unaufhaltsam, die Welt wird unerbittlich in einen Wärmetod getrieben. Damit wäre der Weltprozeß abgelaufen.

Eddington schreibt in seinem Buch »Naturwissenschaft auf neuen Bahnen«:

»Nachdem wir so unseren Wegweiser gefunden haben, wollen wir Umschau halten. Vor uns sehen wir die unablässig zunehmende Unordnung der Welt. Obgleich der Gesamtbetrag der Organisation abnimmt, tragen gewisse örtliche Strukturen auf Kosten des Restes eine höher und höher verfeinerte Organisation zur Schau. Das ist das Phänomen der Entwicklung. Aber schließlich müssen sie

von der schwellenden Flut von Zufall und Chaos verschlungen werden, und das ganze Weltall wird den Endzustand erreichen, bei dem es keine Organisation mehr zu verlieren gibt ... Jetzt laßt uns in der umgekehrten Richtung in die Vergangenheit blicken. Folgen wir der Zeit rückwärts, so treffen wir in der Welt mehr und mehr Organisation an. Wird uns nicht schon vorher Halt geboten, so gelangen wir zurück bis in eine Zeit, in der die Materie und die Energie der Welt den höchsten möglichen Grad von Ordnung besaßen. Weiter zurückzugehen ist unmöglich.«

Diese Ansicht über den Verlauf des Weltganzen ist eine ausgesprochen metaphysische. Das Weltgeschehen läuft demnach in einem Kreislauf ab. Alle Unterschiede sollen einem grauen Gleichgewichtszustand zustreben. Wo kommen nun die Unterschiede her? Sind die Unterschiede von Ewigkeit her ein Komplex fertiger Dinge? Sind sie ewig, so können sie nicht vergehen. Nun, der Metaphysiker sagt, die Unterschiede sind entstanden in einem gewaltigen Prozeß des Werdens und verschwinden in einem ebenso gewaltigen Prozeß des Vergehens. Der Kreis schließt sich, das Weltgeschehen ist abgeschlossen. Das ganze Geschehen verläuft nach Ansicht der Metaphysiker innerhalb des riesigen, einzigen, fertigen Komplexes Weltall im Kreislauf.

Der Fehler dieses metaphysischen Denkens liegt darin, den durchaus richtigen zweiten Hauptsatz der Energie von Einzelprozessen auf den Gesamtprozeß im Universum zu übertragen. Das Weltgeschehen setzt sich zusammen aus einer unendlichen Anzahl von Prozessen, das ist die Einheit der Gegensätze. Die Prozesse verlaufen mit-, gegen- und durcheinander, das ist der Kampf der Gegensätze. Wenn man nun die Welt vom Standpunkt fertiger Dinge betrachtet und nicht ihre Bewegungen und Veränderungen sieht, so will es auf den ersten Blick erscheinen, als strebe das Weltgeschehen einem Gleichgewichtszustand, einer grauen Gleichförmigkeit (Quantität) zu. Der Dialektiker vertritt jedoch die Ansicht, daß die inneren Entwicklungsantriebe (Kampf der Gegensätze — Negation der Negation) einen Punkt erreichen, wo Quantität in Qualität umschlägt, immer wieder neue Unterschiede erzeugt werden. Das heißt, die Entropie strebt im Universum nicht einem Maximum, sondern ganz im Gegenteil einem Minimum zu. Die Richtung des Weltgeschehens verläuft nicht hin, sondern weg von der Entropie.

Was ist nun die Ursache der metaphysischen Anschauung über den Verlauf des Weltgeschehens? Sie liegt in dem durch die Klassengegensätze der menschlichen Gesellschaft bestimmten Denken begründet.

»Es sind aber gerade die als unversöhnlich und unlösbar vorgestellten polaren Gegensätze, die gewaltsam fixierten Grenzlinien und Klassenunterschiede, die der modernen theoretischen Naturwissenschaft ihren beschränkt-metaphysischen Charakter gegeben haben. Die Erkenntnis, daß diese Gegensätze und Unterschiede in der Natur zwar vorkommen, aber nur mit relativer Gültigkeit, daß dagegen jene ihre vorgestellte Starrheit und absolute Gültigkeit erst durch unsere Reflexion in die Natur hineingetragen ist — diese Erkenntnis macht den Kernpunkt der dialektischen Auffassung der Natur aus. Man kann zu ihr gelangen, indem man von den sich häufenden Tatsachen der Naturwissenschaft dazu gezwungen wird; man gelangt leichter dahin, wenn man dem dialektischen Charakter dieser Tatsachen das Bewußtsein der Gesetze des dialektischen Denkens entgegenbringt.« (Marx/Engels Werke Bd. 20, S. 14)

Ein Stein wird ins Wasser geworfen. Urplötzlich wird die ruhige Wasserfläche unterbrochen, ein einzelner Punkt, aus der Ruhe aufgestört, gibt die Störung an die anderen Wasserteilchen weiter. Das aufgestörte Wasserteilchen beginnt zu schwingen und bildet den Ausgangspunkt einer Kreiswelle. Die wiederum bewirkt die Entstehung neuer Wellenkreise, die, sich immer weiter ausbreitend, die ganze Teichfläche überziehen und Wellenberge und -täler erzeugen. Eine leichte, kaum merkliche Brise streicht über eine spiegelglatte Wasserfläche: Ganz schwache, flache Wellen überziehen leicht schwankend das Wasser. Ein starker Windstoß: Hohe, kräftige Wellen durchwühlen die Wasserfläche. Die Höhe der Wellen hängt also von der Kraft ab, die sie erzeugt.

Die Wellenhöhe oder Amplitude wird gemessen von der Mittellage zum Wellenberg oder Wellental. Die Schwingung eines Teilchens von der Mittellage über den Berg durch das Tal zur Mittellage ist die Wellenlänge. Die Zeit, die notwendig ist, diesen Weg zurückzulegen, heißt Schwingungsdauer. Die Anzahl der Schwingungen in einer Sekunde oder Frequenz mißt man nach Hertz (Hz), benannt nach dem Physiker H. Hertz (1857—1894). Die Frequenz von 300 Hz ergibt also eine Schwingungsdauer von 1/300 Sekunde. Bei einer Wellenlänge von angenommen 1 m ist dann die Fortpflanzungsgeschwindigkeit pro Sekunde 300 · 1 m = 300 m. Also ist:

Geschwindigkeit = Frequenz · Wellenlänge

Da Rundfunkwellen die Frequenz von 1 000 000 Hz = 1 000 kHz (Kilohertz) und die Wellenlänge von 300 Meter haben, so ergibt das eine Geschwindigkeit von 300 000 km/sek. Geschwindigkeit bedeutet Bewegung, Bewegung ist Arbeit, Arbeit ist Energie. Also hängt die Geschwindigkeit einer Wellenschwingung von der Energie ab, mit der die Welle ausgestattet ist. Je mehr Energie, desto schneller die Schwingungen, desto größer die Frequenz.

Der deutsche Physiker Max Planck (geb. 1858) vermutete und erforschte als erster, daß die strahlende Energie, ob als Wärme, Licht oder Elektrizität, nicht kontinuierlich sei. Das heißt, daß nicht ununterbrochen in beliebiger Menge ein Energiestrom auftritt, sondern daß die Energie nur in bestimmten Mengen, in »Quanten« erscheint.

»*Es ist notwendig, die Energie eines Resonators nicht als eine stetige, unbeschränkt teilbare, sondern als eine diskrete, aus einer ganzen Zahl von gleichen Teilen zusammengesetzte Größe aufzufassen.*« (Max Planck)

Also tritt die Energie ruckweise, sprunghaft auf. Es muß sich erst immer ein bestimmter, voller Betrag auffüllen, um arbeitsfähig zu sein. Damit stellte sich Planck mit seiner Quantentheorie in Gegensatz zu den Vorstellungen Faradays, Boltzmanns und Maxwells, die vertraten, daß die Energie beliebig und unendlich teilbar sei und gleichmäßig und stetig von einem System zum anderen fließe. Nach Planck kann aber ein Körper nur volle Energiequanten, keine Bruchteile von solchen, ausstrahlen oder aufnehmen.

Diese Quantentheorie ist ein glänzendes Zeugnis der Dialektik. Die Triebfeder alles Geschehens ist Bewegung und damit Energie. Nicht nur alles Geschehen verläuft sprunghaft und ruckweise, die Energie selbst tritt sprunghaft auf, und das erklärt schlagartig den dialektischen Entwicklungsprozeß in Natur, Gesellschaft und Denken. Durch Planck hat die dialektische Methode der Naturforschung, ohne daß er sich dessen bewußt ist, einen riesigen Fortschritt gemacht. Lenin weist darauf hin:

»*... solange wir das Naturgesetz nicht kennen, das neben unserem Bewußtsein, außerhalb unseres Bewußtseins existiert und wirkt, macht es uns zu Sklaven der ›blinden Notwendigkeit‹. Sobald wir aber dieses Gesetz, das (wie Marx tausendmal wiederholte)* **unabhängig** *von unserem Willen und unserem Bewußtsein wirkt, erkannt haben, sind wir die Herren der Natur. Die Herrschaft über die Natur, die sich in der Praxis der Menschheit äußert, ist das Resultat der objektiv richtigen Widerspiegelung der Erscheinungen und Vorgänge der Natur im Kopfe des Menschen, ist der Beweis dafür, daß diese Widerspiegelung (in den Grenzen dessen, was uns die Praxis zeigt) objektive, absolute, ewige Wahrheit ist.*« (Lenin Werke Bd. 14, S. 187)

Ein Energiequant steht proportional zur Frequenz. Doppelte Frequenz ergibt auch doppelte Größe der Energiequanten. Je größer die Frequenz, desto größer die Quanten, aber jedes Quant bildet eine Einheit, wenn auch von verschiedener Größe. Diese richtet sich nach der Frequenz. Die Verhältniszahl zwischen Energie e und Frequenz v ist die berühmte Plancksche Konstante h; sie hat in allen Fällen konstanten Wert. Die Plancksche Konstante oder auch »elementares Wirkungsquantum« genannt, ist gleich $626 \cdot 10^{27}$ erg oder 0,000 000 000 000 000 000 000 000 006 626 2 erg/sek.

Ein Energiequant ist gleich $h \cdot v$ (v = Gamma). So ergibt:

$$\frac{\text{Energie}}{\text{Frequenz}} = h \quad \text{oder:} \quad \frac{E}{v} = h \quad \text{oder} \quad E = h \cdot v$$

Die überragende Bedeutung der Quantentheorie geht aus den Worten L. de Broglies hervor:

»Die Quanten haben, nachdem sie in die Strahlentheorie eingedrungen waren, auf geheimnisvolle Weise die ganze Physik erobert. Zu Beginn, um das Jahr 1900, ist ihre Rolle noch bescheiden: In der Theorie des Energieaustausches zwischen Materie und Strahlen zeigte sich, daß die Energie der elementaren, materiellen Oszillatoren (schwingender Körper) atomaren Maßstabes stets einem Vielfachen eines bestimmten ›Energiequantums‹ gleich ist, das durch das Produkt: Frequenz des Oszillators nach der Planckschen Konstante h gemessen wird. Bald aber erkannte man, daß, wenn die elementaren materiellen Oszillatoren sich so verhalten, dies ebenfalls für alle Korpuskelbewegungen von sehr kleinem Maßstab gelten muß, daß sie den gleichen Beschränkungen unterworfen sein müssen. Tatsächlich sind in der Natur nur solche periodischen korpuskularen Bewegungen stabil und vorhanden, die der Bedingung genügen, daß ›die mechanische Wirkung‹, die für eine ganze Periode der Bewegung berechnet wird, gleich einem Vielfachen der Planckschen Konstante h ist. Es zeigt sich also, daß diese Konstante die Rolle eines ›Wirkungsquantums‹ spielt, und das Energiequantum des Oszillators ist nur ein besonderer Fall der Existenz dieses Wirkungsquantums.« (»Licht und Materie«, S. 51)

Nach Rutherfords Kerntheorie gleichen die Atome kleinen Miniatursonnensystemen mit einem kleinen positiv geladenen Kern als Zentralsonne, die umgeben ist von einer Wolke kreisender Planeten-Elektronen. Die Summe der negativen Elektronenladung ist gleich der positiven Kernladung; das Ganze ist darum ein neutrales System. Die Bewegungen im Atominneren richten sich nach den klassischen Gesetzen der Mechanik, das heißt, daß eine anziehende Kraft zwischen Atomkern und Elektron wirkt, die abhängt von der Größe der Kernladung und abnimmt mit dem Quadrat der Entfernung. Dem entgegen wirkt die Zentrifugalkraft der kreisenden Elektronen; beide Kräfte halten sich das Gleichgewicht. Diese Auffassung stieß jedoch auf Schwierigkeiten. Die nach dem Coulombschen Gesetz bewegten Elektronen müßten unendlich viele Bewegungen ausführen können und müßten infolgedessen fortwährend kinetische Energie ausstrahlen. Durch die Verringerung der kinetischen Energie müßte sich dann das Elektron dem Kern nähern, wodurch es beständig eine andere Planetenbahn erhielte und dadurch eine andere Umdrehungsfrequenz. Die Spektrallinien der Elemente müßten eine fortlaufende Veränderung aufweisen. Außerdem müßte die Materie dauernd Verluste erleiden, sich selbst vernichten, die Atome wären unstabil.

Diese Schwierigkeiten zu beseitigen, war das Verdienst des dänischen Physikers Niels Bohr (geb. 1885), der im Jahr 1913 sein Atommodell erdachte. Er blieb bei Rutherfords Atom-Sonnensystem, wandte aber statt der klassischen Gesetze der Mechanik und des Elektromagnetismus die Regeln der Quantentheorie an. Der Einfachheit halber erklärte Bohr das Wasserstoffatom, das aus einem Protonkern und einem Elektron besteht. Er nahm an, daß sich das Elektron in mehreren, aber nur ganz bestimmten Bahnen bewegen könne. Dies sind Bahnen, die entsprechend den Quantenbedingungen eine bestimmte Energie haben und auf denen die Elektronen keinerlei Strahlung aussenden.

Eine der vielen Bahnen ist eine beständige, die das Elektron unentwegt benutzen darf, es ist die kernnächste, im Abstand von einem fünfhundertmillionstel Millimeter vom Kern. Alle anderen nächsthöheren Bahnen sind unbeständig, das heißt, springt das Elektron durch eine äußere Anregung in eine dieser Bahnen, so wechselt es binnen kurzer Zeit wieder in die ständige oder normale Bahn über, entweder direkt oder in Zwischenstationen mittlerer Bahnen. Beim Überwechseln in eine höhere Bahn nimmt das Elektron Energie von ganz bestimmter Menge auf. Dieselbe Energiemenge strahlt es beim Zurückspringen wieder aus. Zum Beispiel beträgt die Energiemenge der dritten Bahn 12,03 Elektronvolt, die der zweiten 10,15 Elektronvolt; das Elektron strahlt also durch Wechseln von der dritten zur zweiten Bahn 1,88 Elektronvolt oder 3 billionstel erg Energie aus, das bedeutet ein Energiequant: $E_3 - E_2 = h \cdot v$, was einer Wellenlänge von 0,000 65 mm entspricht. Das Schwingungsquant mit der Wellenlänge 0,000 65 mm ist rotes Licht, die Wasserstofflinie H-Alpha. Die ausgestrahlte Energie geht als Lichtwelle hinaus in die Welt.

Das Wasserstoffatom strahlt also von der dritten zur zweiten Bahn die rote H-Alpha-Linie aus, von der vierten zur zweiten Bahn die grüne H-Beta

Abbildung 48

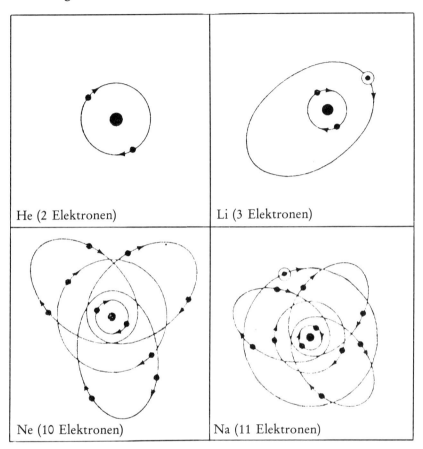

Bohrsches Atommodell

mit kürzerer Wellenlänge, entsprechend dem größeren Energiequant. Der Sprung von der zweiten zur ersten Bahn erzeugt eine ultraviolette Linie, von der dritten zur ersten eine noch kurzwelligere. An Stelle der bestimmten, getrennten Bahnen des Elektronumlaufs kann man sagen: Nur in bestimmten, getrennten Energiezuständen umkreist das Elektron den Kern, wobei der Abstand vom Kern die Größe der Energie bestimmt. Je weiter nach außen, desto geringer der Energieunterschied zweier Bahnen, aber um so größer der Durchmesser der Bahnen: Die zweite Bahn ist viermal so groß wie die erste, die hundertste Bahn zehntausendmal größer.

Der Energieunterschied zweier Bahnen beträgt ein Energiequant. Dieses Quant enthält beim Zurückspringen des Elektrons auf einen geringeren Energiezustand die gesamte freiwerdende Energie, die als Lichtwelle eine genau abgestimmte Wellenlänge hat. Dieser Sprung zwischen zwei Energiestufen ist der Grund, warum ein Atom kein Lichtband, sondern ein Linienspektrum abgibt. Je mehr Elektronen ein Atom hat, desto komplizierter wird das Linienband des Spektrums, aber für jedes Atom sind die Energiestruktur, die ausgestrahlten Energiequanten und damit deren Wellenlängen und Spektrallinien charakteristisch. Also ist Eisen nicht deshalb Eisen, weil 26 Elektronen den Kern umschwirren, sondern weil die 26 Elektronen sich in ganz bestimmten Energiezuständen wie in sonst keinem anderen Atomsystem bewegen. Ein Atom ist ein Energieumformer, die zugeführte Energie wird in strahlende Energie von bestimmter Wellenlänge umgewandelt, das heißt, Quantität schlägt in Qualität um.

Sommerfeld und später auch Niels Bohr noch einmal haben das Bohrsche Atommodell weiter ausgebaut. Statt Kreisbahnen wurden elliptische Bahnen angenommen, die nicht in einer Ebene, sondern in Schalen wie bei einer Zwiebel angeordnet sind. Dieses Schalenatom erklärte wunderbar das periodische System der Elemente. Jede vollgefüllte Schale wird durch ein Edelgas geschlossen. So kann die innerste Schale bis zu 2 Elektronen haben, von Wasserstoff bis Helium; die nächste 8, von Lithium bis Neon; die dritte wieder 8, von Natrium bis Argon; die vierte sieht bis zu 18 Elektronen vor, von Kalium bis Krypton; die fünfte wieder 18, von Rubidium bis Xenon; die sechste Schale hat 32 Elektronen, von Cäsium bis Emanation (Radon), und die äußerste Schale, eine Restschale, reicht bis zum Uran.

Schwachbesetzte Elektronenschalen haben die Tendenz, Elektronen abzugeben, starkbesetzte dagegen die Tendenz, Elektronen aufzunehmen. Diese Systeme werden ionisiert und wirken nach außen entweder elektropositiv oder elektronegativ. Abgeschlossene, das heißt vollbesetzte Elektronenschalen wirken nach außen hin neutral; das sind die Edelgase mit den Ordnungsnummern 2, 10, 18, 36, 54 und 86. Dieser Zahlenreihe folgt das von Bahner gefundene Gesetz:

$$
\begin{aligned}
2 &= 2 \cdot 1^2 \\
10 - 2 &= 2 \cdot 2^2 \\
18 - 10 &= 2 \cdot 2^2 \\
36 - 18 &= 2 \cdot 3^2 \\
54 - 36 &= 2 \cdot 3^2 \\
86 - 54 &= 2 \cdot 4^2
\end{aligned}
$$

Es kann kein Elektron, das sich außerhalb einer geschlossenen Schale befindet, in diese eindringen; dafür ist ja die Schale »geschlossen«. Nur unter ganz besonderen Umständen ist dies möglich, und zwar in der Röntgenröhre.

Ein Schwarm schneller Elektronen wird aus der Kathode der Röntgenröhre ausgetrieben und durch ein elektrisches Feld beschleunigt. Als würden sie aus einer Schrotflinte herausgeschossen, so prasseln die Elektronengeschosse gegen eine schwere Metallzielscheibe. Durch die Wucht des Aufschlags kann aus der innersten Schale eines Atoms der Metallscheibe ein Elektron herausgetrieben werden, wodurch das Atom zum Ion wird, jedoch nicht durch den Verlust eines Valenzelektrons wie es bei chemischen Verbindungen geschieht, sondern durch gewaltsames Herausschlagen eines Innenelektrons. Das aus der Kathode gefeuerte Elektronengeschoß tritt nun nicht etwa an Stelle des ausgeschleuderten Elektrons, sondern es springt ein Elektron aus einer der äußeren Schalen an den leeren Platz der inneren Schale. Wie wir wissen, wird beim Überwechseln eines Elektrons von einer höheren zur kernnahen Bahn Licht geboren, eine Lichtkorpuskel, **Photon** genannt.

Die Photonen sind nicht alle gleich, sondern sie unterscheiden sich untereinander durch die einer Korpuskel verliehene Energie. Je reichhaltiger die Konstellation der Atome der Zielscheibe ist, je mehr Schalen und je mehr Elektronenbahnen oder Energiezustände ein Atomsystem besitzt, desto mehr Möglichkeiten bestehen, daß durch den aufschlagenden Elektronenhagel aus jeder Schale ein Platz freigelegt wird. Das Überwechseln der Elektronen der verschiedenen äußeren Schalen in die verschiedenen inneren Schalen gibt entsprechend dem Überspringen von einem Energiezustand in den anderen auch Energiequanten von verschiedener Größe frei, das heißt, es entspringen Photonen mit verschiedener Energieausstattung. Photone, die beim Überwechseln eines Valenzelektrons, also eines Elektrons aus einer schwach besetzten äußeren Schale, von einer höheren statthaften Bahn zu einer kernnäheren, jedoch innerhalb des Schalenbereichs bestehenden, entstehen, haben nur Energie von einigen Elektronvolt entsprechend der Region von ultraviolett bis infrarot. So haben Photonen des sichtbaren Lichtes Energien von 1½ bis 3 Elektronvolt. Die X-Strahlen-Photone dagegen, die beim Überspringen nicht nur einzelner statthafter Bahnen, sondern ganzer Schalen entstehen, sind mit vielen Tausenden Elektronvolt ausgestattet. Je reichhaltiger die Konstellation (gegenseitige Stellung der Elementarteilchen) eines Atoms ist, desto größer kann die Energie sein, mit der die

Photone ausgestattet sind. So entspringen den Atomen einer Uranzielscheibe, also Atomen der reichsten Konstellation, Photone mit 110 000 Elektronvolt. Photone mit Millionen Elektronvolt Energie werden aus Atomkernen geboren.

Licht kann nur dann geboren werden, wenn ein Elektron von einem höheren Energiezustand auf einen niedrigeren überspringt. Um diesen höheren Energiezustand zu erreichen, muß dem Elektron Anregungsenergie zugeführt werden. Dies kann auf verschiedene Art geschehen. Es kann, wie in der Röntgenröhre, vorkommen, daß Elektronen aus Atomsystemen herausgerissen werden und als freie Elektronen in die Welt hinaussegeln. Ein solches freies Elektron kann auf ein Atomsystem treffen und durch Zusammenstoß mit einem gebundenen Elektron diesem einen Teil seines Impulses übertragen, wodurch das Elektron auf einen höheren Energiezustand gehoben wird. Das ist aber kein fortlaufender, sondern ein seltener Fall. Fast ausschließlich wird die Anregungsenergie von Photonen übertragen. Bei dieser Übertragung stirbt das Licht, indem das von dem Photon getroffene Atom das Licht absorbiert, verschluckt, das heißt, die gesamte Energie des Photons wird von einem Elektron aufgenommen, wodurch es in einen höheren Energiezustand gehoben wird. Ist die Energie eines Photons größer als notwendig, um das Elektron auf den höchsten für die Konstellation des Atoms zulässigen Energiezustand zu heben, so wird das Elektron aus dem Atomverband herausgerissen. So genügt die Energie eines Photons von mehr als 10,4 Elektronvolt, um ein Elektron aus einem Quecksilberatom loszureißen. Um ein Elektron aus einem Wasserstoffatom zu lösen, muß ein Photon 13 Elektronvolt aufwenden. Durch diese Loslösung wird ein Atom ionisiert. So beträgt die »ionisierende Energie«, das heißt die Energie, die notwendig ist, ein Elektron aus dem Verband zu lösen, für fast alle Atomgattungen 4—25 Elektronvolt.

5. Das Licht (Korpuskel kontra Welle)

Alles Leben und Wachstum auf unserer Erde verdanken wir der gewaltigen Fülle des Sonnenlichtes. Vor allem die nordischen Völker huldigten der Sonne als Göttin, feierten die Feste der Sonnenwende, sehnten sich nach dem Licht der Himmelsgöttin. Seit Jahrtausenden grübeln die Menschen über das geheimnisvolle Etwas: das Licht. Was ist Licht? Über die Vorstellungen der Alten vor 2 000 Jahren vom Licht belehrt uns das Gedicht »Über die Natur der Dinge« von dem römischen Dichter Lucretius (97—55 v. u. Z.):

»Wisse also, Körper haben ihre Ebenbilder, wie wir es nennen, eine Art leichter Häutchen, die sich von ihrer Oberfläche loslösen und in allen Richtungen die Lüfte durchfliegen. In einem einzigen Augenblick müssen diese Bilder unaussprechliche Räume durchqueren, denn sie sind sehr kleine Elemente und eine Kraft wirkt auf sie, die sie vorantreibt; ferner fliegen sie in so dünnen Wolken, daß es ihnen leicht wird, alles zu durchdringen und gewissermaßen durch die Lüfte zu gleiten.« (Zitiert bei de Broglie, »Licht und Materie«)

Lucretius sah demnach das Licht als winzige Oberflächenteilchen an, als **Korpuskeln,** die sich mit »unaussprechlicher« Geschwindigkeit durch die Lüfte bewegen.

Newton übernahm die Korpuskelauffassung des Lichtes und baute sie weiter aus. Er nahm an, daß ein leuchtender Körper winzige Partikel mit großer Geschwindigkeit hinausschleudert, Lichtatome, und daß die Bahnen dieser Atome die Lichtstrahlen seien. Newton begründete seine Auffassung:
1. mit der geradlinigen Ausbreitung des Lichtes,
2. mit der Reflexion an einer spiegelnden Fläche und
3. mit der Brechung, die entsteht beim Übergang von einem Medium (Materie, in der ein physikalischer Vorgang abläuft) in ein anderes, zum Beispiel von Luft in Wasser.

Die Autorität Newtons war so groß, daß seine Auffassung das ganze 18. Jahrhundert hindurch für alle Gelehrten maßgebend war.

Im Gegensatz zur Korpuskeltheorie Newtons stellte, ebenfalls im 17. Jahrhundert, der holländische Physiker Christian Huygens (1629—1695) eine Theorie auf, nach der das **Licht aus Wellen** besteht, ähnlich denjenigen des Schalles. Wie ein Stein, der ins Wasser fällt, immer neue Wellenkreise erzeugt, so auch das Licht, nur mit dem Unterschied, daß Wasserwellen

Oberflächenwellen, dagegen Schall- und Lichtwellen räumliche Wellen sind, die sich nicht kreis-, sondern kugelförmig in einem einheitlichen Medium ausbreiten. Die Rolle des Mediums spielt beim Schall die Luft; aber Licht kann sich auch im luftleeren Raum ausbreiten. Man nahm darum ein äußerst feines Medium an, den *Lichtäther oder Äther,* der alles durchdringt.

»Das Licht«, sagt der Botaniker Schleiden, »*wenn wir es ganz für sich betrachten, ist nicht hell, nicht gelb und blau und rot. Das Licht ist eine Bewegung einer sehr feinen, überall verbreiteten Materie, des Äthers.*«

Die Aufgabe des Äthers ist es, die Fortpflanzung der Lichtwellen zu ermöglichen.

Trotz scharfsinniger Begründung konnte sich Huygens nicht gegen die Autorität Newtons durchsetzen. Dabei lassen sich die Erscheinungen des Lichtes, die zur Begründung der Auffassung Newtons führten, ebensogut mit der Wellentheorie erklären. Ist ein Kreis genügend groß, so erscheint ein kleiner Ausschnitt als gerade Linie, wie uns ja auch die weite Fläche des Meeres als Ebene erscheint, obwohl sie gekrümmt ist. Wir sehen die Wellen des Ozeans in gerader Front heranrollen. Die Sonne durchbricht die Wolkendecke; ein Bündel gerader Lichtstrahlen flutet zur Erde wie Wasserwellen durch die Lücke der Mole.

Nach Newtons Auffassung ließ sich die Reflexion an spiegelnden Flächen durch Zurückprallen der Lichtkorpuskeln erklären, wobei der Einfallswinkel gleich dem Ausfallswinkel ist. Nach der Wellentheorie werden Lichtwellen (ja ganze Wellenbündel, eine ungeheure Vielfalt von verschiedenen Wellen, die durcheinander gehen und die auf Spiegel treffen) teilweise gegenseitig aufgehoben, wodurch dunkle Zonen entstehen, teilweise vereinigt und verstärkt, wodurch helle Zonen entstehen. Der englische Physiker und Naturphilosoph Thomas Young (1773—1829) und der französische Physiker Fresnel (1788—1827) haben diese nicht leicht zu beobachtenden Erscheinungen festgestellt. Diese Erscheinungen lassen sich wohl mit der Wellenauffassung, aber nicht mit der Korpuskelstruktur des Lichtes erklären.

Die Brechung des Lichtes nach der Wellentheorie ist vielfach mit einer Kolonne marschierender Soldaten verglichen worden, die schräg über einen Rasen auf einen Sturzacker zumarschieren. Da nun die Soldaten, die zuerst die Grenze überschreiten, auf dem Sturzacker schlechter vorankommen als die noch auf dem Rasen befindlichen, so bekommt die Front, die Marschrichtung, an der Grenze einen Knick. Dasselbe Ergebnis tritt ein, wenn

Licht von einem dünneren zum dichteren Medium übergeht, zum Beispiel von Luft in Glas oder Wasser. Die Lichtwellen müssen sich also in Luft rascher fortpflanzen als in Wasser. Von dem französischen Physiker Foucault (1819—1868) ist später festgestellt worden, daß die Lichtgeschwindigkeit im Wasser etwa ¾ von der in der Luft beträgt. Je dichter das Medium, je größer also der Brechungsindex, desto langsamer pflanzt sich das Licht fort. Beim Eintritt in ein dichteres Medium wird die Wellenlänge verkürzt, jedoch die Frequenz bleibt dieselbe.

Im Jahr 1666 entdeckte Newton die spektrale Zerlegung des Lichtes durch ein Prisma. Wird ein schmales Bündel weißen Sonnenlichtes durch ein Prisma geleitet, so wird der Strahl fächerförmig ausgebreitet und erscheint in den Regenbogenfarben von Rot bis zu Violett. Im Jahr 1800 wurde entdeckt, daß die Temperatur eines zerlegten Sonnenstrahls von Violett zu Rot zunahm, ja, daß sie noch über Rot hinaus, wo es schon wieder dunkel war, weiterhin stieg. Es mußte also über Rot hinaus unsichtbare Strahlung vorhanden sein. Ein Jahr später wurde mit Hilfe einer fotografischen Platte entdeckt, daß auch jenseits von Violett unsichtbare Strahlen wirkten. Später wurden immer mehr und mehr Strahlen jenseits beider Ufer des sichtbaren Lichtes entdeckt. Das sichtbare Licht ist nur eine kleine Oktave (Stufe der Tonleiter — Änderung um eine Oktave bedeutet Verdoppelung oder Halbierung der Wellenlänge), nur eine von über 50 in der großen Skala (Stufenfolge) der Lichtwellen. Unser Auge ist in der Lage, nur Lichtwellen von bestimmter Wellenlänge aufzunehmen. Die Grenzen des sichtbaren Lichtes sind für rotes Licht etwa 0,000 8, für violettes Licht 0,000 4 Millimeter Wellenlänge.

Im Prisma wird der weiße Lichtstrahl gebrochen. Dadurch, daß langwelliges Licht stärker als kurzwelliges gebrochen wird, werden durch das Prisma die einzelnen Lichtwellen nach Wellenlängen auseinandergezogen. Darum ist die Farbe des Lichtes gleich der Wellenlänge. Trifft irgend eine Schwingung mit Wellenlänge 0,000 4 mm unser Auge, so sehen wir »violett«, dagegen bei einer Wellenlänge von 0,000 65 bis 0,000 8 mm »rot«. Weißes Licht ist eine Mischung vieler Wellenlängen und darum auch Farben, die im Prisma zerlegt werden.

Unsere ganze farbige Welt um uns, die blühende Farbenpracht in Wiese und Wald, die bunten Kleidertrachten, die buntschillernde Tierwelt, alles ist nur auf Wellenlängen zurückzuführen. Farbe ist überhaupt identisch mit Wellenlänge. Jeder Körper verschluckt, absorbiert einen Teil Licht, er gibt nur bestimmte Wellenlängen weiter. So verschlucken die Moleküle der roten Tinte alles Licht außer der Wellenlänge 0,000 65 bis 0,000 8 mm, das sie weiterschicken. Die grüne Pflanzenwelt schickt nur grünes Licht weiter. Die Luftmoleküle streuen hauptsächlich das blaue, kurzwellige Licht, weshalb uns der Himmel blau erscheint. Ein Körper absorbiert nun nicht etwa alle Wellenlängen, außer der Länge seiner Farbe, sondern gibt auch teilweise andere Wellenlängen weiter. Damit haben wir es bei allen Körpern mit mehr oder weniger verschmierten Farbengemischen zu tun.

Der subjektive Idealismus Machs und Konsorten sieht die Empfindungen (»Elemente«) als das einzig Reale, die Außenwelt als nicht vorhanden an. Wie soll aber die Empfindung der Farbe vorhanden sein, wenn die Lichtstrahlen verschiedener Wellenlänge, die die Farbempfindung erzeugen, als Teile der Außenwelt nicht existieren sollen? Lenin erklärt:

»Ist die Farbe eine Empfindung nur in Abhängigkeit von der Netzhaut (was die Naturwissenschaft euch anzuerkennen zwingt), so erzeugen also die Lichtstrahlen, indem sie auf die Netzhaut fallen, die Empfindung der Farbe. Es existiert also außerhalb von uns und unabhängig von uns und unserem Bewußtsein eine Bewegung der Materie, sagen wir Ätherwellen von bestimmter Länge und bestimmter Geschwindigkeit, die, auf die Netzhaut einwirkend, eine bestimmte Farbempfindung beim Menschen erzeugen. So gilt es denn auch in der Naturwissenschaft. Die Naturwissenschaft erklärt die verschiedenen Empfindungen dieser oder jener Farbe durch die verschiedene Länge der Lichtwellen, die außerhalb der menschlichen Netzhaut, außerhalb des Menschen und unabhängig von ihm existieren. Eben das ist Materialismus: Die Materie wirkt auf unsere Sinnesorgane ein und erzeugt die Empfindung. Die Empfindung ist abhängig vom Gehirn, von den Nerven, der Netzhaut usw., d. h. von der in bestimmter Weise organisierten Materie. Die Existenz der Materie ist von der Empfindung unabhängig. Die Materie ist das Primäre. Die Empfindung, der Gedanke, das Bewußtsein ist das höchste Produkt der in besonderer Weise organisierten Materie. Dies ist die Auffassung des Materialismus überhaupt und die Auffassung von Marx und Engels im besonderen.« (Lenin Werke Bd. 14, S. 46/47)

Ist die Grenze des sichtbaren Lichtes 0,000 4 bis 0,000 8 mm, genauer 0,000 37 bis 0,000 77 mm, oder sind auch noch Wellenlängen jenseits dieser Grenze sichtbar? Durch einen feinen Spalt wird ein Lichtbündel von oben in eine dunkle Kammer geleitet und durch ein Prisma zerlegt. Auf einem weißen Blatt Papier liegen die Spektralfarben ausgebreitet. Durch Blenden werden nun alle Farben außer blau ausgeschaltet, und auf diesen blauen

Farbstreifen wird eine längliche Schale mit Zuckerwasser gesetzt. In die Kammer eingelassene Bienen gewöhnen sich nach einigen Stunden an die blaue Farbe und fliegen immer wieder zu der blauen Stelle hin, selbst wenn die Futterschale entfernt und der Streifen oft verschoben wurde. Auch auf andere Farben ließen sich die Bienen schnell dressieren. Dann wurden Versuche mit ultravioletten Strahlen gemacht, also Strahlen, die für das menschliche Auge unsichtbar sind. Die Bienen gewöhnten sich ebenso an diese wie vorher an die »sichtbaren« Strahlen, und sie flogen nach Wegnahme der Futterschale dem ultravioletten Streifen genau so nach wie vorher dem farbigen. Die Bienenaugen sehen mehr als die unsrigen; was für uns »dunkel« ist, ist für die Bienen noch »hell«.

Also nicht nur das, was wir sehen, ist Licht. Wenn wir immer tiefer in den infraroten oder ultravioletten Ozean eindringen, so begegnen wir immer wieder anderen Schwingungen. Sie werden in der Richtung der infraroten Strahlen immer langwelliger und in der Richtung ultraviolett stets kurzwelliger. Wir erreichen eine ganze Skala elektromagnetischer Schwingungen mit Wellenlängen von Tausenden Kilometern bis unter ein billionstel Millimeter. Je kürzer die Wellenlänge, desto größer die Frequenz. Wie die Aufstellung zeigt, ist das sichtbare Licht nur ein winziger Bestandteil der großen Familie der elektromagnetischen Schwingungen.

Art der Schwingung	Wellenlänge in mm	Frequenz in Hz
Techn. Wechselstrom	$2 \cdot 10^{10} - 5 \cdot 10^{9}$	$15 - 60$
Telefonstrom	$3 \cdot 10^{9} - 15 \cdot 10^{7}$	$100 - 2000$
Drahtlose Telegrafie	$25 \cdot 10^{6} - 1,5 \cdot 10^{6}$	$2 \cdot 10^{4} - 2 \cdot 10^{5}$
Rundfunk	$2 \cdot 10^{6} - 2 \cdot 10^{5}$	$1,5 \cdot 10^{5} - 15 \cdot 10^{5}$
Kurzwellen	$10^{5} - 10^{4}$	$3 \cdot 10^{6} - 3 \cdot 10^{7}$
Ultrakurzwellen	$10^{4} - 5 \cdot 10^{2}$	$3 \cdot 10^{7} - 6 \cdot 10^{8}$
Kürzeste elektrisch erzeugte Strahlung	-3	-10^{11}
Wärmestrahlung	$0,3 - 10^{-3}$	$10^{12} - 3 \cdot 10^{14}$
Infrarote Strahlen	$10^{-3} - 8 \cdot 10^{-4}$	$3 \cdot 10^{14} - 3,75 \cdot 10^{14}$
Sichtbares Licht	$8 \cdot 10^{-4} - 4 \cdot 10^{-4}$	$3,75 \cdot 10^{14} - 7,5 \cdot 10^{14}$
Ultraviolette Strahlen	$4 \cdot 10^{-4} - 10^{-4}$	$7,5 \cdot 10^{14} - 3 \cdot 10^{15}$
Röntgenstrahlen	$10^{-4} - 10^{-7}$	$3 \cdot 10^{15} - 3 \cdot 10^{18}$
Gammastrahlen	$10^{-7} - 10^{-10}$	$3 \cdot 10^{18} - 3 \cdot 10^{21}$
Kosmische Strahlen	$10^{-10} - 10^{-12}$	$3 \cdot 10^{21} - 3 \cdot 10^{23}$

Was kennzeichnet die innere Struktur des Lichtes? Zu welchen Ergebnissen ist die Wissenschaft gekommen? Ein glänzendes Beispiel, wie die Dialektik selbst in die Theorien der bürgerlichen Naturforscher eingedrungen ist, zeigen die Auffassungen über die Struktur von Licht und Materie. **Korpuskeltheorie kontra Wellentheorie** (These — Antithese) und als Endergebnis die Wellenmechanik (Synthese); besser konnten die idealistischen bürgerlichen Wissenschaftler das Gesetz der Negation der Negation nicht dokumentieren als durch diese, von L. de Broglie besonders klar herausgeschälte Gegenüberstellung.

Dieser Kampf der beiden Theorien des Lichtes, ein Kampf, der Jahrhunderte tobte, führte letzten Endes immer näher zur objektiven Wahrheit und brachte die Erkenntnis um einen Riesenschritt vorwärts. Lenin erklärte zu diesem Prozeß des Vorwärtsschreitens der Erkenntnis:

»Vom Standpunkt des modernen Materialismus, d. h. des Marxismus, sind die **Grenzen** *der Annäherung unserer Kenntnisse an die objektive, absolute Wahrheit geschichtlich bedingt,* **unbedingt** *aber ist die Existenz dieser Wahrheit selbst, unbedingt ist, daß wir uns ihr nähern. Geschichtlich bedingt sind die Konturen des Bildes, unbedingt aber ist, daß dieses Bild ein objektiv existierendes Modell wiedergibt. Geschichtlich bedingt ist, wann und unter welchen Umständen wir in unserer Erkenntnis des Wesens der Dinge bis zu der Entdeckung des Alizarins im Kohlenteer oder bis zur Entdeckung der Elektronen im Atom gelangt sind, unbedingt aber ist, daß jede solche Entdeckung ein Schritt vorwärts auf dem Wege der ›unbedingt objektiven Erkenntnis‹ ist. Kurzum, geschichtlich bedingt ist jede Ideologie, unbedingt aber ist, daß jeder wissenschaftlichen Ideologie (zum Unterschied beispielsweise von der religiösen) die objektive Wahrheit, die absolute Natur entspricht.«* (Lenin Werke Bd. 14, S. 130/131)

Zu Beginn des 19. Jahrhunderts wurden Entdeckungen gemacht, die der Wellentheorie des Lichtes zum Sieg verhalfen. Young beobachtete im Jahr 1801 die Interferenzerscheinungen (Zusammenwirken der Schwingungen mehrerer Wellen in einem Punkt). Der geniale Physiker Fresnel erklärte die Interferenz- und Beugungserscheinungen; sie bewiesen den Wellencharakter des Lichtes. Die Wellentheorie triumphierte über die Korpuskeltheorie — erste Negation. Wenn sich das Licht durch feine Öffnungen oder schmale Ritzen hindurchzwängt, so sehen wir nicht einen einzelnen hellen Punkt oder Strich, sondern abwechselnd helle und dunkle Ringe oder Streifen, unter bestimmten Umständen auch farbige Streifen. Schon der Jesuitenpater Grimaldi hatte vor nunmehr 300 Jahren diese Beugungserscheinungen beobachtet. Sie wurden aber, weil sie sich mit der Korpuskelauffassung Newtons nicht erklären ließen, nicht weiter beachtet, bis Fresnel und Young sie als Beweis der Wellenstruktur des Lichtes anführen konnten. Beim Schuß aus der Schrotflinte kann die Wirkung der einzelnen Körnchen nur immer verstärkt, niemals aufgehoben werden. So auch, wenn das Licht aus Korpuskeln besteht. Schwingen zwei Lichtwellen gleicher Wellenlänge im gleichen Takt, das heißt, Wellenberg der einen ist gleich dem Wellenberg der anderen, so ergeben sie doppelte Helligkeit. Schwingen aber zwei gleiche Lichtwellen entgegengesetzt dem Takt, wenn also dem Wellenberg der einen ein Tal der anderen gegenübersteht, dann heben sich die beiden Lichtwellen auf, löschen sich aus. Also:

Licht plus Licht = Dunkelheit

Viele Lichtwellen verschiedener Wellenlänge, die mit- und nebeneinander in gleicher Richtung laufen, können sich schon gegenseitig stören, teils verstärken, teils schwächen — sie interferieren; ihre Schwingung verläuft nicht im gleichen Takt. Somit sind die Beugungs- und Interferenzerscheinungen ein klarer Beweis für die Wellenstruktur des Lichtes.

Fresnel erweiterte bald darauf seine Theorie durch die Polarisation des Lichtes. Schon Huygens hatte diese Erscheinung beobachtet, sie wurde aber im Jahr 1810 von dem französischen Physiker Malus (1775—1812) endgültig nachgewiesen und von Fresnel eingehend untersucht. Transversal nennt man die Wellen, die quer zur Fortpflanzungsrichtung schwingen, wie zum Beispiel die Wasserwellen. Longitudinal nennt man die Wellen, die in der Fortpflanzungsrichtung schwingen, wie zum Beispiel beim Schall. Fresnel und seine Nachfolger stellten sich das Licht als eine longitudinale Schwingung nach dem Muster von elastischen Schallwellen vor. Es ergab sich aber, daß Licht quer zur Fortpflanzungsrichtung schwingt. Wenn in allen Punkten eines Lichtstrahles die Schwingungsrichtung in derselben Ebene (Polarisationsebene) liegt, so ist das Licht linear polarisiert. Unser Sonnenlicht ist unpolarisiert, das heißt, die Schwingungsrichtung verläuft nicht in einer Ebene, sondern regellos durcheinander; die Polarisationsrichtung wird dauernd verändert. Sind zwei Lichtstrahlen senkrecht zueinander polarisiert, so interferieren sie nicht. Durch den transversalen Charakter der Lichtwellen mußten Fresnel und Young die Konsequenz ziehen: Der lichttragende Äther ist ein fester Körper, der aber alles durchdringt. Damit war aber die Lichttheorie in eine Sackgasse geraten, denn die Tatsache, daß die Bewegungen der Himmelskörper quer durch den Äther keineswegs gebremst wurden, war mit dieser Theorie nicht in Einklang zu bringen.

Der berühmte englische Physiker Maxwell (1831—1879) brachte die Lichttheorie aus der Sackgasse heraus. Faraday entdeckte im Jahr 1846 den nach ihm benannten Effekt. Durch Einwirkung eines magnetischen Feldes auf das Licht entstand eine Drehung der Polarisationsebene. Damit wurden zum ersten Mal die elektromagnetischen und optischen Erscheinungen in Zusammenhang gebracht. Maxwell vervollständigte die Ergebnisse Faradays und entwickelte seine elektromagnetische Theorie. Er stellte ein System von elektromagnetischen Gleichungen auf; entsprechend diesen Gleichungen pflanzen sich elektromagnetische Störungen im leeren Raum in Form von Transversalwellen fort, das heißt, daß eine magnetische Welle in der Polarisationsebene und eine elektrische Welle senkrecht zur Polarisationsebene schwingt. Die Fortpflanzungsgeschwindigkeit aller dieser Störungen, also aller elektromagnetischen Wellen, ist konstant.

Maxwell erkannte nun, daß auch das Licht eine elektromagnetische Störung sei, die sich folgerichtig transversal fortpflanzen müsse. Das Licht ist also keine elastische, sondern eine elektromagnetische Schwingung, und damit erübrigte sich der Äther als ein fester, elastischer Körper. Überzeugend ruft Hertz aus:

»Das Licht ist eine elektrische Erscheinung, das Licht an sich, das Licht der Sonne, das Licht einer Kerze, das Licht eines Glühwurms, alles Licht. Nehmt aus der Welt die Elektrizität, und das Licht verschwindet; nehmt aus der Welt den lichttragenden Äther, und die elektrischen und magnetischen Kräfte können nicht mehr den Raum überschreiten. Dies ist unsere Behauptung.« (»Licht und Elektrizität«, S. 5/6)

Bei allen elektromagnetischen Wellen ist die Fortpflanzungsgeschwindigkeit konstant. Wird die Frequenz mit der Wellenlänge multipliziert, so ergibt die Rechnung bei allen elektromagnetischen Schwingungen eine Geschwindigkeit von 300 000 km/sek. Die Lichtgeschwindigkeit ist also so groß, so unvorstellbar, daß es verständlich ist, wenn Galilei mit seinen primitiven Versuchen zur Messung der Lichtgeschwindigkeit keinen Erfolg hatte; die Entfernung zwischen seinen zwei Versuchslaternen war viel zu kurz.

Im Jahr 1675 entdeckte der dänische Astronom Olaf Römer (1644—1710) die Größe der Lichtgeschwindigkeit. Er beobachtete, daß ein Jupitermond im Winter 15 Minuten später in den Schatten des Planeten eintrat als im Sommer und schloß daraus, daß der Weg des Mondlichtes um den Durchmesser der Erdbahn verlängert sei. Er berechnete daraus (Erdbahndurchmesser dividiert durch Zeit der Verspätung) eine Lichtgeschwindigkeit von ungefähr 300 000 km/sek. Aber erst im Jahr 1854 gelang es Foucault und Fizeau (1819—1896), unabhängig voneinander, durch verschiedene Experimente die Lichtgeschwindigkeit auf der Erde selbst zu bestimmen, was später durch andere Forscher, besonders durch den Amerikaner Michelson (1852—1931), ergänzt wurde. Das Ergebnis dieser Experimente erbrachte den *genauen Wert der Lichtgeschwindigkeit von 299 796 km/sek.*

»Die Bestimmung der Lichtgeschwindigkeit ist eine der reizvollsten Aufgaben der Physik — wegen ihrer fast unvorstellbaren Größe gepaart mit der enormen Genauigkeit, mit der sie gemessen werden kann.« (A. A. Michelson)

In einem Prisma wird das Licht zerlegt, ebenso in einem *»Beugungsgitter«*, kurz Gitter. Im Jahr 1820 stellte Fraunhofer das erste Gitter her; es bestand aus einem Kamm feiner, paralleler Drähte. Drahtstärke und Zwischenräume waren gleich. Später wurden, mit Hilfe einer Diamantspitze, parallele Furchen von äußerster Feinheit auf eine Glasplatte geritzt. Fraunhofers feinstes Gitter hatte 300 Linien auf 1 Millimeter. Später wurden die Herstellungsmethoden immer mehr verfeinert. Rowland, der drei Teilmaschinen baute, gelang das größte Kunstwerk von einem Gitter mit 800 Linien pro Millimeter auf einer Gesamtlänge von 14 cm. Ein gutes Gitter ist sehr selten und sehr kostbar.

Trifft ein Lichtbündel auf ein Gitter, so breitet es sich nach dem Durchgang, entsprechend der Beugung, nach allen Richtungen hin aus. Gewisse, sozusagen bevorzugte Richtungen hängen vom Abstand der Wellenkämme, das heißt von der Wellenlänge, ab. In Zwischenrichtungen wird das Licht interferiert, ausgelöscht. Die Ablenkung hängt also von der Entfernung der Wellenkämme ab, je größer die Wellenlänge, desto größer die Ablenkung oder Brechung. Rotes Licht mit der größten Wellenlänge der Spektralfarben erlebt auch die stärkste Brechung; violettes Licht, entsprechend der kürzesten Wellenlänge, wird am wenigsten gebrochen. Man braucht also nur den Winkel zu messen, um den die gebrochene Welle von der geraden Richtung abweicht, so kann man die Wellenlänge bestimmen. Je kleiner der Brechungswinkel, desto kleiner die Wellenlänge. Die Wellenlänge kann aber nicht viel kleiner sein als der Zwischenraum der Linien des Gitters. Man kann den Zwischenraum verkleinern, indem man das Lichtbündel schräg auf das Gitter fallen läßt, doch ist die Möglichkeit begrenzt.

Die Zwischenräume bestimmen also die Brechungsmöglichkeit. Wenn das Lichtbündel ein Hagel von Korpuskeln wäre, so würde die Brechung von der Form der einzelnen Drähte bestimmt werden. Wenn aber das Licht aus Wellenzügen besteht, so ist den Wellen die Form der Drähte gleichgültig; es genügen die eingeritzten Furchen, also Zwischenräume, um das Licht nach bestimmtem Gesetz zu brechen. Mit der Schrägstellung des Gitters werden wohl die Zwischenräume verändert, und zwar verkleinert, die Rippen aber erleiden keinerlei Veränderung. Und doch ändert sich die Brechungsmöglichkeit.

»Die Wirkung des Gitters fordert die Wellentheorie des Lichtes, beweist sie und setzt uns in den Stand, die Längen der Lichtwellen zu bestimmen.« (Darrow, »Renaissance der Physik«, S. 176)

Je geringer die Zwischenräume eines Gitters sind, desto kleiner kann die Länge einer Welle sein, um noch gebrochen zu werden. Wellen, die eine kleinere Länge haben als die Breite eines Zwischenraumes, können nicht gebrochen werden. Die Brechung über die violetten Strahlen hinaus, immer tiefer in den ultravioletten Ozean hinein, wird mit noch so fein geritzten Gittern immer schwerer, bis eine Wellenlänge erreicht ist, wo jede Brechung mit einem Gitter unmöglich ist. Damit war der Brechung aller weiteren, kürzeren Wellen ein Ende gesetzt. Doch im Jahr 1912 entdeckte Professor von Laue (zuletzt Dozent an der Universität Berlin) eine wundervolle Methode, ein Gitter von unnachahmlicher Feinheit anzuwenden: Er nahm einen Kristall. Die meisten Stoffe sind kristallinisch, wenn auch in ihren äußeren Formen unklar, verschwommen; nur in den seltensten Fällen ist ein Kristall auch äußerlich vollkommen. Das charakteristische Merkmal eines Kristalls ist die wundervolle Regelmäßigkeit im inneren Aufbau, die Atome sind in einem regelmäßigen, geometrischen System angeordnet. Laue kam nun auf den Gedanken, daß eine derartige symmetrische Verteilung der Atome dieselbe Wirkung wie ein Gitter haben müsse. Die Kristallstruktur von Steinsalz ist eine regelmäßige Anordnung von Würfeln. Der Abstand der einzelnen Atome ist sehr winzig. Die Zwischenräume betragen oft nicht mehr als 10^{-7} Millimeter. Ein Gitter von solcher Feinheit läßt sich künstlich natürlich niemals herstellen. Laue erkannte im voraus, daß das Beugungsbild eines durch den Kristall gebrochenen Wellenbündels etwas anders ausfallen müsse, als das eines durch ein Gitter gebrochenes. Das Beugungsbild eines durch ein Gitter gebrochenen Wellenbündels zeigt einen fächerartig ausgebreiteten Streifen. Das Beugungsbild eines durch ein Kristall gebrochenen Wellenbündels zeigt regelmäßig verstreute, sternartige Punkte. Das Wellenbündel wird in einzelnen Wellenzügen durch die Kristallgitterstruktur in verschiedene Richtungen zerstreut, allerdings gehen die meisten geradeaus. Die Richtungen werden von der Beschaffenheit der Kristallgitterstruktur und der Größe der Zwischenräume bestimmt. Das Beugungsbild gibt darum ein Spiegelbild ab über die Atomanordnung der jeweiligen Kristalle. Diese Tatsache bot die Grundlage zur ausgiebigen Erforschung der verschiedenartigsten Kristalle.

Bis zu Laues Entdeckung stand noch nicht fest, daß Röntgenstrahlen Wellen sind. Die Waage neigte sich zugunsten der Korpuskelauffassung. Korpuskel oder Welle, so hieß die Fragestellung. Laues Gedankengang entsprechend müßten Röntgenstrahlen, wenn sie Wellen sind, eine Wellenlänge besitzen, die den Zwischenräumen in der Kristallgitterstruktur angepaßt wäre. Röntgenstrahlen müßten also durch ein Kristallgitter gebrochen werden. Die beiden Studenten Friedrich und Knipping führten das Experiment durch. Ein aufregendes Experiment: Wellen- oder Korpuskeltheorie — welche Auffassung wird siegen? Das Ergebnis: Die Fotoplatte zeigte das regelmäßige Bild von Interferenzpunkten; die Röntgenstrahlen erwiesen sich als Wellen. Die Wellentheorie hatte den Sieg über die Korpuskeltheorie (Negation) davongetragen. Hatte die Wellentheorie wirklich gesiegt? Bestanden die elektromagnetischen Schwingungen nur aus Wellen?

Bis zum Anfang unseres Jahrhunderts hatte es den Anschein, als ob die Eigenschaften all dieser Schwingungen durch die Wellentheorie vollständig geklärt würden. Wir müssen uns vergegenwärtigen: Über hundert Jahre wurde die Korpuskeltheorie des Lichtes, begründet von Newton, widerspruchslos anerkannt. Dann wurde fast hundert Jahre lang die Wellentheorie des Lichtes, begründet von Huygens und zum Sieg verholfen durch Young und Fresnel, ebenfalls widerspruchslos anerkannt. Ein gigantischer Kampf zweier Anschauungen; zwei klare Fronten: These und Antithese. Die Korpuskeltheorie wurde von der Wellentheorie negiert. Die Beweise Newtons zum Nachweis der Korpuskelstruktur wurden auch restlos auf die Wellenstruktur des Lichtes übertragen. Aber die Erscheinungen, die die Wellenstruktur des Lichtes bewiesen, konnten nur zum geringen Teil durch die Korpuskelauffassung erklärt werden. Die Wellentheorie hatte einen glatten Sieg errungen, sie erklärte *alle* Erscheinungen und Eigenschaften des Lichtes, dagegen die Korpuskeltheorie nur bestimmte. Das war die Lage zu Beginn des 20. Jahrhunderts.

Die Welle ist eine Form der Bewegung. Das Licht hat erwiesenermaßen Wellenstruktur und die höchstmögliche Geschwindigkeit von allen Bewegungen. Ist das Licht nicht damit »reine« Bewegung, ohne an Materie gebunden zu sein? Hat nicht die idealistische Philosophie recht behalten mit der Auffassung der Trennung der Bewegung von der Materie? Lenin hat klar und deutlich den Gegensatz zwischen Materialist und Idealist in dieser Frage aufgezeigt, indem er sagte:

»Das, was den Materialisten grundlegend von dem Anhänger der idealistischen Philosophie unterscheidet, ist dies, daß er die Empfindung, Wahrnehmung, Vorstellung und überhaupt das Bewußtsein des Menschen als Abbild der objektiven Realität betrachtet. Die Welt ist die Bewegung dieser von unserem Bewußtsein widergespiegelten objektiven Realität. Der Bewegung der Vorstellungen, Wahrnehmungen usw. entspricht die Bewegung der Materie außer mir. Der Begriff Materie drückt nichts anderes aus als die uns in der Empfindung gegebene objektive Realität. Daher ist die Trennung der Bewegung von der Materie gleichbedeutend mit der Trennung des Denkens von der objektiven Realität, mit der Trennung meiner Empfindungen von der Außenwelt, d. h. gleichbedeutend mit dem Übergang auf die Seite des Idealismus.« (Lenin Werke Bd. 14, S. 267)

Der Sieg der Wellentheorie des Lichtes »bewies« die Richtigkeit der Behauptung der Bewegung ohne Materie. Ein Korpuskel oder Partikel ist die kleinste Form wägbarer Materie. Die Lichtwelle hat in der Theorie die Lichtkorpuskel verdrängt; die Materie war von der Bewegung getrennt. Das Licht erwies sich als »reine« Bewegung. Die idealistische Anschauung hatte die materialistische zurückgedrängt.

Da aber wurden Phänomene entdeckt, die sich keineswegs mit der Wellentheorie des Lichtes, sondern nur mit der Korpuskeltheorie erklären ließen. Man muß sich vorstellen, das im Laufe eines Jahrhunderts mühsam zusammengestellte, einheitliche Bild über die Struktur des Lichtes, der triumphale Sieg der Wellentheorie über die Korpuskeltheorie war mit einem Schlag in Frage gestellt.

»Die Physiker aber befanden sich plötzlich in einer nicht geringen Verlegenheit: neben der Gesamtheit der Interferenz- und Beugungserscheinungen, die zeigen, daß das Licht aus Wellen besteht, steht jetzt der photoelektrische Effekt und andere kürzlich entdeckte Phänomene, die zeigen, daß das Licht aus Korpuskeln gebildet wird, aus ›Photonen‹, wie man gegenwärtig sagt.« (de Broglie, »Licht und Materie«, S. 27)

Was waren das für Erscheinungen, die eine Umgestaltung der Auffassung, eine Aufwertung der Korpuskeltheorie Newtons zur Folge hatten?

Das wichtigste Phänomen ist der *photoelektrische Effekt.* Während sich nach der Wellentheorie das Licht in Kugelwellen ausbreitet und durch Zerstreuung der Energie mit zunehmender Entfernung immer mehr an Wirkung verliert, erzielen nach der Korpuskelauffassung die Partikel, da sie eine geschlossene Einheit bilden, auch mit zunehmender Entfernung noch eine große Wirkung. Der photoelektrische Effekt zeigt nun, daß die Lichtstrahlen bei zunehmender Entfernung keineswegs eine schwächere Wirkung auslösen. Wird eine Metallplatte in einer luftleeren Röhre mit Licht bestrahlt, so werden schnell bewegte Elektronen ausgeschleudert. Je intensiver die Strahlung, desto größer die Anzahl der ausgeschleuderten Elektronen und je größer die Frequenz, also je kurzwelliger das Licht, desto größer die Geschwindigkeit der Elektronen. Außerdem hängt die Geschwindigkeit von der Struktur des ausstrahlenden Körpers ab.

Nach der Wellentheorie ist dieser Vorgang unerklärlich, nur Partikel mit bestimmten Energiemengen sind in der Lage, ein Elektron aus dem Atomverband herauszuschlagen, indem die ganze Energiemenge eines solchen Partikels dem Elektron übertragen wird. Ein Elektron, das ein Lichtpartikel, ein Photon, absorbiert, bekommt ein Energiequant $h \cdot v$ übermittelt. Je größer die Frequenz, desto größer die Energiequanten; je mehr kinetische Energie dem Elektron übertragen wird, desto größer die Geschwindigkeit. Um ein Elektron aus dem Atomverband der meisten Metalle befreien zu können, müssen die Photone mit einer großen Frequenz, zum Beispiel der des ultravioletten Lichtes, also mit genügend großen Energiequanten ausgerüstet sein. Photone des sichtbaren Lichtes sind nur befähigt, Elektronen aus alkalischen Metallen (Kalium, Natrium usw.) loszulösen. Da nun die Photone des sichtbaren Lichtes gewöhnlich nur eine Energie von 1 bis 3 Elektronvolt besitzen, ist die kinetische Energie der dadurch befreiten Elektronen entsprechend gering. Darrow faßte die Gesetze des photoelektrischen Effektes wie folgt zusammen:

1. Bei Licht jeder spezifischen Frequenz ist die Zahl der pro Zeiteinheit aus dem Metall herausströmenden Elektronen der Lichtstärke proportional (im gleichen Verhältnis stehend).
2. Die Energie K des individuellen Elektrons ist hingegen von der Lichtstärke völlig unabhängig und jeweils die gleiche.
3. $K = h \cdot v$ oder:
Kinetische Energie = Plancks Konstante $\cdot$ Frequenz.

Einen weiteren Beweis für die Korpuskeltheorie brachte im Jahr 1922 der Compton-Effekt. Der amerikanische Physiker Compton (geb. 1892) kam auf den Gedanken, isolierte Elektronen mit Photonen zu bombardieren. Knallen zwei elastische Körper, beispielsweise zwei Billardkugeln, aufeinander, so gibt der stoßende Körper einen Teil seines Impulses an den ruhenden Körper ab; beide werden zur Seite geworfen. Trifft nun ein Photon ein freies Elektron, so werden beide aus ihrer Bahn geworfen. Der Gesamtimpuls ist derselbe geblieben, das Photon hat nur einen Teil seines Impulses dem Elektron zugeführt. Dadurch erhielt das Elektron eine erhöhte Geschwindigkeit.

Beim Zusammenstoß zweier elastischer Körper wird die Geschwindigkeit des stoßenden Körpers durch die Abgabe eines Teiles Energie vermindert. Da aber Licht als eine elektromagnetische Schwingung eine konstante Geschwindigkeit hat, kann durch die Impulsverminderung, die das Photon beim Zusammenstoß mit dem Elektron erleidet, keine Verminderung der Geschwindigkeit eintreten. Der Impulsverlust äußert sich durch kleiner werdende Frequenz oder, was dasselbe ist, durch Größerwerden der Wellenlänge.

Folgende Gleichung beweist das, wobei Impuls = p, Masse = m, Energie = E, Lichtgeschwindigkeit = c, Wirkungsquantum = h, Frequenz = v und Wellenlänge = l ist:

$$E = m \cdot c \cdot c \qquad p = m \cdot c \qquad p = \frac{E}{c}$$

$$E = h \cdot v \qquad p = \frac{h \cdot v}{c} \qquad c = l \cdot v$$

$$\text{darum ist} \qquad p = \frac{h}{l}$$

Je kleiner also die Wellenlänge ist, desto größer der Impuls und umgekehrt: je mehr Impuls das Photon bei dem Zusammenstoß verliert, je kleiner also der Impuls nach dem Stoß ist, um so größer wird die Wellenlänge. Die Wellenlänge ist die Farbe des Lichtes. Blaues Licht wird eingestrahlt, als rotes erscheint es wieder. Dies Phänomen ist nicht mit der Wellentheorie zu erklären, sondern nur durch die Wirkung zweier Partikel.

Licht besteht aus Korpuskeln, aus kleinen Lichtkörnchen. Folglich muß Licht auch Masse besitzen. Einstein nahm darum an, daß Licht in einem Schwerefeld abgelenkt werden müßte. Das Schwerefeld der Sonne ist genügend stark, um das Licht eines entfernten Sternes, das längs der Peripherie der Sonne vorbeistreicht, anzuziehen, wodurch es von der ursprünglichen

Fortpflanzungsrichtung etwas abgelenkt wird — nach Einstein um ein zweitausendstel Grad. Um das nachzuprüfen, wurden am 29. Mai 1919 zwei Expeditionen ausgesandt: eine nach Afrika, eine nach Brasilien. An diesem Tag vereinigten sich zwei günstige Momente: eine totale Sonnenfinsternis und der Standort der Sonne vor zwei hellen Sternen. Wegen der Helligkeit der Sonne konnten die Sterne nur bei totaler Sonnenfinsternis vermessen werden. Das Ergebnis der Messung betrug ein paar Hundertstel Millimeter Verschiebung auf den Fotoplatten, was bedeutete, daß die Sterne scheinbar um diesen Betrag weiter auseinander standen als ein halbes Jahr vorher, als die Sonne nicht zwischen Beobachter und den zwei Sternen stand. Die Sonne zog die Lichtmasse an und lenkte den Lichtstrahl ab. Daraus wurde berechnet, daß uns die Sonne eine Masse von täglich 160 Tonnen Licht spendet.

Licht ist eine Energiestrahlung, eine Form der Energie. Deshalb müssen auch alle Energieformen Masse haben. Ein Kilogramm Eisen wiegt im glühenden Zustand um einen winzigen Betrag mehr als im kalten; das Eisen ist um den Betrag der Masse der Wärmeenergie vermehrt. So hat alle Energie, ganz gleich in welcher Form sie auftritt, eine bestimmte Masse. Und jede Masse besitzt Energie. Könnte man die Energie von ein Gramm Masse irgendwelcher Materie befreien, so würden 25 Millionen Kilowattstunden erzielt. Energie ist identisch mit Masse, und Masse ist eine Erscheinungsform der Energie. Einstein zieht daraus die Schlußfolgerung:

1. Die Masse eines Körpers verändert sich mit der Geschwindigkeit. In Ruhe besitzt er eine bestimmte Ruhemasse. Bewegt er sich mit großer Geschwindigkeit, so wächst seine Masse. Könnte er jedoch Lichtgeschwindigkeit erreichen, so würde die Masse unendlich groß. Darum kann sich kein Körper mit der Geschwindigkeit des Lichtes bewegen.

2. Energie und Masse sind eins. Energie ist gleich Masse · Lichtgeschwindigkeit · Lichtgeschwindigkeit ($E = m \cdot c^2$).

Es fließen also die drei Erhaltungssätze: Satz von der Erhaltung der Materie — der Energie — des Impulses, ineinander und verschmelzen zu einem Satz.

»Bewegung ist die Daseinsweise der Materie!« (Engels, »Anti-Dühring«)

6. Bewegte Materie (Korpuskel und Welle als Einheit)

Die Geschichte des Lichtes ist erfüllt von dem großartigen Kampf zweier Theorien: der Korpuskeltheorie und der Wellentheorie. Man kann die Erscheinungen des Lichtes in fünf große Gruppen einteilen:
1. Die neutralen Erscheinungen; sie lassen sich durch beide Auffassungen erklären. Hierzu gehören die geradlinige Fortpflanzung des Lichtes, die Reflexion auf Spiegeln, die Brechung beim Eintritt von einem Medium in ein anderes, der Strahlungsdruck und andere (Newton/Huygens).
2. Spezifisch wellenförmige Erscheinungen; sie treten bei Beugung und Interferenzen auf (Fresnel).
3. Die Polarisation des Lichtes (von Fresnel wellenförmig erklärt, der aber die Schlußfolgerung verfehlt).
4. Die elektromagnetischen Erscheinungen; Licht als elektromagnetische Wellen (Maxwell).
5. Spezifisch korpuskulare Erscheinungen, hauptsächlich der photoelektrische Effekt und der Compton-Effekt (durch Einstein vermittels Plancks Konstante begründet).

Jahrhundertelang wogte der Kampf hin und her, leidenschaftlich und erbittert. Korpuskel kontra Welle, These und Antithese. Das Endergebnis ist ein Frieden ohne Sieg.

Der Frieden stellte einen Kompromiß dar zwischen beiden Theorien. Den Preis bildete die Verzichtleistung auf Veranschaulichung, auf klare Bilder. Neue Ideen tauchten auf; die Wellenmechanik entstand. Die Wellenmechanik hob den Gegensatz auf und vereinigte die beiden Begriffe Korpuskel und Welle. Sie beseitigte einige Schwierigkeiten der Einsteinschen Korpuskelauffassung, wodurch alle spezifisch korpuskularen Erscheinungen erklärt wurden. Die Interferenz- und Beugungserscheinungen wurden als Phänomene entdeckt, die allen Korpuskeln eigen sind. Sie erklärten, daß im allgemeinen die Lokalisierung aller Korpuskeln den Wahrscheinlichkeitsgesetzen unterworfen sind.

Noch ist die Synthese nicht vollkommen. Die Wellenmechanik erklärt weder die Erscheinungen der Polarisation noch die des elektromagnetischen Charakters. In diesen Punkten besitzt die Wellenmechanik als Synthese eine Lücke. Die Theorie über das Licht ist ein Teil der Wellenmechanik, der andere Teil ist die Theorie über die Materie. Trotz vieler gemeinsamer Eigenschaften zwischen Photon und Materiekorpuskel gibt es auch solche, die sich nicht auf einen gemeinsamen Nenner bringen lassen. Die Theorien über die Materieteilchen sind weiter entwickelt als die Lichttheorien. Wann wird die Brücke geschlagen, um alle Erscheinungen des Lichtes auf einen Nenner zu bringen? Und wann wird es möglich sein, eine Symmetrie zwischen Licht und Materie herzustellen? Engels im »Anti-Dühring«:

»Ein allumfassendes, ein für allemal abschließendes System der Erkenntnis von Natur und Geschichte steht im Widerspruch mit den Grundgesetzen des dialektischen Denkens; was indes keineswegs ausschließt, sondern im Gegenteil einschließt, daß die systematische Erkenntnis der gesamten äußern Welt von Geschlecht zu Geschlecht Riesenschritte machen kann.« (Marx/Engels Werke Bd. 20, S. 24)

Charakteristisch für das Licht ist die Frequenz, charakteristisch für das Elektron (für jede Korpuskel) die Energie. Einstein begründete die Korpuskelauffassung des Lichtes. Das Licht der Frequenz v verhält sich wie eine Korpuskel der Energie E:

$$E = h \cdot v$$

Im Jahr 1923 erwog der französische Physiker L. de Broglie (geb. 1892) den umgekehrten Vorgang, daß sich eine Korpuskel der Energie E wie eine Welle der Frequenz v verhält:

$$v = \frac{E}{h}$$

Das Bindeglied zwischen Energie und Frequenz, zwischen Korpuskel und Welle ist die berühmte Konstante Plancks. L. de Broglie brachte also zum ersten Mal Wellen in Verbindung mit Elektronen. Das war ein unerhört weitgehender Gedanke; ihn auszusprechen hieß, gegen die klassische Physik Front zu machen. Der Gedankengang de Broglies wurde in den darauffolgenden Jahren von dem österreichischen Physiker Schrödinger (geb. 1887) weitergeführt. Entsprechend ihrer Theorie nahmen die beiden Wissenschaftler an, daß Elektronen mit bestimmter Geschwindigkeit Wellen besitzen müßten von ungefähr gleicher Länge wie Röntgenstrahlen, das heißt rund 10^{-7} Millimeter.

Die Geschichte des Lichtes zeigte, daß Jahrhunderte hindurch die Wellenstruktur des Lichtes in allen entsprechenden Theorien vorherrschend war, die Korpuskelstruktur wurde vollständig vernachlässigt. Selbst im 18. Jahrhundert bestimmte weniger die Überzeugung als die Autorität Newtons die Richtigkeit der Korpuskelauffassung, sie wurde gewiß innerlich stark bezweifelt. Als aber der Wellencharakter bewiesen wurde, da wurde bis vor ein paar Jahrzehnten die Korpuskelstruktur restlos ignoriert.

Einen vollständig umgekehrten Prozeß machte die Auffassung über die Materie durch. Hier war die Korpuskelstruktur gewissermaßen Monopol. Vom Altertum bis heute, das heißt bis vor einigen Jahren, wurde alle Materie auf winzige Korpuskeln zurückgeführt. Diese Auffassung war so fest eingebürgert, daß gar nichts anderes in Frage kam. Deshalb mußte der Gedanke von der Wellenstruktur der Materie einfach ketzerisch anmuten, und es gehörte eine Portion Mut dazu, ihn offen zu vertreten. Eine solche Theorie bezweckte also, den Korpuskelbegriff der Materie durch den Wellenbegriff zu ergänzen.

Wenn nun die materiellen Korpuskeln mit Wellen verbunden sind, so müßten sie bei geeigneter Geschwindigkeit Interferenz- und Beugungserscheinungen aufweisen, die denen des Lichtes ähnlich sind. Der deutsche Student Elsässer hatte im Jahr 1926 die Idee, daß geeignete Kristalle die Elektronwellen ebenso beugen müßten wie Röntgenstrahlen. Auch dieser Gedanke war weittragend, denn wenn auch die Existenz der »de Broglie-Wellen« angenommen wurde, so konnten sie — mochten sie sein, was sie wollten — doch keine Wellen analog den Lichtwellen sein. Passiert ein Wellenbündel die Zwischenräume eines Gitters oder Kristalls, so werden Kleinwellen erzeugt, und die Verschmelzung der Kleinwellen ergibt die Brechung. Wie könnten denn Elektronen Kleinwellen bilden? Das war nicht denkbar. Elsässer jedoch nahm an, daß ein Elektronenbündel sehr wohl in der Lage ist, Kleinwellen zu bilden, weil Elektronen mit Atomen gekoppelt sind; es müßten nur Kristalle mit geeigneten Gitteranordnungen verwandt werden.

Diese Annahme wurde durch das großartige Experiment von Davisson und Germer in New York im Jahr 1927 bestätigt. Es mußten eine Reihe Schwierigkeiten überwunden werden. Röntgenstrahlen mit ihrer starken Durchschlagskraft durchdringen ohne große Schwierigkeiten einen Kristall. Elektronen mit der geeigneten Wellenlänge von 10^{-7} Millimeter, also mit mäßiger Geschwindigkeit, besitzen eine kinetische Energie von rund 100 Elektronvolt. Derart ausgestattete Elektronen werden schon auf der Oberfläche eines Kristalls aufgehalten. Sie dringen jedenfalls nicht tief in ein Kristall ein, geschweige denn hindurch. Weiterhin kann nur dann ein vollendetes Beugungsmuster entstehen, wenn das Elektronenbündel verschiedene Wellenlängen aufweist; das heißt, es wird verschiedene Geschwindigkeiten haben müssen, was aber nicht möglich ist, da ein Elektronenstrahl nur gleiche Wellenlänge haben kann. Es mußte darum die Geschwindigkeit so reguliert werden, daß sie einer bestimmten Kristallgitterstruktur entsprach; erst dann konnten die Strahlen gebeugt werden. Das Ergebnis war, daß Elektronenstrahlen genau so gebrochen werden wie Röntgenstrahlen.

Wird ein Wellenbündel gleicher Wellenlänge durch pulverisierte Kristalle geschickt, so ordnen sich die durch die einzelnen winzigen Kristalle entstandenen Flecke des Beugungsmusters zu ebenmäßigen Ringen. Professor Thomson in Aberdeen stattete Elektronen mit 50 000 Elektronvolt aus, dennoch durchdrangen sie keine dicken Kristalle. Er verwandte dann sehr dünne Metallfilme, die in ihrer Kristallgitterstruktur einer pulverisierten, regellosen Kristallschicht glichen, so beispielsweise einen hauchdünnen Silberfilm von 0,000 025 Millimeter Dicke. Das Ergebnis des Experimentes war ein Bild von vollkommen ebenmäßigen Ringen. Rupp in Göttingen gelang sogar die Brechung eines Elektronenstrahls mit Hilfe eines schräggestellten gewöhnlichen Gitters.

Alle diese Experimente beweisen vollständig, daß Elektronenstrahlen gebrochen werden wie Lichtstrahlen, folglich müssen Elektronen Wellen besitzen. Korpuskel und Welle verhalten sich nicht wie These und Antithese, beide sind vereinigt zu etwas Höherem, Unzertrennlichem, die Existenz der einen schließt gleichzeitig die der anderen ein — eine Synthese.

Wenn die Elektronen Wellencharakter haben, so müßte man mit ihrer Hilfe winzige Teilchen sehen können. Mit einem Lichtmikroskop kann man höchstens bis zu zweitausendfacher Vergrößerung kleine Objekte beobachten. Erreichen die Objekte die Größenordnung der Lichtwellenlänge, so sind sie nicht mehr sichtbar. Könnten dann nicht Röntgenstrahlen mit ihren zehntausendmal kleineren Wellenlängen noch viel winzigere Objekte sichtbar machen? Leider werden Röntgenstrahlen von keiner Linse gebrochen. Die Wellenlänge eines Elektronenstrahls richtet sich nach der Spannung, mit der die Elektronen beschleunigt werden. Man kann die Wellenlänge etwa hunderttausendmal kleiner als die Lichtwellenlänge gestalten. Elektronenwellen können selbstverständlich auch nicht durch Glas gebrochen werden, aber magnetische Spulen oder an Blenden gelegte elektrische Spannung lenken die Elektronenstrahlen ab und wirken dadurch als Linse. Ähnlich wie ein Lichtstrahl wird ein Elektronenstrahl auf einen Punkt konzentriert, ist jedoch nicht unmittelbar sichtbar, sondern wird erst durch einen Leuchtschirm, wie beim Röntgenbild, sichtbar gemacht. Der Leuchtschirm kann auch durch eine Fotoplatte ersetzt werden, um eine Aufnahme zu ermöglichen. Objekt und Fotoplatte müssen im Vakuum untergebracht sein.

Ein hervorragendes Elektronen- oder Übermikroskop ist von Siemens hergestellt worden. Ein solches Instrument macht noch Teilchen von einem Millionstel Millimeter sichtbar. Auch im Lichtmikroskop erkennbare Objekte lassen bei gleicher Vergrößerung im Übermikroskop schärfer die Einzelheiten erkennen. Die bisher nicht sichtbaren Viren, die winzigen Krankheitserreger, die Maul- und Klauenseuche, Tollwut, Ziegenpeter, Masern, Grippe und andere Krankheiten hervorrufen, werden durch das Übermikroskop erkennbar. So wird das Übermikroskop immer mehr zum wichtigen Hilfsmittel der Medizin und Biologie, erlangt aber auch in der organischen und anorganischen Chemie wachsende Bedeutung.

Wie verhalten sich nun Korpuskel und Welle zusammen? Das ist ein schwieriges Problem. Schrödinger nahm an, daß das Elektron kein Massenpunkt sei, sondern eine Gruppe von Wellen, ein »Wellenpaket«. So bestechend diese Theorie ist, so konnte sie doch nicht überzeugend wirken. Wenn das Elektron ein Wellenpaket ist, so würde es beim Durchgang durch ein Kristall nicht gebeugt, sondern zersplittert und damit vernichtet werden. Korpuskel als Wellenpakete gedacht wären nicht stabil. L. de Broglie sah die Korpuskel als einen materiellen Punkt an, der eine bestimmte Position in der Welle einnimmt. Damit ist die Bewegung der Korpuskel mit der Fortpflanzung der Welle verbunden. Das würde also bedeuten, daß die Welle die Korpuskel auf eine gemeinsame Reise trägt. Das leicht schwankende Blatt auf den kräuselnden Wasserwellen eines Teiches wird nicht fortgeschwemmt; es schaukelt, unbekümmert von den Wellen, auf derselben Stelle. Die Wellen scheinen also nicht bereit zu sein, Teilchen auf ihrer Reise mitzunehmen.

Darrow nimmt an, daß die Korpuskel durch die Welle geführt wird, und das Beugungsexperiment, das Schrödingers Ansicht haltlos machte, soll diese Auffassung bestätigen:

»*Die Wellenfront erfaßt alle Drähte, und von allen diesen gehen Kleinwellen aus, die neue Wellenfronten bilden. Die Wellen wissen also, wo alle Drähte sind, die Korpuskeln wissen es nicht. Die Brechung wird folglich durch die Zwischenraumanordnung des Gitters bestimmt. Das Gitter bricht die Wellen, und die Korpuskeln sind gezwungen, ihnen zu folgen. Die Wellen, die wissen, wo alle Drähte sind, zwingen den Korpuskeln ihre weise Führung auf.*« (»Renaissance der Physik«, S. 243)

Die Welle spielt also die Rolle einer Führungswelle. Damit ist aber nicht gesagt, wie und warum die Korpuskel sich der Vorherrschaft der Welle unterordnen soll und warum gerade die Welle das Primäre sein soll. Betrachtet man das Verhältnis zwischen Korpuskel und Welle näher, so findet man, daß es dem Verhältnis Masse und Bewegung entspricht. Masse erscheint als Korpuskel und Bewegung als Welle. So wie Materie und Bewegung untrennbar sind, es keine Materie ohne Bewegung gibt, so auch keine Korpuskel ohne Welle. **Die Welle ist die Bewegungsform der Materie,** wobei das Licht als eine Erscheinungsform der Materie anzusehen ist. Jede Bewegung äußert sich wellenmäßig, jede Masse korpuskelförmig. Je nachdem, ob der Faktor Masse oder der Faktor Bewegung mehr in den Vordergrund tritt, beispielsweise beim Elektron, Proton, Neutron usw. die Masse, beim Licht die Bewegung, tritt auch die Korpuskel oder die Welle mehr in Erscheinung.

Der deutsche Physiker Heisenberg (geb. 1901) und Niels Bohr behandelten das Problem auf eigene Art. Bohr hatte seine Atomtheorie zu anschaulich beschrieben, ein Atommodell mit kompletten Elektronenbahnen und anderem mehr; das hat er später selbst revidiert. Er wandte darum die Methode der »komplementären« Beschreibungen an, das sind solche, die sich ergänzen, die aber doch unvereinbar sind. So lassen sich Licht und Materie sowohl als Korpuskel wie auch als Welle erklären, beide Bilder ergänzen einander, und doch kann man beide nicht auf einen gemeinsamen Nenner bringen.

Wird das Bild einer Korpuskel für sich betrachtet, so könnte man annehmen, die Lage, die Lokalisierung einer Korpuskel im Raum, beispielsweise eines Elektrons, genau bestimmen zu können. Das ist jedoch nicht der Fall. Die Korpuskel ist verbunden mit Bewegung, und es ist prinzipiell (grundsätzlich) unmöglich, Lage und Geschwindigkeit oder, anders ausgedrückt, Ort und Impuls genau zu bestimmen. Will man die Lage eines Elektrons genau bestimmen, muß man es beleuchten. Das kann aber nur mit möglichst kurzwelligem Licht geschehen, zum Beispiel Röntgenlicht, weil die Genauigkeitsbestimmung eines solch winzigen Objektes (Gegenstand) von der Wellenlänge des verwendeten Lichtes abhängt. Trifft aber ein Photon auf ein Elektron, so überträgt es einen Teil seines Impulses auf das Elektron, dieses erhält durch den Stoß eine erhöhte Geschwindigkeit und verschwindet. Je schärfer, also je kurzwelliger das Licht, um so größer der Impuls. Eddington sagt darum:

»Wenn wir ein Elektron zwingen, uns ein sehr, sehr scharfes Signal über seinen Ort zu geben, so wird seine Geschwindigkeit durch die Rückwirkung vollkommen verändert.« (»Naturwissenschaft auf neuen Bahnen«)

Man kann also niemals sagen, daß die Korpuskel die und die Lage im Raum einnimmt und die und die Geschwindigkeit und Richtung hat.

Der physikalische Ausdruck für dieses Phänomen ist die »Unbestimmtheitsrelation« (Relation = Beziehung, Verhältnis) von Heisenberg. Je genauer man den Bewegungszustand bestimmen will, um so ungenauer ist die Ortsbestimmung und umgekehrt je genauer die Ortsmessung, desto ungenauer die Geschwindigkeitsmessung. Das Produkt aus beiden Fehlergrößen sinkt nicht unter Plancks Konstante. Je kleiner das Objekt, desto wirksamer macht sich h geltend, und je größer das Objekt, um so weniger ist h wirksam, bis es ganz verschwindet und damit auch die Ungenauigkeit. Im Makrokosmos macht sich die Unbestimmtheitsrelation darum nicht bemerkbar, erst im Mikrokosmos tritt sie um so schärfer auf, je kleiner das System ist.

»Die Welt ist sich bewegende Materie, antworten wir, und die Bewegungsgesetze dieser Materie finden ihre Widerspiegelung für die langsamen Bewegungen in der Mechanik, für die schnellen Bewegungen in der elektromagnetischen Theorie.« (Lenin Werke Bd. 14, S. 282)

In der klassischen Physik ist die Bewegung einer Korpuskel definiert als Bewegung streng lokalisierter Punkte in bestimmter Richtung. Nach der Quantenphysik ist die Bewegung einer Korpuskel über mehr oder minder große Raumgebiete ausgebreitet und die Richtung wie ein Fächer über ein gewisses Gebiet verstreut. Deshalb gibt es keine genau abgezirkelten Bahnen der Elektronen im Inneren des Atoms, sondern die Bewegungszustände sind über das ganze Raumgebiet des Atoms »verschmiert«.

Bohr hat seine anschauliche Beschreibung umgewandelt in *»zwei komplementäre Gesichter der Wirklichkeit«*, also Kennzeichnung durch Lokalisierung in Raum/Zeit und durch Energie und Bewegungsgröße. Korpuskeln unterstehen Wahrscheinlichkeitsgesetzen; für eine Korpuskel besteht eine bestimmte Wahrscheinlichkeit, daß sie die und die Position im Raum und die und die Bewegungsgröße und Richtung haben kann. Schrödinger sagt: *»Das Wesen der Statistik ist der weise Verzicht auf Detailkenntnis.«*

Deshalb wurde eine Statistik der Atome aufgestellt, die die Wahrscheinlichkeiten der einzelnen Meßwerte bezeichnete. Wie bei einer Versicherung der einzelne Versicherte nicht beachtet wird, auch nicht beachtet werden kann, so auch bei der Wahrscheinlichkeitsstatistik der Atome. Wenn im Makrokosmos der einzelne Vorgang kausaldeterminiert (ursächlich bestimmt) bestimmt wird, so ist im Mikrokosmos die relative Häufigkeit vorherrschend. Man kann im Mikrokosmos den einzelnen Vorgang nicht genau bestimmen, da es unmöglich ist, Lage und Geschwindigkeit zum Beispiel eines Elektrons zu kennen. Sobald der Versuch gemacht wird, diesen Zustand aufzuheben, kann man nie mit Bestimmtheit sagen, wie sich das Elektron dann verhalten wird; das Verhalten ist unbestimmt. Man kann demnach wohl sagen, das Elektron hat die und die Wahrscheinlichkeit, sich so und so zu verhalten, aber man kann nicht mit kausaldeterminierter Bestimmtheit sagen, das Elektron muß sich so und so verhalten. Um das sagen zu können, müßte man den gegenwärtigen Zustand des Elektrons genau kennen, und das ist eben unmöglich, wie Heisenberg erklärt:

»*An dem Satz:* ›*Wenn wir die Gegenwart in allen Stücken genau kennen, können wir die Zukunft genau vorausberechnen*‹ *ist nicht der Nachsatz, sondern die Voraussetzung falsch. Wir können die Gegenwart prinzipiell nicht genau kennenlernen.*«

Ist damit die Kausalität, der Determinismus aufgegeben worden? Von bürgerlicher Seite ist dies behauptet worden. Dies schreckte viele Wissenschaftler ab. Hieße das nicht, die Wissenschaft überhaupt aufgeben zu wollen, fragten sie sich. Fest steht, daß wir die Verhältnisse des Makrokosmos nicht ohne weiteres auf den Mikrokosmos übertragen können. Man kann die Gedankengänge Heisenbergs nicht einfach ignorieren; die Unbestimmtheitsrelation ist eine Tatsache, mit der man sich abfinden muß. L. de Broglie sagt darum:

»*Diese Betrachtungsweise ergibt die Konsequenz, die schon durch Born vorausgesagt war, daß wir nämlich die Existenz eines strengen Determinismus in der Natur nicht mehr bejahen können, da der ganze Determinismus der alten Dynamik auf der Möglichkeit beruhte, Position und Anfangsgeschwindigkeit einer Korpuskel gleichzeitig zu bestimmen; das aber ist unmöglich, wenn man die Gedanken von Heisenberg gelten läßt. Es gibt dann keine strengen Gesetze mehr, sondern nur noch Wahrscheinlichkeitsgesetze.*« (»Licht und Materie«, S. 171)

Im Makrokosmos haben wir ein klares, anschauliches Bild, die Gebilde in Raum und Zeit können wir mit Ort, Bahn und Bewegungsgröße genau bestimmen; hier herrschen die strengen Gesetze der Kausalität. Wenn wir im

Mikrokosmos auf klare Anschaulichkeit nicht verzichten, wenn wir die Gebilde in Raum und Zeit nach Lage und Geschwindigkeit genau bestimmen wollen, so tritt sofort die Unschärfewirkung auf, und das bedeutet einen Verzicht auf strenge Kausalität. Wenn wir aber auch im Mikrokosmos auf strenge Kausalität nicht verzichten wollen — und ohne Aufgeben ernsthafter Wissenschaft nicht können —, dann müssen wir die klare Anschaulichkeit opfern. Das ist die Ursache, weshalb Bohr die Anschaulichkeit seiner Atomtheorie aufgegeben hat. Also entweder Anschaulichkeit, dann Verzicht auf strenge Kausalität, oder aber strenge Kausalität, dann Verzicht auf Anschaulichkeit.

Nach Heisenbergs Unbestimmtheitsrelation ist es also unmöglich, Verteilung und Bewegung der Korpuskeln genau zu bestimmen. Nur auf Grund der Wahrscheinlichkeitsstatistik ist es möglich, Voraussagen zu machen. Dazu verhelfen uns die Wellen. Nach Schrödinger wird die mit einer Korpuskel verbundene Welle durch eine allgemeine Funktion Psi dargestellt. Form und Intensität der Welle gibt die Wahrscheinlichkeit wieder, an welchen Punkten im Raum sich die Korpuskeln verteilen. So läßt sich durch die Wellenfunktion die Bewegung eines Elektrons darstellen als mittlere wahrscheinliche elektrische Ladung in dem Bereich der Bewegung beispielsweise eines Atoms. Das Atom selbst mit den gequantelten Zuständen der Elektronen wird zur »Ladungswolke«. Die Bahnen der Elektronen sind nichts anderes als die mit den Elektronen verbundenen Wellen, die die Form von Stationärwellen annehmen, deren Wellenlängen genau den ausgestatteten Energiequanten entsprechen. Der Stationärwelle zugeteilten Funktion Psi entsprechen die gequantelten Zustände eines Elektrons, und die Gesamtheit der Funktionen Psi ergibt das abgeschlossene System des Atoms.

»Der wesentliche Unterschied zwischen der Symbolik der Wellenmechanik und der klassischen Mechanik ist der, daß nach dieser ein Massenteilchen an einem bestimmten Raumpunkt lokalisiert ist, während nach der heutigen Auffassung auch der einfachste Zustand als Wellenzustand den ganzen Raum erfüllt.« (Ph. Frank, »Das Kausalgesetz und seine Grenzen«, S. 188)

Die Darstellung des Atoms als Ladungswolke stößt aber auf Schwierigkeiten. Das Verwischen der klaren Ladungseinheiten zur Wolke (bei Vernebelung verschwinden die Einzelheiten) läßt die Anwendung des Coulombschen Gesetzes nicht mehr zu, was aber notwendig ist, um die potentielle Energie zu berechnen. Born und andere betrachten die Materiewellen als Wahrscheinlichkeitswellen, die durch ihre Schwingungsweiten die Wahrscheinlichkeit über die augenblickliche Lage der Korpuskel angeben. Wie eine Epidemie sich wellenförmig ausbreitet und in ihrem Schwingungsbereich die Wahrscheinlichkeit besitzt, daß eine bestimmte Stadt von der Seuche erfaßt wird, so gibt die Materiewelle die Wahrscheinlichkeit an, daß sich im Bereich dieser oder jener Schwingungsweite eine Korpuskel befindet. Damit wird die Lage der Korpuskel gewissermaßen angedeutet. Die verschiedenen Auffassungen lassen jedenfalls die Schwierigkeit in der Erkenntnis der Beziehungen zwischen Welle und Korpuskel erkennen, wodurch noch keine vollständige Klarheit erreicht worden ist. Es wird aber auch durch alle diese Forschungen und Ansichten bewiesen, daß eine ernsthafte Wissenschaft nicht mehr auskommen kann mit der metaphysischen Methode.

»Denn die Revolution, die der theoretischen Naturwissenschaft aufgezwungen wird durch die bloße Notwendigkeit, die sich massenhaft häufenden, rein empirischen Entdeckungen zu ordnen, ist der Art, daß sie den dialektischen Charakter der Naturvorgänge mehr und mehr auch dem widerstrebendsten Empiriker zum Bewußtsein bringen muß. Die alten, starren Gegensätze, die scharfen, unüberschreitbaren Grenzlinien verschwinden mehr und mehr.« (Marx/Engels Werke Bd. 20, S. 13)

Nach der ursprünglichen Atomtheorie Bohrs strahlten die Elektronen beim Überspringen von höheren auf niedere Bahnen Energie aus. Nach der Wellenmechanik sind die Bahnen der Elektronen die stationären Wellen von verschiedener Wellenlänge. Jede Welle kann verschiedene Energiezustände entsprechend der Quanten E_1, E_2, E_3 usw. erreichen. Durch Überwechseln von einem Energiezustand auf den anderen wird die Länge der stationären Welle verkürzt oder verlängert. Das ganze Bild des Atoms ist jedoch keineswegs so anschaulich, sondern alle verschiedenen Energiezustände sind gewissermaßen zu einer einheitlichen Wolke über das ganze Atom verschmiert.

Strahlt ein Atom Energie aus, so zeigt sich das charakteristische Linienspektrum des betreffenden Elementes. Eingehende Forschungen zeigten nun, daß die Linien keine einfachen Linien sind. So ist zum Beispiel die gelbe Natriumlinie (D-Linie) mit rund 0,00059 mm Wellenlänge in Wirklichkeit doppelt. Diese Doppellinien unterscheiden sich um sechs zehnmillionstel Millimeter Wellenlänge voneinander. Noch schärfere Messungen ergaben, daß auch jede dieser Doppellinien nochmals doppelt ist. Es lassen sich noch Wellenlängenunterschiede von billionstel Zentimeter feststellen;

sie erklären die Hyperfeinstruktur (Überfeinstruktur) der Spektrallinien. (Anmerkung am Schluß dieses 6. Abschnitts)

Dieses Phänomen konnte man sich nur mit einer neuen Eigenschaft des Elektrons erklären, die man mit dem englischen Namen »Spin« bezeichnet. Das Elektron besitzt demnach drei grundlegende Eigenschaften: Masse, elektronische Ladung und Spin. Der Spin ist die Eigenrotation des Elektrons um seine Achse. Wie ein Planet neben seinem Kreislauf um das Zentralgestirn noch eine Achsendrehung besitzt, so besteht neben dem Elektronumlauf um den Kern noch eine eigene Kreisbewegung. Und wie das Zentralgestirn des Planetensystems um die eigene Achse rotiert, so auch der Atomkern. Es gibt in einem Atomsystem Elektronen mit gleichem und solche mit ungleichem Spin. Der Drehsinn wird durch die Spinquantenzahl $S = + \frac{1}{2}$ oder $- \frac{1}{2}$ gekennzeichnet. Die Energiezustände eines Atoms sind immer etwas anders geartet, je nachdem, ob ein Elektron im gleichen Sinn oder entgegengesetzt der Drehrichtung des Atomkernes rotiert. Die stationären Wellen der Elektronen werden dann entsprechend der Drehbewegung etwas verschoben; es entstehen statt einer einzigen zwei benachbarte. Das Linienspektrum zeigt dann zwei Doppellinien. Dadurch wird der Spin weniger als eine äußere Eigenschaft, gebildet durch die Achsenrotation, als vielmehr als eine innere Eigenschaft, gebildet durch die Energieverschiebung des Drehmoments, gekennzeichnet.

Der Spin gibt aber nicht nur Aufschlüsse über das Elektron, er verspricht Ausgangspunkt zu werden, um einen Einblick in die innere Struktur des Atomkernes zu gewähren. Nicht nur der Atomkern als Ganzes hat seinen Spin, auch jedes Teilchen des Kernes — Proton und Neutron — kreiselt um die eigene Achse. Ob gleicher oder ungleicher Spin der einzelnen Teilchen, daraus ergibt sich eine andere Kernstruktur. Selbst das Photon hat seinen Spin.

Beim Zusammenstoß zweier Teilchen wird dem ruhenden Körper ein Teil des Impulses des stoßenden Körpers übertragen; der Impuls setzt den ruhenden Körper in Bewegung. Der Impuls bleibt konstant und die Bewegung gleichmäßig, solange nichts anderes auf den Körper einwirkt. Was für den geradlinig bewegenden Körper gilt, ist auch für den sich drehenden gültig. Drehende oder wirbelnde Teilchen haben ihren Dreh- oder Winkelimpuls, der ebenfalls konstant ist. Entsprechend bleibt auch die Drehgeschwindigkeit gleich, solange nichts auf den drehenden oder wirbelnden Körper einwirkt.

Ein Elektron in einem Atomsystem dreht sich zweimal; der Kreislauf um den Kern und die Eigenrotation. Die Umlaufsbahnen sind identisch mit der dem Elektron verbundenen Welle. Die Welle diktiert dem Kreislauf den gewissen Winkelimpuls, der sich nach der Planckschen Konstante richtet. Die Drehimpulse der Elektronkreisläufe entsprechen ganzen Zahlen und sind Vielfache von $\frac{h}{2\,Pi}$. Man bezeichnet sie als Drehimpulsquantenzahl. Der Drehimpuls des Elektronkreislaufs ist aber unabhängig von dem der Eigenrotation des Elektrons. Der Drehimpuls des Spins eines Elektrons ist aber nur die Hälfte der Quanteneinheit, also gleich ½ · $\frac{h}{2\,Pi}$. Die Drehimpulse der Eigenrotationen und der Kreisläufe der Elektronen, die der Protonen und Neutronen und die des Gesamtkernes summieren sich dergestalt zu einem verwirrenden, immer komplizierter werdenden Gebäude, so daß es verständlich ist, wie Darrow folgenden Vergleich zieht:

»Auf Grund der Ende des neunzehnten Jahrhunderts vorherrschenden mechanischen Theorien wurde die Ansicht ausgesprochen, der Äther und die Atome erfüllten den Weltraum mit dem Dröhnen und Stampfen einer Maschine; heute müßte man sagen, die Welt halle wider von dem Schnurren und Surren der Räder und Kreisel — das wäre so die letzte Version (Lesart) der Musik der Sphären.«
(»Renaissance der Physik«, S. 275)

Daß die Atomkerne einen Spin besitzen, konnte besonders am Wasserstoffkern, dem einfachsten Atomkern, nachgewiesen werden. Zwei Wasserstoffatome verbinden sich zu einem Molekül H_2. Besitzen beide Atomkerne den gleichen Spin, so ergibt diese Verbindung Orthowasserstoff. Verläuft jedoch der Spin entgegengesetzt, so ist das Ergebnis Parawasserstoff. Orthomoleküle sind im Wasserstoff bei durchschnittlicher Temperatur mehr als Paramoleküle vorhanden, doch erhöht sich die Anzahl der Paramoleküle bei Temperaturabnahme, so daß bei der Temperatur des flüssigen Wasserstoffs fast ausschließlich Paramoleküle auftreten. Parawasserstoff zeichnet sich durch höheren Dampfdruck und niedrigeren Siedepunkt aus. Es ist also klar, daß dem Spin, als einer neuen Eigenschaft einer Korpuskel, große Bedeutung zukommt. Obwohl in der Erforschung des Spins gewiß Erfolge zu verzeichnen sind, besteht jedoch noch keineswegs Klarheit über ursächliche Zusammenhänge und Wirkung des Spins, was aus den Worten de Broglies hervorgeht:

»Wir müssen jedoch sagen, daß wir keine Vorstellung haben von dem Ursprung der Ausschließungseigenschaft, die durch das Prinzip von Pauli ausgedrückt wird, noch von dem Mechanismus, der die Existenz oder Nichtexistenz

dieser Eigenschaft an die Ungleichheit oder Gleichheit des Spins bindet. Es wäre also voreilig, eine Regel verallgemeinern zu wollen, die aus ein paar Sonderfällen abgeleitet wurde.« (»Licht und Materie«, S. 67)

Um die Zustände in einem Atom zu kennzeichnen, sind vier Quantenzahlen von Bedeutung:

1. Die Hauptquantenzahl n, sie gibt die Schale im Atomgebäude an, in der sich das Elektron befindet.
2. Die Drehimpulsquantenzahl l, die die Umlaufsgeschwindigkeit des Elektrons und die Stufe innerhalb der Schale bestimmt.
3. Die Spinquantenzahl s und
4. die magnetische Quantenzahl m. Sie kennzeichnet die durch das Magnetfeld erzwungene räumliche Lage der Elektronenbahn, denn durch die Drehung der elektrischen Ladungen (Elektronenumlauf und Eigenrotation) werden Magnetfelder erzeugt, die sich gegenseitig beeinflussen und dadurch die räumliche Lage der einzelnen Elektronen bestimmen.

Jede dieser vier Quantenzahlen bezeichnet einen anderen Zustand der Elektronen im Atom.

Im Jahr 1925 stellte Pauli ein Gesetz (Ausschließungsprinzip) von entscheidender Bedeutung auf:

»*In einem Atom kann jeder durch Quantenzahlen bestimmte Zustand nur immer von* **einem** *Elektron angenommen werden.*«

Demnach ist es den Elektronen verwehrt, in sämtlichen vier Quantenzahlen den gleichen Zustand zu besitzen.

»*Die Zahl der chemischen Grundstoffe ist zurückgeführt auf die Zahl der Möglichkeiten, die für eine stabile Anordnung eines Kerns und einer Schar von Elektronen besteht. Diese ist für alle Elemente und auch für die verschiedenen Zustände eines Elementes gegeben durch ein Zusammenwirken weniger ganzer Zahlen, der 4 Quantenzahlen und der Ordnungszahl des Grundstoffes. Welcher Mechanismus allerdings die 92 Elektronen des Urans dazu bringt, daß keine zwei in allen 4 Quantenzahlen übereinstimmen, wissen wir nicht. Wir kennen den Grund für das Pauliprinzip nicht, es ist nicht aus der Quantentheorie abzuleiten.*« (E. Zimmer, »Umsturz im Weltbild der Physik«, S. 143)

Der englische Physiker Dirac (geb. 1902) führte die Theorie des magnetischen Elektrons ein, die trotz großer Kompliziertheit und Schwierigkeiten beachtliche Erfolge zu verzeichnen hatte. Die Theorie erforderte die Existenz eines magnetischen Moments und eines Drehimpulses, also eines Spins für das Elektron. Im besonderen verlangte die Theorie die Existenz eines positiven Elektrons, das damals noch nicht entdeckt war. Dirac stattete die Elektronen mit Bewegungen aus, die niemals beobachtet wurden, Bewegungen, deren Energie negativ ist. Solche Bewegungszustände haben die paradoxe (widersinnige) Eigenschaft, daß die Geschwindigkeit eines so ausgestatteten Elektrons sich vergrößert, wenn man es abbremst, und um so mehr abgebremst wird, je mehr man es stößt. Dirac nahm das Ausschließungsprinzip von Pauli als Grundlage, wonach es nicht mehr als ein Elektron für einen Zustand geben kann. Im gesamten Universum sind nun alle Zustände mit negativer Energie besetzt, woraus eine gleichförmige Dichte entsteht. Da nur Unterschiede gesehen und begriffen werden können, Einförmigkeit jedoch unsichtbar ist, so ist die gleichförmige Dichte unbeobachtbar. Es gibt im Universum aber einen Überschuß an Elektronen, und weil alle Zustände negativer Energie ausgefüllt sind, besetzen diese Elektronen Zustände mit positiver Energie. Da solche Elektronen sich von der gleichförmigen Masse unterscheiden, sind sie allein beobachtbar. Lenin sagt:

»*Wenn man die ganze Welt auf die Bewegung von Elektronen zurückgeführt haben wird, dann wird man das Elektron aus allen Gleichungen gerade deswegen eliminieren (beseitigen — W. D.) können, weil es überall inbegriffen gedacht sein wird, und das Verhältnis der Gruppen oder Aggregate von Elektronen wird sich auf ihre gegenseitige Beschleunigung reduzieren, wenn die Formen der Bewegung ebenso einfach wären wie in der Mechanik.*« (Lenin Werke Bd. 14, S. 289/290)

Durch irgendwelche äußere Einwirkung kann ein Elektron mit negativer Energie plötzlich in einen Zustand positiver Energie überwechseln. Damit wäre das Elektron aus der grauen Masse der unsichtbaren Gleichförmigkeit in den Kreis der Beobachtung gerückt. Durch den Umwechslungsprozeß ist ein Zustand mit negativer Energie freigelegt worden; eine »Lücke« ist entstanden, die gleichzeitig beobachtbar ist, weil sie eine Unterbrechung der gleichförmigen Dichte darstellt. Nach Dirac verhält sich nun diese »Lücke« wie eine Korpuskel gleicher Masse und Ladungsgröße eines Elektrons, aber statt mit negativer mit positiver Ladung; also ein positives Elektron, ein Positron. Durch einen plötzlichen, außergewöhnlichen Anlaß entstand also ein Elektronenpaar, ein Elektron und ein Positron, eine Zwillingsgeburt. Dies konnte experimental nachgewiesen werden durch die amerikanischen Physiker Anderson (geb. 1905), Blackett und andere, die mit Hilfe der kosmischen Strahlen diese außergewöhnliche Einwirkung erzielen konnten.

Dirac sah voraus, und das Experiment bestätigte dies auch, daß die Positronen instabil sein müssen. Gerät das Positron in die Nähe eines negativen Elektrons, so vermag dieses die »Lücke« durch einen Strahlungsübergang auszufüllen; zwei Elektronen mit entgegengesetzten Vorzeichen vereinigen sich und verschwinden: zwei Photone werden geboren.

Auch das Positron besitzt seinen Spin wie das Elektron und auch denselben Drehimpuls von $\frac{1}{2} \cdot \frac{h}{2\,Pi}$. Eine Korpuskel Diracs könnte allein kein Photon bilden, weil eine Korpuskel aus einer geraden Zahl elementarer Korpuskeln besteht. Darum müssen die Photonen aus zwei Korpuskeln mit dem Spin ½ zusammengesetzt sein, also aus einem Korpuskelpaar gebildet worden sein. Das erklärt auch, warum ein Photon elektrisch neutral ist, weil die Vereinigung zweier entgegengesetzter Ladungen sich gegenseitig aufhebt, das heißt nach außen neutral wirkt.

Diracs Anschauung zeigt, wie weit die bürgerliche Wissenschaft sich von der metaphysischen Methode entfernt hat. Dirac stellte eine Hypothese auf der Grundlage der Dialektik auf. Sie war ungewöhnlich für die metaphysisch geschulten Köpfe, die mehr oder weniger die quantitative Seite sahen. Aber eben deshalb, weil Dirac sich die dialektische Methode (wahrscheinlich unbewußt) zu eigen machte, führte seine Hypothese zum Erfolg. Die Ergebnisse des Experimentes bestätigten die Theorie Diracs, so daß auch der hartgesottenste Metaphysiker nichts mehr dagegen einzuwenden hatte.

Energie wird in Masse verwandelt, indem eine Strahlungsenergie eine Korpuskel und Antikorpuskel ins Leben ruft, eine Zwillingsgeburt; ein Elektronenpaar wird erzeugt. Um dieses Phänomen zu erzeugen, muß die Energiemenge eine Million Elektronvolt betragen. Masse verwandelt sich in Energie, indem eine Antikorpuskel, eine »Lücke«, ein Positron, sich wegen der Instabilität mit einer Korpuskel, einem Elektron, vereinigt und durch die Vereinigung in Strahlungsenergie verwandelt. Ein so aus einem Korpuskelpaar gebildetes Photon würde sich bei intensiver Berührung mit anderer Materie zerstören, indem es den Materieteilchen seinen gesamten Energiebetrag überträgt. Eine solche Vernichtung zeigt das Phänomen des photoelektrischen Effektes. Energie wird in Masse, Masse in Energie verwandelt, beide sind zwei Erscheinungsformen der alles umfassenden, der alles verkörpernden Materie, die in dialektischer Weise die eine oder andere Form annimmt.

Das heißt nun nicht, daß man keine Unterscheidung zwischen Energie und Masse, Kraft und Stoff zu machen braucht, wie das die metaphysischen, mechanischen Materialisten vom Schlage eines Büchner machen. Josef Dietzgen zitiert Büchner:

»Kraft und Stoff voneinander gesondert sind für mich nichts weiter als Gedankendinge, Phantasien, Ideen ohne Wesenheit, Hypothesen, welche für eine gesunde Naturbetrachtung gar nicht vorhanden sind, weil alle Erscheinungen der Natur durch eine solche Trennung alsbald dunkel und unverständlich werden.«

Büchner sieht die Materie als starres, fertiges Ding an, erfaßt sie metaphysisch und sieht nicht die Prozesse, die Verwandlung der einen Form in die andere und umgekehrt. Dietzgen erteilte diesem Metaphysiker im Gewand eines Materialisten eine gebührende Antwort:

»Allerdings, keine Kraft ohne Stoff, kein Stoff ohne Kraft. Kraftlose Stoffe und stofflose Kräfte sind Undinge. Wenn idealistische Naturforscher an ein immaterielles Dasein von Kräften glauben, welche gleichsam im Stoffe ihren Spuk treiben, die wir nicht sehen, nicht sinnlich wahrnehmen und dennoch glauben sollen, so sind es in diesem Punkte eben keine Naturforscher, sondern Spekulanten, das heißt Geisterseher. Doch ebenso kopflos ist andererseits das Wort des Materialisten, das die intellektuelle Scheidung zwischen Kraft und Stoff eine Hypothese nennt.

Damit diese Scheidung nach Verdienst gewürdigt sei, damit unser Bewußtsein die Kraft weder spiritualistisch verflüchtigt noch materialistisch verleugnet, sondern w i s s e n s c h a f t l i c h   b e g r e i f t, dürfen wir nur das Unterscheidungsvermögen überhaupt oder an sich begreifen, das heißt seine abstrakte Form erkennen. Der Intellekt kann nicht ohne sinnliches Material operieren. Um zwischen Stoff und Kraft zu unterscheiden, müssen diese Dinge sinnlich gegeben, müssen erfahren sein. Auf Grund der Erfahrung nennen wir den Stoff kräftig, die Kraft stofflich ... Der Unterschied zwischen Stoff und Kraft summiert sich unter den allgemeinen Unterschied des Konkreten und Abstrakten. Den Wert dieser Unterscheidung absprechen, heißt also den Wert der Unterscheidung, des Intellektes überhaupt verkennen.« (Josef Dietzgen, Sämtliche Schriften, Bd. 1, »Das Wesen der menschlichen Kopfarbeit«, S. 59/60)

Es gibt zwei festbegründete Arten neutraler Korpuskeln, das Neutron, mit einer Masse fast gleich der des Protons, und das Photon, das durch die Verbindung eines Elektronenpaares nicht größere, sondern geringere Masse gegenüber der Elektronenmasse erhalten hat. Der italienische Physiker Fermi nimmt noch eine dritte Art neutraler Korpuskeln an, das Neutrino, mit einer Masse, weit geringer als die des Elektrons. Da nun der Vorgang der Ausstrahlung von Betastrahlen durch einen radioaktiven Atomkern nicht mit dem Gesetz der Erhaltung der Energie in Einklang zu bringen ist, nimmt man an, daß die Ausstrahlung der Betateilchen von einer neuen Art Korpuskel, mit einer Ladung gleich Null und einer winzigen, zu ignorierenden Masse, begleitet ist. Der Energiegehalt müßte so gering sein, daß die Wirkung sehr schwach und mit den heutigen Mitteln des Experiments nicht zu beobachten wäre. Einer solchen Korpuskel würde das Neutrino von Fermi entsprechen. Das Neutrino ist nicht ohne weiteres mit einem Photon zu identifizieren, obwohl beider Masse fast und beider Ladung gleich Null wären. Das Photon besitzt ein elektromagnetisches Feld, das Neutrino aber nicht, wegen der schwachen Wirkung, die es auf die Materie ausübt. Es wäre eine Art Halb-Photon, das erst durch Vereinigung mit einem Antineutrino zum Photon werden und damit ein elektrisches Feld besitzen würde. Trotz aller Wahrscheinlichkeit ist die Existenz des Neutrinos noch nicht bewiesen worden.* Und noch ist auch über die Struktur des Photons keine endgültige Klarheit erzielt worden.

Demokrits Atome waren unteilbar, unveränderlich, fertige Dinge. Die heutigen Elementarteilchen unterstehen unbeschränkten Umwandlungsprozessen. Sie beweisen dadurch den dialektischen Zug in der Natur. Nicht die quantitative, sondern die qualitative Seite, die den Umwandlungsprozeß kennzeichnet, ist das entscheidende Merkmal der Dialektik der Natur. Durch den Prozeß der Betaausstrahlung in einem radioaktiven Atomkern kann ein Neutron in drei neue Teilchen umgewandelt werden: ein Proton, ein Elektron und ein Neutrino (Fermi). Auch ein Proton kann einen Umwandlungsprozeß in drei Korpuskeln erleben: ein Neutron, ein Positron und ebenfalls ein Neutrino. Wie schon früher beschrieben, können Elektron und Positron in zwei Photone und umgekehrt kann ein Photon mit genügender Energie in ein Elektronenpaar verwandelt werden. Das Atom als Umformer kann sowohl Photonen absorbieren wie erzeugen. Keine der Materieformen ist stetig, beständig. Die Ursache aller Unbeständigkeit, Umwandlungsfähigkeit ist die Bewegung.

Die Quantentheorie und die Wellenmechanik haben, wenn wir von der quantitativen, mathematischen Erstarrung durch die metaphysisch geschulten Physiker vorläufig absehen wollen, jedenfalls große Erfolge zu verzeich-

---

* Der erste direkte Nachweis des Neutrinos erfolgte 1956 in einem Experiment von Cowan am Reaktor der Savannaa River.

nen. Beide Theorien haben zu intensiver Forschung angeregt mit dem Ergebnis, daß neue Formen der Materie entdeckt wurden. Der Jahrhunderte alte Streit zwischen Wellen- und Korpuskeltheorie des Lichtes wurde beendet durch die bedeutende Entdeckung, daß Welle und Korpuskel zwei komplementäre Gesichter nicht nur für das Licht, sondern auch für alle Materieformen sind. Licht selbst erweist sich als eine Form der Materie.

Der ungewöhnliche Weg Diracs rückte das Ziel einer einheitlichen Auffassung über Licht und Materie bedeutend näher. Noch sind nicht alle Zusammenhänge und Übergänge ermittelt. Die Wellenmechanik zeigt aber auch mit aller Deutlichkeit, daß die Vorstellung über eine einfache Struktur des Mikrokosmos vollständig verloren gegangen ist; sie ist der Auffassung eines äußerst komplizierten Gebäudes gewichen, eines Gebäudes, dessen Umrisse, dessen Einzelheiten, trotz großer Mannigfaltigkeit, verwischt, verschmiert sind, ein Bild, dessen Anschaulichkeit verloren gegangen ist, mit anderen Worten: Das einfache, quantitative Weltbild mit seiner Anschaulichkeit ist einem qualitativen, komplizierten Weltbild ohne scharfe Grenzlinien gewichen.

Anmerkung: In der Bohrschen Atomtheorie mußten noch Annahmen gemacht werden, daß Elektronen nur ganz bestimmte, ausgewählte Energiezustände (die bestimmten Kreisbahnen entsprechen) einnehmen können, auf denen sie sich, ohne Energie abzustrahlen, frei bewegen können. Nur beim Übergang von einer energiereicheren auf eine energieärmere Bahn kann Licht ausgesandt werden. In der Wellenmechanik ergibt sich vollkommen zwanglos, daß die Energie eines Elektrons nur ganz bestimmte Werte annehmen kann, die durch stationäre Wellenfunktionen unterschiedlicher Wellenlänge festgelegt sind. Die Energiewerte E_1, E_2, E_3 usw. entsprechen den Werten aus dem Bohrschen Atommodell.

Die Quantisierung der Energie, das heißt die Existenz bestimmter stationärer Energiezustände ergibt sich aus den Welleneigenschaften der Elektronen in gleicher Weise wie zum Beispiel bei einer eingespannten Saite, wo die möglichen Wellenlängen durch die Länge der Saite festgelegt sind.

Abbildung 49

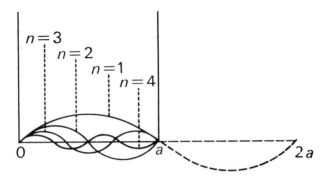

Die stationären Wellenfunktionen der Elektronenbewegungen im Atom lassen sich als Ladungswolken darstellen, die die Aufenthaltswahrscheinlichkeit für ein Elektron im Atom veranschaulichen. Sie unterscheiden sich vollkommen von den Bohrschen Kreisbahnen. Mit Hilfe dieser Ladungswolken lassen sich auch die Bindungswinkel — zum Beispiel der stumpfe Winkel vom Wassermolekül — erklären. Dazu war das Bohrsche Atommodell nicht in der Lage.

Abbildung 50

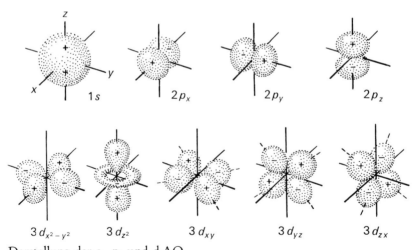

Darstellung der s-, p- und d-AO
(Die Plus- und Minus-Zeichen geben das Vorzeichen der Wellenfunktion in den betreffenden Gebieten an)

7. Verwandlung der Materie (Transmutation)

Als im Jahr 1919 die Beschießung der Atomkerne durch Alphapartikel von Rutherford begonnen wurde, konnte niemand voraussehen, daß die Transmutation der Elemente innerhalb von zwei Jahrzehnten so gewaltige Erfolge erzielen konnte. Die Öffentlichkeit weiß von den Erfolgen der Chemie, zum Beispiel der Herstellung von Buna oder des synthetischen Benzins, zu berichten, aber nur wenige nehmen Notiz von den Erfolgen der Atomkern-Chemie, von der Umwandlung der Elemente.

Tausende und aber Tausende Autos fahren auf Buna-Reifen, werden mit synthetischem Benzin getrieben, sind für jedermann sichtbar. Ganz anders die Errungenschaften der Atomkern-Chemie; sie können nur mit Hilfe feinster Apparate wahrgenommen werden. Erst im Jahr 1935 gelang die Herstellung solcher Mengen eines Elementes, daß sein Spektrum beobachtet werden konnte, und das ist eine sehr winzige Menge. Handgreifliche Erfolge im buchstäblichen Sinne kann also die Atomkern-Chemie, die **Transmutation der Elemente,** nicht aufweisen, trotzdem sind sie gewaltig.

Die Chemie verbindet die Elemente zu chemischen Verbindungen oder zerlegt dieselben in Elemente. Die Atomkern-Chemie verwandelt die Elemente. Das ist ein ungeheurer Unterschied. Der Traum der Alchemisten ist Wirklichkeit geworden; die Transmutation der Elemente ist eine Tatsache.

»Die Methode ist die der Wilsonschen Expansionskammer; die Waffen sind die Alpha-Partikel; und das Hindernis, die Verteidigungslinie, die jedem von Menschengeist ersonnenen Angriffsmittel standhielt — bevor die Alpha-Partikel auf den Plan traten —, ist die Struktur des Atoms.« (Darrow, »Renaissance der Physik«, S. 299/300)

Im Laufe der Zeit ist die Anzahl der Waffen erweitert worden. So werden heute Transmutationen der Elemente durchgeführt:

1. durch Alphastrahlen,
2. durch Protonen,
3. durch Deuteronen,
4. durch Neutronen.

Eine Transmutation findet dann statt, wenn das dazu verwandte Geschoß in so innige Berührung mit dem Atomkern eines Elementes gerät, daß entweder eine Zerstörung, Zertrümmerung oder ein Aufbau, eine Anreicherung des Kernes in Frage kommt. Dabei ist nicht entscheidend, ob die Masse

Abbildung 51

Nebelspuren durch Alphastrahlen

des Kernes größer oder kleiner wird, sondern ob sich die Ladung verändert. In beiden Fällen entsteht dann ein vollständig neuer Kern, ein anderes Element. Die Hauptschwierigkeiten, die der Transmutation entgegenstehen, sind:

1. Die ungeheure Winzigkeit des Objektes; die Wahrscheinlichkeit eines Zusammenpralls zwischen Geschoß und Kern wird dadurch sehr verringert;
2. die Kraft der elektrischen Abstoßung, der »Potentialwall«;
3. die Erzeugung der notwendigen Energiemengen, um den Potentialwall zu durchbrechen, die Abstoßungskraft zu überwinden.

Man muß sich den Atomkern wie in einem Krater oder einem Topf gelegen vorstellen: ein Kraterloch von einem billionstel Millimeter Durchmesser, ringsherum der hohe Wall, der Potentialwall. Nach der alten Mechanik wird ein Korpuskelgeschoß, wenn es den Potentialberg erklimmt, aufgehalten, wenn seine kinetische Energie zu gering ist, es läuft zurück, wird elastisch reflektiert. Nach der Wellenmechanik kann ein Korpuskelgeschoß, das ja mit einer Welle verbunden ist, nicht vollständig aufgehalten werden. Solange die mit der Korpuskel verbundene Welle nicht gleich Null ist, besteht immer ein gewisses Maß an Wahrscheinlichkeit, auch bei ungenügender kinetischer Energie, den Potentialwall zu überwinden. Es wird gewissermaßen von der Welle ein Tunnel gegraben, und die Korpuskel wird von der Welle durch den Potentialwall geführt.

Nun ist der Potentialwall nicht von einheitlicher Energiestärke. Wie die Elektronen sich in verschiedenen Energiezuständen bewegen, so nimmt man an, daß auch die Kernkorpuskeln verschiedenen Energiezuständen ausgesetzt sind. Der englische Chemiker Chadwick konnte nachweisen, daß durch Regulierung der Geschwindigkeit, der kinetischen Energie des Korpuskelgeschosses, die Wahrscheinlichkeit eines Zusammenstoßes in Stufen geregelt war. Auch bei geringerer kinetischer Energie des Geschosses, wenn sie einen bestimmten Grad erreichte, war die Häufigkeit eines Treffers ebenso gegeben wie bei höherer, ebenfalls bestimmter kinetischer Energie, so daß, wenn die bestimmte Stufe höherer Energie erreicht war, sogar weniger Treffer erzielt wurden. Wie alle Korpuskeln, so sind sowohl Korpuskelgeschoß wie auch die Kernkorpuskeln mit einer Welle mit dem Energiewert $h \cdot v$ ausgerüstet. Sind die Frequenzen gegenseitig abgestimmt, so dringt das Geschoß leichter durch den Wall.

Der *Potentialwall*, die Kraft der Abstoßung, ist so stark, daß es weder durch größte Hitze noch größte Kälte möglich ist, zwei Atomkerne zusammenzupressen oder auseinanderzureißen.* Nur wenn ein Kern mit gewaltiger Kraft gegen den anderen geschleudert, ja geschossen wird, kann der Wall durchstoßen werden. Die aufzubringende Pulverladung, die notwendige kinetische Energie des Geschosses, beträgt acht Millionen Elektronvolt. Diese Energie besitzt das Alphateilchen, das ja nichts anderes ist als ein Heliumkern. Alphapartikel sind ein Produkt radioaktiver Elemente mit einer positiven Ladung von + 2e. Nur drei Kerne gibt es mit geringerer Ladung gleich + e: das Proton, der gewöhnliche, leichte Wasserstoffkern; das Deuteron und das Tritium, die schweren Wasserstoffkerne. Diese Kerne müssen auf Grund ihrer halb so großen Ladung bei der Annäherung an einen anderen Atomkern auch nur die Hälfte der Abstoßung wie das Alphateilchen erfahren. Das bedeutet, daß die notwendige Energie für ein Proton- oder Deuterongeschoß geringer als die des Alphapartikels sein kann. Nun ist aber eine Millionenspannung nicht notwendig, um Transmutationen herbeizuführen; einige hunderttausend Volt genügen, um Erfolge zu erzielen. Trotzdem wird an der Gewinnung immer größerer Hochspannung gearbeitet. So wurde in Amerika durch die elektrostatische Maschine von van de Graff eine Spannung von 6 Millionen Volt erzeugt. Korpuskeln mit der Ladung + e, also Protonen und Deuteronen, würden, durch das Feld geschickt, diese Spannung erwerben. Ein anderer Amerikaner, Lawrence, baute ein Cyklotron, eine Maschine, die nur 60 000 Volt Spannung benutzte, wo aber die Protonen durch ein besonderes Verfahren fast hundertmal durch das Spannungsfeld gejagt wurden und sich dadurch eine Energie von rund 6 Millionen Volt aneigneten. Versuche sind im Gange, um 12 Millionen Volt zu erzeugen.

Die meisten Elemente besitzen Isotope, das heißt, sie sind ein Gemisch verschiedener Massen. Bei Verwendung von runden Zahlen sind die Kerne der ersten zehn Elemente in ihren Isotopen wie folgt zusammengesetzt, wobei die Ladung das Element, die Masse das Isotop kennzeichnet:

Wasserstoff	$_1H^1$	$_1H^2$	$_1H^3$
Helium	$_2He^4$	$_2He^3$	
Lithium	$_3Li^7$	$_3Li^6$	
Beryllium	$_4Be^9$		
Bor	$_5B^{11}$	$_5B^{10}$	$_5B^9$
Kohlenstoff	$_6C^{12}$	$_6C^{13}$	$_6C^{11}$

---

* Unter den Bedingungen im Inneren der Sonne, also unter Druck bei hohen Temperaturen, laufen diese Prozesse ab.

Stickstoff	$_7N^{14}$	$_7N^{13}$	
Sauerstoff	$_8O^{16}$	$_8O^{17}$	$_8O^{19}$
Fluor	$_9F^{19}$	$_9F^{17}$	
Neon	$_{10}Ne^{20}$		

Die Zahl links unten neben dem Symbol bezeichnet die Ladung, rechts oben die Masse, das heißt die Atomgewichte in abgerundeten Zahlen. Dringt bei der Transmutation ein Korpuskelgeschoß, zum Beispiel $_1H^1$, in einen Kern ein, zum Beispiel $_3Li^7$, so wird der Kern nicht zertrümmert, sondern Geschoß und Kern »verschmelzen« einen Augenblick ineinander, um dann als zwei ganz andere Kerne auseinanderzufliegen. Vergleicht man Gesamtladung und Gesamtmasse von Geschoß und Ziel, so stimmen die Summen immer überein mit denen der Gesamtladung und Gesamtmasse der neuen Kerne. Darin ist das Gesetz der Erhaltung der Energie und das Gesetz der Erhaltung der Masse enthalten.

Bei der ersten Beschießung wurden Alphapartikel verwandt. Es zeigte sich nun, daß Kernladungen über 20 sich durch Alphapartikel nicht beeindrucken ließen. Für Alphapartikel ist der Potentialwall so hoher Kernladungen anscheinend zu stark, als daß er durchbrochen werden kann. Aber auch einige Elemente geringer Kernladung, zum Beispiel Kohlenstoff und Beryllium, konnten durch Alphapartikel nicht verwandelt werden. Hier muß die Ursache woanders liegen, was aber noch nicht geklärt werden konnte. Und nicht immer finden Transmutationen statt, oft werden Alphateilchen an Atomkernen gestreut, abgelenkt, so an Sauerstoff, Stickstoff, Wasserstoff. Dringt ein Alphateilchen in einen Kern ein, so entsteht eine Spannung zum Bersten; gewöhnlich entweicht ein Proton, und die Spannung läßt nach, meist bleibt der Restkern stabil.

Einige Beispiele der Transmutation durch Alphapartikel:

(1) → $_2He^4$ + $_3Li^6$ → $_4Be^9$ + $_1H^1$
(2) → $_2He^4$ + $_5B^{10}$ → $_6C^{13}$ + $_1H^1$
(3) → $_2He^4$ + $_7N^{14}$ → $_8O^{17}$ + $_1H^1$

Im Jahr 1932 gelang den englischen Physikern Cockcroff und Walton in Cambridge die erste Transmutation durch Protonen, sie statteten ihre Protonengeschosse mit 500 000 Elektronenvolt aus und bombardierten damit schweres Lithium.

(4) → $_1H^1$ + $_3Li^7$ → $_2He^4$ + $_2He^4$

Beim Auftreffen des Protons auf den Lithiumkern entstand ein »angeregter« Berylliumkern. Nach einer Lebensdauer von nicht einmal einer Sekunde zerbrach er in zwei Heliumkerne, die aber nicht die Geschwindigkeit von Alphapartikeln besaßen. Es zeigte sich dabei, daß die zwei Heliumkerne meistens wie Waagebalken in entgegengesetzten Richtungen auseinanderstrebten. Die folgende Reaktion zeigt, daß die Heliumkerne ebenso in verschiedene Richtungen hin ausstrahlen.

$$(5) \rightarrow {}_1H^1 + {}_5B^{11} \rightarrow {}_6C^{12} \rightarrow \begin{array}{c} {}_2He^4 \\ \uparrow \\ {}_2He^4 \end{array} \rightarrow {}_2He^4$$

Der getroffene Borkern verwandelte sich durch Aufnahme des Protons für einen kurzen Augenblick in einen Kohlenstoffkern, der dann in drei Heliumkerne auseinanderflog. Die beiden Reaktionen ergaben eine Verwandlung von Wasserstoff und Lithium und eine von Wasserstoff und Bor in Helium.

In demselben Jahr wurde in Amerika der schwere Wasserstoff (Isotop) ${}_1H^2$ entdeckt und der Kern Deuteron genannt. Zunächst mußten die Deuteronen konzentriert, von den Elektronen befreit und in einem Cyklotron fast hundertmal durch ein elektrisches Feld mit einer Spannung von 60 000 Volt getrieben werden. Somit waren diese Kerne mit einer Energie von 5,8 Millionen Elektronvolt ausgerüstet. Wird Lithium mit Deuteronen beschossen, so entsteht folgende Kernreaktion:

$$(6) \rightarrow {}_1H^2 + {}_3Li^6 \rightarrow {}_2He^4 + {}_2He^4$$

Das Ergebnis ist dasselbe wie das aus der Formel (4); zwei Heliumkerne sind geboren. Aber diese Heliumkerne besitzen nicht die gleiche Geschwindigkeit wie die aus der Formel (4) entstandenen.

Rutherford und Oliphant führten eine eigenartige Beschießung durch, Geschoß und Ziel waren gleicher Art. Deuteronen wurden mit Deuteronen bombardiert mit dem Ergebnis, daß leichter und »schwerster Wasserstoff« vom Gewicht 3 entstand, also ein Proton und ein Tritiumkern.

$$(7) \rightarrow {}_1H^2 + {}_1H^2 \rightarrow {}_1H^3 + {}_1H^1$$

Diese Verwandlung läßt sich folgendermaßen erklären. Beim Zusammenprall der zwei Deuteronenkerne läßt der eine Kern sein Neutron fallen und fliegt als Proton durch die Welt, das Neutron schließt sich einem Deuteron an, die dann ein Dreigestirn bilden. Bei solchen Transmutationen geschieht es aber auch, daß beim Auseinanderbrechen eines Deuteronenkernes sich das Proton einem anderen Deuteronkern anschließt und eine stabile Verbindung eingeht, das Neutron aber frei herumsegelt. Dies ist die Reaktion:

(8) $\rightarrow {}_1H^2 + {}_1H^2 \rightarrow {}_2He^3 + {}_0n^1$

Ein Neutron kann in der Wilsonkammer nicht direkt beobachtet werden, da nur geladene Teilchen eine ionisierende Spur hinterlassen. Wohl sind sie indirekt der Beobachtung zugänglich, weil sie auf ihrer raschen Fahrt mit geladenen Teilchen zusammenprallen, die ihnen neue Bahnen geben und die daraufhin eine ionisierende Spur hinterlassen. Das Isotop ${}_2He^3$ ist bisher in der Natur nicht festgestellt worden; also ein von Menschen geschaffener neuer Kern.

Marie Curie entdeckte die Radiumstrahlen, ihre Tochter Irene Curie schuf im Jahr 1934 die künstliche Radioaktivität. Bor wird mit Alphapartikeln bombardiert, die Reaktion zeigt ein Stickstoff-Isotop und ein Neutron. Der neuentstandene Stickstoffkern ist nicht stabil; er ist radioaktiv mit einer Halbwertzeit von 14 Minuten. Er strahlt weder einen Alpha-, Beta- oder Gammastrahl aus, sondern ein Positron.

(9) $\rightarrow {}_2He^4 + {}_5B^{10} \rightarrow {}_7N^{13} + {}_0n^1$ (augenblicklich)
$\qquad {}_7N^{13} \rightarrow {}_6C^{13} + e^+$ (nach 14 Minuten)

Zurück bleibt Kohlenstoff, ein stabiler Kern. Zwei andere Reaktionen zeigen die Bildung radioaktiver Isotope durch Alphapartikel in ähnlicher Form.

(10) $\rightarrow {}_2He^4 + {}_3Li^6 \rightarrow {}_5B^9 + {}_0n^1$
$\qquad {}_5B^9 \rightarrow {}_4Be^9 + e^+$
(11) $\rightarrow {}_2He^4 + {}_7N^{14} \rightarrow {}_9F^{17} + {}_0n^1$
$\qquad {}_9F^{17} \rightarrow {}_8O^{17} + e^+$

Stickstoff, Bor und Fluor sind radioaktiv! Das kommt in der Natur nicht vor. Irene Curie und ihr Mann, Joliot, erzielten in einer Sekunde hunderttausend Atome von Radio-Stickstoff. Künstliche Radioaktivität durch Heliumkerne wurde erzeugt, welch gewaltiger Erfolg!

Daß sich die Alphapartikel als eine so überaus widerstandsfähige Waffe erwiesen, hat seine bestimmte Ursache. Das Alphateilchen, ein Heliumkern, bildet einen festgefügten Viererbund von zwei Protonen und zwei Neutronen mit einer Gesamtmasse von Gewicht 4,002. Ein normales Proton oder Neutron hat aber ein Gewicht von je 1,008, also müßte das Alphateilchen ein Gesamtgewicht von 4,032 haben. Diese Differenz von 0,030 ist die Ursache der Widerstandsfähigkeit. Masse ist mit Energie identisch. Durch die Vereinigung der Protonen und Neutronen zum Viererbund wurde der Energiebetrag von 0,030, als Preis für das Bündnis, ausgestrahlt. Dieser »Massendefekt« macht das Alphateilchen so widerstandsfähig und zur geeigneten Waffe der Transmutation. Bei Rutherfords künstlich erzeugten Heliumkernen ist dieser »Massendefekt« nur viel schwächer vorhanden; sie sind deshalb unbeständig.

Nicht nur die Alphapartikel, sondern auch andere Teilchen bilden radioaktive Isotope. Ein Proton trifft auf einen Kohlenstoffkern; ein Stickstoffkern entsteht. Ein unbeständiger Kern, der Stickstoff ist radioaktiv. Unter Verzögerung, in gewisser Halbwertzeit, zerfällt er wieder, ein Positron wird ausgestrahlt, es saust dahin.

$$(12) \rightarrow {}_1H^1 + {}_6C^{12} \rightarrow {}_7N^{13}$$
$$ {}_7N^{13} \rightarrow {}_6C^{13} + e^+$$

Ein Restkern ist ein Kohlenstoff-Isotop, anscheinend stabil. Ein ähnliches Ergebnis wie in Formel (12) wurde durch Deuteronen erzielt.

$$(13) \rightarrow {}_1H^2 + {}_6C^{12} \rightarrow {}_7N^{13} + {}_0n^1$$
$$ {}_7N^{13} \rightarrow {}_6C^{13} + e^+$$

Nachdem beide Kerne zusammenprallten, verschwand augenblicklich ein Neutron, der übriggebliebene Stickstoffkern verhielt sich dann wie der vorige.

Die amerikanischen Physiker Livingstone und McMillan führten eine Transmutation in freier Luft aus, indem sie mit einem Deuteronenstrahl von zwei Millionen Volt Energie den Stickstoff der Luft verwandelten. Bei dieser Transmutation wird das Geschoß, das Deuteron, zertrümmert und in ein Proton und ein Neutron gespalten. Es entstehen nun zwei Reaktionsmöglichkeiten:

$$(14a) \rightarrow {}_1H^2 + {}_7N^{14} \rightarrow {}_7N^{15} + {}_1H^1$$
$$(14b) \rightarrow {}_1H^2 + {}_7N^{14} \rightarrow {}_8O^{15} + {}_0n^1$$

Findet nach der Deuteronenzertrümmerung das Neutron Anschluß an den Stickstoffkern — das befreite Proton beeilt sich, zu verschwinden — so entsteht das sehr seltene Isotop ${}_7N^{15}$, das, wenn auch selten, doch immerhin vorkommt. Das Ergebnis des zweiten Falles — ein Proton gewinnt Anschluß, das Neutron verschwindet — ist ein Sauerstoff-Isotop ${}_8O^{15}$, das in der Natur vollständig unbekannt ist. Also ein ganz neuer Kern, doch leider war er unbeständig, radioaktiv; dies ist sein kurzer Lebenslauf:

$$(14c) \rightarrow {}_1H^2 + {}_7N^{14} \rightarrow {}_8O^{15} + {}_0n^1$$
$${}_8O^{15} \rightarrow {}_7N^{15} + e^+$$

Die Halbwertzeit beträgt durchschnittlich zwei Minuten.

Das Neutron ist ein Produkt der Transmutation, im Jahr 1932 von Chadwick, Rutherfords Schüler, entdeckt. Ein Hagel von Alphateilchen, scharf gekennzeichnet auf der Fotoplatte und am anderen Ende schräglaufend eine feine, gerade Linie, ein befreites Proton. Wer hat das Proton befreit? Kein Alphateilchen reichte so weit, um das zu erreichen. Aber auch keine andere Spur. Das konnte nur ein neutrales Teilchen sein, ein schnellbewegtes dazu, denn nur ein Teilchen mit erheblicher Energie ist in der Lage, ein Proton loszulösen. Chadwick nannte es Neutron und bestimmte seine Masse auf fast die des Protons. Seitdem ist es ein häufiger Gast der Transmutation, aber es zeigt sich nur, wenn es wirkt, das heißt, es macht seine Anwesenheit durch andere Teilchen bekannt.

Die größte Schwierigkeit der Transmutation ist der Potentialwall, der durch die gleiche Ladung von Geschoß und Ziel entsteht. Dieser Potentialwall um den zu bombardierenden Kern kann ohne Umstände unwirksam gemacht werden durch Verwendung von neutralen Geschossen. So wurde das Neutron, das Produkt der Transmutation, zur schärfsten Waffe der Transmutation der Elemente. Die ersten, die diese neue Waffe benutzten, waren Feather in Cambridge und Harkins in Chicago. Sie bombardierten Stickstoff mit Neutronen, keine Geschoßspur ist zu sehen, da inmitten der Dunkelheit zwei scharfe, helle Spuren, im stumpfen Winkel geknickt, zwei neugeborene Kerne: Bor und Helium.

$$(15) \rightarrow {}_0n^1 + {}_7N^{14} \rightarrow {}_5B^{11} + {}_2He^4$$

Die Festungsmauern waren gefallen, ein großartiger Feldzug der Transmutation begann.

Fermi von der Universität Rom mit noch vier anderen Physikern und Chemikern führte den Feldzug gegen die Elemente durch. Innerhalb von sechs Monaten bombardierten sie 60 Elemente, davon 40 erfolgreich. Heute gibt es kaum noch ein Element, das unverwundbar ist; ein glänzender Erfolg der Transmutation. Das in einen Kern eindringende Neutron verdrängt in den meisten Fällen entweder einen Heliumkern oder ein Proton. Einige Beispiele der Transmutation:

(16) → $_0n^1$ + $_8O^{16}$ → $_6C^{13}$ + $_2He^4$
(17) → $_0n^1$ + $_{10}Ne^{20}$ → $_8O^{17}$ + $_2He^4$

Sauerstoff mit Neutronen bombardiert ergibt Kohlenstoff und Helium, und Neon wird in Sauerstoff und Helium verwandelt.

Auch durch Neutronen werden radioaktive Isotope gebildet. Ein Fluorkern wird durch ein Neutron in einen unstabilen Sauerstoffkern und ein Proton verwandelt. Der Sauerstoffkern wird durch Ausstrahlung eines Elektrons wieder in einen Fluorkern zurückverwandelt. Das ist etwas Neues, denn bisher waren nur Positronen aus den radioaktiven Transmutationskernen herausgeschleudert worden.

(18) → $_0n^1$ + $_9F^{19}$ → $_8O^{19}$ + $_1H^1$
$_8O^{19}$ → $_9F^{19}$ + e^-

Elektronen sind Betastrahlen, somit unterscheiden sich diese künstlich erzeugten radioaktiven Kerne in ihrer Wirkung nicht von den natürlichen.

Durch Neutronengeschosse wurde aber noch eine ganz andere Wirkung erzielt. Man hat Element 92, Uran, beschossen und ein transuranisches Element, ein Element mit der Ordnungsnummer 93, geschaffen.

(19) → $_0n^1$ + $_{92}U^{238}$ → $_{92}U^{239}$ + $_{93}Np^{239}$ + e^- + Neutrino

Sollte damit durch die Transmutation die Herstellung eines neuen, unbekannten Elements gelungen sein? Es wurde eifrig in der Natur danach geforscht; inzwischen soll dieses Element in Pechblende und Colombit nachgewiesen sein. Weitere transuranische Elemente mit den Ordnungsnummern 94, 95, 96 und 97 wurden in den Laboratorien geschaffen.

Der Grundzug des dialektischen Geschehens in der physikalischen Welt ist die Umwandlung der verschiedenartigen Formen der Materie, ist die Verwandlung der universellen Bewegung in verschiedene Formen der Energie. Nicht die quantitative Seite, sondern die qualitative Seite der Natur ist entscheidend, und diese qualitative Seite wird durch die Bewegung, Veränderung, Verwandlung und Entwicklung der materiellen Einheit der Welt gekennzeichnet. Die Physiker haben die Welt des Mikrokosmos interpretiert und trotz ihrer allgemein-metaphysischen Grundeinstellung den dialektischen Zug in der Natur mehr und mehr herausgeschält. Die Welt zu interpretieren ist aber nur *eine Seite* der dialektischen Methode, die *andere Seite* ist, sie zu verändern. Durch die Transmutation der Elemente wird ein Teil der Welt, werden die Grundstoffe bewußt verändert, umgewandelt. Die Physiker werden damit praktische Dialektiker, obwohl sie theoretisch Metaphysiker sind, das heißt, daß sie immer wieder den Versuch unternehmen, ihre Forschungsergebnisse, ihre Experimentallösungen, idealistisch zu begründen, Qualität durch starre, mathematische Formelgerüste quantitativ zu degradieren, bewegliche, lebendige Prozesse auf starre, fertige Dinge zurückzuführen. Das ist ihr entscheidender, grundsätzlicher Fehler.

Treffend schildert Lenin den Weg der modernen Physik zum dialektischen Materialismus:

»*Wenn aber die physikalische Theorie immer naturgemäßer wird, dann existiert also unabhängig von unserem Bewußtsein eine ›Natur‹, eine Realität, die von dieser Theorie ›widergespiegelt‹ wird — eben das ist die Ansicht des dialektischen Materialismus.*

Mit einem Wort, der ›physikalische‹ Idealismus von heute bedeutet genauso wie der ›physiliogische‹ Idealismus von gestern nur, daß eine bestimmte Schule von Naturforschern in einem Zweig der Naturwissenschaft zu einer reaktionären Philosophie abgeglitten ist, weil sie nicht vermochte, sich direkt und von Anfang an vom metaphysischen Materialismus zum dialektischen Materialismus zu erheben. Die moderne Physik macht diesen Schritt und wird ihn vollziehen, aber sie steuert auf diese einzig richtige Methode und einzig richtige Philosophie der Naturwissenschaft nicht direkt hin, sondern im Zickzack, nicht bewußt, sondern spontan, wobei sie ihr ›Endziel‹ nicht klar sieht, sondern sich ihm tastend, schwankend nähert, manchmal sogar mit dem Rücken voran. Die moderne Physik liegt in Geburtswehen. Sie ist dabei, den dialektischen Materialismus zu gebären. Die Entbindung verläuft schmerzhaft. Außer dem lebendigen und lebensfähigen Wesen kommen unvermeidlich gewisse tote Produkte, einige Abfälle zum Vorschein, die in die Kehrichtgrube gehören. Zu diesen Abfällen gehört der ganze physikalische Idealismus, die ganze empiriokritische Philosophie samt dem Empiriosymbolismus, Empiriomonismus usw. usf.« (Lenin Werke Bd. 14, S. 315/316)

III. Probleme des Kosmos

Die verschiedenen Theorien der bürgerlichen Wissenschaftler, durchaus nicht einheitlich und universell, werfen eine Reihe von Problemen auf, um den Gesamtzusammenhang des Geschehens im Kosmos zu erfassen. Hierbei prallt fast ständig die mehr oder weniger angewandte dialektische Methode der Forschung mit der idealistischen Anschauung der bürgerlichen Wissenschaftler zusammen. Aber auch für den Dialektiker entstehen in dem Bestreben, den Gesamtzusammenhang der Welt zu erkennen, unüberwindliche Schwierigkeiten. Diese liegen in der Natur der Dinge selbst begründet.

»Die Menschen finden sich also vor den Widerspruch gestellt: einerseits das Weltsystem erschöpfend in seinem Gesamtzusammenhang zu erkennen, und andererseits, sowohl ihrer eigenen wie der Natur des Weltsystems nach, diese Aufgabe nie vollständig lösen zu können. Aber dieser Widerspruch liegt nicht nur in der Natur der beiden Faktoren: Welt und Menschen, sondern er ist auch der Haupthebel des gesamten intellektuellen Fortschrittes und löst sich tagtäglich und fortwährend in der unendlichen, progressiven Entwicklung der Menschheit, ganz wie z. B. mathematische Aufgaben in einer unendlichen Reihe oder einem Kettenbruch ihre Lösung finden.« (Marx/Engels Werke Bd. 20, S. 35)

Mit dieser Einschränkung versehen, muß die Arbeiterklasse auf der Grundlage des dialektischen Materialismus an das Studium der Probleme des Kosmos herantreten.

1. Zahlen und Symbole

Spengler sagt im »Untergang des Abendlandes«:

»Natur ist das Zählbare... In der Zahl als dem Zeichen der vollendeten extensiven Begrenzung liegt demnach, wie Pythagoras infolge einer großartigen, durchaus religiösen Intuition mit innerster Gewißheit begriff, das Wesen alles Wirklichen, das geworden, erkannt, begrenzt zugleich ist.« (S. 83/84)

In der Zahl liegt nicht das Wesen des Wirklichen; das Wesen des Wirklichen ist die Materie, die objektive Außenwelt. Die Zahl, das mathematische Symbol und die Figur, sie alle konkretisieren (Erfassen des einzelnen, Besonderen, Wirklichen, Greifbaren) die Wirklichkeit. Zahlen, Figuren und Symbole sind Mittel, um die objektive Welt zu erfassen. Sie geben erst ein konkretes Bild von der Außenwelt. Sind es nun Erfindungen des Menschen, um die Natur zu entschleiern? »*Die Natur ist das Zählbare*«, folglich muß die Möglichkeit des Zählens schon in der Natur selbst liegen; muß diese Möglichkeit der Natur entnommen sein.

»*Die Begriffe von Zahl und Figur sind nirgends anders hergenommen als aus der wirklichen Welt. Die zehn Finger, an denen die Menschen zählen, also die erste arithmetische Operation vollziehn gelernt haben, sind alles andre, nur nicht eine freie Schöpfung des Verstandes. Zum Zählen gehören nicht nur zählbare Gegenstände, sondern auch schon die Fähigkeit, bei Betrachtung dieser Gegenstände von allen ihren übrigen Eigenschaften abzusehn außer ihrer Zahl — und diese Fähigkeit ist das Ergebnis einer langen geschichtlichen, erfahrungsmäßigen Entwicklung. Wie der Begriff Zahl, so ist der Begriff Figur ausschließlich der Außenwelt entlehnt, nicht im Kopf aus dem reinen Denken entsprungen.*« (Marx/Engels Werke Bd. 20, S. 36)

Wir erfassen Materie, Dinge und Erscheinungen durch Messen. Der Kosmos ist zusammenhängend, kontinuierlich (ununterbrochen verlaufend), jedoch alle unsere Messungen sind sprunghaft. Die Genauigkeit der Messung richtet sich nach der Notwendigkeit und den technischen Möglichkeiten. Wir messen Straßenlänge nach km, ein Möbelstück wird nach mm, ein kompliziertes Maschinenteil nach hundertstel mm gemessen. Der Sekundenzeiger einer Uhr rückt sprunghaft um eine Sekunde vor. Es könnte auch ein Zehntel-Sekundenzeiger angebracht werden, aber das ist nicht notwendig. Selbst tausendstel Sekunden lassen sich messen, so wie man auch ein Milligramm oder ein zehntausendstel Millimeter messen kann. Auch noch viel kleinere Größen sind meßbar, doch einmal kommt eine Grenze, wo die technische Möglichkeit der Messung versagt. Im praktischen Leben messen wir sprunghaft: viel oder wenig, genau oder ungenau, je nach Notwendigkeit und Möglichkeit. Dieses Messen ist verbunden mit dem Begriff der Zahl. Die ganzen Zahlen — 1, 2, 3 usw. — sind grob, rund und sprunghaft, sie kennzeichnen das ungenaue, rohe Messen, die Richtung ins Große, Abgerundete.

»*Die natürlichen Zahlen aber hat Gott gemacht*«, schwärmt der Mathematiker Kronecker. Zu solchen idealistischen Schrullen sind selbst Mathematiker fähig. Die natürlichen, einfachen, vollen Zahlen sind entsprechend dem natürlichen, einfachen Denken der Menschen im Altertum zuerst der Natur entnommen. Die natürlichen, ganzen Zahlen widerspiegeln den antiken

Kosmos. Wie die im Raum schwebenden Körper selbständige, wesensnahe Punkte sind, so ist auch die antike Zahl eine begrenzte, greifbare Einheit. Das antike Weltbild nahm als Abschluß des Kosmos eine begrenzte, mit den leiblichen Augen zu erfassende Hohlkugel an; selbstverständlich sehr groß, aber nicht unendlich.

So auch die antike Zahlenreihe; auch sie führt zu sehr großen, jedoch nicht unendlichen Resultaten. Wie das antike Weltsystem eine sinnliche Grenze, eine abgeschlossene Größe bildet, so auch das antike Zahlensystem. Ein Sprung von Himmelskörper zu Himmelskörper, unverbundene, im sphärischen Raum schwebende, selbständige Punkte, und ein Sprung von ganzer Zahl zu ganzer Zahl, abgehackt und unüberbrückbar, dazwischen nichts. Deshalb fehlt der antiken Welt die Vorstellung unendlicher Dezimalbrüche ebenso wie die eines unendlichen Kosmos. Der antike Kosmos ist ein starres Gefüge absoluter Größen, und auch das antike Zahlensystem ist ein Gebilde aus starren Formen. Das Weltbild und auch das Zahlensystem entsprachen dem antiken Denken; es war ein statisches (im starren Gleichgewicht gehaltenes) Denken. Die Wandlung des Weltbildes von der Endlichkeit zur Unendlichkeit brachte auch eine Wandlung im Zahlensystem.

»Die entscheidende Tat des Descartes, dessen Geometrie (Lehre von den Flächen und Körpern) 1637 erschien, bestand nicht in der Einführung einer neuen Methode oder Anschauung auf dem Gebiete der überlieferten Geometrie, wie dies immer wieder ausgesprochen wird, sondern in der endgültigen Konzeption einer neuen Zahlenidee, die sich in der Lösung der Geometrie von der optischen Handhabe der Konstruktion, von der gemessenen und meßbaren Strecke überhaupt, aussprach. Damit war die Analysis des Unendlichen Tatsache geworden.« (Spengler, »Der Untergang des Abendlandes«, S. 106)

Um die Bewegung im unendlichen Raum zu erfassen, erfanden Newton und Leibniz 50 Jahre später die Differentialrechnung (ein Teil der höheren Mathematik); eine Sprache der Unendlichkeit. Die Lücke zwischen den ganzen Zahlen wurde überbrückt, das unendlich Kleine wie eine normale Größe behandelt. Damit konnten die Himmelskörper in ihren Veränderungen zu jedem beliebigen Zeitpunkt, konnten beispielsweise die Bahnabweichungen der Planeten berechnet werden; ja, es gelang sogar, nach den Bahnabweichungen der bekannten Planeten die noch unbekannten zu berechnen. Eine der glanzvollsten Leistungen der Mathematik war die rechnerische Bahnbestimmung und Größe des Planeten Neptun durch Leverrier und die dadurch ermöglichte Auffindung. Die Himmelskörper sind nicht mehr begrenzte, abgeschlossene Größen, feststehend und ohne Veränderung wie die natürlichen ganzen Zahlen, sondern bestimmten Veränderungen unterworfen, und eine Differentialgleichung enthält den Begriff der Veränderung. Die Null wird zur Zahl. Hier ist der Scheidepunkt positiver und negativer Zahlen:

usw. + 3 + 2 + 1 0 − 1 − 2 − 3 usw.

Außerdem wird die Null zum Symbol der Unendlichkeit (»∞« bedeutet unendlich). Ganze Zahlen: Richtung zum Makrokosmos — Brüche: Richtung zum Mikrokosmos. Die antike Zahl, die natürliche, positiv ganze Zahl ist ein Sprung von einem Punkt zum anderen.

»Und nun setzt unsere Furcht vor dem Sprung ein. Wir schlagen Brücken von einem Punkt zum anderen, verbinden sie durch eine Gerade, erfüllen den leeren Raum durch ein immer dichteres Pfahlwerk von Brüchen, 1,1 — 1,2 — 1,3 — 1,4... und meinen so schließlich, einen genügend festen und dicken Knüppeldamm geschlagen zu haben, über dem wir stolz und sicher einhergehen — wir glauben, den dunklen, leeren Raum damit besiegt zu haben. Und doch dringt unser zaghafter Blick immer wieder voll sonderbaren, bebenden Schreckens durch die Fugen unseres Baues ins Nichts. Nein, wir haben es nicht besiegt, unsere Hoffnung war trügerisch. Voll geheimnisvoller Anziehungskraft ist dieses letzte unüberschreitbare Stückchen Nichts — wir fühlen, daß hier und nirgends sonst das Geheimnis des zusammenhängenden Raumes — das Geheimnis des ›Kontinuums‹ beginnt. Mit Koordinaten, mit Zahlen ist der Raum nicht zu fassen.« (Karlson, »Du und die Natur«, S. 45/46)

Trotz immer kleinerer Brücken bleibt doch immer ein winziger, leerer Raum, und ließen wir Trillionstel und Quadrillionstel auffahren, immer bliebe eine winzige Lücke, ein Nichts. Reiner Raum und Zahl sind unvereinbar. Zahlen drücken Wirkliches, Konkretes aus; sie sind ja der Natur entlehnt. In der einzelnen Zahlengröße liegt etwas Begrenztes, Greifbares, durchaus zu Erfassendes, in unserem ganzen Zahlensystem ist der Begriff des Unendlichen enthalten. Leerer Raum ist unwirklich, und wie kann man so etwas Unwirkliches mit dem Abbild des Wirklichen verbinden. Nein, Raum, der reine Raum, kann nicht mit Zahlen erfaßt werden. Mit Zahlen kann man nur das erfassen, was wirklich ist. Was will man an dem sogenannten reinen leeren Raum auch messen? Sowie nur der Versuch gemacht wird, »Raum« zu messen, hat man Körper erfaßt und gemessen.

Zahlen widerspiegeln das Natürliche, objektiv Wirkliche, das Materielle. Auch Materie erscheint in Form von Sprüngen, begrenzt, in den Teilen eine abgeschlossene Einheit bildend, sowohl beim riesigen Himmelskörper wie beim winzigen Elementarteilchen, zum Beispiel beim Elektron oder Proton. Genau so erscheinen die einzelnen Zahlen. Und wie zwischen den Körpern der »leere Raum«, das »Nichts« erscheint, so auch zwischen den einzelnen Zahlen. Zahlen und Figuren sind der Natur entlehnt. Sie sind Abbilder der objektiven Wirklichkeit und kein Produkt des Geistes. Jede Theorie, die die objektive Wirklichkeit durch Zahlen und Symbole ersetzen will, letztere als das Primäre ansieht, ist Idealismus. Darum erklärt Lenin:

*»Die Theorie der Symbole verträgt sich nicht mit einem solchen (wie wir gesehen haben, völlig materialistischen) Standpunkt, denn sie bringt ein gewisses Mißtrauen gegen die Sinnlichkeit, ein Mißtrauen gegen die Aussagen unserer Sinnesorgane mit sich. Gewiß kann ein Abbild dem Modell nie ganz gleich sein, doch ist ein Abbild etwas anderes als ein Symbol, ein **konventionelles Zeichen**. Das Abbild setzt die objektive Realität dessen, was ›abgebildet‹ wird, notwendig und unvermeidlich voraus. Das ›konventionelle Zeichen‹, das Symbol, die Hieroglyphe sind Begriffe, die ein absolut unnötiges Element des Agnostizismus mit sich bringen.«* (Lenin Werke Bd. 14, S. 234)

Natur ist zählbar, Materie kann man mit Zahlen erfassen, abstrakten Raum nicht. Nur Wirkliches, Reales kann man zählen und messen. Unwirkliches, nicht Vorhandenes kann man weder zählen noch messen. Der Kosmos, sowohl Makro- wie Mikrokosmos, ist kein absoluter Raum, der einzelne Körper enthält; sondern der Kosmos ist Körper, verräumlichter Stoff, vollständig und ohne leere Zwischenräume, ein geschlossenes Ganzes, doch unendlich nach beiden Richtungen. Was uns als selbständige, abgeschlossene Körper, ob Stern oder Proton, erscheint, sind nichts anderes als Verdichtungen konzentrierter Materie. Und so auch die Zahlen, richtiger das Zahlensystem: Es ist ebenfalls ein geschlossenes Ganzes, zusammenhängend und unendlich in beide Richtungen, der ganzen Zahlen und der Brüche. Die einzelnen Zahlen, auch die kleinsten Brüche, erscheinen als selbständige Größen, sie sind aber nur Konzentrationspunkte im Zahlensystem wie die einzelnen Körper im Kosmos. Und wie wir die Materie nur sprunghaft erfassen können, so auch die Zahlen. Eines entspricht dem anderen; Zahlen konkretisieren die Materie.

Die Erde ist Ausgangspunkt, richtiger der Mensch, der den Makrokosmos und Mikrokosmos beobachtet. Immer tiefer dringt der Mensch in die Tiefen des Kosmos ein, nach beiden Richtungen. Immer bessere Hilfsmittel gestatten es ihm, die Geheimnisse des Kosmos zu entschleiern, bis wieder eine Grenze erreicht ist. Weit, sehr weit dringt forschendes Streben, bis zur äußersten Wahrnehmungsgrenze. Und doch ist es nur ein kurzes Stück im Vergleich zur Unendlichkeit. Das Proton im Mikrokosmos, der gerade noch zu erfassende Spiralnebel im Makrokosmos, das sind die Grenzen der erforschten Welt; hier beginnt die Unendlichkeit.

Unendlichkeit des Makrokosmos ← Spiralnebel Mensch Proton → Unendlichkeit des Mikrokosmos

Die erforschte Welt läßt sich mit bestimmten Zahlengrößen erfassen. Die Wahrnehmungsgrenze des Kosmos, das ist auch die Grenze des praktischen Zahlengebrauchs; hier beginnt die Unendlichkeit des Zahlensystems. Entsprechend der Größe der erfaßten Welt sind auch die Zahlen extrem groß.

10^{33}	Quinquilliarde	1 000 000 000 000 000 000 000 000 000 000 000
10^{30}	Quinquillion	1 000 000 000 000 000 000 000 000 000 000
10^{27}	Quadrilliarde	1 000 000 000 000 000 000 000 000 000
10^{24}	Quadrillion	1 000 000 000 000 000 000 000 000
10^{21}	Trilliarde	1 000 000 000 000 000 000 000
10^{18}	Trillion	1 000 000 000 000 000 000
10^{15}	Billiarde	1 000 000 000 000 000
10^{12}	Billion	1 000 000 000 000
10^{9}	Milliarde	1 000 000 000
10^{6}	Million	1 000 000
10^{3}	Tausend	1 000
10^{2}	Hundert	100
10^{1}	Zehn	10
10^{0}	Eins	1
10^{-1}	Zehntel	0,1
10^{-2}	Hundertstel	0,01
10^{-3}	Tausendstel	0,001
10^{-6}	Millionstel	0,000 001
10^{-9}	Milliardenstel	0,000 000 001
10^{-12}	Billionstel	0,000 000 000 001
10^{-15}	Billiardenstel	0,000 000 000 000 001
10^{-18}	Quadrillionstel	0,000 000 000 000 000 001

So schwer es ist, sich einen Begriff von der Größe des Kosmos zu machen, so schwer ist es auch, einen Begriff von einer solchen Zahl zu bekommen. Erfassen wir die Größe des erforschten Teiles des Kosmos, das heißt die Entfernung bis zum weitesten Spiralnebel und bis zum Durchmesser des Protons in Zahlen mit der Maßeinheit cm, so haben wir von der 1 als Ausgangspunkt:

Makrokosmos $10^{26} \leftarrow 1 \rightarrow 10^{-15}$ Mikrokosmos

Darüber hinaus beginnt die Unendlichkeit, aber als relativer Begriff. Sollte durch Verbesserung der technischen Beobachtungs- und Messungsmöglichkeiten die Wahrnehmungsgrenze verschoben werden, so verschiebt sich auch die Grenze zur Unendlichkeit.

Diese Grenze ist nicht scharf, sondern unscharf und verschwommen. Vor allem im Mikrokosmos setzt die Unschärfe ein und erzeugt Verwirrung. Im Makrokosmos ist es vornehmlich die Rotverschiebung der Spiralnebelspektren, die die Verwirrung hervorruft. Im Mikrokosmos ging zuletzt jede Anschaulichkeit verloren, alle Vorgänge im Atom unterstehen der Unschärfebeziehung (Heisenbergs Unbestimmtheitsrelation). Hier an der äußersten Wahrnehmungsgrenze, an dem Abgrund der kontinuierlichen Materie, läßt sich auch die körperlich begrenzte Materie nicht klar und scharf beobachten und erfassen. Die Wahrnehmungsgrenze ist verschwommen, verwischt. Die Elektronen der Atomhülle werden mit den Ausdrücken der Physiker zur »Ladungswolke« über den Atombereich »verschmiert«. Zahlen begrenzen die Materie, konkretisieren sie. Folglich muß an der äußersten Wahrnehmungsgrenze, wo die Materie in ihren verschiedenen Zuständen verschwommen, verschmiert erscheint, das Messungsverfahren ungenau, nicht mehr scharf begrenzend sein. Es läßt sich darum nicht Ort und Bahn oder Wirkung und Impuls zugleich bestimmen. Jeder Beobachter erzielt ein anderes Ergebnis, denn durch seinen unvermeidlichen Eingriff, durch die Messung, verändert er das beobachtete System. Der verschwommene, verwischte Zustand im Atom, der uns Menschen so erscheint, weil wir die Wahrnehmungsgrenze erreicht haben, läßt keine Konkretisierung durch scharf abgegrenzte Zahlengrößen zu, sondern macht eine objektive Feststellung des wohl körperlich begrenzten Subjektes (lateinisch = das Persönliche) unmöglich. Zahlen sind auch hier das Spiegelbild der Materie. Dort, wo die Materie in greifbaren, scharf begrenzten Körpern auftritt, läßt sie sich durch klare, subjektive Zahlengrößen erfassen. Dort, wo die Wahrnehmungsgrenze besondere Verhältnisse schafft, unscharf, verschwommen, läßt sich auch die Materie nicht mehr durch klare, bestimmte Zahlengrößen erfassen.

Hier an der äußersten Wahrnehmungsgrenze können darum keine subjektiven Zahlengrößen maßgebend sein. Um hier die Materie zu erfassen, wurde von der Physik die statistische Wahrscheinlichkeit eingeführt. An die Stelle subjektiv-mechanischer Gesetze treten Wahrscheinlichkeitsgesetze. Subjektive Faktoren sind verwischt, einzelne Vorgänge nicht mehr wahrnehmbar, folglich ist maßgebend die relative Häufigkeit, Qualitäten werden in Quantitäten aufgelöst. Und darin liegt der gefährliche Wendepunkt in den Theorien der Physiker und Mathematiker. Nicht die einzelne Zahlengröße ist maßgeblich, sondern die statistische Zahlenreihe. Wie bei einer Versicherung der subjektive Faktor, die Persönlichkeit des einzelnen Versicherten, vollständig gleichgültig ist und das allein Entscheidende die statistische Wahrscheinlichkeit des durchschnittlichen Eintreffens vieler Einzelfälle ist, so auch im Bereich der Wahrnehmungsgrenze im Mikrokosmos. Der feste Begriff einer abgegrenzten Zahlengröße wird verwischt durch die statistische Wahrscheinlichkeit einer Zahlenreihe. Eine Statistik der Atome gibt die Wahrscheinlichkeit der einzelnen Meßwerte wieder. Der Zustand der Atome ändert sich, und anhand der Wahrscheinlichkeitsstatistik läßt sich die Veränderung für die Zukunft berechnen, das heißt die Wahrscheinlichkeit der Veränderung. Die Statistik der Wahrscheinlichkeit kennzeichnet also die Konkretisierung der Materie im Zustand der Unschärfe, entstanden durch die Wahrnehmungsgrenze. An Stelle einer scharf begrenzten Zahlengröße tritt hier die statistische Wahrscheinlichkeit einer Zahlenreihe.

Kann man daraus solche Schlüsse ziehen wie der Physiker P. Jordan?

»In der Quantentheorie dagegen haben die primären Naturgesetze selber die Gestalt von Wahrscheinlichkeitsaussagen: Hier sind die statistischen Begriffe nicht ein Ausdruck für eine Unvollständigkeit unserer Einsicht in die Dinge, sondern vielmehr ein Ausdruck einer in der Natur selbst liegenden Unbestimmtheit.« (»Die Physik des 20. Jahrhunderts«, S. 105)

Das ist falsch. In der Natur selbst sind die Dinge durchaus klar. Aber an der für uns erreichten Wahrnehmungsgrenze, also nur durch die Unvollständigkeit unserer Einsicht, macht die sonst auch für uns durchaus vorhandene Klarheit einer Unbestimmtheit Platz, wo die Wahrscheinlichkeitsstatistik in den Vordergrund tritt, ohne aber die objektiven Dinge und Erscheinungen zu ersetzen. Die Ursache liegt also nicht in der Natur der Dinge begründet, sondern vielmehr in der Unvollkommenheit der Sinne und deren

Hilfsmittel, der Unmöglichkeit einer hundertprozentigen Erkenntnis der objektiven Außenwelt für uns.

Die vorherrschendste philosophische Richtung der modernen bürgerlichen Naturwissenschaft ist der Positivismus (von A. Comte gegründete philosophische Richtung, die die Empfindungen als Grundlage der Erkenntnis sieht), der aus »positiver« Erkenntnis eine Wissenschaft aufstellen will, die auf »Erfahrung« begründet ist. So sagt Fichte:

»Ich erkläre sonach hiermit öffentlich, daß es der innerste Geist und die Seele meiner Philosophie sei: der Mensch hat überhaupt nichts denn die Erfahrung, und er kommt zu allem, wozu er kommt, nur durch die Erfahrung.«

Unter »*Erfahrung*« verstehen die Positivisten nicht die vom Menschen unabhängig existierende, materielle Welt, sondern die Empfindungen der Menschen. Sie leugnen jegliche Möglichkeit einer Wesenserkenntnis der Natur und lehnen die Auffassung über die Materie als das Wesen aller Dinge rundweg ab. So erklärt Poincaré (»Der Wert der Wissenschaft«) in mehr als unsicheren Worten:

»Eine Wirklichkeit, die von dem Geist, der sie in sich aufnimmt, erschaut und erfüllt, vollkommen unabhängig wäre, ist eine Unmöglichkeit. Selbst wenn es eine von uns so unabhängige Welt wirklich gäbe, so wäre sie für uns ewig unzugänglich. Was wir die ›objektive Wirklichkeit‹ nennen, ist genau genommen das, was mehreren denkenden Wesen gemeinsam ist und ihnen allen gemeinsam sein könnte. Wir werden sehen, daß dieses Gemeinsame nichts anderes sein kann, als die durch mathematische Gesetze ausgedrückte Harmonie.«

Also, eine objektive Wirklichkeit existiert nicht; was wir erkennen können, ist eine mathematische Harmonie. Mathematische Symbole beherrschen demnach alles Naturgeschehen. Mathematik wird zur übergeordneten, alles tyrannisierenden Wissenschaft.

»Wie alle anderen Wissenschaften ist die Mathematik aus den **Bedürfnissen** *der Menschen hervorgegangen: aus der Messung von Land und Gefäßinhalt, aus Zeitrechnung und Mechanik. Aber wie in allen Gebieten des Denkens werden auf einer gewissen Entwicklungsstufe die aus der wirklichen Welt abstrahierten Gesetze von der wirklichen Welt getrennt, ihr als etwas Selbständiges gegenübergestellt, als von außen kommende Gesetze, wonach die Welt sich zu richten hat. So ist es in Gesellschaft und Staat hergegangen, so und nicht anders wird die* **reine** *Mathematik nachher auf die Welt* **angewandt**, *obwohl sie eben dieser Welt entlehnt ist und nur ein Teil ihrer Zusammensetzungsformen darstellt —*

*und gerade **nur deswegen** überhaupt anwendbar ist.«* (Marx/Engels Werke Bd. 20, S. 36)

Mit diesen Worten Engels' wird nicht nur der Ursprung der Mathematik klargelegt, sondern gerade ihre Bedeutung und ihre Grenzen entschieden festgelegt. Nur soweit die Mathematik ein Mittel zur Erfassung der objektiven Wirklichkeit, zur Konkretisierung der Dinge und Erscheinungen bildet, ist sie als Wissenschaft zu bejahen, zu unterstreichen, alles was darüber ist, ist von Übel.

Die Mathematik ist die Wissenschaft von den abstrakten Quantitätsbestimmungen, und als solche kann sie nur eine Seite der Wirklichkeit abbilden.

»Die reine Mathematik hat zum Gegenstand die Raumformen und Quantitätsverhältnisse der wirklichen Welt, also einen sehr realen Stoff. Daß dieser Stoff in einer höchst abstrakten Form erscheint, kann seinen Ursprung aus der Außenwelt nur oberflächlich verdecken. Um diese Formen und Verhältnisse in ihrer Reinheit untersuchen zu können, muß man sie aber vollständig von ihrem Inhalt trennen, diesen als gleichgültig beiseite setzen.« (ebenda S. 36)

Damit ist die Mathematik schon wesentlich beschränkt und kann keine universelle Wissenschaft bilden. Als die Wissenschaft noch einen vornehmlich metaphysischen Charakter hatte und die quantitative Seite der Erforschung der Natur im Vordergrund stand, da mußte der Mathematik zwangsläufig eine größere Bedeutung zukommen. Aber auch die modernen Metaphysiker, vor allem die Positivisten, die Machisten, die grundsätzlich die Möglichkeit leugnen, über Sammlung, Ordnung und Beschreibung der Beobachtungsergebnisse hinauszukommen, die die quantitative Seite hervorzerren und die qualitative Seite ignorieren, erheben die Mathematik zur Herrscherin der Wissenschaft. Eine solche Entwicklung kritisiert treffend A. Rey:

»Die Krise der Physik besteht in der Eroberung des physikalischen Gebiets durch den Geist der Mathematik. Die Fortschritte der Physik einerseits und die der Mathematik anderseits haben im 19. Jahrhundert zu einer innigen Verbindung dieser beiden Wissenschaften geführt ... Die theoretische Physik wurde zur mathematischen Physik ... Dann begann die Periode der formellen Physik, d. h. der rein mathematischen Physik, der mathematischen Physik nicht mehr als eines Zweiges der Physik, sondern als eines Zweiges der Mathematik. In dieser neuen Phase mußte der Mathematiker, der an die rein logischen (conceptuels) Elemente, die das einzige Material seiner Arbeit bilden, gewöhnt war und der

*sich durch die groben, materiellen Elemente, welche er wenig geschmeidig fand, beengt fühlte, danach streben, möglichst von ihnen zu abstrahieren, sich dieselben ganz immateriell, rein logisch vorzustellen, oder gar sie völlig zu ignorieren. Die Elemente als reale, objektive Gegebenheiten, d. h. als **physische** Elemente, sind ganz verschwunden. Übriggeblieben sind formale Relationen, ausgedrückt in Differentialgleichungen.«* (zitiert nach Lenin Werke Bd. 14)

Man überträgt der Mathematik darum mehr Bedeutung als ihr zusteht. Die Erforschung der quantitativen Seite der Natur muß aber heute, wo die Erkenntnis der dialektischen Entwicklung in der Natur sich mehr und mehr Bahn bricht, gegenüber der Erforschung der qualitativen Seite zurücktreten. Die Physik befaßt sich heute vornehmlich mit der Erforschung der qualitativen Seite, und ihr muß sich die Mathematik unterordnen. Die Positivisten leugnen aber die Qualitäten. So sagt der moderne Positivist P. Jordan:

»Aber schon Mach hat in seiner positivistischen Kritik der damals herrschenden physikalischen Vorstellungen ausgesprochen: Die Annahme, daß den Atomen Qualitäten zugesprochen werden müßten, wie wir sie mit dem Gesichtssinn und dem Tastsinn wahrnehmen, ist genauso willkürlich und überflüssig, wie etwa die Annahme wäre, daß man den Atomen die Qualitäten von Farben oder Tonhöhen zuschreiben müsse ... Das Atom, wie wir es heute kennen, hat nicht mehr die greifbar-anschaulichen Eigenschaften der Atome Demokrits, sondern es ist aller sinnlichen Qualitäten entkleidet und nur noch durch ein System von mathematischen Formeln charakterisierbar.« (»Die Physik des 20. Jahrhunderts«, S. 122)

Dagegen ist zu sagen, daß erstens die Beziehungen der Moleküle, Atome, Elektronen, Protonen usw. untereinander keineswegs gleichgültig sind, daß sie also nicht ohne ihre Qualitäten zu ändern in Verbindung miteinander treten können, sondern daß sie eben durch die Fülle ihrer Besonderheiten, ihrer spezifischen Entstehung und Entwicklung die Beziehungen untereinander qualitativ gestalten und einem vielgestaltigen Umwandlungsprozeß unterworfen sind. Zweitens ist diese qualitative Seite die entscheidende und nicht die quantitative. Darum ist die Rolle der Mathematik begrenzt und der Physik unterzuordnen, und es ist nicht, wie Kant verlangt, der Mathematik übergeordnete Bedeutung zuzuteilen. Er behauptete, die Wissenschaft Physik habe nur insofern Anspruch auf diesen Namen, als in ihr die Mathematik Platz findet. Drittens wird durch die These, das Atom sei nur noch durch ein System von mathematischen Formeln charakterisierbar, die objektive Wirklichkeit durch ein Gerüst mathematischer Formeln ersetzt, die Natur ihrer Materialität entkleidet.

»Als wesentlich erscheint demnach nicht mehr die Entdeckung objektiver, absolut wirklicher Entitäten und deren Bedeutung zur Erklärung der beobachteten Phänomene, sondern die Auffindung der mathematisch formulierbaren, gesetzmäßigen Beziehungen zwischen den gemessenen Größen.« (»Die Bedeutung der modernen Physik für die Theorie der Erkenntnis«*, S. 61)

So kritisiert selbst der bürgerliche Physiker E. May. Dadurch muß die bürgerliche Naturwissenschaft, trotz ihrer guten dialektischen Ansätze in der Forschertätigkeit, trotz glänzender Forschungsergebnisse in eine tiefgehende Krise geraten. Wenn P. Jordan sagt, daß

»... die Quantentheorie das Atom jeder anschaulich-greifbaren Qualität entkleidet und nur ein Gerüst mathematischer Formeln als Charakterisierung des Atoms übrig läßt ...« (S. 123),

so ist diese Theorie, ebenso wie die negative Seite der Theorie der Wellenmechanik, die durch ein verwirrendes, mathematisches Formelgestrüpp die objektiven Dinge des Mikrokosmos zu überwuchern versucht, in ihrem tieferen Wesen gekennzeichnet und gerichtet. Und doch erheben sich auch warnende Stimmen aus dem bürgerlichen Lager.

»Wir wollen die Leistungen der mathematischen Naturwissenschaft gewiß nicht unterschätzen, aber viel wichtiger ist es heute, vor ihrer Überschätzung zu warnen.« (H. Driesch)

»... die Überschätzung und Verabsolutierung der mathematisch-physikalischen Erkenntnisweise, ein kulturell außerordentlich gefährliches Unternehmen darstellt.« (E. May, S. 70)

Und A. Döblin erhob in einer Polemik gegen Einstein den Vorwurf, daß er die Welt mit Formeln verbaue. Die »Berliner Börsenzeitung« (5. 6. 1935) schrieb anläßlich einer Vortragsbesprechung:

»Eine Erkenntnis ist bestimmt nicht erst dann gesichert, wenn sie auch wirklich mit ellenlangen mathematischen Formeln in Übereinstimmung gebracht werden kann.«

---

* Das Buch, herausgegeben von der Verwaltungskommission der Avenarius-Stiftung, enthält drei Arbeiten, die mit dem Richard-Avenarius-Preis ausgezeichnet wurden, darunter von Dr. E. May, Göttingen, und Dr. Grete Hermann, Bremen. Nachfolgend werden Zitate aus diesem Buch nur mit dem Autor und der Seitenzahl angegeben.

Natürlich sind solche einzelnen Stimmen wirkungslos. Die Grundeinstellung der bürgerlichen Erkenntnistheoretiker ist metaphysisch, trotz vieler dialektischer Handlungen in der Forschung, die ihnen die Natur selbst aufgezwungen hat, und aus dieser ihrer Einstellung heraus werden sie die quantitative Seite der Natur und damit die Mathematik immer bevorzugen. Lenin weist darauf hin:

»*Der große Erfolg der Naturwissenschaft, die Annäherung an so gleichartige und einfache Elemente der Materie, deren Bewegungsgesetze sich mathematisch bearbeiten lassen, läßt die Mathematiker die Materie vergessen. ›Die Materie verschwindet‹, es bleiben einzig und allein Gleichungen. Auf einer neuen Entwicklungsstufe und gleichsam auf neue Art kommt die alte Kantsche Idee wieder: die Vernunft schreibt der Natur die Gesetze vor.*« (Lenin Werke Bd. 14, S. 310/311)

Soll man deshalb die Bedeutung der Zahlen und Symbole ignorieren? Nein, man muß ihnen die notwendige Bedeutung zukommen lassen, um die objektive Wirklichkeit konkret erfassen zu können.

Nirgendwo ist die Bedeutung der Zahl so offenbar wie im Mikrokosmos. Die chemischen Verbindungen sind abhängig von einer bestimmten Anzahl Atome, die sich zu Molekülen zusammenschließen. Ein einziges Atom mehr oder weniger, und ein anderer Stoff ist vorhanden. Und dieselbe Zahlenbedeutung gilt innerhalb des Atomgebäudes. Auch hier läßt sich der Prozeß des Umschlagens in Qualität zurückführen auf Quantitäten. Die Verschiedenartigkeit der 92 Elemente wird bestimmt durch die Anzahl der Kernladungen. Stimmt die Anzahl der Kernladung mit der Anzahl der Elektronen überein, so ist das Atom ausgeglichen, neutralisiert. Ein einziges Elektron mehr oder weniger und das Element ist verändert, wird zum Ion, je nach dem Überschuß an positiver oder negativer Ladung zum positiven oder negativen Ion. Auch die Zusammensetzung des Atomgewichtes, also wiederum Zahlenverhältnisse, erzeugen Veränderungen im Atomgebäude, wandeln ein Isotop* eines Elements in ein anderes Isotop desselben Elements um. Die Zahl des Atomgewichtes unterscheidet gewöhnlichen oder schweren Wasserstoff, macht das Atomgewicht von Elementen durch ein bestimmtes Mischungsverhältnis von ganzzahligen Gewichtsgrößen zu Brüchen, zum Beispiel beim Chlor, wo die Isotopengewichte von 35 und 37 im

---

* Isotope sind Atome desselben Elements, die sich in ihrem Atomgewicht unterscheiden. Die Kernladungszahl (Anzahl der Protonen) ist gleich, die Anzahl der Neutronen im Kern ist unterschiedlich.

Verhältnis wie 3:1 gemischt sind und das Atomgewicht 35,5, also eine Bruchzahl herauskommt.

Photone, Elektronen, ja alle Elementarteilchen bewegen sich in Wellen fort. Auch hier in dem Wellenvorgang tritt die Bedeutung der Zahl auf. Die Anzahl der Schwingungen pro Sekunde bestimmt die Wellenlänge und die wiederum die Spektralfarben des Lichtes. Alle Materie steht in engster Beziehung zur Zahl. Ohne das zahlenmäßige Auftreten wäre die Materie nicht zu erfassen. Im Makro- und im Mikrokosmos, überall das geheimnisvolle und doch natürliche Auftreten der Zahl. Überall, wo die Materie in körperlich begrenzten Formen auftritt, steht sie in direkter Verbindung zur scharfumrissenen Zahlengröße, nur an der Wahrnehmungsgrenze des Kosmos herrschen statistische Wahrscheinlichkeitsgesetze, die begrenzte Zahlengröße wird zur durchschnittlichen Größe einer Zahlenreihe. Die Bedeutung der Zahl besteht eben darin, daß sie die Materie konkretisiert.

Und sehen wir genauer hin, so ist es die ganze Zahl, die bestimmend wirkt. Ob es sich nun um noch so winzige absolute Größen handelt, es sind ganzzahlige Unterschiede, die uns entgegentreten. Die Energie tritt in ganzzahligen Quanten auf. Die Energie, als eine Erscheinungsform der materiellen Bewegung, ist kein ununterbrochener Fluß, lückenlos, kein stetiges Anwachsen und Zurückgehen von Kräften, sondern tritt quantenhaft, sprunghaft in ganzzahligen Größen auf. Licht ist Energiestrahlung, auch hier wieder die ganzzahligen Quanten, das Bindemittel ist die Konstante h. Somit treten auch die Photone als ganzzahlige Größen auf. Die Elektronen bewegen sich in verschiedenen Energiezuständen. Springt ein Elektron von einem höheren Energiezustand auf ein niedrigeres Niveau, so sendet es Licht aus. Die Zahlendifferenz beider Energiezustände ist immer eine ganzzahlige Größe, entsprechend dem ausgesandten Photon, unverrückbar, unverwischbar, die Spektrallinien beweisen es. Ob elektrische Ladungen, ob Atomgewichte, ob im Schalenaufbau der Elektronenhülle, ob Frequenz oder Energiequanten, immer wieder treten uns ganzzahlige Größen entgegen. Die Materie, ganz gleich in welcher Form, erscheint uns nicht kontinuierlich, sondern quantenhaft, sprunghaft; wäre es anders, könnten wir sie nicht erfassen, nicht erkennen.

Der **Äther,** dies Fluidum zwischen den Elementarteilchen, diese Materie, ist kontinuierlich, ein lückenloser, ununterbrochener Fluß. Die entwickelte, konzentrierte, formgegebene Materie ist diskontinuierlich, diskret, quantenhaft, körperlich begrenzt, ganzzahlig. Erkennbare, entwickelte

Materie äußert sich sprunghaft; die ganze Entwicklung überhaupt äußert sich sprunghaft; die ganze Natur arbeitet sprunghaft in »Ganzen«.

»Das Geschehen offenbart sich in dieser Welt als von der schönsten ganzzahligen Harmonie beherrscht.« (A. Haas)

Die Entwicklung der Materie aus der kontinuierlichen, gleichförmigen Masse in diskrete, körperlich begrenzte Elementarteilchen, das Umschlagen von Quantität in Qualität, Umwandlung vom »Chaos« zum Kosmos, wird gekennzeichnet durch den Sieg der ganzen Zahl.

Tritt damit die quantitative Seite in den Vordergrund? Die bürgerlichen Physiker und Mathematiker haben sich blenden lassen. Sie sahen immer nur die sprunghaft auftauchende Zahlengröße — Quantität. Mathematische Formeln und Symbole kennzeichnen die Quantität. Ergebnisse, mathematische Gleichungen, fertige Dinge waren in Augen der Physiker das Primäre, Prozesse werden vernachlässigt. Prozesse aber kennzeichnen die Qualität. Durch Veränderung, Verwandlung, lebendige Bewegung, schlägt Quantität in Qualität um und umgekehrt. Und die Umwandlungsprozesse sind das Primäre. Quantitätsbestimmung ist notwendig, um die Materie zu konkretisieren, Dinge und Erscheinungen zu erfassen, zu messen, darin liegt die Bedeutung der Zahl. Qualitätsbestimmung ermöglicht aber erst, den ganzen, gewaltigen Entwicklungsprozeß der Natur zu erfassen. Und darum ist letztere die entscheidende Seite, das darf bei aller Bedeutung der Zahl, der Quantitäten, nie außer acht gelassen werden, denn in der Welt geht es dialektisch und nicht metaphysisch zu.

2. Nichts oder Materie

Bei der Beschreibung der Milchstraße erklärte der Astronom Schwarzschild:

»... *ein von der übrigen Welt durch **weite leere Räume** getrenntes, wohlbegrenztes Gebilde* ...« (zitiert bei Linke)

Und Linke sagt in seinem Buch »Streifzüge im Reiche der Sterne« an verschiedenen Stellen:

»... *daß trotz der scheinbaren Drängung die Entfernungen der Körper voneinander ungeheuer groß sind, daß also der Stoff im Weltraum **unvorstellbar dünn gesät** ist ... Da nun die Sterne die Masse konzentriert enthalten, sind sie durch **fast absolut leere Zwischenräume** voneinander getrennt ... Aber es ist doch bemerkenswert, zu finden, wie **leer** der **Weltenraum** eigentlich ist ... daß der Stoff im ganzen Universum von verschwindender Geringfügigkeit ist.*« (S. 236 und 251)

Und an anderer Stelle behandelt er zum Vergleich den Mikrokosmos:

»*Die einzelnen Moleküle, zwischen denen sich der **leere Raum** dehnt, sind so winzig, daß ihr Durchmesser nur wenige Zehntel eines Millionstel Millimeters groß sind. Und zwischen benachbarten Molekülen bestehen Abstände des Zehnbis Dreißigfachen ihrer Größe. Der Stoff besteht also hiernach im wesentlichen aus — **nichts**!*« (S. 252)

Weiter heißt es dann nach der Beschreibung der Elektronen- und Protonengröße:

»*Was also an Stoff in einem Molekül vorhanden ist, ist **wiederum fast nichts**, so daß wir von der ›Stofferfüllung‹ innerhalb der festen Körper als von einem **Nichts höherer Ordnung** sprechen können. So dehnt sich zwischen Kern und Elektron, Planet und Sonne, zwischen Stern und Stern und zwischen Weltinsel und Weltinsel das **reine leere Nichts**.*« (ebenda)

Sind im Makrokosmos die Sterne wirklich durch leere Räume getrennt, und ist zwischen und innerhalb der Atome tatsächlich nichts vorhanden? Kann es überhaupt ein Nichts geben?

Sieht man die Materie nur in Sternen konzentriert, so wäre sie zweifellos dünn verteilt. Nach der Versinnbildlichung des Astronomen Kobold wären die Sonnen, so klein wie Stecknadelköpfe gedacht, 65 Kilometer voneinander entfernt. Diese Sonnen und deren Planeten sind jedoch gewaltige

Massen konzentrierter, zusammengeballter Materie; besteht doch zum Beispiel unsere, im Vergleich zu anderen Himmelskörpern winzige Erde aus einer unvorstellbar großen Anzahl von Atomen. Die Untersuchung des Sonnensystems zeigt, daß riesige Sternschnuppenschwärme und unzählige Meteoriten als recht handgreifliche, mehr oder weniger stark konzentrierte Materie die »leeren Räume« beleben. Diese Weltensplitter durchschwärmen das ganze Universum. Enke, der Erforscher und Berechner des nach ihm benannten Kometen, nahm an, daß die Abnahme der Umlaufzeit dieses Kometen auf Widerstand in Form von außerordentlich dünnem Stoff zurückzuführen sei, der zwar keinen Einfluß auf die Bewegung der Planeten, wohl aber auf den leichten Körper des Kometen ausüben könne.

Daß im Bereich des Sonnensystems feinste Stoffteilchen vorhanden sind, beweist das Zodiakal- oder Tierkreislicht, das nach den Untersuchungen von Fath und Seeliger aus einer Wolke von kleinen Partikeln, die das Sonnenlicht reflektieren, besteht. Es tritt hauptsächlich in den Gebieten der Tropen auf, ist aber auch in höheren geographischen Breiten sichtbar. Das Zodiakallicht ist die räumliche Fortsetzung der Sonnenkorona, eine Art kosmischen Staubes, feinverteilte Materieteilchen, die von der Sonne ausgehend bis weit über die Erdbahn hinaus in das Planetensystem eindringen und Sonne sowie Saturnringe umschließen. Erde, Venus und besonders die Riesenmasse des Jupiter üben eine Gravitationswirkung auf die feinen Materieteilchen aus und zwingen sie, sich ihren Bahnebenen anzupassen, wodurch einzelne Zodiakalringe entstehen.

Die Sonne ist ein Herd gewaltiger Umwälzungen. Ein Querschnitt von den äußeren Schichten der Sonne gibt folgendes Bild: Zuunterst liegt die sogenannte »umkehrende Schicht« von 500 km Dicke, die in die 10 000 km dicke Chromosphäre übergeht. Darauf lagert die 170 000 km dicke Sonnenatmosphäre. Die Chromosphäre ist der Sitz der mit elementarer Gewalt hervorschießenden Protuberanzen, die bis zu 600 000 km Höhe hinausgeschleudert werden. Sie bestehen aus leichten Gasen. Der größte Teil der Chromosphäre, eine ungefähr 8 000 km dicke Schicht, besteht aus Kalzium. Durch den Strahlungsdruck der Sonne werden ständig Kalziumatome mit Geschwindigkeiten von mehr als 600 km/sek in den Weltraum geschleudert. Der Astronom Milne schätzt die Masse dieser Kalziumchromosphäre auf rund 300 Millionen Tonnen. Aber nicht nur Kalzium, sondern auch andere Materieteilchen werden ständig wie aus einem Zerstäuber aus der Sonne hinausgeschleudert. Arrhenius berechnete, daß der Strahlungsdruck die Schwerkraft überwinden könne, wenn die Teilchen kleiner als 0,001 5 Millimeter Durchmesser sind. Die Sonnenflecken sind elektrische Krater, die Ströme von Elektronen aussenden, die, wenn sie in den Bereich des Magnetfeldes der Erde geraten, abgelenkt werden und das Nordlicht erzeugen. Die Sonne ist Spenderin gewaltiger Energiemengen. Unvorstellbar groß ist die Zahl der Lichtatome, die dauernd in weite Fernen ausgestrahlt werden. So wie unsere Sonne strahlen auch alle anderen Sonnen Licht aus, Photone, strahlende Energie, die feinverteilte Materie erhitzen kann. Obwohl die Sonnenoberfläche und mit ihr die Kalziumchromosphäre nur etwa 5 000 bis 6 000 Grad Temperatur besitzen, werden die ausgeschleuderten Kalziumwolken durch das Licht auf 10 000 bis 15 000 Grad aufgeheizt. So mächtig ist die Energie der Lichtatome.

»Hier ist wahrhaftig ein Loch im Himmel.« So rief W. Herschel aus, als er einst den Himmel betrachtete. Es stellte sich dann im weiteren Verlauf der Untersuchungen heraus, daß es sich um riesige Wolken, um kosmische Nebel, die das Universum durchziehen, handelt. Leuchtende Schwaden von unregelmäßiger Gestalt und gewaltiger Ausdehnung wechseln mit dunklen Massen. Die Spektralanalyse ergab, daß diese kosmischen Nebel aus riesigen Gasmassen, hauptsächlich Wasserstoff und Helium, bestehen. Man stellte auch noch ein unbekanntes Element fest, »Nebulium« genannt, doch nimmt man heute an, daß unter den besonderen Verhältnissen der außergewöhnlich geringen Dichte der Nebelmasse auch gewöhnliche Elemente besondere Eigenschaften annehmen. Es hat sich allerdings auch gezeigt, daß das Licht vieler Nebel auf reflektiertes Sternenlicht von Sternen zurückzuführen ist, die in Nachbarschaft von Nebeln liegen. Man nimmt deshalb an, daß in Wirklichkeit alle Nebel mächtige Wolken dunkler Materie sind, die teils die dahinterliegenden Sterne verdecken (»Kohlensäcke«, »Höhlen« und »Sternleeren« der Milchstraße), teils durch davorliegende Sterne erleuchtet werden.

Zweifellos bestehen diese Nebel zum Teil aus Gasen, meistens jedoch aus Staubmassen. Langjährige Untersuchungen der Vatikanischen Sternwarte ergaben, daß die dunklen Nebel ein zusammenhängendes Gefüge, eine Nebelstraße bilden, die den ganzen sichtbaren Himmel überzieht und die sternreichsten Gegenden am dünnsten bedeckt. Die hellen Nebel zeigen sich dort am meisten, wo die dunklen Nebel am dichtesten sind. Herschels impulsiver Ausruf war auf den Schein begründet; die dunklen Nebel erschienen wie Löcher. Das ist immerhin verständlich. Aber nichts gibt die Berechtigung zu behaupten, das Weltall sei zwischen den Sternen leer von Materie.

Schwarzschild schrieb im Jahr 1909 in seiner Broschüre »Über das System der Fixsterne«:

*»Die Materie ist so dünn im Weltenraum verteilt, wie wenn man einen Liter Wasser durch die ganze Erde versprengte. So wenig wir die Existenz von Wasser ahnen würden, wenn nur ein durch die Erde versprengter Liter vorhanden sein würde, so wenig wüßten wir etwas von den Sternen, falls nicht zu ihrer Entfernung und Seltenheit etwas ebenso Wunderbares hinzukäme: die **fast absolute Leerheit** der Zwischenräume.«*

Diese Auffassung wird heute selbst von der bürgerlichen Wissenschaft nicht mehr aufrechterhalten. Die verschiedenen oben angeführten über den Weltenraum in großer Feinheit verteilten Materieteilchen füllen den Raum zwischen den Sternen in erheblicher Menge aus. Die Gesamtheit dieser feinverteilten Masse ist größer als manche ahnen. Man hat berechnet, daß in einem Raum von Kugelgestalt mit einem Radius von 60 Lichtjahren konzentrierte und feinverteilte Materie für etwa 128 Sterne von der Größe der Sonnenmasse vorhanden ist, jedoch nur 30 bis 40 Sterne der Sonnenmasse wirklich nachgewiesen sind. Also ist an zerstreuter Materie rund dreimal soviel vorhanden wie an konzentrierter. Wo bleibt da der leere Zwischenraum, das »Nichts« zwischen den Sternen?

Am 7. August 1912 unternahm der Physiker Hess eine Ballonfahrt in 5 400 m Höhe, um Messungen an Strahlen vorzunehmen und den Nachweis zu erbringen, woher die Strahlen kommen. Man hatte nämlich gefunden, daß eine geschlossene Ionisationskammer, die mit einem Elektrometer verbunden und ins Freie gestellt wurde, am nächsten Morgen entladen war. Wer hatte das Elektrometer entladen? Es konnten nur elektrisch geladene Teilchen, Ionen, gewesen sein. Es mußten also Strahlen von großer Durchdringungskraft, die eine ionisierende Wirkung auslösen, vorhanden sein. Kamen nun die Strahlen aus der Erde, also von unten, oder aus dem Weltall, von oben? Hess schloß nun aus der beträchtlichen Zunahme der ionisierenden Strahlen in 5 000 m Höhe,

»... daß eine Strahlung von sehr hoher Durchdringungsfähigkeit von oben in unsere Atmosphäre eindringt und noch in deren untersten Schichten in einem Teil der geschlossenen Gefäße von den Meßgeräten sogenannte Ionisation erzeugt... Da im Ballon weder bei Nacht noch bei Sonnenfinsternis eine Verringerung der Strahlen gefunden wurde, so kann man wohl nicht die Sonne als direkte Quelle dieser Strahlung ansehen.«

Weitere Untersuchungen des Physikers Kohlhörster im Jahr 1914 in 9 300 m Höhe und von Professor Regener im Jahr 1929 mit Hilfe von Registrierballons in 24 000 und 30 000 m Höhe, wo der Luftdruck der Stratosphäre (Lufthülle in 15 bis 65 km Höhe) nur 10 mm stark ist, das heißt, wo nur noch 1 Prozent Luft vorhanden ist, ergaben, daß es sich um »*kosmische Strahlen*« handelt, mit Eigenschaften, die auf der Erde sonst nie beobachtet wurden. Als erwiesen war, daß es wirklich Strahlen aus dem Weltall waren und deshalb »Höhenstrahlen«, »Ultrastrahlen« oder »kosmische Strahlen« genannt wurden, setzte von allen Seiten und überall, in großen Höhen, in Meerestiefe, in Wüsten, in Gletscherspalten der Alpen, sowohl in den Tropen als auch in der Arktis, eine intensive Erforschung ein.

Regener versenkte seine Instrumente 290 m tief in den Bodensee, und doch drangen noch die härtesten Ultrastrahlen in solche Tiefen. Die Stärke einer Strahlung hängt von der Wellenlänge ab. Je kürzer die Wellenlänge, um so durchdringender die Strahlen. Sichtbares Licht mit einer Wellenlänge von 4 bis 7 zehntausendstel Millimetern vermag nur zum Teil dünnste Goldplättchen zu durchdringen, dagegen durchschlagen Röntgenstrahlen bis zu ein millionstel Millimeter Wellenlänge schon Gold- und Bleiplättchen von einigen Millimetern Dicke und Gammastrahlen Bleiplatten von mehreren Zentimetern Stärke. Die glatt und ohne viel Bremsung durch die Atmosphäre gedrungenen härtesten Höhenstrahlen verlieren durch 30 m Wasserstärke etwa die Hälfte der Intensität. Diese 30 m Wasser entsprechen einer 2½ m dicken Bleiplatte. Erst bei 300 m Wassertiefe, was einem Bleiblock von 20 bis 30 m Dicke entspricht, werden die Strahlen aufgehalten. Die härtesten Gammastrahlen durchdringen dagegen Schichtdicken von nur 15 cm Blei oder 1,4 m Wasser. Und während die stärksten Alpha- und Betastrahlen des Radiums durch einige Millimeter Metall aufgehalten werden, durchschlagen die härtesten Ultrastrahlen noch einen Stahlblock von 61 m. Entsprechend dieser Forschungsergebnisse ist auch die Wellenlänge der kosmischen Strahlen eine winzige Größe, nämlich ein billionstel Millimeter. Die Geschwindigkeit ist die gleiche wie die des Lichtes.

Bothe und Kohlhörster gelang es durch eine besondere Zählmethode, die von allen Richtungen einfallenden kosmischen Strahlen zu zählen. Danach dringen in jeder Minute etwa 1,5 Strahlenteilchen durch einen Quadratzentimeter. Diese rätselhafte Strahlung durchdringt alles, die Luft, das Gebäude, unser Gehirn, unser Herz, und wir merken nichts davon. Der erwachsene Mensch mit seinen rund zwei Quadratmetern Oberflächengröße wird in 24 Stunden von etwa 50 Millionen Ultrastrahlen durchschlagen. Zweifellos beeinflussen die Strahlen den Organismus des menschlichen Körpers, und es ist erwiesen, daß sie eine Wirkung auf die Erbanlagen ausüben. Die gesamte kosmische Strahlung, die die Erde empfängt, entspricht fast allen Licht- und Wärmestrahlen, die die Erde von den Sternen aufnimmt.

Kohlhörster unternahm im Jahr 1923 in einer Gletscherspalte des Jungfraujochs in 3 550 m Höhe wichtige Untersuchungen. Das Eis zu beiden Seiten der Spalte schirmte die seitlich fallenden Strahlen ab; es konnten darum nur die senkrecht eindringenden Strahlen von den Instrumenten erfaßt werden. Es zeigte sich, daß außer der täglichen Schwankung in der Häufigkeit der kosmischen Strahlen die Strahlen zunahmen, wenn die Milchstraße über der Spalte stand. Kohlhörster konnte dann später durch Übereinanderbauen zweier Zählgeräte feststellen, daß aus bestimmten Richtungen die Strahlen intensiver auftraten, und es ergab sich, daß von einem gerade entdeckten neuen Stern eine stärkere Strahlung hervorging. Diese verstärkte Strahlung machte rund 1/100 bis 2/100 der gesamten Höhenstrahlung aus, und es wurde berechnet, daß 50 bis 100 Novae in unserem Milchstraßensystem als Geburtsstätten der gesamten kosmischen Strahlen genügen würden. Bailey schätzt die jährlich aufflammenden Novae im Milchstraßensystem auf 20 und Hubble die Anzahl der jährlichen Novae im Andromedanebel auf 30. Es ist also sehr wahrscheinlich, daß die Ursache, der Ausgangspunkt der kosmischen Strahlen, in den Weltkatastrophen der Neuen Sterne zu suchen ist, obgleich die Novae im Herkules 1934 und die in der Eidechse 1936 keine Schwankungen der Strahlungsintensität aufwiesen.

Sorgfältige Beobachtungen zeigten, daß die Äquatorgegenden mit weniger Ultrastrahlen bombardiert wurden als die Polargebiete. Erstere erhielten fast keine »weiche«, nur harte Strahlung. Wie die Elektronen, die von der Sonne ausgesandt werden, von dem Magnetfeld der Erde abgelenkt, das prächtige Nordlicht erzeugen, so werden auch andere geladene Teilchen seitlich abgelenkt. Die Erzeugung von 10 Millionen Elektronvolt macht unseren Physikern ungeheure Schwierigkeiten, müßte doch ein Elektron eine Energie von 10 Milliarden Elektronvolt haben, um den Magnetpanzer der Erde durchschlagen zu können. Die »weichen« kosmischen Strahlen, also Teilchen mit weniger als 10 Milliarden Elektronvolt Energie, werden wie die Elektronen an den Polen abgelenkt. Aber die harten und härtesten Ultrastrahlen, die eine solch ungeheure Energie aufbringen, dringen bis zur Äquatorgegend vor, den Magnetpanzer durchschlagend. Von solcher Energiekonzentration können wir uns keinen Begriff machen.

Rossi aus Padua machte die Feststellung, daß die Strahlungsteilchen zum großen Teil aus Westen einfallen, das heißt, positiv geladen sein müßten. Dagegen stellten andere Forscher fest, daß es sich meist um schnelle Elektronen, also negativ geladene Teilchen handelt. 1937 entdeckte der Amerikaner Anderson in der kosmischen Strahlung Elektronen von normaler Ladung, aber mit einer Masse, die 200mal größer ist als die eines normalen Elektrons. Solche Teilchen waren zwei Jahre zuvor von dem Japaner Yukawa auf Grund theoretischer Überlegungen gefordert worden. Elektronen mit nennenswerter Masse, das sind vielleicht die umstrittenen negativen Protone. Energie ist identisch mit Masse, und wahrscheinlich stammt die Masse dieses als Mesotron bezeichneten schweren Elektrons von der ungeheuren Energie, mit der dieses Teilchen ausgestattet ist. Es sind wohl die härtesten Ultrastrahlen, die wir kennen.

Zur Transmutation der Elemente genügten einige hunderttausend oder Millionen Volt Spannung. Der Physiker Kunze aus Rostock errechnete aus den magnetisch abgelenkten Bahnen einiger Ultrastrahlen eine Energie von 200 Millionen Elektronvolt. Die harten und härtesten Ultrastrahlen haben jedoch Milliarden, ja Billionen Volt. Diese kosmischen Strahlen zeigten eine unvorhergesehene Wirkung in der Wilsonkammer. Man stellte quer durch die Kammer eine Metallplatte, und ein einziges Photon der Ultrastrahlen, durch die Metallplatte schlagend, erzeugte eine Garbe, einen Guß von Elektronen, die wie Funkensprühen die Kammer durchjagten. Eine solche Elektronengarbe wurde durch ein magnetisches Feld geschickt, und die Garbe teilte sich in gekrümmten Bahnen teils rechts, teils links — in Elektronen und Positronen. Wie sich ein gewöhnliches, mit genügend Energie ausgestattetes Photon in ein Elektronenpaar mit entgegengesetzten Vorzeichen verwandeln kann, so nimmt man an, daß sich auch ein Photon der kosmischen Strahlen — nicht nur in ein Paar, sondern in mehrere Paare — in ganze Garben von Elektronen beider Vorzeichen umwandelt. Das geschieht nur dann, wenn das Photon in unmittelbare Nähe eines massiven Atomkernes kommt; darum die Metallplatte in der Wilsonkammer. Anderson und Blackett benutzten die kosmischen Strahlen zur Transmutation, aber ihre Energie ist so gewaltig, daß sie Atomkerne vollständig zerschlagen und Atome mit Leichtigkeit zertrümmern können.

So durchrasen die kosmischen Strahlen den »leeren« Weltenraum, dringen ein in das »Nichts« zwischen den Molekülen, stoßen aber hier auf Kräfte, die sie veranlassen, sich teilweise umzuwandeln in Herden von Elektronen beider Vorzeichen, denen sie ihre gesamte Energie übertragen. Kann das ein

»Nichts« fertigbringen? Und gibt es innerhalb eines Atomgebäudes ein »Nichts höherer Ordnung«, um mit Linkes Ausdrücken zu sprechen? Mit Hilfe moderner Kältetechnik kann man Wasserstoff nicht nur verflüssigen, sondern auch in Wasserstoffeis erstarren lassen. Dadurch nimmt dieselbe Gewichtsmenge ein kleineres Volumen ein als vordem, das heißt, die Wasserstoffatome sind näher zusammengepreßt worden, so nahe, daß sich die Bahnen der Umlaufselektronen fast berühren.

Weiter jedoch vermag man selbst nicht mit Hilfe der stärksten Druckmittel das Wasserstoffeis zu komprimieren (zusammenpressen). Nach der Theorie des »leeren Raumes«, des »Nichts höherer Ordnung«, müßte es jedoch möglich sein, die Wasserstoffatome — Proton und Elektron bilden ein Atom — noch billionenfach (geometrisch gesehen) zusammenzupressen. Doch die abstoßenden Kräfte der benachbarten Elektronen mit ihren gleichen, negativen Ladungen wie auch die der benachbarten, positiven Atomkerne sind so gewaltig, daß jede weitere Zusammenpressung nicht mehr möglich ist. Kraft und Stoff bilden eine Einheit. Wo bleibt das »Nichts« im Atomgebäude?

»Der Spiritualist oder Idealist glaubt an ein geistiges, d. h. gespenstiges, unerklärbares Wesen der Kraft«, schreibt J. Dietzgen. »Der Gegensatz zwischen Kraft und Stoff ist so alt, wie der Gegensatz zwischen Idealismus und Materialismus. Allerdings, keine Kraft ohne Stoff, kein Stoff ohne Kraft. Kraftlose Stoffe und stofflose Kräfte sind Undinge. Wenn idealistische Naturforscher an ein immaterielles Dasein von Kräften glauben ... so sind es in diesem Punkt eben keine Naturforscher, sondern ... Geisterseher.« (Sämtliche Schriften Band 1, S. 56/57/58)

Ströme von Elektronen jagen durch die Kabel der Hochspannungsleitungen, Zehntausende PS Energie mit sich führend, jedoch nicht durch, sondern um den Draht, am Draht entlang. Der Strom baut sein elektromagnetisches Feld um sich auf, und dieses Feld enthält die ganze Energie. Der Strom hält die Energie nur zusammen, um sie an die Verbrauchsorte zu tragen. Er jagt dort um die Spulen der Elektromotoren, baut auch da sein Feld auf, und dieses elektromagnetische Feld setzt den Anker in Bewegung und durch Übertragung der Bewegung Maschinen, die die Energie verbrauchen.

Es ist etwas Geheimnisvolles um das Feld, diesen Energieträger. Man sieht es nicht, man hört es nicht, unbemerkt fließt es um den Draht. Selbst der Draht kann fehlen. Die Antenne vermittelt drahtlos Energie in alle Richtungen, und neuere Antennen, Richtstrahler genannt, strahlen die Energie nur in bestimmte Richtungen aus. Nach allen Seiten strahlen elektromagnetische Felder, und auch zwischen den Molekülen und im Inneren der Atome wirken elektromagnetische Felder. Auch diese Felder enthalten Energie, sie verhüten ein Zusammenpressen der Atome. Ebenso wie zwischen und in den Atomen wirken auch zwischen den Himmelskörpern Kräfte; das Schwerefeld enthält die Energie. Jeder Körper, sowohl der Riesenstern Antares wie das unendlich winzige Elektron oder Proton, bewegt sich in bestimmten Energiezuständen. Überall bestehen elektrische Felder, wirkt diese stoffbindende Energie; es gibt keinen leeren Raum.* Zu diesem Ergebnis kommt notgedrungen jede ernsthafte Forschung; auch die bürgerliche Wissenschaft kann sich dem nicht verschließen, was auch aus den Worten Karlsons hervorgeht:

»Der absolut leere Raum dieses überkritischen Philosophen, selbst wenn er denkbar wäre — woran man freilich zweifeln wird — dieser Raum kommt in der Natur nicht vor und ist dementsprechend physikalisch völlig uninteressant, physikalisch unwirklich. Unser Raum, der Weltraum, besteht nur zusammen mit der Möglichkeit, elektrische Felder aufzunehmen. Es ist nicht möglich, beide zu trennen, und so wird man wohl am besten sagen: der Raum und der Träger des Lichtfeldes, der Äther, sind ein und dasselbe.« (»Du und die Natur«, S. 183)

Was ist nun der **Äther?** Die Griechen personifizierten unter diesem Namen die obere, reine Himmelsluft, die Weltseele oder sahen den Äther auch als fünftes »Element«, als »bildendes Feuer« an, aus dem sich alles bildete. Die Vorstellungen über den Äther haben sich oft gewandelt. Wichtig ist Newtons Stellungnahme, der bei Versuchen über Fortpflanzung von Wärme im luftleeren Raum die Fragen aufwarf:

---

* Man unterscheidet heute zwischen vier Grundkräften, die für die Wechselwirkung von Materie verantwortlich sind. Die Wechselwirkung wird dabei durch Austausch von Teilchen (Feldquanten) beschrieben.
1. Elektromagnetische Wechselwirkung zwischen geladenen Teilchen (Feldquant: Photon); Reichweite unendlich.
2. Schwache Wechselwirkung zwischen Elektronen, Mesonen und Neutrinos, wirkt beim radioaktiven Zerfall; Reichweite 10^{-15} cm.
3. Starke Wechselwirkung, bewirkt Zusammenhalt des Atomkerns; Reichweite 10^{-13} cm.
4. Gravitation, Anziehung von Massen; Reichweite unendlich.

»Wird die Wärme im Vakuum nicht vielleicht durch Schwingungen eines Mediums übertragen, das viel feiner ist als Luft und im Vakuum zurückbleibt, wenn die Luft ausgepumpt wird? Und ist es vielleicht dasselbe Medium, das auch das Licht fortpflanzt und durch dessen Schwingungen das Licht in den Körpern Wärme erzeugt? Und ist es nicht vielleicht im ganzen Himmelsraum verbreitet? Könnten sich Planeten und Kometen und alle anderen großen Körper in dem ätherischen Medium, das den ganzen Raum ohne alle Zwischenräume gleichmäßig erfüllt und folglich viel dichter ist als Quecksilber und Gold, nicht vielleicht leichter und widerstandsloser bewegen als in irgendeiner Flüssigkeit?«

Newton war demnach von der Existenz eines Weltäthers durchaus überzeugt, dennoch besitzt sein berühmtes Gravitationsgesetz den Charakter der Fernwirkung. Er beabsichtigte, damit nur die in diesem Gesetz beobachteten Tatsachen wiederzugeben, ohne auf den verborgenen Inhalt der Kräfte einzugehen. Den nachfolgenden Astronomen waren die abstrakten Formeln Newtons alles, der Äther wurde für sie bedeutungslos.

Huygens nahm einen elastischen »Lichtäther« an, entsprechend seiner Auffassung über die elastische Fortpflanzung der Lichtwellen als Transversalwellen. Maxwell definierte diese Transversalwellen als elektromagnetische Wellen und knüpfte daran seine Vorstellung über den Äther.

»Die Erscheinungen der magnetischen Drehung der Polarisationsebene des Lichtes führten Maxwell zu der bereits von W. Thomson gehegten Annahme, das Wesen des Magnetismus als eine Rotation oder Wirbelbewegung des Äthers zu deuten. Die Achsen der Wirbel fallen überall mit der Richtung der Kraftlinien zusammen . . .« (Bloch)

Daß Maxwell vollständig von dem Vorhandensein eines Weltäthers überzeugt war, geht aus seinem Artikel »Äther« hervor, in dem es heißt:

»Wie schwer es aber auch für uns sei, uns eine einheitliche Vorstellung von der Beschaffenheit des Äthers zu bilden, so kann doch **kein Zweifel** *darüber bestehen, daß der Planeten- und Sternenraum nicht leer, sondern mit einem materiellen Stoff oder Körper erfüllt ist, der sicher der ausgedehnteste und wahrscheinlich der einheitlichste von allen uns bekannten Körpern ist.«*

Durch die vielen Diskussionen der letzten Jahrzehnte ist der Name Äther etwas anrüchig geworden, so daß viele darum herumstreichen wie die Katze um den heißen Brei, ähnlich wie Störmer sich ausdrückt:

»Nichts wissen wir über den sogenannten Äther, der den leeren Raum erfüllt und in dem diese Schwingungen (transversale Schwingungen) vor sich gehen,

wir wissen nur, daß die Schwingungen nach mathematischen Gesetzen so vor sich gehen, als ob etwas wäre, durch das sie sich fortpflanzen, und dieses Etwas hat man Äther genannt.«

Eine konsequente, aber durch und durch negative Haltung nimmt die Relativitätstheorie ein; sie lehnt den Äther rundweg als etwas physikalisch Unwirkliches ab.

»*Der Anstoß zur Entwicklung der speziellen Relativitätstheorie ging von Experimenten aus, die ein neues, und zwar entscheidendes Argument gegen jede mechanische Deutung der elektromagnetischen Wellen liefern: Der negative Ausfall aller Versuche, einen Einfluß der Erdbewegung auf die Ausbreitung von Lichtwellen festzustellen, nötigt dazu,* **endgültig die Vorstellung aufzugeben,** *daß der Äther, als der Träger dieser Wellenbewegung, eine im Raum verteilte Materie mit einem bestimmten Bewegungszustand gegenüber den sonstigen Körpern im Raum sei.«* (Grete Hermann, S. 5)

Die modernen Naturforscher berauben den Äther nicht nur um die Materialität; sie ersetzen ihn, wie auch andere Dinge der objektiven Außenwelt, durch mathematische Symbole und Formeln. So sagt Eddington (»Naturwissenschaft auf neuen Bahnen«):

»*Der Äther ist keine Art von Stoff. Fragen, wie die obigen, könnten über stoffliche Dinge gestellt werden, aber beispielsweise nicht über die Zeit, und wir müssen den Äther als eine der Wesenheiten ansehen, denen sie nicht angemessen sind. Da der Äther nicht stofflich ist, so besitzt er keine der üblichen Eigenschaften der Stoffe, Masse, Starrheit usw. Aber er hat dafür seine eigenen, wohldefinierten Eigenschaften. Wir beschreiben den Zustand des Äthers durch Symbole und seine charakteristischen Eigenschaften durch mathematische Gleichungen, denen diese Symbole gehorchen.«*

Gegen eine solche mathematische Überwucherung wendet sich selbst der bürgerliche Verteidiger der Weltätherlehre, Fricke:

»*Die Astronomen waren doch schon so froh, daß nun auch die Physiker den Äther, den sie in ihrer Astronomie absolut nicht unterbringen konnten, obgleich alle Sterne ihm ihr Licht verdanken, endlich über Bord geworfen und durch ein blutleeres Formelgebilde ersetzt hatten. Es ist, als ob zwischen mathematischer Physik und Weltätherlehre schon von Geburt an eine natürliche Todfeindschaft gesetzt sei.«* (»Weltätherforschung«, S. 28)

Fricke, Wiener und andere stellten unabhängig voneinander eine Weltäthertheorie auf, die einerseits einen Fortschritt gegenüber der negativen

Auffassung der Relativitätstheorie, andererseits aber eine einseitige metaphysische Behandlung der Materie bedeutet. Eine kurze, klare Zusammenfassung der Äthertheorie Frickes gibt von Laue in einer Besprechung:

»*Der Verfasser stellt, im Gegensatz zu dem gewohnten physikalischen Weltbild, eine eigene Auffassung von Äther und Schwerkraft. Der ›ruhende‹ Äther ist, genau wie die ruhende Luft, eine Substanz, deren Teilchen sich regellos, aber gleichförmig nach allen Richtungen bewegen. Wo die Bewegungen in bestimmten Richtungen überwiegen, beobachten wir Kraftfelder. Die Bewegung der Sterne im Äther ist den Bewegungen von Luftballonen in der Luft vergleichbar. Ebenso schwer, wie in Luftballonen der Wind zu beobachten ist, ist bei der Erdbewegung ein Ätherwind zu beobachten — das ist der Sinn des Versuchs von Michelson. Aus diesem Verhalten darf man aber kein Weltpostulat ableiten, das den Äther ›abschafft‹. Denn auf der Erde beobachten wir den Wind natürlich überall, nämlich als Kraftfeld.*

Die Äthersubstanz besitzt zweifellos eine unzerstörbare, innere Bewegung. Aber es ist ein Irrtum, wenn man meint, sie müsse deshalb ›reibungslos‹ sein. Die Reibung ist nach der Definition in Auerbachs Wörterbuch der Physik der Widerstand gegen eine Verschiebung benachbarter Schichten gegeneinander. Das ist aber dasselbe wie ›Zusammenhang‹ oder ›Kontinuität‹. Dieser Zusammenhang aber bewirkt, daß die Bewegung ihre Form und Richtung fortgesetzt ändert, ohne ihre Größe an sich zu verändern. Die Bewegungsenergie bleibt konstant.

Die Urphänomene der Welt sind Strömung und Reibung im Äther. Da aber Ätherströmung dasselbe wie Kraft ist, kann man auch sagen: Kraft und Widerstand. Überall in der Welt erkennen wir den Rhythmus, der durch Kraft und Widerstand oder Gegenströmung entsteht.« (Zitiert in Frickes »Weltäther-Forschung«, S. 110)

Diese zitierte Gegenüberstellung der verschiedenen Auffassungen der bürgerlichen Naturwissenschaftler zeigt, daß trotz der dominierenden Relativitätstheorie in der Physik und Astronomie die Forschungen zur Klärung des Ätherproblems keineswegs überwunden sind. Das menschliche Denken ist eben ein Spiegelbild des materiellen Seins. Auch der Weltäther, die Ursubstanz aller Dinge, ist ein Teil der objektiven Wirklichkeit. Darum sind die neueren Weltäthertheorien ein Fortschritt gegenüber der Relativitätstheorie. Und doch tritt auch hier die Metaphysik in den Vordergrund. So betrachtet Fricke die Atome nur als »*Wirbel und rhythmische Strömungsfiguren im strömenden Äther*«, degradiert die Materie (»*da ja die Materie nichts ande-*

res als ein Bewegungszustand des Äthers ist« — Fricke) einfach zum Bewegungszustand. Der Äther besteht nach seiner Meinung aus fertigen, unzerstörbaren Teilchen. Eine Entwicklung im Mikrokosmos, aber auch im Makrokosmos (Entwicklungsstadien der Sterne) wird abgelehnt. Damit reduziert sich diese Theorie selbst zu einer einseitigen, metaphysischen Theorie.

Wie ist es nun mit dem negativen Ausfall des Michelson-Versuches? Es ist von den Relativisten behauptet worden, die Äthertheorie sei durch den negativen Versuchsausfall liquidiert worden. Das ist aber durchaus nicht Michelsons Meinung, der ein Anhänger der Äthertheorie ist und darum annahm, daß die Erde den Äther mitnähme. Mußte dann nicht der Versuch in größerer Höhe anders ausfallen als in der tiefen Ebene? Man hat jedoch keinen nennenswerten Unterschied gefunden. Trotzdem steht Michelsons klare, nüchterne Erklärung weit über den phantastischen Gedankenspielereien der Fitzgerald-Lorentz-Kontraktion. Daß überhaupt eine solche Maß- und Uhrzeitverkürzung Thema einer ernsthaften Wissenschaft sein kann, natürlich noch mathematisch verbrämt, nur um zu erklären, daß damit der Äther überflüssig sei, ist kennzeichnend für den Grad der Verwirrung. Dagegen ist Michelsons Annahme die denkbar beste Erklärung. Der Äther ist kontinuierliche Materie, die durch die Masse-Energie-Konzentration der Erde zum Feld, zur Feldmaterie geworden ist. Dieses Feld, es ist das Schwerefeld, haftet der Erde an, bei all ihren Bewegungen, und die Feldmaterie ist Träger des Lichtes wie der übrige Äther. Da das Feld, als an die Erde gebundener Äther, an allen Punkten der Erdoberfläche (selbstverständlich auch innerhalb der Erde) mitgeht, muß die Lichtgeschwindigkeit überall, ob mit oder gegen die Bewegungsrichtung der Erde, gleich sein.

Linke sagt in seinem schon oben erwähnten Buch »Streifzüge im Reiche der Sterne«:

»Die Luftschicht, die wir durchschauen müssen, wenn wir der sinkenden Sonne nachblicken, ist viel dicker, als wenn die Sonne im Scheitel über uns steht, weil wir schräg durch sie hindurchblicken müssen, und diese dicke Schicht verschluckt mehr Licht, als die dünnere über uns ... Man kann leicht berechnen, daß von der Sonne, trotz ihrer ungeheuren Lichtfülle — nicht der matteste Schimmer zu sehen wäre, wenn der Raum zwischen ihr und der Erde mit Luft angefüllt wäre, selbst wenn diese noch lange nicht die Dichte besäße wie diejenige, die unsere Erde umgibt. Wenn wir trotzdem also so weit durch das Weltall hindurchblicken können, geht daraus hervor, daß offenbar der Weltraum auf große Strecken von Stoff fast völlig frei ist.« (S. 112)

Zweifellos absorbiert ein solcher Stoff wie Luft oder der von Dunkelnebel viel Licht, das aber besagt nicht, daß das Universum nicht erfüllt sein kann von Materie, die nicht in so konzentrierter Form auftritt wie Luft. Diese kontinuierliche, unwägbare Materie ist der Äther, der Träger der Lichtwellen. Aber könnte auf dem ungeheuer langen Weg, den das Licht der fernsten Himmelsgebilde zurücklegt, nicht eine Verringerung der Energie und damit der Frequenz des Lichtes eintreten? Einstein erklärt, daß die Geschwindigkeit des Lichtes im gleichen Medium konstant ist. Das ist durch mancherlei Experimente erwiesen. Und die Energieabbremsung, der Energieverlust durch Bremsung?

Je größer die Schwingungszahl der Lichtwelle, desto größer die Energie:

$$\frac{\text{Energie E}}{\text{Schwingungszahl } v} = h \text{ Plancksche Konstante}$$

$h \cdot v$ ist das Energiequant. Die Quanten verhalten sich wie ganze Zahlen 1, 2, 3, 4 usw., sie sind unverrückbar, unteilbare Größen. Ein Energiequant ist die kleinste mögliche Energiekonzentration. Je mehr Schwingungen, desto größer die Energiequanten des Photons. Verringerung der Energie bedeutet Verminderung der Schwingungszahl. Das beweist ja der Compton-Effekt. Die Folge ist eine Vergrößerung der Wellenlänge, denn je kleiner die Frequenz, um so größer die Wellenlänge. Wenn nun das Licht auf seinem Weg durch den Weltenraum aus ungeheurer Entfernung den stofflichen Äther durchdringt, so muß eine Energieverringerung und damit eine Verminderung der Frequenz erfolgen. Es verlängert sich die Wellenlänge, das heißt, es findet eine Rotverschiebung statt.

Das mag bei den relativ nähergelegenen Gebilden unseres Milchstraßensystems nicht so in Erscheinung treten, weil die Energieverringerung sehr gering sein muß und nur von einer Quantengröße zur anderen, also sprunghaft, in ganzen Zahlen erfolgen kann.

Bei den äußersten sichtbaren Gebilden des Universums jedoch, den Spiralnebeln mit ihren unvorstellbaren Entfernungen, muß sich die Verringerung der Energie der Photone offensichtlich bemerkbar machen, und zwar durch Rotverschiebung. Je größer die Entfernung, desto stärker die Abbremsung, um so weiter die Verschiebung nach Rot hin. Es findet also keine zunehmende Geschwindigkeit der Spiralnebel, keine Nebelflucht statt, wie die Astronomen annehmen, sondern eine Frequenzverminderung. Geschwindigkeiten von rund 50 000 km/sek sind wohl im Mikrokosmos, bei Elementarteilchen etwas Normales, durchaus erklärlich, aber undenkbar bei den

Riesengebilden des Makrokosmos, schon undenkbar bei Sternen, jedoch erst recht bei solchen gigantischen Gebilden wie den Weltinseln. Zweitens wäre ganz unerklärlich, warum bei zunehmender Entfernung die Geschwindigkeit der Nebel wachsen soll und drittens, warum sie sich alle nach außen, von uns weg bewegen, fliehen sollen.

Die Energieverminderung erklärt erstens die Allgemeinheit der Rotverschiebung der Spiralnebel. Die Photone bestehen aus ganzzahligen Energiequanten. Es kann durch die Abbremsung nur ein Energieverlust von einer Quantengröße zur anderen erfolgen, und zwar nicht im langsamen Abfließen, sondern sprunghaft. Das Photon kann also eine bestimmte Wegstrecke zurücklegen, während die Abbremsung stärker und stärker wird, jedoch noch nicht genügt, den Sprung von einer Energiequantengröße zur nächst niedrigeren zu vollziehen, bis die Abbremsung einen Punkt erreicht, wo der Sprung zur nächsten Quantengröße erfolgt (Umschlagen der Quantität), wodurch augenblicklich die Frequenz etwas verkleinert wird. Im weiteren Verlauf sinkt dann eine Energiequantengröße nach der nächst anderen, ruckweise, sprunghaft, und dementsprechend vermindert sich die Frequenz. Während nun innerhalb der Fixsternwelt entsprechend der verhältnismäßigen Nähe keine nennenswerte Abbremsung der Photone in Frage kommt,

Abbildung 52

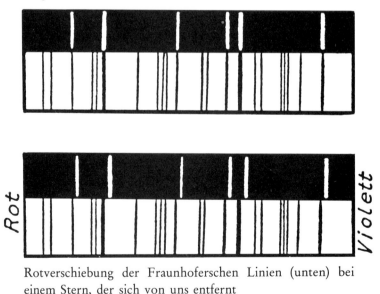

Rotverschiebung der Fraunhoferschen Linien (unten) bei einem Stern, der sich von uns entfernt

ist sie bei den fernen Spiralnebeln beträchtlich und wird bei zunehmender Entfernung immer größer. Darum das allgemeine Bild der Rotverschiebung bei Spiralnebeln.

Zweitens erklärt die Energieverminderung Ausnahmen der Violettverschiebung. Einige »nahe« Spiralnebel, Andromedanebel und andere, zeigen eine Verschiebung der Spektrallinien nach Violett. Auch dieses Nebellicht erfährt eine Abbremsung, jedoch die Bewegung dieser Nebel auf uns zu gerichtet ist um ein bedeutendes größer als die Abbremsung ausmacht. Das heißt, daß eine viel stärkere Violettverschiebung eintreten würde, wenn keine Abbremsung vorhanden wäre; darum ist die Radialgeschwindigkeit dieser Nebel auf uns zu in Wirklichkeit größer als die Statistik anzeigt. Bei den weiter entfernten Nebeln überwiegt jedes Mal die Abbremsung; die Rotverschiebung wird nur durch die jeweilige Bewegung — von uns weg oder auf uns zu — etwas verstärkt oder geschwächt.

Drittens erklärt die Energieverminderung die Bewegung der Spiralnebel natürlicher. Schon Eddington machte auf die Schwierigkeit der proportional gesteigerten Geschwindigkeit der Spiralnebel aufmerksam:

»Nicht die Expansion des Weltalls an sich, sondern die schnelle Expansion läßt uns die Beobachtungsergebnisse mit sehr kritischem Blick betrachten; denn wenn sie zutreffen, so richten sie unter unseren früheren Ansichten über das Tempo der evolutionären Entwicklung eine arge Verwüstung an. Wenn die bei den Spiralnebeln gefundenen Geschwindigkeiten echte Geschwindigkeiten sind, so gibt es vor dieser schnellen Expansion kein Entrinnen ... Wir haben gesehen, daß die Geschwindigkeiten, mit denen die Milchstraßen forteilen, ihren Entfernungen proportional sind. Bei einer Entfernung von 150 Millionen Lichtjahren beträgt die Geschwindigkeit 25 000 km in der Sekunde; bei 1 500 Millionen Lichtjahren wären es 250 000 km in der Sekunde. Wir können aber nicht unbegrenzt so fortfahren. Bei 1 800 Millionen Lichtjahren erhalten wir 300 000 km in der Sekunde, und das ist gleich der Lichtgeschwindigkeit, so daß wir offenbar in Schwierigkeiten hineinsteuern.«

Wäre das Weltall nicht mit Stoff erfüllt, befände sich wirklich das »reine leere Nichts« zwischen den Sternen, dann könnte selbstverständlich keine Abbremsung in Frage kommen; dann blieben als einzige Folgerung die undenkbaren Geschwindigkeiten der Spiralnebel und die rätselhafte Nebelflucht bestehen. Eine Bewegung wie die der Weltinseln, die alle (einzelne Ausnahmen zählen nicht) von unserem Milchstraßensystem in allen Richtungen fortstreben, führt zu bestimmten Konsequenzen. Eine allgemeine

Flucht der Weltinseln von einem Zentrum aus setzt einen ruhenden Punkt voraus, und das hieße, die absolute Bewegung feststellen, messen zu können. Das ist jedoch unmöglich. Die Materie in ihrer Einheit besitzt eine absolute Bewegung. Wir können jedoch diese universelle Bewegung in der allgemeinen Entwicklungslinie der Welt wohl erkennen, aber nicht konkret erfassen und messen. Was wir erfassen, feststellen, ist die Bewegung der Materie in ihren Teilen; und diese Bewegung ist relativ, nur in bezug auf andere Bewegungsgrößen erfaßbar und meßbar.

Dialektisch gesehen ist alles in Bewegung; es gibt keinen ruhenden Punkt im Weltall und darum auch keine Möglichkeit, von solchem Ruhepunkt aus die allgemeine Bewegung konkret zu erfassen. Diese geheimnisvolle, übernatürliche Nebelflucht ist darum ein Unsinn, durch keinerlei Erfahrungstatsache bekräftigt. Die Ursache dieser außergewöhnlichen Rotverschiebung kann nur die Verminderung der Frequenz infolge der Energieabbremsung durch den stofflichen Äther sein.

Was kann das nun für ein Stoff sein, der das Weltall füllt? Was ist überhaupt Materie? Mach sagt:

»*Was wir Materie nennen, ist ein gewisser, gesetzmäßiger Zusammenhang der Elemente (Empfindungen).*« (zitiert nach Lenin Werke Bd. 14)

Und der englische Machist Pearson ergänzt:

»*Vom wissenschaftlichen Standpunkt aus ist kein Einwand dagegen zu erheben, daß man gewisse mehr oder weniger konstante Gruppen von Sinneswahrnehmungen klassifiziert und als Materie bezeichnet. — Wir nähern uns damit sehr J. St. Mills Definition der Materie als ›permanenter Empfindungsmöglichkeit‹; — eine solche Definition der Materie ist aber vollkommen verschieden von der, nach welcher die Materie ein sich bewegendes Ding ist.*« (zitiert nach Lenin Werke Bd. 14)

Lenin gibt den Machisten eine gebührende Antwort:

»*Es genügt, die Frage klar zu stellen, um zu begreifen, was für groben Unsinn die Machisten reden, wenn sie von den Materialisten eine Definition der Materie verlangen, die nicht auf eine Wiederholung dessen hinausliefe, daß Materie, Natur, Sein, Physisches das Primäre, während Geist, Bewußtsein, Empfindung, Psychisches das Sekundäre sind ... Die Materie ist das, was durch seine Wirkung auf unsere Sinnesorgane die Empfindung erzeugt; die Materie ist die uns in der Empfindung gegebene objektive Realität u. dgl. m.*« (Lenin Werke Bd. 14, S. 142/141)

Alles, was wir sehen und fühlen, was die Empfindung uns übermittelt, ist Materie in mehr oder weniger handgreiflicher Form. Noch eben erkennen wir die wirbelnden Staubteilchen im Strahl der Sonne. Ein Fingerhut voll Luft in einer Industriestadt enthält etwa 500 000 Staubteilchen. Den zarten Duft einer Rosenblüte können wir weder sehen noch fühlen, und doch sind es winzige Teilchen der Rose, die sich lösen und auf unsere Geruchsnerven wirken. Ein Billionstel Gramm Moschus kann noch ein Zimmer mit seinem Geruch füllen; also winzige Teilchen sind noch wahrnehmbar.

Der Bau der Atome zeigt eine Reihe kleinster Teilchen, durch menschliche Sinne nicht mehr wahrnehmbar. Forschungen ergeben, daß noch andere »Urkörperchen« als Proton, Neutron, Elektron, Positron, Mesotron und Photon bestehen müssen, worüber man sich allerdings noch keine endgültige Klarheit verschaffen konnte. Demokrits unteilbares Atom erwies sich als recht kompliziertes Gebäude von mehreren noch kleineren Teilchen. Sind diese Teilchen nicht weiter teilbar? Das Positron ist »reine« positive Ladung mit einer fast zu ignorierenden, sehr geringen Masse. Das Proton ist positive Ladung, verbunden mit merkbarer Masse; also eine Zusammensetzung von zum mindesten zwei Komponenten. Woraus setzt sich nun die Protonmasse zusammen? Können nicht das, was wir als elementare Teilchen bezeichnen, ebensogut wiederum komplizierte Gebäude sein? Oder ist das Elementarteilchen eine feste, abgeschlossene Größe, eine unverrückbare ganze Zahl? Ist es vielleicht unveränderlich an Masse und Gewicht?

Es müßte also, wenn dem so wäre, bei der Transmutation der Elemente Anfangs- und Endgröße gleich sein; das ist aber nicht der Fall, sowie die Massen mit annähernder Genauigkeit angegeben werden. Betrachten wir einige der früheren Reaktionen. Die Massen waren nur grob, in ganzen Zahlen angegeben; Anfangs- und Endergebnis stimmte überein. Wie ist aber das Bild, wenn die Hochzahlen mit drei Dezimalstellen angegeben sind?

a) $_1H^{1,008} + {_3Li^{7,015}} \rightarrow {_2He^{4,002}} + {_2He^{4,002}}$
b) $_1H^{2,014} + {_3Li^{6,014}} \rightarrow {_2He^{4,002}} + {_2He^{4,002}}$

Anfangsergebnis: Endergebnis:
a) 8,023   a) 8,004
b) 8,028   b) 8,004

Das Gleichgewicht der Massen ist aufgehoben; ein Teil der Masse, bei a) = 0,019, scheint während der Transmutation eines Protons mit einem schweren Lithium-Isotop und bei b) = 0,024 während der Transmutation eines Deuterons mit einem leichten Lithiumkern zu verschwinden. Anscheinend ist das Gesetz von der Erhaltung der Masse umgestoßen worden. Nun sind aber diese Werte, die die Masse anzeigen, an langsam sich bewegenden Atomen gemessen worden; sie kommen also annähernd den Ruhemassen gleich. Es besitzen jedoch einige der oben angeführten Kerne eine ungeheure Geschwindigkeit, und dadurch vermehrt sich die Masse. Wird ein Körper, der sich in Ruhe befindet, bewegt, so erhält er kinetische Energie und damit einen Massenzuwachs. Die in den Formeln angegebenen Massen sind Ruhemassen. Rechnet man nun den sich schnellbewegenden Kernen die durch die kinetische Energie entstandenen Extramassen hinzu, dann muß das Gleichgewicht hergestellt sein.

Die Lithiumkerne befanden sich gewissermaßen in »Ruhe«; die angeführten Zahlen der Massen sind darum richtig. Die kinetische Energie der Protonen und Deuteronen betrug nur einige hunderttausend Elektronvolt, was eine nur unbedeutende Extramasse ergibt, die zu gering ist, um Einfluß auf die angeführten Werte zu haben. Dagegen besitzen die aus der Transmutation entstandenen Heliumkerne eine bedeutende kinetische Energie; sie hinterlassen lange, leuchtende Spuren. Aus der Länge der Spur läßt sich die kinetische Energie berechnen, und sie ergab die aus der Reaktion a) entstandenen 17 Millionen, die aus Reaktion b) entstandenen 23 Millionen Elektronvolt. Diese Werte ergeben genau Zusatzmassen in der Höhe von 0,019 und 0,024, das heißt die scheinbar durch die Transmutation verlorengegangenen Massen. Die Heliumkerne erhielten kinetische Energie aus den Ruheenergien der Wasserstoff- und Lithiumkerne, die in den Ruhemassen der beiden Kerne verankert waren, und die den Heliumkernen aufgepfropfte kinetische Energie brachte diesen Kernen Zusatzmasse. Masse verwandelte sich in Energie und Energie in Masse. Das Gesetz über die Erhaltung der Masse und das Gesetz über die Erhaltung der Energie sind ein und dasselbe.

Hat auch ein Photon, eine Lichtkorpuskel, Masse? Einstein behauptete es, und das Experiment gab ihm recht. Selbstverständlich: Licht ist eine Energiestrahlung, und Energie ist Masse.

Energie = Masse · Geschwindigkeit · Geschwindigkeit = $E = m \cdot c^2$
Energie des Photons = Frequenz · Plancksche Konstante = $E = h \cdot v$
Masse des Photons = $m = hv/c^2$

Masse verkörpert zusammengeballte Energie, Ruhemasse ist gleich Ruheenergie. Eine Masseeinheit ist gleich einer Energie von 1 Billion Elektronvolt, genauer von $0,93 \cdot 10^9$ Elektronvolt. Dieser Wert entspricht der Ruheenergie eines Protons oder Neutrons. Das Alphateilchen besitzt 4 Billionen Elektronvolt Ruheenergie. Die den zu Transmutationsgeschossen benutzten Alphapartikeln mitgegebene kinetische Energie von 8 Millionen Volt ist im Vergleich zur Ruheenergie nur eine geringe Zusatzenergie. In den Laboratorien wird es wohl niemals möglich sein, die Erzeugung solcher Energien, die den Ruheenergien der Atomkerne entspricht, zu erreichen. Dagegen wird die Ruheenergie eines Elektrons, die eine halbe Million Elektronvolt beträgt, weit übertroffen. Es kann dem Elektron also mehr kinetische Energie aufgeladen werden, als es Ruheenergie besitzt, und entsprechend dieser Zusatzenergie steigt die Größe der Zusatzmasse. Die Zusatzmasse kann so gesteigert werden, daß sie die Ruhemasse weit übertrifft. Das zeigen auch die in den kosmischen Strahlen auftretenden Mesotronen. Die gewaltige, kinetische Energie, mit der sie ausgerüstet sind, gibt den ursprünglich geringen Ruhemassen riesige Zusatzmassen und macht sie fast zum negativen Gegenstück des Protons.

Photone der Gammastrahlen haben eine Energie von 2,6 Millionen Elektronvolt; das entspricht einer Masse von 0,003. Diese zu Transmutationsgeschossen verwandten Photone L erzeugen folgende Reaktion:

c) $L^{0,003} + {}_1H^{2,014} \rightarrow {}_1H^{1,008} + {}_0n^{1,009}$

Im Gegensatz zu den Gleichungen a) und b) stimmen Anfangs- und Endergebnis der Reaktion c) überein, obwohl sich Proton und Neutron mit nennenswerten Geschwindigkeiten trennen. Ist hier nicht eine Verletzung des Gesetzes von der Erhaltung der Masse zu verzeichnen? Haben vereinigte Teile geringere Massen als getrennte? Nun, das isolierte Proton und das isolierte Neutron haben zusammen 2,017 Ruhemasse, sind sie vereinigt, nur 2,014 Gesamtmasse; daran ist nicht zu rütteln. Um sich zu vereinigen, verbrauchen Proton und Neutron einen Energiebetrag, der einer Masse von 0,003 entspricht. Dieser Massen- oder Energieverlust ist das einigende Band, das beide Teilchen umklammert, und dieser Massen- oder Energiebetrag, den die vereinigten Teilchen als Vereinsbeitrag opfern, läuft als selbständige Korpuskel, als Photon in die Welt hinaus. Und will man beide Komponenten trennen, so muß man ihnen ihren Beitrag zurückzahlen; das geschah durch obige Reaktion. Also, um Proton und Neutron zu trennen, muß die Energie eines Photons aufgewendet werden, das äußert sich dann in der Vermehrung der Ruhemassen der getrennten Teilchen. Ohne Massenverlust verbinden sich Protonen und Neutronen nicht zu Kernen; sie wären sonst unstabil und müßten alsbald zerfallen.

Bei der obigen Reaktion zur Trennung von Proton und Neutron wurde ein geringer Teil der Photoenergie in kinetische Energie der beiden materiellen Teilchen umgesetzt und damit in Zusatzmasse. So können also die Photonmasse, die Ruhemasse eines materiellen Teilchens und die Zusatzmasse des bewegten Teilchens untereinander verwandelt werden. Durch obige Reaktion wurde Materie durch Licht vermehrt, ein Photon in ein Teil einer materiellen Korpuskel umgewandelt. Ist es nun auch möglich, ein Photon direkt in materielle Korpuskeln umzuwandeln? Um das zu erreichen, genügt ein Photon mit einer Energie von einer Million Elektronvolt, was einer Masse von 0,001 entspricht. Eine solche Reaktion sähe so aus:

d) $L \rightarrow {}_1e + {}_1e^-$

Ein Photon wird in ein Elektronenpaar umgewandelt, deren Ruhemassen je 0,000 5 betragen, aber ohne kinetische Energie ausgestattet sind. Besitzt das Photon jedoch mehr als eine Million Volt, so erhalten die Elektronen genügend kinetische Energie und damit Zusatzmasse, um auseinanderzuspringen. Licht verwandelt sich in Materieteilchen; aber auch umgekehrt können Materieteilchen in Licht verwandelt werden. Trifft ein Positron auf seiner Reise auf ein freies Elektron, so gehen beide eine Ehe ein; sie vereinigen sich zu einem Photon. Dieser Vorgang kann allerdings weder beobachtet noch fotografisch festgehalten werden, und doch hat man Mittel, den Effekt festzustellen und zu messen. Daß aber trotzdem nicht ein dauernder Wechsel, eine Umwandlung von Licht in Elektrizität und umgekehrt, im Weltall vor sich geht, liegt an der ungleichen Anzahl der beiden Arten Elektronen. Im Vergleich zu den unzähligen negativen Elektronen sind die Positronen nur in geringer Anzahl vorhanden. Die oben angeführten Beispiele kennzeichnen in wunderbarer Weise den dialektischen Prozeß der Natur.

Das, was man als elementare Teilchen bezeichnet, sind wohl relative Größen, aber begrenzt und meßbar. Wenn nur sie den Mikrokosmos verkörpern, dann muß das, was dazwischen liegt, tatsächlich ein »Nichts« sein. Aber auch die Elementarteilchen müssen entstanden sein; sie sind das Produkt einer Entwicklung. Nur der Metaphysiker betrachtet die Welt als Welt fertiger Dinge. Aber alles ist Entwicklung, und aus nichts entsteht nichts! Was ist das nun, aus dem die Bausteine des Kosmos, die Elementarteilchen, geformt, entstanden sind? Darrow sagt:

»Das einzig Ewige ist etwas, aus dem sie alle geschaffen sind, das sich in allen von ihnen der Reihe nach verkörpert, das unversehrt von Form zu Form wandert. Für diese unsterbliche Substanz ist wohl der am wenigsten ungenügende

Name ›Energie‹. Doch Name ist Schall und Rauch.« (»Renaissance der Physik«, S. 377)

Das ist falsch! Das läuft auf die »Energetik« W. Ostwalds hinaus, der in dem Vorwort zu seinen »Vorlesungen über Naturphilosophie« erklärte, daß ihm

»... *die einfache und natürliche Aufhebung der alten Schwierigkeiten, welche der Vereinigung der Begriffe Materie und Geist sich entgegenstellen, durch die Unterordnung beider unter den Begriff der Energie als ein großer Gewinn erscheint.*« (zitiert nach Lenin Werke Bd. 14)

Ostwald will die Materie gänzlich abgeschafft wissen und fordert die einheitliche Anwendung des Energiebegriffes auf alle Erscheinungen, auch die psychischen und gesellschaftlichen.

»*Die Welt ist die gesetzmäßige Bewegung der Materie*«, sagt Lenin, »*und unsere Erkenntnis als höchstes Produkt der Natur ist nur imstande, diese Gesetzmäßigkeit* **widerzuspiegeln.**« (Lenin Werke Bd. 14, S. 165)

Energie, Licht und Elektrizität sind Erscheinungsformen dieser gesetzmäßigen Bewegung der Materie. Die ganze objektive Wirklichkeit ist Materie, und alle Formen der objektiven Welt sind aus Materie entstanden; alle Dinge dieser Welt sind materielle Dinge. Die Elementarteilchen sind Entwicklungsprodukte aus der kontinuierlichen Allmaterie. Es sind Konzentrationspunkte, abgezirkelt, begrenzt, erkennbar und meßbar, abgeschlossene, doch entsprechend den Energiezuständen relative Größen, die Umwandlungsprozessen unterworfen sind. Wie die Luft alle Zwischenräume zwischen den wirbelnden Staubteilchen ausfüllt, die Staubkörnchen gewissermaßen in der Luft eingebettet sind, so füllt eine unvorstellbar feine, alles durchdringende Materie alle Zwischenräume, sowohl zwischen den Molekülen wie auch innerhalb des Atoms. Wie die Sterne Konzentrationspunkte im Makrokosmos sind, so sind die Elementarteilchen im Mikrokosmos Konzentrationspunkte innerhalb einer Substanz, die unvorstellbar ist, unendlich, kontinuierlich: Das ist der Weltäther.

Unendlich? Kontinuierlich? Nur Unterschiede können wir wahrnehmen, können wir messen. Nur für uns erkennbare Unterschiede geben Form, Gestalt, sind meßbar. Nur in bezug auf andere Dinge können bestimmte Dinge festgestellt werden. Die Materie, obwohl in der universellen Einheit absolut, tritt in ihren verschiedenen Formen, wie wir sie kennen, relativ auf. Gleichförmigkeit ist unseren Sinnen verschlossen. Woran sollten wir sie auch erkennen? Es gibt nichts, wo wir anknüpfen können, nichts zum Vergleichen. Schon verschwommene Kontraste sind nicht oder nur schwer zu erkennen. Ohne erkennbare Gestalt, ohne feststellbare Grenzen, ohne allen wahrnehmbaren Wechsel, nur Gleichförmigkeit, das ist die Allmaterie, die Ursubstanz aller Dinge — kontinuierliche Materie. Das ganze Universum erfüllend, unendlich an Ausdehnung, in der die Spiralnebelwelt nur eine winzige Etappe darstellt, unvorstellbar, unfaßbar — das ist eine Richtung der Unendlichkeit, Unendlichkeit zum Makrokosmos!

Alles durchdringend, alle Zwischenräume erfüllend — eine unvorstellbar feine Materie! Fein? Wie fein? Etwa wie ein Stern im Verhältnis zum Elektron, so vom Elektron zur Allmaterie? Das wäre unsinnig, das würde ja Grenzen voraussetzen, erkennbare und meßbare. Fricke nahm »*Ätherteilchen der Größe nach unveränderlich und unzerstörbar*« an; die sind aber dann nichts anderes als Demokrits Atome, unteilbar und darum unzerstörbar. Nein, Teilchen müssen entstanden sein; es gibt keine fertigen Dinge. Äther als Allsubstanz ist ohne fertige Teilchen, und darum ist »fein« nicht der richtige Ausdruck, jede Anschaulichkeit versagt hier. Erkennbare Teilchen heißt Unterbrechung, der Weltäther ist jedoch ein ununterbrochener Fluß — kontinuierlich. Ohne erkennbare Teilchen, das heißt ohne erkennbare Form, ohne feststellbare Grenzen. Fein und sollte es noch so klein, so über alle Begriffe winzig sein, hat irgendwie eine Grenze. Kontinuierlich, ohne erkennbare Gestalt und Grenzen, das ist Unendlichkeit, ebenfalls unvorstellbar — eine zweite Richtung der Unendlichkeit, Unendlichkeit zum Mikrokosmos. Lenin sagt:

»*Ist die Welt sich bewegende Materie, so kann und muß man sie fortwährend studieren in den unendlich komplizierten und detaillierten Erscheinungen und Verästelungen **dieser** Bewegung, der Bewegung **dieser** Materie, doch außerhalb dieser, außerhalb der ›physischen‹, allen bekannten Außenwelt kann nichts sein.*« (Lenin Werke Bd. 14, S. 349)

3. Raum und Zeit

Statt dem Ausdruck: »Zwischen den Sternen wie auch zwischen den Elementarteilchen befindet sich nichts« könnte man sagen: »Die Sterne wie auch die Elementarteilchen bewegen sich in Nichts.« Sie bewegen sich also in einem Vakuum, einem Raum, der aus nichts besteht. Was ist ein Raum? Spengler sagt:

»Der ›Raum‹ ist sicherlich zunächst wie ›die Welt‹ ein kontinuierliches Erlebnis des einzelnen, wachen Menschen, nicht mehr ... Das entsprechende Wort, das in allen Sprachen nicht nur anders klingt, sondern auch anderes bedeutet, verdeckt entscheidende Aufklärungen.« (»Der Untergang des Abendlandes«, S. 233)

Betrachten wir einen faustgroßen Stein. Ist das materielle Etwas ein Raum? Wir sagen: Der Stein ist ein Körper. Man kann Körper als »verräumlichten Stoff« definieren. Raum gibt es also nur insofern, um den stofflichen Körper zu erfassen. Denkt man sich das Stoffliche, die Körperlichkeit weg, so wäre der reine, begriffliche Raum anstelle des Körpers vorhanden. Nach Mach sind *»Raum und Zeit wohlgeordnete Systeme von Empfindungen«.* Der reine Raum, der absolute, leere Raum, ist frei von Körperlichkeit, frei von Stoff, von Materie.

»Wir können nicht behaupten«, erklärt der Machist Pearson, *»daß Raum und Zeit eine reale Existenz haben. Sie befinden sich nicht in den Dingen, sondern sind unserer Art (our mode), die Dinge wahrzunehmen.«* (zitiert nach Lenin Werke Bd. 14)

Der reine Raum ist identisch mit Nichts, ist ein Vakuum. Ein solcher Raum, frei von Stoff, erscheint nirgendwo.

»Also auch das Vakuum, der ›leere‹ Raum, ist Träger von Spannungen und Energien«, sagt der Positivist P. Jordan, *»deren Vorhandensein nicht an das Vorhandensein von Materie gebunden ist.«* (»Die Physik des 20. Jahrhunderts«, S. 23)

Das erstere ist unrichtig insofern, als ein Raum, der Spannungen und Energien enthält, kein Vakuum sein kann; das zweite ist grundfalsch, denn wo Energien vorhanden sind, ist Materie. Energie ist eine Erscheinungsform der sich bewegenden Materie. Raum und Stoff gehören zusammen, in dieser Einheit sind sie Körper. Die Materie tritt körperlich auf, als verräumlichter Stoff. Wo Raum ist, ist Stoff, und wo Stoff ist, ist Raum.

»In der Welt existiert nichts als die sich bewegende Materie, und die sich bewegende Materie kann sich nicht anders bewegen als im Raum und in der Zeit. Die menschlichen Vorstellungen von Raum und Zeit sind relativ, doch setzt sich aus diesen relativen Vorstellungen die absolute Wahrheit zusammen, diese relativen Vorstellungen entwickeln sich in der Richtung der absoluten Wahrheit, nähern sich dieser. Die Veränderlichkeit der menschlichen Vorstellungen von Raum und Zeit widerlegt die objektive Realität beider ebensowenig, wie die Veränderlichkeit der wissenschaftlichen Kenntnisse über Struktur und Bewegungsformen der Materie die objektive Realität der Außenwelt widerlegt.« (Lenin Werke Bd. 14, S. 171/172)

Eine luftgefüllte Kathodenröhre umfaßt einen gasförmigen Körper, körperliche Luft. Pumpt man nun mit einer ideal gedachten Luftpumpe alle Luftmoleküle aus der Röhre (was ja praktisch nie ganz möglich ist), so muß doch der reine Raum, ein absoluter Raum, vorhanden sein, eine total leere Röhre, das reine Nichts. Doch der Schein trügt, denn durch keine Atome der Kathodenröhre behindert, durch keine Möglichkeit herausgezogen bleibt überall, alles durchdringend der Äther, die kontinuierliche Materie, die unwägbare Allsubstanz.

Der angenommene reine Raum ist immer durch irgendeine Art Materie, diskret oder kontinuierlich, begrenzt oder unbegrenzt, endlich oder unendlich, ausgefüllt. Es gibt keinen reinen, keinen abstrakten Raum. Raum ist nur in Verbindung mit Materie da, wie auch Bewegung nur in Verbindung mit Materie vorhanden ist. Auch das Weltall, der Weltenraum ist materiell und körperlich. Unendlich und kontinuierlich ist die Urmaterie, die Allsubstanz, den Weltenraum erfüllend. Und in dieser kontinuierlichen Materie eingebettet bewegen sich die Konzentrationspunkte des Kosmos — Elementarteilchen, Sterne.

Reiner Raum und Nichts — das eine wie das andere ist, physikalisch gesehen, nicht wirklich. Der abstrakte Raum kann keine objektive Wirklichkeit beanspruchen; er ist kein realer Faktor. Und nur in Bezug auf die Materialität der Welt besitzt der Raum etwas Positives, nur so weit hat er Geltung.

*»Wenn die Zeit- und Raumempfindungen dem Menschen eine biologisch zweckmäßige Orientierung geben können, so ausschließlich unter der Bedingung, daß diese Empfindungen die **objektive Realität** außerhalb des Menschen widerspiegeln: Der Mensch würde sich nicht biologisch einer Umgebung anpassen können, wenn seine Empfindungen ihm nicht eine **objektiv richtige** Vorstellung von dieser Umgebung gäben.«* (ebenda S. 175)

Die Annahme eines reinen, leeren Raumes stößt in der bürgerlichen Wissenschaft immer mehr auf Schwierigkeiten, was aus den Worten Eddingtons (»Die Naturwissenschaft auf neuen Bahnen«) hervorgeht:

»Man kann keinen Raum ohne Dinge und keine Dinge ohne Raum haben. Die Annahme eines dinglosen Raumes (Vakuum) als eines Normalzustandes in der Mehrzahl unserer physikalischen Denkvorgänge ist ein entscheidendes Hindernis für den Fortschritt der Physik. Durch diesen in sich widerspruchsvollen und untauglichen Begriff haben wir in unserer landläufigen Physik eine abstrakte Trennung zwischen der Theorie des Raumes (Feld) und der Theorie der körperlichen Dinge (Materie) geschaffen; und jetzt haben diejenigen, die nach einer einheitlichen Feld-Materie-Theorie suchen, Schwierigkeiten, sie wieder zu verknüpfen. Wie ich oben ausgeführt habe, besteht das Heilmittel darin, eine (beiden Theorien gemeinsame) Norm oder Grundlage zu benutzen, die nicht einem völligen Fehlen von Materie entspricht.«

Raum bedeutet etwas Umfassendes, Umhüllendes. Der Kosmos der antiken Welt (Erde, Mond, Sonne und Planeten als wohlbegrenzte Körper, von der umfassenden Himmelskugel begrenzt) kennt keine Unendlichkeit, keinen unendlichen Raum.

»Dieses antike Weltall, der Kosmos, die wohlgeordnete Menge aller nahen und vollkommen übersehbaren Dinge ist durch die körperliche Himmelskugel abgeschlossen. Es gibt nicht mehr. Unser Bedürfnis, jenseits dieser Schale wieder ›Raum‹ zu denken, fehlt dem antiken Weltgefühl vollständig.« (Spengler, »Der Untergang des Abendlandes«, S. 247)

Ein endlicher Raum mit abgeschlossenen, übersehbaren Körpern, wohlbegrenzt. Eigentlich, entsprechend der Denkweise der Antike, nicht einmal Raum im umfassenden Sinne, denn die Himmelssphären sind auch körperlich. Darum wurde auch der Raum als nicht wirklich empfunden, als nicht vorhanden. Was ist, das ist körperlich, sichtbar begrenzt und erfaßbar. Dies antike Weltbild entspricht dem antiken Wirtschaftsleben. Die griechischen Städte, gleich den geordneten Himmelskörpern, jede selbständig, eine abgeschlossene Einheit bildend, waren getrennte Wirtschaftsfaktoren, sich gegenseitig befehdend. Jede begrenzt, greifbar, körperlich. Und die Umwelt, das ist der »Raum«, der geometrische Raum; er entspricht dem bekannten Teil der Erdoberfläche, der Welt um das Mittelmeer. Hier ist die Grenze, darüber hinaus ist nichts. Abgeschlossen, selbstzufrieden, mit der begrenzten Umwelt sich abfindend, eine jede Stadt der anderen ihre Schranken zuweisend — wie der antike Kosmos, so ist das antike Wirtschaftsleben.

Ganz anders ist die Welt des aufsteigenden Kapitalismus. Grenzenlose Sehnsucht, grenzenloser Drang nach Weite, nach dem grenzenlosen Raum, kennzeichnet diese Periode.

»Der reine, grenzenlose Raum ist das Ideal, welches die abendländische Seele immer wieder in ihrer Umwelt gesucht hat. Sie wollte es in ihr unmittelbar verwirklicht sehen, und dies erst gibt den unzähligen Raumtheorien der letzten Jahrhunderte ihre tiefe Bedeutung als Symptome eines Weltgefühls, jenseits aller vermeintlichen Resultate ... Kaum ein anderes Problem ist so ernsthaft durchdacht worden, und fast hätte man glauben sollen, es hinge jede andere Weltfrage von dieser einen nach dem Wesen des Raumes ab.« (Spengler, ebenda S. 244)

Das ist erklärlich; das ganze kapitalistische Wirtschaftsleben drängte nach grenzenloser Ausdehnung. Das Vordringen in den unbekannten »Raum« im Zeitalter der Entdeckungen, das Vorwärtstasten in fremde Meere, Entdeckung, Eroberung und Erschließung fremder Länder kennzeichnen den grenzenlosen Expansionsdrang. Immer weiter dringt der aufstrebende Kapitalismus vor, immer mehr Länder werden von dem kapitalistischen Wirtschaftsleben erfaßt. Und die grenzenlos aufblühende Technik schafft immer wieder neue Möglichkeiten der fabelhaften Entfaltung. Die Wirtschaft wird Weltwirtschaft. Kopernikus zerschlägt das Weltbild der Antike. Die immer höher sich entwickelnde Technik schafft immer wieder neue und bessere Beobachtungs- und Meßinstrumente, die ein ständig erweitertes Eindringen in die Tiefe des Kosmos gestatten. Der Begriff des grenzenlosen, unendlichen Weltenraumes entsprach so recht dem Denken und dem Handeln der Periode des aufsteigenden Kapitalismus. Wie vermittels der verfeinerten Beobachtungstechnik immer neue Himmelskörper in der Weite des unendlichen Raumes auftauchten, so tauchten immer wieder neue kapitalistische Kräfte in den Weiten des geographischen »Raumes« der Erde auf. Das ganze Denken und Handeln war in dem Drang nach dem unendlichen Raum begründet, in dem Wunsch, immer wieder neue »Räume« erobern und erschließen zu können, um den grenzenlosen Expansionsdrang befriedigen zu können.

Das antike Weltbild zerfiel, wie auch die antike Wirtschaft zerfiel. Die griechischen Städte als wirtschaftliche Zentren wurden ebenso unhaltbar wie die Auffassung über die Erde als Zentrum der Welt. Beides entsprach nicht dem Denken und Handeln der aufstrebenden kapitalistischen Gesellschaft. Mit dem Wunsch nach grenzenloser Ausdehnung der Wirtschaft, mit dem Drang nach unbekannten »Räumen« gestaltete sich im Denken des

Menschen das Weltbild des unendlichen Weltenraumes. Aber als alle unbekannten »Räume« der Erde entdeckt, erobert, erschlossen waren (man suchte endlosen Raum und fand begrenzte Gebiete), als die kapitalistische Wirtschaft, »die Weltwirtschaft«, die ganze Erde erfaßt hatte, da kam die Krise, auch die Krise über das Weltbild. Das grenzenlose Streben der kapitalistischen Wirtschaft wurde jäh begrenzt, und das Weltbild des grenzenlosen, unendlichen Weltenraumes wurde, dem neuen Denken entsprechend, in das eines begrenzten verwandelt. Wie die Anzahl der zu erschließenden »Wirtschaftsräume« der Erde begrenzt ist, so ist die Zahl der Himmelskörper und damit auch der Weltenraum nicht unendlich groß.

So sagt Bürgel in der Behandlung der Frage über den endlichen oder unendlichen Weltenraum:

»Solche Erwägungen haben in neuerer Zeit immer mehr zu der Auffassung geführt, daß die Zahl der Weltkörper nicht unendlich groß ist. Damit ist aber auch nach unseren neuen Auffassungen vom Raum zugleich gesagt, daß auch der Weltenraum nicht unendlich sein kann ... Volkstümlich ausgedrückt hat also das Weltall dort seine Grenze, wo die letzten Gestirne mit ihren Kräften aufeinander wirken. Ist ihre Zahl endlich groß, so muß auch das Weltall endlich sein, denn ein unendlicher, leerer Raum jenseits der Sternenwelt ist eine begriffliche Unmöglichkeit. Nach der Relativitätstheorie muß das Weltall in sich geschlossen, endlich sein und dennoch ohne Grenzen, ja man kann sogar seine Größe berechnen und erhält dann Ausmaße, die so ungeheuerlich sind, daß die bisher bekannte Sternenwelt dagegen klein ist.« (»Das Weltbild des modernen Menschen«, S. 23)

So wie die Wirtschaft begrenzt und gedrosselt wurde, so wurde auch das Weltbild des unendlichen Weltenraumes entsprechend begrenzt, gedrosselt in einen endlichen Weltenraum.

Der Weltenraum ist unendlich und nicht endlich, wie die Relativitätstheorie behauptet. Wir können uns eine solche Unendlichkeit nicht vorstellen, so wenig wir uns die kontinuierliche Materie vorstellen können, denn:

*»Die Unendlichkeit **ist** ein Widerspruch und voll von Widersprüchen. Es ist schon ein Widerspruch, daß eine Unendlichkeit aus lauter Endlichkeiten zusammengesetzt sein soll, und doch ist dies der Fall. Die Begrenztheit der materiellen Welt führt nicht weniger zu Widersprüchen als ihre Unbegrenztheit, und jeder Versuch, diese Widersprüche zu beseitigen, führt, wie wir gesehen haben, zu neuen und schlimmeren Widersprüchen. Eben **weil** die Unendlichkeit ein Widerspruch ist, ist sie unendlicher, in Zeit und Raum ohne Ende sich abwickeln-*

der Prozeß. Die Aufhebung des Widerspruchs wäre das Ende der Unendlichkeit.« (Marx/Engels Werke Bd. 20, S. 48)

Der Widerspruch liegt in der Materie selbst begründet. Die Materie tritt, ebenso wie das Universum, sowohl endlich als auch unendlich auf. Höher entwickelte Materie (Elementarteilchen) ist begrenzt, endlich. Kontinuierliche Materie (Allsubstanz) ist ohne Grenzen, unendlich. Sieht man die Materie als fertige Gebilde an, als begrenzte Individuen, dazwischen nichts, so muß man zwangsläufig zu einem endlichen Weltenraum kommen. Betrachtet man die Materie dagegen dialektisch, das heißt die begrenzten Individuen (Elementarteilchen) als Entwicklungsergebnis, aus der kontinuierlichen Materie geboren, so betrachtet man den Weltenraum sowohl endlich in den Teilen, in den Konzentrationspunkten (Elementarteilchen, Sterne), wie auch unendlich in der Ausdehnung, in der Kontinuität.

Der unendliche wie der endliche »Raum an sich«, ungekrümmt oder gekrümmt, ist keine physikalische Wirklichkeit. Einsteins gekrümmter Raum ist eine spekulative Hypothese, die die verwirrten Gemüter der bürgerlichen Welt noch verwirrter gemacht hat. So erklärt beispielsweise Sir J. Jeans:

»Es mag sein, daß das Raum-Zeit-Kontinuum sich als ein wirkliches, substantielles Eiland erweist, das in etwas schwimmt, das nicht Raum und Zeit ist ...«

Das mag begreifen, wer will; solche Blüten sind jedoch selten. Während auf der einen Seite die ernsthafte Forschung immer wieder neue Überraschungen für die bürgerliche Ideologie auftischte, neue Elementarteilchen entdeckte, immer mehr Zusammenhänge zwischen Masse und Energie, Licht und Materie erschloß, immer stärker die Wirklichkeit sich Bahn bricht, daß die Allmaterie die ursächliche Substanz aller Dinge ist, wird auf der anderen Seite durch metaphysische Spekulation über den gekrümmten Raum mit vier Dimensionen die Wirklichkeit in ein überkonstruktives Zerrbild eines phantastischen Weltgebildes verwandelt. Wozu die künstliche Konstruktion eines vierdimensionalen, gekrümmten Raumes, wo es sich um etwas vollständig Unwirkliches handelt?

Selbst der bürgerliche Physiker E. May lehnt es ab:

»... für die mehr als dreidimensionalen Mannigfaltigkeiten noch die Bezeichnung ›Raum‹ beizubehalten ... Es gibt eben keine mehr als dreidimensionalen Mannigfaltigkeiten, der man auch noch die Urbedeutung ›neben‹ zuordnen könnte. Die vier- und mehrdimensionalen ›Räume‹ sind rein relationstheoretische Schemata ohne jede räumliche Bedeutung.« (S. 87)

Die vierdimensionale Raum-Zeit-Welt ist ein überkonstruktives Gebilde der Relativisten. Und ihr Trumpf, das anschauliche Gleichnis von den platten Käfern, die nicht in drei Dimensionen denken können, ist selbst reichlich platt, schon einfach aus dem Grunde, weil es solche zweidimensionalen Wesen nicht gibt. Nicht deshalb, weil wir solche Wesen nicht kennen und darum annehmen, daß es solche nicht geben könne, oder deshalb, weil Wesen Gebilde sind und Gebilde immer dreidimensional sind und es deshalb keine zweidimensionalen Gebilde geben kann. Nein, sondern deshalb, weil es in Wirklichkeit *eine* Dimension gibt, die dritte, die die Körperlichkeit kennzeichnet. Unsere zwei Dimensionen, Länge und Breite, sind gedankliche Dimensionen, Hilfsdimensionen, unwirkliche Gespenster, ohne reale Wirklichkeit. Nirgendwo gibt es eine zweidimensionale Welt; es gibt keine Dinge, die nur Länge und Breite besitzen, selbst das dünnste Goldplättchen oder die schillernde Seifenblasenhaut hat stets eine dreifache Ausdehnung nach Länge, Breite und Höhe.

Erst die dritte Dimension ist die eigentliche Dimension; sie hat erst durch ihre Körperlichkeit einen realen Sinn, nicht durch das Wort »Höhe« oder »Tiefe« gekennzeichnet, das bezeichnete ja nichts anderes als eine Hilfsdimension wie Länge oder Breite, sondern durch ihren universellen Charakter wird sie zur wahren und einzigen Dimension. Materie als das Wahre, das Wirkliche, als die Natur schlechthin, läßt sich nicht durch zwei Dimensionen erfassen, Dimensionen, die nur gedankliche Hilfsmittel sind.

Materie als das Körperliche läßt sich nur durch eine körperliche Dimension erfassen, und das ist *die* Dimension, die ihren Charakter erst durch die sogenannte dritte Dimension erhält. Zweidimensionales ist etwas Unwirkliches, als gedankliches Hilfsmittel verwendbar, sonst nichts. Zweidimensionale Wesen sind ebenso unwirklich wie die vierdimensionale Welt Minkowskis; was wirklich ist, das ist die dreidimensionale Welt.

»Für die Naturwissenschaft steht es außer Frage, daß der Stoff ihrer Forschung nirgendwo anders existiert als im dreidimensionalen Raum, und folglich existieren auch die Teilchen dieses Stoffes, und mögen sie auch so klein sein, daß wir sie nicht sehen können, ›unbedingt‹ in dem nämlichen dreidimensionalen Raum.« (Lenin Werke Bd. 14, S. 177)

Welche Verwirrung der mehrdimensionale Spuk hervorruft, zeigt, daß der Philosoph Hildebrandt sogar eine fünfdimensionale Welt aufstellt. Außer den drei Dimensionen des Raumes und der vierten, der Zeit, zählt er als fünfte das Seelisch-Geistige, das Bewußtsein.

»Das Leben ist ein fünfdimensionales Geschehen, wie der mechanische Naturablauf ein vierdimensionales ... Bewußtsein und Gefühl und das Leben überhaupt müssen als primäre Daten hingenommen werden, die sich aus dem vierdimensionalen Geschehen niemals konstruieren lassen ...«

Das hat gerade noch gefehlt: die fünfte Dimension, der Geist, ist das Primäre! Höher geht's nimmer. Das läuft auf den Standpunkt Kants hinaus, von dem Lenin schreibt:

»Da der Materialismus die von unserem Bewußtsein unabhängige Existenz der objektiven Realität, d. h. der sich bewegenden Materie, anerkennt, so muß er unvermeidlich auch die objektive Realität von Zeit und Raum anerkennen, zum Unterschied vor allem vom Kantianismus, der in dieser Frage auf der Seite des Idealismus steht und Zeit und Raum nicht für eine objektive Realität, sondern für Formen der menschlichen Anschauung hält.« (Lenin Werke Bd. 14, S. 171)

Was soll also die Physiker daran hindern, noch mehr »Raum-Dimensionen« anzunehmen? Schrödinger benötigt, um eine mathematische Darstellung des Atomgeschehens zu konstruieren, so viel »Raum-Dimensionen«, als das Atom Elektronen besitzt. So Jordan:

»... die Schrödingerschen Wellen sind nämlich in diesen Fällen gar nicht mehr Wellen im gewöhnlichen dreidimensionalen Raume, sondern sie sind lediglich eine mathematische Konstruktion, die sich der Mathematiker als Wellen in Räumen von mehr als drei Dimensionen ›veranschaulichen‹ kann.« (»Die Physik des 20. Jahrhunderts«, S. 99)

Solche »Räume« haben natürlich keine Bedeutung für die objektive Wirklichkeit; für diese ist nur der dreidimensionale, euklidische Raum allein entscheidend.

*»Denn die Materialisten, die die wirkliche Welt, die von uns wahrgenommene Materie, als **objektive** Realität anerkennen, haben das Recht, daraus zu schließen, daß alle menschlichen Erfindungen, welchem Zwecke immer sie dienen, die über die Grenzen von Zeit und Raum hinausgehen, **unwirklich** sind.«* (Lenin Werke Bd. 14, S. 178)

Somit haben die Schrödingerschen vieldimensionalen »Räume« nur mathematische Bedeutung. Worin unterscheiden sie sich aber von Minkowskis vierdimensionaler Raum-Zeit-Welt? Minkowski hat ebenfalls durch ein engmaschiges, mathematisches Formelgerüst dieses vierdimensionale Spinngewebe gewoben, und wehe dem Kritiker, der durch die Waffe der Mathematik selbst dies Formelgewebe zu zerreißen versucht; er verfängt sich darin. Und doch fordert sowohl Schrödingers Wellentheorie in vieldimensionalen »Räumen« wie auch Minkowskis vierdimensionale Raum-Zeit-Welt-Theorie eine viel tiefere Kritik heraus, als von seiten bürgerlicher Gelehrter versucht wird. Darauf weist E. May hin:

»... müssen wir dagegen Stellung nehmen, wenn man in der Minkowski-Einsteinschen Darstellung der Welt mehr sehen will als einen sehr guten, mathematischen Kniff. Denn, da die wesenhaften Eigentümlichkeiten von Raum und Zeit zwar methodisch ausgeschaltet, aber nicht zum Verschwinden gebracht werden können, so ist das Raum-Zeit-Kontinuum nichts anderes als ein Mittel zur rein mathematischen Darstellung der Größenrelation eines Systems bewegter Körper.« (S. 89)

Man sieht also vor lauter mathematischen Bäumen den Wald der Wirklichkeit nicht mehr. Die mathematischen Formeln werden zum Primären, die objektive Wirklichkeit zum Sekundären gestempelt. Das besagt nicht mehr und nicht weniger als die Ersetzung der realen Außenwelt durch mathematische Formeln. Und das ist einer der entscheidensten Fehler der modernen bürgerlichen Wissenschaftler, der sich auch in fast allen anderen Fragen der Physik und Astronomie bemerkbar macht und ihre grundsätzliche Einstellung kennzeichnet. Folglich besteht in philosophischer Hinsicht das Wesen der »Krise der modernen Physik« darin, schreibt Lenin,

»... daß die alte Physik in ihren Theorien die ›reale Erkenntnis der materiellen Welt‹, d. h. die Widerspiegelung der objektiven Realität sah. Die neue Strömung in der Physik sieht in der Theorie nur Symbole, Zeichen, Merkmale für die Praxis, d. h. sie leugnet die Existenz der von unserem Bewußtsein unabhängigen und von ihm widergespiegelten objektiven Realität.« (Lenin Werke Bd. 14, S. 256)

Das kommt selbst etwas unklar aus den Worten E. Mays zum Ausdruck, der kritisch zu der Relativitätstheorie Stellung nimmt:

»Die Trennung von Raum und Euklidität ist nur im Rahmen der mathematischen Naturwissenschaft möglich, wo das Neben seine geschaute Bedeutung verliert und somit nichts mehr im Wege steht, nicht nur die Zeit zu einer vierten Dimension zu machen, sondern in dieser vierdimensionalen Mannigfaltigkeit auch eine nicht-euklidische Geometrie als Verknüpfungsregel figurieren zu lassen.« (S. 117)

Somit ist Minkowskis Raum-Zeit-Welt ein unwirkliches, überkonstruktives Gebilde, ein leeres Formelgerüst mathematischer Symbole. Raum ist materiell, nur erfüllt von Stoff, von Materie wirklich. Raum an sich, reiner, abstrakter Raum, ist unwirklich.

Die Zeit kennzeichnet das Nacheinander im Naturgeschehen, das Aneinanderreihen von Prozessen der sich bewegenden Materie und ist darum ein realer Faktor, absolut und wirklich.

»Wohl aber muß betont werden, daß es eben zu allererst und vor allem anderen eine Zeit gibt, als das einzige Nacheinander, in dem das Naturwerden sich abspielt. In diesem Sinne können, ja müssen wir der Zeit ›Absolutheit‹ zugestehen, denn es gibt kein zweites oder drittes Ordnungsgefüge, das auch ein Nacheinander und doch ein anderes Nacheinander wäre. Als eben dieses eine, einzigartige Ordnungsgefüge ist die Zeit auch nicht in dem Sinne auf etwas bezogen, wie die Messung einer Körperbewegung einen Bezugskörper voraussetzt. Hieran allein hängt die Relativität, die man deshalb keinesfalls der Zeit zuschreiben darf.« (E. May, S. 75/76)

Auch ist zu sehr die Zahl mit der Zeit vermengt. Zeit, da denken wir an das Zählen der Stunden, an die Uhr. Zählen ist Messen, und damit ist die Zeit zur Maßeinheit herabgesunken. Messen kann man nur Geformtes, Gewordenes, und das ist durch Veränderung entstanden. Ist die Zeit nun geboren, als sich die Veränderung der kontinuierlichen Materie zur konzentrierten vollzog? Ist die Zeit abhängig von der Veränderung oder unabhängig? Engels erklärt im »Anti-Dühring«:

*»Eben weil die Zeit von der Veränderung verschieden, unabhängig ist, kann man sie durch die Veränderung messen, denn zum Messen gehört immer ein von dem zu messenden Verschiednes. Und die Zeit, in der keine erkennbaren Veränderungen vorgehn, ist weit entfernt davon, **keine** Zeit zu sein; sie ist vielmehr die **reine**, von keinen fremden Beimischungen affizierte, also die wahre Zeit, die Zeit **als solche**. In der Tat, wenn wir den Zeitbegriff in seiner ganzen Reinheit, abgetrennt von allen fremden und ungehörigen Beimischungen erfassen wollen, so sind wir genötigt, alle die verschiednen Ereignisse, die neben- und nacheinander in der Zeit vor sich gehn, als nicht hierhergehörig beiseite zu setzen und uns somit eine Zeit vorzustellen, in der nichts passiert. Wir haben damit also nicht den Zeitbegriff in der allgemeinen Idee des Seins untergehn lassen, sondern wir sind damit erst beim reinen Zeitbegriff angekommen.«* (Marx/Engels Werke Bd. 20, S. 49)

Die Relativisten erklären die Zeit zu einer relativen. Sie sehen eben nur die physikalisch meßbare Zeit, eine Zeit, die an Lichtsignale gebunden ist, sich auf einzelne Vorgänge bezieht. In der allgemeinen, universellen, der absoluten Zeit hat eben »*alles und jedes in diesem einen Nacheinandergefüge seine eine Stelle*« (E. May, S. 76), wie auch jedes Ding seine eine Stelle im Bewegungsgefüge der universellen, absoluten Bewegung hat. Entsprechend dem Relativitätsprinzip wird auch Gleichzeitigkeit auf meßbare Vorgänge reduziert. Karlson sagt:

»*... Gleichzeitigkeit: Dieser Begriff ist für die Physik rein physikalischer Natur — er bezieht sich auf Vorgänge in der Welt: das Aufblitzen zweier Lampen, zweier Kanonenschüsse und dergleichen, die dem Experiment unterworfen sind ... Gleichzeitigkeit ist ein Begriff, der durch Uhren und Radiosignale festgelegt wird.*« (»Du und die Natur«, S. 200/201)

Eine solche begriffliche Festlegung der Gleichzeitigkeit ist ebenso einseitig und abhängig wie die Reduzierung des Begriffes »Zeit« als eine Maßeinheit. Eine solche Zeit, eine solche Gleichzeitigkeit, nimmt auf irgend einen Vorgang, der gemessen werden soll, Bezug, wird also von bestimmten Signalen abhängig gemacht und ist darum einseitig und keine klare, begriffliche Bestimmung. Wenn ich wie beim Start »los« rufe, so gilt dieser Moment überall gleichzeitig im Weltall, ob es sich um Vorgänge in meiner nächsten Umgebung oder auf dem Sirius handelt.

Anders liegen die Dinge, wenn ich meinen Startruf anderen mitteilen will, denn jetzt muß ich mich eines Signals bedienen, und darin liegen eben die ganzen Schwierigkeiten. Die Fortpflanzung eines Signals, zum Beispiel eines Radiosignals, ist an Bewegung gebunden, aber auch der Bezugskörper ruht nicht. Da es nun keinen absolut ruhenden Punkt gibt, alles in Bewegung ist, tauchen hier Schwierigkeiten auf, die die Festlegung der Gleichzeitigkeit zweier Vorgänge durch Uhren und Radiosignale unmöglich machen. Das hat aber nichts zu tun mit der sogenannten Lorentz-Kontraktion der Längenverkürzung und Uhrzeitverlängerung.

»*Man darf die empirischen Schwierigkeiten, die mit der Zeitmessung und der Festlegung der Zeit-Maßeinheit verbunden sind, nicht dazu mißbrauchen, um Aussagen zu machen, die wahrhaftig den Verstand stillstehen lassen.*« (E. May, S. 78)

Von der Relativität der von uns feststellbaren Bewegung ausgehend, auf Raum und Zeit ausgedehnt, wurde der Relativismus überhaupt zum Prinzip der menschlichen Erkenntnis erhoben. Das war ein entscheidender Fehler der Physiker. Darum betont Lenin:

»*Denn den Relativismus zur Grundlage der Erkenntnistheorie machen heißt unvermeidlich, sich entweder zum absoluten Skeptizismus, zum Agnostizismus und zur Sophistik oder zum Subjektivismus verdammen. Der Relativismus als Grundlage der Erkenntnistheorie ist nicht nur die Anerkennung der Relativität unserer Kenntnisse, sondern auch die Leugnung irgendeines objektiven, unabhängig von der Menschheit existierenden Maßes oder Modells, dem sich unsere relative Erkenntnis nähert ... Die Dialektik **schließt in sich**, wie schon Hegel erläuterte, ein Moment des Relativismus, der Negation, des Skeptizismus **ein**, aber sie **reduziert sich nicht** auf den Relativismus. Die materialistische Dialektik von Marx und Engels schließt unbedingt den Relativismus in sich ein, reduziert sich aber nicht auf ihn, d. h., sie erkennt die Relativität aller unserer Kenntnisse an nicht im Sinne der Verneinung der objektiven Wahrheit, sondern in dem Sinne, daß die Grenzen der Annäherung unserer Kenntnisse an diese Wahrheit geschichtlich bedingt sind.*« (Lenin Werke Bd. 14, S. 131/132)

4. Kosmogonie

Bürgel sagt im »Weltbild des modernen Menschen« :

»Indessen, obgleich es in höchstem Maße wahrscheinlich ist, daß der Kosmos als Ganzes nie einen Anfang hatte und nie ein Ende haben wird, wenn das auch menschlicher Erkenntniskraft nicht mehr faßbar ist, kann doch sehr wohl das einzelne Objekt im Weltall, der einzelne Stern, eine Lebensgeschichte haben, wie wir selber, kann er geboren werden, sich entwickeln und endlich ›sterben‹, seine Materie an den Naturhaushalt zurückgeben, die irgendwie neue Welten daraus formt.« (S. 47)

Die unvorstellbare Langsamkeit der Entwicklung im Weltall gestattet uns selbstverständlich keine Beobachtung des Werdegangs eines Sternes, jedoch können wir durch Beobachtung der Entwicklungsstadien verschiedener Sterne auf die Entwicklung aller Sterne schließen. Die Farbe der Sterne kennzeichnet schon ihre durchschnittliche Temperatur: weiße Sterne, als die naturgemäß heißesten Sterne, haben Temperaturen von 20 000° C; gelbe, schon bedeutend kühlere Sterne eine Temperatur von 7 000° C und rote Sterne eine von durchschnittlich 3 000° C. Da die Sterne dauernd Wärme ausstrahlen, müssen sie sich immer mehr abkühlen, und weil der Wärmeverlust ungeheuer groß ist, müßten die Sterne in einigen Jahrtausenden erkalten, wenn nicht Wärme ersetzt und der Abkühlungsprozeß aufgehalten würde.

Einerseits geht mit der Abkühlung eine Zusammenschrumpfung des Sternkörpers vor sich, wodurch Reibungswärme entsteht, die immerhin für einige Millionen Jahre Wärmeverlust ersetzt. Andererseits wird durch Auflösung der Atome im Inneren eines Sternes in den einzelnen Elementarteilchen gewaltige Energie frei und damit zu einer Quelle riesiger Wärmemengen. Nun werden aber manche Sterne heißer statt kühler. Das bedeutet, daß die Entwicklungsreihe eines Sternes in zwei Richtungen verläuft: in aufsteigender und absteigender Linie. Dementsprechend wurden die Sterne in verschiedene Spektralklassen eingeteilt. Von M über K, G, F zu A und B, dann wieder zurück zur M-Klasse. Am Anfang stehen die Giganten, am Ende die Zwergsterne.

Milliarden von Sternen sind zu großen Vereinigungen, zu Weltinseln zusammengeschlossen — die Spiralnebel. Schon an dem Äußeren der nebelartigen Wolke erkennt man die spiralige Anordnung der Sterne, die von zentralen Verdichtungen in mehreren Spiralarmen sich nach außen hin auflöst. Hier in diesen Weltinseln ist die Stätte, wo die Sterne geboren werden, nicht gleichzeitig alle Sterne zugleich, sondern im fortwährenden Werden und Vergehen. Die Spektralklassen und die Größe der einzelnen Sterne zeigen die verschiedenen Entwicklungsstadien. Auch die Hunderttausende von Weltinseln befinden sich in verschiedenen Entwicklungszuständen. Viele haben noch nicht die abgeplattete Form einer flachen Linse, sondern noch mehr kugeliges Aussehen. Andere haben in den Kernregionen noch stärkere kugelige Form, dagegen in den flüchtigeren Außenzonen flachere Gestalt. Während schon die einzelnen Sterne in ihrem Entwicklungsprozeß von der Geburt bis zur festen Krustenbildung eine unvorstellbar lange Zeit brauchen, so verblaßt erst recht jede Vorstellung über die Dauer der Entwicklungsperiode eines Spiralnebels.

Der Strahlungsdruck der Milliarden in den Spiralnebeln konzentrierten Sterne treibt dauernd gewaltige Massen, Atome und Elementarteilchen in die Welt hinaus, die sich irgendwo sammeln und als kosmische Staubwolken durch das Weltall schweben, als leuchtende oder dunkle Nebel. Ein solcher, ungeheuer ausgedehnter Weltnebel ist zum Beispiel der Große Orionnebel, dessen Ausdehnung so gewaltig ist, daß das ganze Sonnensystem darin nur einen Punkt darstellen würde. Die Masse dieser kosmischen Staubwolke ist etwa 50- bis 60mal größer als die unserer Sonne, und nur die dünne Verteilung der einzelnen Teilchen ergibt die riesige Ausdehnung. Die kosmischen Nebel sind also einerseits Sammelstellen ausgeschleuderter Stoffteilchen oder, wie es ein englischer Astronom ausdrückte: »*Schuttabladeplätze des Universums*«.

Die von den Sternen hinausgeschleuderten Gasatome und isolierten Elementarteilchen, die sich in Wolken sammeln, werden vom Licht der benachbarten Sterne oft auf 10 000 bis 15 000° C aufgeheizt. Es erschienen eigentümliche Linien im Nebelspektrum, und man führte sie auf ein besonderes Element, Nebulium, zurück. Erst kürzlich gelang es dem Astrophysiker Bowen, diese Erscheinung zu klären. Er wies nach, daß Atome bekannter Elemente unter besonderen Bedingungen, das heißt die im »Vakuum« erzeugten Funken, im Spektrum ähnliche Linien aufwiesen wie im Nebelspektrum. Die durch das Licht erzeugten hohen Temperaturen, verbunden mit der geringen Dichte (etwa 10 000mal kleiner als im »Vakuum« des Laboratoriums) des Nebelmaterials, spalten die Atome auf. So konnte Bowen einige der rätselhaften Nebuliumlinien auf Sauerstoff und Stickstoff zurückführen. Wahrscheinlich wird auch eine Verlagerung zwischen den aufgespalteten Atomen und den freien Elementarteilchen stattfinden. So finden

Abbildung 53

          Weißer Stern
        Gelber Stern Gelber Stern
     Roter Stern   Roter Stern
   Nebelball   Krustenbildung
Nebelwolke   Erloschener Stern

Entwicklungsphasen der Sterne

schon während der Sammlung der Stoffteilchen zu riesigen Nebelwolken Umwandlungen der Teilchen statt. Die Nebelwolken bilden aber auch andererseits wieder Material zum Bau neuer Sterne.

Die gewaltige Masse angehäufter Materieteilchen der riesig ausgedehnten Weltnebel muß sich im Zentrum der Staubwolke naturgemäß konzentrieren, wodurch sich die zentral gelegenen Teilchen erhitzen, weiter erhitzen und bei steigender Temperatur konzentrierte Kerne bilden. Die steigende Temperatur erhöht die Geschwindigkeit der Teilchen, die durch den allseitigen Außendruck eine allgemeine Bewegung um einen Zentralpunkt erhalten: Die Nebelwolke wird zum Nebelball, der langsam zu rotieren beginnt. Der gigantische Ball glüht dunkelrot, beginnt aufzuleuchten: Ein Stern, eine Sonne ist geboren. Ein Übergigant der M-Klasse. Durch die immer stärker werdende Konzentration zieht sich der Riesenstern mehr und mehr zusammen, und der damit verbundene Druck erzeugt steigende Temperatur.

Der rote Stern wird zum gelben, dann zum weißen Stern mit der höchsten Temperatur. Bei steigender Temperatur wird also die Dichte immer größer. Hat die Konzentration einen bestimmten Grad erreicht, so kann die Temperatur nicht weiter steigen, vielmehr kühlt sich der Stern ab. Da die Abkühlung mit Zusammenschrumpfung verbunden ist, wird der Stern immer dichter und kleiner und leuchtet zuletzt als roter Zwergstern der M-Klasse auf. Der Entwicklungsprozeß der Sterne verläuft also zuerst in aufsteigender Linie; die Kennzeichen sind: Gigantenstadium, geringe Dichte, steigende Temperaturen. Ist die Höchsttemperatur erreicht, dann beginnt die absteigende Linie. Das braucht nicht immer bei den weißen B-Sternen zu sein. Manche Sterne erreichen gar nicht eine so hohe Temperatur; ihr Entwicklungsabstieg beginnt dann schon früher als A- oder F-Stern. Der Beginn der absteigenden Linie, der Eintritt in das Zwergstadium, hängt wesentlich von der Masse ab. Nur die massereichsten Sterne werden zu B-Sternen, erreichen die höchste Temperatur, erklimmen den höchsten Entwicklungsgipfel, andere, masseärmere Sterne brechen vorzeitig die aufsteigende Linie ab. Während des ganzen Entwicklungsprozesses erlebt die Temperatur einen Auf- und Abstieg; dagegen erfolgt die Verdichtung in gleichmäßig fortgesetzter Reihe. Zum letzten Mal leuchten die dunkelrot werdenden Sterne als schwache Lichtschimmer auf; dann sind sie am nächtlichen Himmel nicht mehr zu sehen. Die Abkühlung schreitet immer weiter vor, es bilden sich Krusten, bis allmählich der Stern ganz erlischt.

Diese Theorie des Entwicklungsprozesses der Sterne, durch das Russelldiagramm erläutert, ist Allgemeingut der astronomischen Wissenschaft; es ist ein dialektischer Fortschritt gegen manche metaphysische Auffassung. So hoch Frickes Äthertheorie über der Theorie des substanzlosen Weltenraumes der Relativisten steht, so sehr ist jedoch seine Sonnentheorie ein Rückschritt gegenüber der Entwicklungstheorie der Sterne.

»Nach meiner Meerwassertheorie«, erklärt Fricke, *»bestehen die meisten Fixsterne zum größten Teil aus Wasser ... Das bekannte Russeldiagramm wird von mir daher nicht als ›Entwicklungsreihe‹ der Sterne gedeutet, sondern bringt lediglich das Wachsen der Temperatur mit der Schwerkraft zum Ausdruck. Bei steigender Temperatur beginnt nun an einer Stelle das Wasser, sich in Dampf zu verwandeln, und so entstehen die ›Riesensterne‹ und der ›Riesenast‹ des Diagramms.«* (»Weltätherforschung«, S. 64)

Fricke nimmt an, daß die Fixsterne nur eine heiße Atmosphäre besitzen, darunter aber planetenartig kühl und dunkel sind. Die Sterne sind demnach von vornherein fertige Gebilde. Seine Meerwassertheorie des Sterninneren ist kompletter Unsinn, und er braucht sich nicht zu wundern, daß er deshalb als sonderbarer Außenseiter betrachtet wird. Nein, auch im Makrokosmos geht es nicht metaphysisch zu, auch dort vollzieht sich das Geschehen in dialektischem Prozeß.

Noch viel unwirklicher, phantastischer und metaphysischer ist die neue Theorie von P. Jordan, der als Nachfolger Plancks und von Laues an den Lehrstuhl der Berliner Universität berufen wurde. Über diese neue Theorie der Kosmogonie des Positivisten Jordan schreibt Baron von Ardenne:

*».... Die Methode der Jordanschen Untersuchung besteht darin, daß er drei empirische Größen aus der Statistik der Spiralnebel: die mittlere kosmische Massendichte, den ›Krümmungsradius‹ des Universums und die aus der Rotverschiebung der Spektrallinien ermittelte Größe als abhängig vom Alter der Welt erkennt und zu diesem in sehr einfache Beziehungen bringt. Die tiefgreifenden Konsequenzen, die sich aus diesem theoretischen Vorgehen ergeben, mögen an Jordans Betrachtungen über die Jugendstadien des Kosmos aufgezeigt werden. Danach war am Zeitanfang (vor etwa 7 000 000 000 Jahren) das Nichts: also einerseits keine Materie bzw. keine positive Energie der Masse sowie andererseits keine negative Gravitationsenergie, und ferner kein Raum, **gewissermaßen nur ein mathematischer Punkt**. Die Frage, was ›vorher‹ gewesen sei, ist dabei ähnlich sinnlos wie etwa die Frage nach dem Verhalten physikalischer Körper bei Temperaturen unterhalb des absoluten Nullpunktes. Einen winzigen Sekundenbruchteil (Elementarzeit) nach dem Nullpunkt der Zeit ist der Kosmos mit etwa dem schwer vorstellbar kleinen Radius der Größe des Wasserstoffkerndurchmessers (Elementarlänge) durch Aufspaltung von negativer Gravitationsenergie und positiver materieller Energie, die zusammen Null ergeben, entstanden. Er enthält ein im gleichen Akt gebildetes Neutronenpaar (elektrisch neutrales Elementarteilchen der modernen Kernphysik), dessen Ruheenergie kompensiert wird durch die potentielle Energie seiner wechselseitigen Gravitation. Die aus Messungen über die Radialgeschwindigkeiten der Sterne dem Menschen bekannt gewordene Expansion des Raumes und die wachsende Entfernung der beiden Ur-Teilchen voneinander fordert zur Aufrechterhaltung der Energiebilanz des Systems (Gesamtergebnis wie erwähnt Null!) das Entstehen weiterer Teilchen.*

Bereits zehn Sekunden nach dem Anfang der Zeit ist der Radius des Universums auf einen Wert gewachsen, der etwa dem heutigen Sonnenradius entspricht. Zu diesem Zeitpunkt hat die Materialbildung aus Energie im Kosmos eine Gesamtmasse entstehen lassen, die fast die Masse unseres Mondes erreicht.

Dabei ist diese Materie aufgeteilt auf 1 000 000 000 000 Sterne mit einem Durchschnittsgewicht von je 1 Million Tonnen. Ein in diesem Entwicklungsmoment zur Kompensation der stetigen Abnahme der Gravitationsenergie (Folge der Raumexpansion) auf quantenhafte Weise gebildeter Supernova-Stern hat einen anfänglichen Radius von nur einem Millimeter. Er dehnt sich dann später auf 100 Meter aus.

Mit zunehmendem Abstand vom Zeitnullpunkt vergrößern sich die Dimensionen und Aufbauzeiten, der physikalische Vorgang des spontanen Werdens der Sterne bleibt im wesentlichen unverändert. Bei einem Weltalter von 300 000 Jahren beginnt sich nach Jordan die Zerteilung der gesamten Sternenmenge in Spiralnebel auszubilden. — Damit ist die heutige Struktur des Universums erreicht. Wird versucht, die neue Auffassung in einem Satz auszudrücken, so kann man etwa sagen: Die Entwicklung des Universums erfolgt in einer Richtung vom mathematischen Punkt zur mathematischen Unendlichkeit in den beteiligten Dimensionen. Die Natur offenbart sich hier in einzigartiger Harmonie und Einfachheit dem menschlichen Geiste ...«

Jordan läßt die Welt entstehen wie in der Schöpfungsgeschichte der Bibel — aus Nichts, nur noch weit unmöglicher und phantastischer. Die Kosmogonie Jordans wird auf einen mathematischen Punkt zurückgeführt. Materie bildet sich aus Energie, Energie aus Nichts, das Nichts ist der mathematische Punkt. Und solche Phantasten nehmen den bedeutendsten Lehrstuhl der deutschen Universitäten (Berlin) ein.*

Die Welt ist von Ewigkeit her materiell und in ewiger Bewegung. Die absolute Bewegung in der Welt ist Entwicklung. Diese Entwicklung verläuft in einem dialektischen Prozeß. Im ständigen Werden und Vergehen (Negation der Negation) entstehen immer neue Formen, werden umgewandelt (Umschlagen der Quantität in Qualität) und lassen durch die inneren Widersprüche (Kampf und Einheit der Gegensätze) die Welt im unendlichen Prozeß sich immer höher und höher entwickeln.

Wenn nun genügend Material in einer Nebelwolke vorhanden ist, könnte dann ein Stern beliebig groß werden? Je größer die Masse, um so stärker der Massendruck, um so höher auch die Temperatur. Angenommen, es bildete

---

* Es ist unglaublich, daß sich eine solche phantastische Theorie bis heute (50 Jahre danach) in der bürgerlichen Naturwissenschaft halten konnte und immer wieder aufgewärmt wird. Allerdings wurde die »Urknall-Theorie« 1986 von sieben amerikanischen und britischen Wissenschaftlern in Frage gestellt.

sich ein Gasball von einer Masse von 10^{50} Gramm. Der gewaltige Massendruck erzeugte eine solche Temperatur, daß die gesteigerte Bewegung der Gasmoleküle einen Gasdruck nach außen, entgegengesetzt dem Massendruck, hervorrief. Das ist aber noch eine unbedeutende Gegenkraft im Vergleich zu dem Strahlungsdruck, der durch die Wirkungen des gewaltigen Massendrucks erzielt worden ist. Dieser Strahlungsdruck würde einen Gasball von 10^{50} Gramm Masse sofort auseinandertreiben. Eddington berechnete das Verhältnis des Massen- und Strahlungsdrucks. Zeichnet man Massen- und Strahlungsdruck in zwei Kurven in Prozent des Gesamtdruckes beider, so ergibt sich, daß bei Gasbällen bis zur »Masse 32«, das heißt mit einem Gewicht von 10^{32} Gramm, der Strahlungsdruck gegenüber dem Massendruck ohne nennenswerten Einfluß ist. Erst bei Masse 33 wächst der Strahlungsdruck, bei 34 ist er gleich dem Massendruck, und bei 35 und 36 wird der Massendruck bei weitem überstiegen, bis er überhaupt keine Rolle mehr spielt. Alle überflüssige Masse wird von dem Strahlungsdruck nach außen fortgeschleudert. So wirken Massen- und Strahlungsdruck entgegengesetzt und beschränken die Masse der Sterne bis auf ein gewisses Höchstmaß.

Im Gegensatz zu den Tausenden Spektrallinien der Sterne, Beweis vieler Elemente, zeigt das Nebelspektrum meist nur vier Linien, die auf Helium, Wasserstoff, Sauerstoff und Stickstoff deuten; also eine äußerst einfache Zusammensetzung. Es müssen darum die vielen Elemente erst im Laufe der Entwicklung der Sterne entstanden sein. Da die Verschiedenheit der Elemente abhängig ist von Kernladung und Elektronenzahl, so muß also die Vielzahl der Elemente auf eine Umwandlung, eine Verlagerung der Protonen und Elektronen, Neutronen und Positronen während des Entwicklungsprozesses eines Sternes zurückzuführen sein.

Gegenüber der Außentemperatur eines Sternes bis zu etwa 30 000 Grad Celsius herrscht im Inneren eines Sternes eine unvorstellbar hohe Temperatur. Obgleich unsere Sonne zu den kühleren Zwergsternen gehört und sie dementsprechend eine Außentemperatur von rund 6 000 Grad Celsius besitzt, so beträgt doch die Innentemperatur nach Eddington mindestens 40 bis 50 Millionen Grad Celsius. Daß es bei solchen Temperaturen im Inneren der Sterne keine Elemente wie Sauerstoff, Wasserstoff, Eisen usw. geben kann, sondern die Elementarteilchen, Protonen, Elektronen usw. sich frei bewegen, und zwar mit wahnsinniger Geschwindigkeit durcheinanderwirbeln, ist durchaus verständlich. Dadurch werden natürlich die einzelnen Teilchen ganz anders verlagert, werden in die verschiedenartigen Elemente, und diese wiederum in verschiedene chemische Verbindungen, umgewandelt. Durch die infolge der außerordentlich hohen Temperaturen aufgelösten Atome werden gewaltige Energiemengen frei, die als Licht und elektrische Energieform in das Weltall hinausgeschleudert werden.

Auf diese Umwandlung im Inneren der Sterne ist wohl der Lichtwechsel eines Teiles der veränderlichen Sterne zurückzuführen. Es kann sich dabei aber nur um unregelmäßige Veränderliche handeln. Durch die Auflösung der Atome wird Energie frei, zunehmende Spannung treibt gewaltige Gasmassen nach außen; der Stern bläht sich, leuchtet hell auf, Energiestrahlung bricht durch, die Spannung läßt nach, und der Stern zieht sich zusammen, um dann wieder neue Spannung anzusammeln. Die Spannung im Inneren eines Sternes kann aber auch so groß werden, daß der Stern in ein kritisches Stadium eintritt, ohne die Spannung in unregelmäßigen Perioden zu verlieren. Der Stern bläht sich dann gewaltig auf und zerplatzt. Eine Nova flammt auf, mit oft 60 000facher Lichtstärke. Die Spannung der durch die aufgelösten Atome freigewordenen Energie war so gewaltig, daß der Stern explodierte. Erst, nachdem die Spannung — durch das Hinausschleudern gewaltiger Gasmassen über den mehrere hundertfachen Radius des Sternes hinaus — entladen war, ging der Stern auf die frühere Größe zurück. Die gewaltige Spannung im Inneren einer Nova versah die Elementarteilchen mit einer ungeheuren Energie, die beim Zerplatzen des Gasballes wahrscheinlich als kosmische Strahlen das Weltall durchrasen.

Meteoriten, Staubmassen, Atome verschiedener Elemente, freie Elementarteilchen, alles das ist Material, das sich hier und dort im Universum sammelt, riesige Nebelschwaden und -wolken bildet und Baumaterial des Makrokosmos darstellt. Durch Konzentration, Rotation, immer weiterer Konzentration, bei fortwährender Verdichtung und vorerst steigender Temperatur, bildet sich aus der unregelmäßigen Nebelwolke ein Nebelball, dann leuchtet ein roter Riesenstern, bei zunehmender Komprimierung und Temperatursteigerung ein gelber, dann ein weißer Stern auf. Das höchste Entwicklungsstadium des Sternes ist erreicht; es beginnt der Prozeß der Abkühlung und damit verbunden die Zusammenziehung, das Zwergstadium. Im Verlauf der Abkühlung geht der Stern von gelber zu roter Farbe über, Krusten bilden sich, und endlich ist der Stern erloschen. In diesem Zustand kann er Basis einer neuen Entwicklung, der Lebewesen werden, kann aber auch ödes, totes Gestein bleiben wie unser Mond.

Der ganze Entwicklungsprozeß eines Sternes ist ein gewaltiger Prozeß des Werdens. Im Verlauf dieses Prozesses verlagern sich die Atome des Nebelmaterials, es bilden sich aus den Atomen der einfach gelagerten, leichten Elemente die kompliziert gebauten, schweren Elemente und die mannigfachsten chemischen Verbindungen. Nachdem der Stern erloschen, der Prozeß des Werdens als Weltkörper abgeschlossen ist, beginnt der Prozeß des Vergehens. Im Laufe von Jahrmillionen zerfallen die schweren Elemente langsam und lösen sich ohne äußere Einflüsse in Elementarteilchen und Atome leichterer Gattung auf. So unvorstellbar lange der Prozeß des Werdens vor sich geht, so unvorstellbar lange dauert auch der Prozeß des Vergehens. Allmählich zerfallen alle chemischen Verbindungen — Verbindungen der Atome und der verschiedenen Elemente — zu Staubmassen. Die einzelnen Staubteilchen werden durch die verschiedenartige Energiestrahlung im Weltall weit in das Universum geschleudert, wo sie sich irgendwo mit Gasmassen und Elementarteilchen, die von leuchtenden Sonnen ausgeschleudert worden sind, sammeln, um wiederum neues Baumaterial für Sterne zu bilden. Der gesamte Makrokosmos ist erfüllt vom Werden und Vergehen.

Kant war der erste, der die Hypothese der Entwicklung der Sterne (unser Sonnensystem) aus einem Urnebel aufstellte. Diese Hypothese wurde im Laufe der Zeit verbessert und wissenschaftlich untermauert.

»Beiläufig bemerkt, wenn in der heutigen Naturwissenschaft der Kantsche Nebelball als Urnebel bezeichnet wird, so ist dies selbstredend nur beziehungsweise zu verstehen. Urnebel ist er, einerseits, als Ursprung der bestehenden Weltkörper und andrerseits als die früheste Form der Materie, auf die wir bis jetzt zurückgehen können. Was durchaus nicht ausschließt, sondern vielmehr bedingt, daß die Materie vor dem Urnebel eine unendliche Reihe andrer Formen durchgemacht habe.« (Marx/Engels Werke Bd. 20, S. 53/54)

Die kosmischen Nebel sind gesammelte Baustoffe des Makrokosmos. Diese Baustoffe sind Staub- und Gasteilchen, Elemente und Verbindungen, also schon komplizierte Atomgebäude, selbst schon Produkt einer Entwicklung. Aus den entwickelten Teilchen des Mikrokosmos setzt sich der Makrokosmos zusammen. Der Makrokosmos ist eine Entwicklungsfolge des Mikrokosmos. Der gesamte Entwicklungsprozeß verläuft dialektisch, aus einfachsten Formen konzentriert und organisiert sich die Materie höher und höher. Aber auch der Mikrokosmos ist ein Ergebnis der Entwicklung.

Das Universum ist unendlich, es besitzt in Ausdehnung und Entwicklung weder Anfang noch Ende. Jedoch die erkennbare Materie, die erkennbaren Veränderungen im Kosmos, die wir als vielerlei Dinge und Erscheinungen erfassen, müssen innerhalb der unendlichen Entwicklungsreihe einen Anfang haben. Sie sind daher endlich und zeitlich zu bestimmten, in Ausdehnung und Entwicklung begrenzten Größen geworden. Vor Beginn der erkennbaren Veränderung, der Entwicklung zu erkennbaren Teilchen erscheint uns öde Gleichförmigkeit, graue Ewigkeit; die Materie tritt hier kontinuierlich auf. Das bedeutet allerdings nicht, daß sich die Materie nicht in Entwicklung, Veränderung befand, sondern, daß *die Veränderungen für uns nicht erkennbar, die Formen der Materie für uns nicht erfaßbar* sind, und uns von daher als Gleichförmigkeit erscheinen, bar aller erkennbaren Unterschiede. Erst zu der Zeit, als die Materie sich zu begrenzten, für uns erkennbare Teilchen zu formen begann, da begann die Phase im unendlichen Entwicklungsprozeß, die der menschlichen Erkenntnis zugänglich war.

Die Allsubstanz, aus der sich die verschiedenen Formen entwickelt haben, ist der Äther. H. Hertz spricht das in seinem berühmten Vortrag »Über die Beziehungen zwischen Licht und Elektrizität« aus:

»*Immer mehr gewinnt es den Anschein, als überrage die Frage alle übrigen, als müsse die Kenntnis des Äthers uns nicht allein das Wesen der ehemaligen Imponderabilien offenbaren, sondern auch das Wesen der alten Materie selbst und ihrer innersten Eigenschaften, der Schwere und der Trägheit. Die Quintessenz uralter physikalischer Lehrgebäude ist uns in den Worten aufbewahrt, daß alles, was ist, aus dem Wasser, aus dem Feuer geschaffen sei. Der heutigen Physik liegt die Frage nicht mehr fern, ob nicht etwa alles, was ist, aus dem Äther geschaffen sei?*« (S. 28/29)

Sich den Äther, diese Allsubstanz aller Dinge vorstellen zu wollen, ist zwecklos, weil unmöglich. Vorstellen können wir uns nur das, was Unterschiede aufweist, und kontinuierlich ist unterschiedslos. Ja, selbst von realen Größen wie den Elementarteilchen, begrenzt und voller Unterschiede, können wir uns nur schwer einen Begriff machen. Unmöglich ist uns ja schon, uns die Energie geformt vorzustellen, obgleich es genau abgewogene Energiequanten gibt. Kontinuierliche Materie und menschliches Vorstellungsvermögen sind unvereinbar, zwischen beiden liegt der ungeheuer lange Weg der Entwicklung. L. de Broglie sagt in seinem Buch »Licht und Materie«:

»*Die Wirklichkeit läßt sich mit Hilfe der reinen Kontinuität nicht interpretieren. Man muß in ihr Individualitäten unterscheiden. Aber diese Individualitäten stimmen nicht mit dem Bilde überein, das die reine Diskontinuität uns geben würde. Sie sind ausgebreitet, wirken beständig aufeinander ein, und was noch erstaunlicher ist, es scheint nicht möglich, sie mit vollkommener Genauigkeit in jedem Augenblick zu lokalisieren und dynamisch zu bestimmen. Diese*

Auffassung von Individuen mit ein wenig weichen Konturen, die sich von dem Hintergrund der Kontinuität abheben, ist für die Physiker sehr neu und scheinbar für einige sogar ziemlich anstößig.« (S. 217)

Warum anstößig? Wahrscheinlich fühlen sie die Gefahr für den Idealismus; denn die Materie als Ganzes tritt sowohl unendlich wie endlich, ewig wie begrenzt zeitlich, kontinuierlich wie diskontinuierlich auf. Das erscheint nicht nur widerspruchsvoll, sondern ist auch widerspruchsvoll; die ganze Natur tritt in Widersprüchen auf. Die Grenze zwischen den beiden Faktoren ein und derselben Sache ist zugleich die Wahrnehmungsgrenze, und diese läßt für uns keinen Zusammenhang zwischen der reinen Kontinuität und der reinen Diskontinuität aufkommen. Die Konturen verwischen sich, das Bild wird verschwommen, verschmiert, die Anschaulichkeit geht verloren.

Der Äther ist kontinuierlich, ohne erkennbare Formen, aber nicht bewegungslos. Bewegung und Materie ist gleichbedeutend wie Energie und Masse.

»Die Bewegung ist die Daseinsweise der Materie. Nie und nirgends hat es Materie ohne Bewegung gegeben oder kann es sie geben. Bewegung im Weltraum, mechanische Bewegung kleinerer Massen auf den einzelnen Weltkörpern, Molekularschwingung als Wärme oder als elektrische oder magnetische Strömung, chemische Zersetzung und Verbindung, organisches Leben — in einer oder der andern dieser Bewegungsformen oder in mehreren zugleich befindet sich jedes einzelne Stoffatom der Welt in jedem gegebnen Augenblick. Alle Ruhe, alles Gleichgewicht ist nur relativ, hat nur Sinn in Beziehung auf diese oder jene bestimmte Bewegungsform.« (Marx/Engels Werke Bd. 20, S. 55)

Bewegung ist die ureigenste Eigenschaft der Materie. Ohne Bewegung keine Entwicklung. Die Bewegung im Äther ist die eigentliche Ursache des Formens. Unendlich winzige, einfachste Formen entstehen, konzentrieren sich zu bestimmten Gebilden. Die unendliche, kontinuierliche, unwägbare Materie wird in diskrete, wägbare Teilchen begrenzt. Ganz allmählich entstehen Formen, es bilden sich die Elementarteilchen und daraus die Atome der verschiedenen Elemente. Immer wieder gibt es Rückschläge, ein Wiederauflösen und Neuformen; wie im Makrokosmos ein Werden und Vergehen, so auch im Mikrokosmos. Jede neue Form, jedes neue anders geartete Elementarteilchen, bekannt oder unbekannt, das geboren, entwickelt wurde, war ein Sprung in der Entwicklung, eine Revolution im Mikrokosmos, eine Synthese.

Die Bewegung ist der wesentlichste, der entscheidendste Faktor der Entwicklung der Materie.

»Materie ohne Bewegung ist ebenso undenkbar wie Bewegung ohne Materie. Die Bewegung ist daher ebenso unerschaffbar und unzerstörbar wie die Materie selbst; was die ältere Philosophie (Descartes) so ausdrückt, daß die Quantität der in der Welt vorhandnen Bewegung stets dieselbe sei. Bewegung kann also nicht erzeugt, sie kann nur übertragen werden. Wenn Bewegung von einem Körper auf einen andern übertragen wird, so kann man sie, soweit sie sich überträgt, aktiv ist, ansehn als die Ursache der Bewegung, soweit diese übertragen wird, passiv ist. Diese aktive Bewegung nennen wir **Kraft***, die passive* **Kraftäußerung***. Es ist hiernach sonnenklar, daß die Kraft ebenso groß ist wie ihre Äußerung, weil es in beiden ja* **dieselbe** *Bewegung ist, die sich vollzieht.«* (ebenda S. 55)

Die Entwicklung kennzeichnet die Bewegung, und in der Zeit vollzieht sich die Entwicklung — die Bewegung. Vergangenheit ist geschehene Bewegung, Gegenwart bewegtes Geschehen. Sagen wir doch auch: Wir haben eine bewegte Zeit. Warum? Weil die Völker in besonders starke Bewegung geraten sind oder die Massenbewegung der unterdrückten Klassen fortschreitet. Das menschliche Geschehen äußert sich durch die Bewegung in der Gesellschaft. Die ganze menschliche Geschichte ist ein Prozeß der Bewegung. Alle Geschichte, die Entwicklung überhaupt, ist Bewegung. Vergangenheit ist Geschichte, Gegenwart ist Erleben. Vergangenheit und Geschichte sind in Formen geprägte Bewegung. An den verschiedenartigen Gesteinsschichten erkennen wir die Erdgeschichte, an den Fossilien die Geschichte der Lebewesen. In großen Zügen erkennen wir die Bewegung in vergangener Zeit, die ständig bewegte Entwicklung. Natur ist entwickelter Kosmos, und der Kosmos ist in Bewegung befindliche Materie. Damit fällt der Begriff »Bewegung« mit dem der Materie zusammen: *Bewegung ist die Daseinsweise der Materie!*

Wie äußert sich die Einheit Materie—Bewegung? Materie, wie wir sie erkennen, läßt sich auf begrenzte, greifbare, meßbare Elementarteilchen zurückführen. Ein ungeheuer winziges Teilchen, welches eine abgeschlossene Größe darstellt, das ist der Begriff einer Korpuskel. Dieser Korpuskelbegriff ist mit der Materie als Entwicklungsergebnis untrennbar verbunden. Die Korpuskel ist die Form der entwickelten, erkennbaren Materie. Kontinuierliche Materie kennt keine Korpuskel. Die Korpuskel ist erkennbare, konzentrierte Materie. Alle die vielgestaltigen Dinge auf der Erde, im Kosmos, überall, lassen sich zurückführen auf die winzige Gestalt der Korpuskel. Die Korpuskel ist personifizierte, diskrete Materie.

Die Bewegung ist mit der Materie verschmolzen, das eine oder das andere allein gibt es nicht, es gibt nur beide vereint. Bewegung ist die wesentliche Eigenschaft der Materie, mehr noch, *die* Eigenschaft, auf die alle anderen Eigenschaften der Materie zurückzuführen sind. Damit wächst die Bewegung über die Bedeutung einer Eigenschaft hinaus und wird zum Wesenszug der Materie. Die Bewegung ist die Ursache des Formens des kontinuierlichen Äthers zur Korpuskel. Das war nur möglich, indem die Bewegung selbst Richtung, Form bekam. Die Bewegung formte sich zur Welle. Die Welle ist also die Form, in der sich die Bewegung einer Korpuskel äußert. Die Welle ist mit der Korpuskel verbunden, untrennbar. Die Einheit Materie—Bewegung ist gleichbedeutend mit der Einheit Korpuskel—Welle.

Wie kommt es dann, daß beim Licht, als einer Erscheinungsform der Materie, der Korpuskelcharakter bis vor ein paar Jahrzehnten unbeachtet blieb, andererseits bei dem, was allgemein als Materieteilchen bezeichnet wird, der Wellencharakter bis vor nicht allzulanger Zeit sogar unentdeckt blieb? Die Ursache liegt in dem verschiedenartigen Auftreten der Energie als einer Erscheinungsform der Bewegung, als potentielle oder kinetische Energie.

Abgesehen davon, daß Protonen, Elektronen, Positronen und Mesotronen auf Grund ihrer elektrischen Ladung Spuren in der Wilson-Kammer hinterlassen, Neutronen selbst keine, wohl aber in ihrer Wirkung Spuren erzeugen, also der Korpuskelcharakter schon durch diese Erscheinungen offensichtlich ist, werden diese Elementarteilchen durch ihre große Ruheenergie als Korpuskel gekennzeichnet. Potentielle Energie, also Ruheenergie, verkörpert die Masse einer Korpuskel, kinetische Energie verkörpert die Welle einer Korpuskel. Während die Ruheenergie eines Protons oder Neutrons etwa eine Billion Elektronvolt groß ist, ist die Beschleunigung auf einige Millionen Elektronvolt kinetischer Energie in unserem Laboratorium schon eine gewaltige Leistung. Ruheenergie bestimmt die Ruhemasse, bindet sie, konzentriert die unwägbare Materie in der Form einer Korpuskel. Der Korpuskelcharakter tritt hier entsprechend der potentiellen Energie in den Vordergrund; der Wellencharakter tritt hier, ebenfalls entsprechend der geringeren kinetischen Energie, nicht so sehr in Erscheinung. Auch beim Elektron und Positron ist die potentielle Energie unter gewöhnlichen Umständen größer als die kinetische und darum der Korpuskelcharakter vorherrschend.

Anders schon beim Mesotron. Neben einer bestimmten Ruheenergie, die den Korpuskelcharakter bestimmt, hat das Mesotron eine gewaltige kinetische Energie von Hunderten Millionen, ja Billionen Elektronvolt, und diese läßt den Wellencharakter als durchdringendste Strahlung mit der kurzwelligsten Schwingung gleichzeitig mit dem Korpuskelcharakter stark in den Vordergrund treten.

Die sonst nirgendwo erreichte Geschwindigkeit des Lichtes von 300 000 km/sek läßt schon an dem Photon überwiegend Bewegung erkennen. Das schwingende Photon besteht fast restlos aus kinetischer Energie von der Größenordnung h · v. Hier tritt der Wellencharakter fast ausschließlich in Erscheinung und verhalf der Wellentheorie des Lichtes vorerst zum Sieg.

Erst als die Bewegung ruckartig aufgehalten, die kinetische Energie urplötzlich in potentielle umgewandelt wurde, kam auch der Korpuskelcharakter zur Geltung. Beim photoelektrischen Effekt schlägt das Photon mit voller Wucht auf die Metallplatte, ruckartig wird die Bewegung gehemmt, die kinetische Energie wird umgewandelt, die Welle gewissermaßen zur Korpuskel aufgestaucht, die in potentielle umgewandelte Energie bindet, formt die Materie zur Korpuskel, die schlagartig ein Elektron heraustreibt. In demselben Moment verwandelt sich diese potentielle Energie, bis auf einen kleinen Rest, der als »Austrittsarbeit« verbraucht wird, schon wieder in kinetische Energie, die dem austretenden Elektron übertragen wird. Jedesmal, wenn ein Photon ruckartig aufschlägt, offenbart sich der Korpuskelcharakter, zum Beispiel auch beim Compton-Effekt. Ein Photon trifft ein freies Elektron. Schon ist der Aufprall stark genug, einen Teil kinetischer Energie in potentielle umzuwandeln. Damit tritt die Korpuskel urplötzlich in Erscheinung, um dann ebenso plötzlich wieder in kinetische Energie umgewandelt zu werden und das Elektron mit dieser Energiesumme zu bereichern.

Das Photon eilt weiter als Welle mit Energieverlust; die Wellenlänge wird größer. Wenn ein Elektron im Atomgebäude von einem höheren Energiezustand auf einen niedrigeren springt, sendet es Energiestrahlung aus, ein Lichtquant, ein Photon. Der Moment des Lösens von dem Elektron kennzeichnet noch den Korpuskelcharakter des Energiequants, aber sofort wird auch der Wellencharakter vorherrschend, Licht mit der kinetischen Energie h · v verläßt das Atom. Im Augenblick der Geburt und des Todes oder beim gewaltsamen Aufenthalt offenbart sich der Korpuskelcharakter des Lichtes, die Zwischenzeit ist gekennzeichnet durch Hervortreten des Bewegungszustandes; der Wellencharakter ist vorherrschend.

Das gesamte Geschehen im Kosmos vollzieht sich in einem gewaltigen, dialektischen Entwicklungsprozeß. Aus der kontinuierlichen, im ewigen Entwicklungsprozeß befindlichen Materie heraus formten sich die Elementarteilchen aus der unwägbaren in wägbare Materie. Ursache ist die Bewegung, die wesentlichste, in Wirklichkeit eigentlichste Eigenschaft, die Daseinsweise der Materie, die regellos in der unwägbaren, kontinuierlichen Materie, doch einmal im Laufe der Ewigkeit einheitliche Richtung bekam, sich formte und dadurch die Materie konzentrierte. Man muß sich vorstellen, daß die regellosen, sich mehr und mehr entwickelnden Strömungen des Äthers doch einmal im Laufe der Zeit eine bestimmte, geregelte Richtung erhalten und sich wie Wirbel um einen Zentralpunkt bewegen. Ein Prozeß mit Unterbrechungen, ein Wiederauflösen und Wiederschließen der Wirbelringe, bis einmal ein bestimmter Energiebetrag eine wirbelnde Strömung, ein Wirbelring sich vollständig schloß und die mit sich führende kontinuierliche Materie dadurch zur Korpuskel konzentrierte und eine gewisse Stabilität erhielt: Ein Elementarteilchen wurde geboren. Das erklärt die bestimmte Masse und den bestimmten Energiebetrag einer Korpuskel.

Energie ist eine Form der Bewegung. Je stärker die Wirbelströmung im Äther, also je mehr Energie als Bewegungsform die unwägbare Substanz bindet und formt, um so mehr Masse erhält das Materieteilchen. Energieverlust bedeutet darum Masseverlust, Energiesteigerung vermehrt die Masse. Deshalb verwandelt sich Energie in Masse, weil gesteigerte Energie mehr Masse bindet, verminderte Energie weniger Masse zusammenhält. Die Bewegungsform als Energie tritt zunächst als potentielle Energie im Mikrokosmos auf, durch geschlossene Wirbelringe im Äther, wodurch die unwägbare Substanz zur Korpuskel geformt wird. Je stärker diese potentielle Energie (Ruheenergie), um so schwerer ist die Korpuskel (Ruhemasse). Die Masse wächst also mit der Menge der potentiellen Energie. Darüber hinaus haftet der geformten Materie, der Korpuskel, kinetische Energie an, die sie vorwärtsbewegt. Potentielle Energie im Mikrokosmos ist somit die Bewegungsform, die die unwägbare Substanz des Äthers in wägbare Elementarteilchen formt. Kinetische Energie ist die Bewegungsform, die diese Elementarteilchen weiterbewegt.

Aber wenn Fricke sagt:

»*Der Lehre von den Atomen im leeren Raum stellt die Weltätherforschung das Weltkontinuum gegenüber. Die Atome sind nur Wirbel und rhythmische Strömungsfiguren im strömenden Äther*« (S. 15), so muß dem doch entgegnet werden, daß hier die Stabilität eines Elementarteilchens nicht berücksichtigt ist. Die einer Strömung anhaftende, bestimmte Energiemenge wird beim Schließen des Wirbelringes zum Energiequant. Dieses Energiequant bindet eine bestimmte Masse, dadurch wird die kontinuierliche Materie zur diskreten, zur Korpuskel geformt. Diese Konzentration der Materie hat durch den bestimmten gequantelten Energiebetrag eine gewisse Stabilität erreicht, die aber trotzdem nicht starr ist, sondern einer Formumwandlung fähig ist.

Die bestimmte, gequantelte Energiemenge bindet nicht nur eine Menge bisher unwägbarer Materie zur wägbaren Masse der geformten Korpuskel, sondern schafft auch das Feld, indem sie die die Korpuskel umgebende kontinuierliche Substanz an sich zieht, die entsprechend dem Gravitationsgesetz durch Ineinandergreifen der Felder anderer Massenpunkte aufeinander einwirkt. Der Energiebetrag der Strömungsfigur, die zum geschlossenen Wirbelring führt, verwandelt sich damit zur potentiellen, abgeschlossenen Energie, die dadurch gebundene Materie zur Ruhemasse (Trägheit). Je größer die potentielle Energie und darum auch Ruhemasse, um so größer die Gravitationswirkung, das heißt, die Anziehung wächst mit der Masse. Die so entstandenen Individuen verbinden sich zu kollektiven Gruppen (Atome, Moleküle), immer höhere Formen entstehen, die in kausaler Ordnung ein Kettenglied an das andere binden.

Die Bewegung ist die Ursache der Konzentration der kontinuierlichen Materie zur diskontinuierlichen. Durch diese Formgebung der Materie zur Korpuskel erhielt die Bewegung dieser Korpuskel selbst Form: Sie wurde zur Welle. Die Korpuskel ist die Form der Masse, die Welle ist die Form der Bewegung der Korpuskel. Ruheenergie — Masse — Korpuskel und kinetische Energie — Bewegung — Welle; das sind zwei Gesichter der entwickelten Materie. Wie die Formen der Materie einer fortwährenden Konzentration und Umwandlung unterliegen, so entwickeln und verwandeln sich auch die Formen der Bewegung, Energie, Elektrizität, Magnetismus, Wärme und andere nicht im kontinuierlichen Prozeß, sondern unterbrochen durch Sprünge — ein ständiges Umschlagen von Quantität in Qualität und umgekehrt findet statt.

»Bei aller Allmählichkeit bleibt der Übergang von einer Bewegungsform zur andern immer ein Sprung, eine entscheidende Wendung. So der Übergang von der Mechanik der Weltkörper zu der der kleineren Massen auf einem einzelnen Weltkörper; ebenso der von der Mechanik der Massen zu der Mechanik der Mole-

küle — *die Bewegungen umfassend, die wir in der eigentlich sogenannten Physik untersuchen: Wärme, Licht, Elektrizität, Magnetismus; ebenso vollzieht sich der Übergang von der Physik der Moleküle zu der Physik der Atome — der Chemie — wieder durch einen entschiednen Sprung, und noch mehr ist dies der Fall beim Übergang von gewöhnlicher chemischer Aktion zum Chemismus des Eiweißes, den wir Leben nennen. Innerhalb der Sphäre des Lebens werden dann die Sprünge immer seltner und unmerklicher.«* (Marx/Engels Werke Bd. 20, S. 61)

Ein entscheidender Fehler der bürgerlichen Wissenschaftler besteht darin, die Materie auf *nur Bewegung* zu reduzieren. Treffend legt Eddington in seiner originellen Art diese Auffassung an folgendem Beispiel klar:

»Besteht das Weltmeer aus Wasser oder aus Wellen, oder aus beiden? Einige meiner Reisegefährten auf der Fahrt über den Ozean waren ganz entschieden der Ansicht, es bestehe aus Wellen; die unvoreingenommene Antwort ist aber doch wohl, daß es aus Wasser besteht. Jedenfalls wird uns, wenn wir erklären, daß das Wesen des Weltmeeres wässerig sei, wahrscheinlich niemand widersprechen und behaupten, sein Wasser sei im Gegenteil wellenhaft, oder es sei zwiespältigen Wesens, teils wässerig und teils wellenhaft. Ebenso behaupte ich, daß das Wesen der Wirklichkeit geistig ist, weder materiell noch eine Zweiheit aus Materie und Geist. Die Hypothese, daß ihr Wesen irgend etwas Materielles an sich haben könnte, geht in meine Berechnung überhaupt nicht ein. Denn so, wie wir heute die Materie auffassen, ergibt die Verbindung des Eigenschaftswortes ›materiell‹ mit dem Hauptwort ›Wesen‹ im Sinne dessen, was etwas im Innersten bedeutet oder darstellt, keinen vernünftigen Sinn.

Wenn wir jetzt den Ausdruck materiell (oder genauer physikalisch) im weitesten Sinne als das auslegen, dessen wir in der Außenwelt auf Grund unserer sinnlichen Erfahrung habhaft werden können, so erkennen wir, daß es den Wellen, nicht dem Wasser des Weltmeeres der Wirklichkeit entspricht.« (Eddington, »Die Naturwissenschaft auf neuen Bahnen«)

Seit jeher besitzt die Materie die zwei Gesichter Masse—Bewegung, diese janushafte Natur:

Unwägbarer Äther: kontinuierliche Masse — regellose Bewegung.
Erkennbare, wägbare Materie: Korpuskel — Welle.

Und dieses Doppelgesicht der Materie äußert sich in Quantität und Qualität. Masse ist Quantität und Bewegung ist Qualität. Korpuskeln schließen sich zusammen, werden Atome, Moleküle, Verbindungen, kosmische

Körper, Korpuskel an Korpuskel, Zahl an Zahl, unzählig — Quantität. Quantität ist sowohl Masse an Zahl wie Masse als Stoff, beides verbindet sich in dem Begriff Korpuskel. Darum kann man Quantität gleichsetzen mit Korpuskel.

Qualität ist eine Zusammenfassung physikalischer Eigenschaften wie: Temperatur, Farbe, Klang, Geschmack, Geruch und anderes. Alle diese Eigenschaften lassen sich letzten Endes auf eine Eigenschaft zurückführen, die in der Bewegung, die in der Welle begründet liegt. Alle diese Eigenschaften äußern sich wellenförmig oder haben ihre Ursache in einer wellenförmigen Funktion. Das Tempo der Molekülbewegung hängt von der Temperatur ab; diese ist eine Funktion der Geschwindigkeit, also wellenförmig, bewegungsmäßig begründet. Die unterschiedlichen Farben vom Licht entsprechen unterschiedlichen Schwingungszahlen der Lichtwellen. Klang ist eine Vereinigung, ein »Bündel« von Tönen verschiedener Schwingungen. Geschmack und Geruch ist ein Verhalten der Moleküle, das wellenförmig auf unsere Geschmacks- und Geruchsnerven wirkt. Qualität bedeutet sowohl Zusammenfassung aller Eigenschaften der Materie, die letzten Endes in der Bewegung begründet liegen als auch die Umwandlungsfähigkeit der Materie selbst.

Quantität und Qualität sind erkennbar und meßbar wie Korpuskel und Welle, wie eben erkennbare, diskontinuierliche Materie erkennbar und meßbar ist. Quantität kann im bestimmten Entwicklungszustand in Qualität umschlagen, und Qualität wird zur Quantität, zur neuen Entwicklungsbasis, aus der wieder höhere Qualitäten hervorgehen. Qualität, das ist Bewegung, ist Formen zur höheren Entwicklung. Quantität ist Gewordenes, Geformtes.

Quantität hat einen statischen Zug. Das entspricht dem Weltbild der Antike. Ein statisches Weltall, die Himmelskugel, die ruhig schwebenden Himmelskörper, greifbare, körperlich empfundene Punkte im Raum. Ein Kosmos erhabener Ruhe, ein System von statischen Körpern, ein System von ganzen Zahlen, ebenfalls statisch.

Qualität hat einen dynamischen Zug. Das entspricht dem Weltbild des modernen Zeitalters. Der ganze Kosmos wird zu einem System von Bewegungen; Unruhe im Kosmos, Ausdehnung zum Unendlichen, das rasende Schwingen der Lichtwellen, Zertrümmerung des »Kleinsten«, der Atome, auch Ruhelosigkeit im Mikrokosmos. Alles ist in Bewegung, bis dann zum Schluß die Begriffe, die ganze bürgerliche Ideologie selbst ins Wanken, in

Bewegung geriet, und jedes neue Forschungsergebnis, wirbelnden Staubwolken gleich, die Meinungen durcheinanderblies; das ist das Ergebnis der Dynamik des Mikrokosmos. Man braucht sich deshalb nicht zu wundern, daß letzten Endes alle Dinge auf nur Bewegung, nur wellenförmig zurückgeführt werden. Das ganze Weltall besteht dann nach Eddington »*nicht mehr aus Teilchen, sondern aus Psi-Wellen*«. Die philosophische Begründung des Weltgeschehens durch die bürgerlichen Wissenschaftler stützt sich größtenteils auf den Positivismus. Dieser will die Materie zugunsten der Bewegung ausschalten.

»*Die Ausschlachtung der neuen Physik durch den philosophischen Idealismus oder die idealistischen Schlußfolgerungen aus ihr sind nicht darauf zurückzuführen, daß etwa neue Arten von Stoff und Kraft, von Materie und Bewegung entdeckt werden, sondern darauf, daß der Versuch gemacht wird, Bewegung ohne Materie zu denken.*« (Lenin Werke Bd. 14, S. 266)

Das materiell-dialektische Weltbild dagegen ist auf einer Verbindung, nämlich auf der Einheit von Quantität und Qualität (Stoff und Kraft oder Materie und Bewegung) begründet. Das Verhältnis Quantität—Qualität hat einen dialektischen Zug. Quantität und Qualität stehen in Wechselbeziehungen zueinander. Der Wesenszug dieser Einheit ist Entwicklung der Materie. Die Wechselbeziehung zwischen Quantität und Qualität, zwischen Gewordenem und Werden, ist durch die Zeit gekennzeichnet. Die Materie entwickelt sich zunächst quantitativ, schlägt dann in Qualität um, verbreitert sich wiederum zur Quantität und wiederum ein Sprung zur Qualität usw.; ein dialektischer Prozeß der Negation der Negation. Der ganze Kosmos ist das Ergebnis des dialektischen Entwicklungsprozesses der Materie.

Die Verwandlung der Materie und Bewegung in verschiedenste Formen und Zustände, die den dialektischen Prozeß im Mikrokosmos kennzeichnet, verwirrte die bürgerlichen Wissenschaftler, weil sie den dialektischen Materialismus Marx', Engels' und Lenins nicht kannten. Ihre dialektische Forschungsmethode, die sie unbewußt anwandten, kam fortlaufend in Konflikt mit ihrer metaphysischen Erkenntnistheorie. Sie erkannten die Unzulänglichkeit der Auffassung, die Welt vom Standpunkt fertiger Dinge und starrer Zustände zu sehen. Sie schwankten ins andere Extrem und ließen nur noch Bewegungszustände gelten (»die Materie ist verschwunden«). Von der Relativität der einzelnen Bewegungsvorgänge ausgehend, wurde alle Erkenntnis als relativ bezeichnet und eine absolute Wahrheit verneint. Treffend charakterisiert Lenin diese Haltung der Wissenschaftler:

»*Doch der dialektische Materialismus betont nachdrücklich, daß jede wissenschaftliche These über die Struktur und die Eigenschaften der Materie nur annähernde, relative Geltung hat, daß es in der Natur keine absoluten Schranken gibt, daß die sich bewegende Materie Verwandlungen durchmacht aus einem Zustand in einen anderen, der von unserem Standpunkt aus scheinbar mit dem vorangegangenen unvereinbar ist usw.* Mag vom Standpunkt des ›gesunden Menschenverstandes‹ die Verwandlung des unwägbaren Äthers in wägbare Materie und umgekehrt noch so wunderlich, das Fehlen jeder anderen als der elektromagnetischen Masse beim Elektron noch so ›seltsam‹, die Beschränkung der mechanischen Bewegungsgesetze auf nur ein Gebiet der Naturerscheinungen und ihre Unterordnung unter die tieferen Gesetze der elektromagnetischen Erscheinungen noch so ungewöhnlich sein usw. — das alles ist nur eine weitere **Bestätigung** des dialektischen Materialismus. Die neue Physik ist hauptsächlich gerade deshalb zum Idealismus abgeglitten, weil die Physiker die Dialektik nicht kannten. Sie kämpften gegen den metaphysischen (im Engelsschen, nicht im positivistischen, d. h. Humeschen Sinne dieses Wortes) Materialismus, gegen seinen einseitigen ›mechanischen Charakter‹ und schütteten dabei das Kind mit dem Bade aus. Indem sie die Unveränderlichkeit der bis dahin bekannten Elemente und Eigenschaften der Materie verneinten, gelangten sie zur Verneinung der Materie, das heißt der objektiven Realität der physischen Welt. Indem sie den absoluten Charakter der wichtigsten und fundamentalen Gesetze verneinten, gerieten sie dahin, jede objektive Gesetzmäßigkeit in der Natur zu verneinen, die Naturgesetze für bloße Konvention, ›Einschränkung der Erwartung‹, ›logische Notwendigkeit‹ usw. auszugeben. Indem sie auf dem annähernden, relativen Charakter unseres Wissens bestanden, gelangten sie zur Verneinung des von der Erkenntnis unabhängigen Objekts, das von dieser Erkenntnis annähernd getreu, relativ richtig widergespiegelt wird. Usw. usf. ohne Ende.« (Lenin Werke Bd. 14, S. 261/262)

5. Kausalität und die Krise der Naturwissenschaft

»Kausalität bedeutet, daß das Denken sich verpflichtet fühlt, zu jedem Gewordenen oder Werdenden einen Werdegrund zu suchen. Der Werdegrund heißt Ursache, das Werden des Gewordenen oder Werdenden Wirkung. Die Frage, ob es ein Werden ohne zureichenden Werdegrund geben möchte, ob die Möglichkeit besteht, in unbezweifelbarer Weise zu zeigen, daß jedes Werden einen Werdegrund haben muß, ist der Kernpunkt des Kausalproblems im eigentlichen philosophischen oder erkenntnistheoretischen Sinne.« (E. May, S. 80)

Wohl kein Naturgesetz hat in der bürgerlichen Wissenschaft eine solche Wandlung, aber auch eine solche Verwirrung hervorgerufen wie das der Kausalität. In der klassischen Physik wurde das Kausalgesetz zum grundlegendsten aller Naturgesetze erhoben. Das einzelne Geschehen im Makrokosmos stand durchaus im Bereich des Meßbaren. Die Änderung der meßbaren Zustände in der zeitlichen Aufeinanderfolge ließ sich stets als Folge von Ursache und Wirkung, als eine Kausalkette erfassen und berechnen. Dies tritt besonders in der Mechanik der festen Körper klar und anschaulich hervor. Diese mechanische Kausalität kennzeichnet eine Folgeverknüpfung eines bestimmten räumlichen Geschehens mit einem bestimmten nachfolgenden räumlichen Geschehen.

Die Erfahrung lehrt nun, daß ein und dieselbe Ursache auch die gleiche Wirkung erzeugt. Daraus folgt, daß man auf Grund der Ursächlichkeit des Geschehens aus bestimmten Ursachen heraus ganz bestimmte Folgen vorausberechnen kann. Diese Vorausberechenbarkeit ist allerdings auf Grund der subjektiven Mangelhaftigkeit der Sinne und der Unzulänglichkeit der technischen Hilfsmittel nur bedingt möglich. Die technischen Hilfsmittel sind im Laufe der Zeit immer mehr verfeinert worden und ermöglichen eine immer bessere Erkenntnis der ursächlichen Zusammenhänge in der Natur und der entsprechenden Gesetze.

»Es gibt eine verfeinerte Form der Technik, welche die Maschine in den Dienst der geistigen Forschung stellt: diese Form ist die Experimentaltechnik, die dem Wissenschaftler die nötigen Mittel liefert, um die Natur zu erforschen und ihre Gesetze zu bestimmen.« (L. de Broglie, »Licht und Materie«, S. 277)

Nun ist aber die Vorausberechenbarkeit im Mikrokosmos nicht so ohne weiteres möglich. So ist beispielsweise Ort und Geschwindigkeit eines Elektrons oder Photons nicht genau meßbar, denn um diese Werte zu erfassen, benutzt man Apparate und Lichtstrahlen, die selbst aus Elektronen und

Photonen bestehen, und diese beeinflussen das zu messende Objekt in unkontrollierbarer Weise. Der Eingriff, der einer Messung vorausgeht, verändert augenblicklich die zu messenden Werte, bevor sie gemessen werden können. Die notwendige Störung macht jede Beobachtung, jede Bestimmung für Lage und Impuls des Elektrons unmöglich. Auf Grund dieser Unbestimmtheitsrelation lassen sich nur durchschnittliche, statistische Werte, Wahrscheinlichkeitswerte für Lage und Impuls bestimmen, jedoch keine Werte für ein einzelnes Elektron.

Eddington hat in seiner bildlichen Darstellungsweise diese Verhältnisse im Mikrokosmos, diese Unschärfebeziehung, recht anschaulich geschildert. Er sagt:

»*Wenn wir also den jeweiligen Ort als das einzige Merkmal betrachten, so gibt es nichts, was wir über das Elektron aussagen können, sofern wir nicht seinen Ort kennen. Diesen Ort aber können wir bis zu einem gewissen Grade kennen. Wir können wissen, daß das Elektron sich im einen oder anderen von zwei Raumbereichen befindet, oder daß es sich (infolge der anziehenden und abstoßenden Kräfte) wahrscheinlich einem Proton näher befindet als einem anderen Elektron. Um dieses unscharfe Wissen zu beschreiben, wollen wir uns einen Nebel vorstellen, dessen Dichte an jeder Stelle proportional der Wahrscheinlichkeit ist, daß wir das Elektron dort antreffen. Die Masse des Nebels in einem bestimmten Raumteil stellt dann die Wahrscheinlichkeit dafür dar, daß sich das Elektron in dem Raumteil befindet.*«

Diese besonders komplizierten Vorgänge und die sich daraus entwickelnden Schwierigkeiten haben die ganze bürgerlich-erkenntnistheoretische Ideologie ins Wanken gebracht.

»*Der Konflikt zwischen Kausalvorstellungen der klassischen Physik und den Ergebnissen der Quantenmechanik entsteht bei der Frage nach der Vorausberechenbarkeit künftiger Naturvorgänge.*« (G. Hermann, S. 7)

Die klassische Physik war mit dem Kausalprinzip lückenlos in Einklang zu bringen; jetzt begann eine lebhafte Diskussion aufgeregter Gemüter, bei der so recht die metaphysische Denkart der bürgerlichen Wissenschaftler in Erscheinung trat.

»*Eine im klassischen Sinne präzise Beschreibung des atomaren Geschehens ist unmöglich, damit verliert das Kausalprinzip seine Bedeutung für die Physik. Denn dieses Prinzip, nach dem die genaue Kenntnis der Gegenwart eine exakte Berechnung der Zukunft ermöglicht, wird gegenstandslos, wenn eine genaue*

Kenntnis der Gegenwart unerreichbar ist. Die Kausalität ist nach der quantenmechanischen Auffassung für die elementaren Prozesse der Physik zu verneinen und nur für die Wahrscheinlichkeiten zu bejahen, die diesen individuellen Prozessen aus statistischen Gründen zuzuordnen sind.« (Haas, 1930)

»Die Kausalität des 18. Jahrhunderts, die aus der Alleinherrschaft der klassischen Mechanik erwachsen war, bestimmte durch Anfangslage und Anfangsgeschwindigkeit den Ablauf der Erscheinungen. Die Kausalität des 20. Jahrhunderts darf sich nicht auf den Anfangszustand beschränken, sondern muß den Endzustand als mitbestimmendes Moment in Rechnung setzen. Der Folgezustand ist nicht zwangsläufig, sondern nur konditionell bestimmt auf Grund einer gewissen Voraussicht der zulässigen Möglichkeiten. Ob man dabei überhaupt noch von Kausalität sprechen soll, kann man bezweifeln.« (Vortrag von Sommerfeld auf dem Physikertag in Prag 1929)

»Weil alle Experimente den Gesetzen der Quantenmechanik unterworfen sind, so wird durch die Quantenmechanik die Ungültigkeit des Kausalgesetzes definitiv festgestellt.« (Heisenberg)

»Wenn es prinzipiell unmöglich ist, alle Bedingungen (Ursachen) eines Vorganges zu kennen, so ist es leeres Gerede, zu sagen, jedes Ergebnis habe eine Ursache.« (Born)

»Wir sind so weit von einer Kausalbeschreibung entfernt, daß einem Atom in einem stationären Zustand im allgemeinen eine freie Wahl zwischen verschiedenen Übergangsmöglichkeiten zu anderen, stationären Zuständen zugestanden werden muß. Für das Auftreten der einzelnen Prozesse können der Natur der Sache nach nur Wahrscheinlichkeitsbetrachtungen angestellt werden.« (Bohr, 1930)

»Nichts ist von dem alten Schema der kausalen Gesetze übriggeblieben, und wir haben noch nicht einmal den Ansatz zu einem neuen gefunden.« (Eddington, 1935)

»Die Kausalität, die Hauptstammform unseres Denkens nach Kant und praktisch das Fundament der physikalischen Forschung, weltanschaulich die Grundlage unserer Vorstellung von der toten Materie, ist in Frage gestellt.« (Wenzl, 1934)

Diesen negativen Urteilen traten lebhaft Gegenstimmen entgegen, die die Gefahr für die bürgerliche Ideologie witterten. So sagt Karlson:

»Kausalität, so scheint es uns, bedeutet eine Form unseres Denkens, die wir nicht aufgeben können, wenn wir nicht überhaupt auf Wissenschaft verzichten

wollen. Aber ich glaube nicht, daß die Quantenmechaniker das wirklich tun wollten.« (»Du und die Natur«, S. 291)

Vielleicht klarer als die bürgerlichen Wissenschaftler erkennt der Theologe Neuberg die Gefahr, die durch die Aufgabe des Kausalprinzips entsteht. So ertönt eine warnende Stimme gerade von einer Seite, von der man es am wenigsten erwartet hätte:

»Wir nehmen entschieden Stellung gegen diesen Sturmlauf auf den geordneten, determinierten Kausalzusammenhang der Natur und warnen vor dem Mißbrauch angeblicher wissenschaftlicher Erkenntnisse. Gerade uns, die wir an eine göttliche Ordnung der Natur glauben, liegt daran, dies auszusprechen. Da man allerdings zuweilen den allmächtigen Kausalnexus im atheistischen Sinne gegen die Allmacht Gottes aufgestellt hat, so könnte es scheinen, daß wir eine Freude hätten, wenn der Gegengott entthront wäre. Wir denken nicht so. Wir wollen den geordneten Zusammenhang nicht erschüttert sehen. Darum können wir uns an solchen Äußerungen von wissenschaftlicher Seite nicht freuen, die nur Verwirrung stiften.«

Und an anderer Stelle:

»Die Wissenschaft jedenfalls würde ihren Boden verlieren, wenn sie ohne Überzeugung vom Kausalzusammenhang arbeiten würde.«

Die Unschärfebeziehungen sind eine gegebene Tatsache, den Bedingungen des Mikrokosmos entsprechend. Gibt das Berechtigung, von der Kausalität Abstand zu nehmen? Ernst Zimmer verneint das:

»Trotzdem wird auch in der Mikrophysik durchgehend von der Annahme der Gültigkeit einer völlig strengen Kausalität Gebrauch gemacht. Sie gibt zwar nicht die Möglichkeit zu exakten Voraussagen, aber sie läßt doch in jedem Fall aus dem Ergebnis eines Experimentes den Rückschluß zu, daß eine bestimmte Ursache vorgelegen hat.« (»Umsturz im Weltbild der Physik«, S. 282)

Schon klarer erfaßt A. Mittasch das Problem:

»Wo Gesetzmäßigkeit ist, ist auch Kausalität, wenn auch oft recht versteckter Art, und wo man bedingende Gründe und Ursachen für bestehende ›Ursachlosigkeit‹ angeben kann, ist Kausalität als solche nicht in Frage gestellt, sondern Hinweis auf eine besondere Art Ursache gegeben.«

E. May lehnt eine unfruchtbare Kausaldiskussion ab, indem er sagt:

»Die geschilderte Entwicklung hat zahlreiche Physiker dazu geführt, ›Kausalität‹, ›Kausalgesetz‹ und ›Determinismus‹ einfach mit ›Differentialgleichung‹ zu

identifizieren, ja, in Überspitzung ihrer methodisch-positivistischen Grundhaltung sogar lediglich in dem faktischen Determinierenkönnen den ›einzig angebbaren Inhalt‹ des Kausalgesetzes zu erblicken. Als dann die Physik die Entdeckung macht, daß es in den Mikroregionen unmöglich ist, aufgrund rein empirischer Schwierigkeiten sämtliche Raum- und Raumzeitgrößen eines Naturausschnittes für einen Zeitpunkt exakt zahlenmäßig festzulegen, womit natürlich auch die Vorausberechenbarkeit dahinfällt, da hieß es denn gleich, das Mikrogeschehen sei ›indeterminiert‹ und das ›Kausalgesetz‹ habe seine ›Gültigkeit verloren‹. . . die überwiegende Mehrzahl der durch die Quantentheorie heraufbeschworenen Kausaldiskussionen völlig unfruchtbar gewesen ist, da die streitenden Parteien einfach aneinander vorbeiredeten.« (S. 85)

Dagegen sagte Lenin:

»Und jede andere Auffassung, richtiger jede andere philosophische Linie in der Frage der Kausalität, die Leugnung der objektiven Gesetzmäßigkeit, Kausalität, Notwendigkeit in der Natur, zählt Feuerbach mit Recht zur Richtung des Fideismus.« (Lenin Werke Bd. 14, S. 150)

Dieser Kampf im Lager der Naturwissenschaft spiegelt die Gegensätze im Lager des Idealismus überhaupt wider. Die klassische Naturwissenschaft hat die Kausalität zum grundlegendsten aller Naturgesetze erhoben. Man glaubte, mit dem Kausalprinzip als Denkform die objektive Wirklichkeit möglichst restlos erfassen zu können. Da die ganze zusammenhängende Welt in ihrem gesamten Entwicklungsprozeß eine unzählige Kette von Ursachen und Wirkungen ist, glaubte man nun den Schlüssel zur Erkenntnis des ganzen Weltgeschehens gefunden zu haben.

Ein solches Denken geht nur so lange gut, solange die Prozesse verhältnismäßig klar und übersichtlich sind, solange Wirklichkeit und Erscheinung offensichtlich übereinstimmen, soweit wir also mit unseren mangelhaften Sinnen und unzulänglichen Hilfsmitteln die Wirklichkeit zu erfassen vermögen. Aber dort, wo die Wahrnehmungsgrenze sowohl des Makro- wie Mikrokosmos erreicht ist, verwischt die klare Übereinstimmung von Wirklichkeit und Erscheinung. Das gilt vor allem im Mikrokosmos, wo die unvorstellbare Winzigkeit der Teilchen und die Eigentümlichkeit der Bewegungszustände eine klare Erfassung von Ort und Impuls beispielsweise eines Elektrons nicht ermöglichen.

»Die Abweichung von der statistischen Regel in Einzelfällen hat also nicht darin ihren Grund, daß das Kausalgesetz nicht erfüllt ist«, sagt M. Planck, *»sondern darin, daß unsere Beobachtungen viel zu wenig fein sind, um zu einer*

direkten Prüfung des Kausalgesetzes verwendet werden zu können.« (»Wege zur physikalischen Erkenntnis«, S. 110)

Der entscheidende Fehler der modernen Physik ist einerseits, sich Bewegung ohne Materie zu denken, Bewegung in das starre Gefüge mathematischer Formeln zu zwängen, also die Bewegung (Qualität) quantitativ zu degradieren, andererseits die verschiedenen Formen der Bewegung (einfache bis komplizierte) auf mechanische (einfache) Bewegung zu reduzieren.

Es wurde vielfach darauf hingewiesen, daß eine genaue Angabe über die künftige Bewegung beispielsweise eines Elektrons deshalb unmöglich sei, weil Ort und Impuls nicht zugleich mit beliebiger Genauigkeit gemessen werden können, daß aber der unabhängig von der Messung vorhandene Ort und Impuls die weitere Bewegung des Elektrons bestimmt. Jede Messung bedeutet einen brutalen Eingriff.

»Wir können die Bewegung nicht vorstellen, ausdrücken, ausmessen, abbilden, ohne das Kontinuierliche zu unterbrechen, ohne zu versimpeln, zu vergröbern, ohne das Lebendige zu zerstückeln, abzutöten. Die Abbildung der Bewegung durch das Denken ist immer eine Vergröberung, ein Abtöten — und nicht nur die Abbildung durch das Denken, sondern auch durch die Empfindung, und nicht nur die Abbildung der Bewegung, sondern auch die jedes Begriffes. Und darin liegt das **Wesen der Dialektik.** *Gerade dieses* **Wesen** *wird auch durch die Formel ausgedrückt: Einheit, Identität der Gegensätze.«* (Lenin Werke Bd. 38, S. 246)

Aber nicht nur deshalb wird uns die Erkenntnis der Welt erschwert, ein weiteres Eindringen in den unendlichen Entwicklungsprozeß des Universums unmöglich gemacht, weil wir die Wahrnehmungsgrenze erreicht haben, nicht nur subjektive Schwierigkeiten des Interpretierens stellen sich uns in den Weg, sondern es sind auch prinzipielle Schwierigkeiten, die uns entgegentreten.

Die Quantentheorie sieht die prinzipiell unüberwindlichen Schranken der Vorausberechenbarkeit in dem Dualismus von Welle und Partikel. Das Korpuskelbild verliert demnach mehr und mehr seinen klassischen Sinn als bewegte Massenpunkte; es wird dem Wellenbild untergeordnet. Tritt aber das Korpuskelbild vor dem Wellenbild zurück, dann treten auch die Merkmale (Ort und Impuls) bewegter Massenpunkte nicht gleichzeitig in Erscheinung, die dann auch nicht die weiteren Bewegungen des Elektrons bestimmen können. Das führte zu der Auffassung der prinzipiell unmöglichen Vorausberechenbarkeit.

Die metaphysische Denkweise der Naturwissenschaftler stolpert hier über Widersprüche in der Natur. Die moderne Naturwissenschaft glaubt mit Metaphysik die Bewegung, Veränderung, Entwicklung interpretieren zu können, das ist jedoch unmöglich. Etwas, was in lebendiger Bewegung begriffen ist, kann man nicht als Fertiges, in starre Formen Gepreßtes behandeln, da es sich ja fortwährend verändert. Mit Metaphysik kann man das Wesen der Bewegung überhaupt nicht erklären, denn das Wesen der Bewegung ist der Widerspruch. Darum sagt Engels:

»*Solange wir die Dinge als ruhende und leblose, jedes für sich, neben- und nacheinander, betrachten, stoßen wir allerdings auf keine Widersprüche an ihnen. Wir finden da gewisse Eigenschaften, die teils gemeinsam, teils verschieden, ja einander widersprechend, aber in diesem Fall auf verschiedne Dinge verteilt sind und also keinen Widerspruch in sich enthalten. Soweit dies Gebiet der Betrachtung ausreicht, soweit kommen wir auch mit der gewöhnlichen, metaphysischen Denkweise aus. Aber ganz anders, sobald wir die Dinge in ihrer Bewegung, ihrer Veränderung, ihrem Leben, in ihrer wechselseitigen Einwirkung aufeinander betrachten. Da geraten wir sofort in Widersprüche. Die Bewegung selbst ist ein Widerspruch; sogar schon die einfache mechanische Ortsbewegung kann sich nur dadurch vollziehn, daß ein Körper in einem und demselben Zeitmoment an einem Ort und zugleich an einem andern Ort, an einem und demselben Ort und nicht an ihm ist. Und die fortwährende Setzung und gleichzeitige Lösung dieses Widerspruchs ist eben die Bewegung.*« (Marx/Engels Werke Bd. 20, S. 112)

Dieser Widerspruch als das Wesen der Bewegung ist die prinzipielle Schranke der Vorausberechenbarkeit. Im Mikrokosmos, wo die Bewegungszustände äußerst kompliziert sind, tritt der Widerspruch besonders kraß hervor. Deshalb ist es prinzipiell unmöglich, Ort und Impuls eines Elektrons gleichzeitig zu bestimmen. Es sind also insgesamt drei Schranken, die eine Vorausberechenbarkeit im Mikrokosmos unmöglich machen:

1. eine subjektive Schranke

Durch die Unzulänglichkeit der menschlichen Sinne ist trotz Erweiterung durch technische Hilfsmittel die Wahrnehmungsgrenze erreicht, die Konturen der Erscheinungen und Dinge verwischen, Wahrscheinlichkeitsgesetze werden vorherrschend.

2. eine objektive Schranke

Jede Messung bedeutet einen brutalen Eingriff, eine Vergröberung, eine Tötung der Bewegung und des Begriffs.

3. eine prinzipielle Schranke
Das Wesen der Bewegung ist ein Widerspruch. Jeder Versuch, diesen Widerspruch zu lösen, stößt auf neue Widersprüche.

Im Makrokosmos, wo die Körper und ihre Bewegungen klar und übersichtlich sind, wo mechanische Bewegung vorherrscht, da ist eine Vorausberechenbarkeit, eine Bestimmung über Ort und Impuls, möglich. Im Mikrokosmos, wo die mannigfachsten und kompliziertesten Formen der Dinge und Bewegungen auftreten, versagt die Möglichkeit der Vorausberechenbarkeit.

Zahlreiche Physiker und Philosophen machten drei *grundlegende Fehler:*

1. Sie vertraten die Auffassung, auf Grund der obengenannten Schwierigkeiten der Vorausberechenbarkeit im Mikrokosmos, die Kausalität aufzugeben.
2. Sie führten die Kausalität der objektiven Außenwelt auf Empfindungskomplexe zurück.
3. Sie sehen die kausale Ordnung der Natur als göttliche Ordnung an (Neuberg, Bavink).

Sie sanken auch in dieser Hinsicht auf den Idealismus Machs hinab, der erklärte:

»In der Natur gibt es keine Ursache und keine Wirkung ... Übrigens habe ich wiederholt dargelegt, daß alle Formen des Kausalgesetzes subjektiven Trieben entspringen, welchen zu entsprechen eine Notwendigkeit für die Natur nicht besteht.«

Max Planck polemisierte gegen diese Auffassung Machs und seiner Nachfolger, indem er ausführte:

»Im Licht dieser Auffassung löst sich die sogenannte Außenwelt auf in einen Komplex von Empfindungen, und das Kausalgesetz bedeutet nichts weiter als eine erfahrungsgemäß festgestellte Regelmäßigkeit in der Aufeinanderfolge von Empfindungen, die wir als etwas Gegebenes, nicht weiter Analysierbares hinnehmen müssen, die aber auch jeden Augenblick einmal ein Ende nehmen könnte ... Danach beschränkt sich der ganze Inhalt des Kausalgesetzes im Grunde genommen auf den Satz, daß auf gleiche oder ähnliche Empfindungskomplexe als Ursache stets gleiche oder ähnliche Empfindungskomplexe als Wirkung folgen, wobei die Frage, was als ähnlich zu bezeichnen ist, einer jedesmaligen besonderen Prüfung bedarf. Durch diese Formulierung wird dem Kausalbe-

griff jeder tiefere Sinn aberkannt, wenn auch die praktische Bedeutung des Kausalgesetzes, die darin besteht, daß es dem denkenden Menschen den Blick in die Zukunft eröffnet, im wesentlichen ungeschmälert bestehen bleibt.« (»Wege zur physikalischen Erkenntnis«, S. 95/96)

Die verschiedenen Bewegungsformen im Mikrokosmos treten in unzähligen Prozessen, im fortlaufenden Aneinanderreihen von Ursache und Wirkung auf. Ist darum das Kausalgesetz ein umfassendes, universelles? Selbst Eddington warnt davor:

»Das Kausalitätsgesetz ist eine durch diese Erfahrung nahegelegte äußerste Verallgemeinerung. Solche Verallgemeinerungen sind immer gewagt.«

Auf den ersten Blick erscheint es, als ob der ganze Entwicklungsprozeß im Kosmos eine einzige, riesige, ununterbrochene Kausalkette sei und dieser allgemeine Weltprozeß durch die Kausalität einen universellen gesetzlichen Zusammenhang erhielte, das heißt der Entwicklungsprozeß überhaupt durch die Kausalität gekennzeichnet wäre. Eine solche Allseitigkeit ist aber in Wirklichkeit gar nicht vorhanden.

Die Kausalität kennzeichnet nur die Einzelheiten der gegenseitigen Abhängigkeit des Weltzusammenhangs, zeigt ihre wechselseitige Verkettung auf, nicht mehr. Die Kausalität ist darum keineswegs das *»Grundlegendste aller Naturgesetze«* (W. Ostwald), sondern sie zeigt den allgemeinen Entwicklungsprozeß der Materie nur bruchstückweise, nur einseitig auf, ihre Bedeutung liegt in der gesetzmäßigen Erkenntnis der wechselseitigen Abhängigkeitsverhältnisse der Dinge und Erscheinungen untereinander. Die Kausalität kennzeichnet darum nur einen Teil des dialektischen Entwicklungsprozesses. So betont Engels:

»... daß Ursache und Wirkung Vorstellungen sind, die nur in der Anwendung auf den einzelnen Fall als solche Gültigkeit haben, daß sie aber, sowie wir den einzelnen Fall in seinem allgemeinen Zusammenhang mit dem Weltganzen betrachten, zusammengehen, sich auflösen in der Anschauung der universellen Wechselwirkung, wo Ursachen und Wirkungen fortwährend ihre Stelle wechseln, das was jetzt oder hier Wirkung, dort oder dann Ursache wird und umgekehrt.« (Marx/Engels Werke Bd. 20, S. 21/22)

Die Schwierigkeiten, die sich, entsprechend den besonderen Verhältnissen im Mikrokosmos, in der Auffindung von Ursache und Wirkung und in der Vorausberechenbarkeit ergeben, berechtigen ebensowenig dazu, die Kausalität zu ignorieren wie sie andererseits zu verallgemeinern.

6. Determinismus und Indeterminismus

Der dialektische Entwicklungsprozeß des Kosmos vollzieht sich nach Naturgesetzen; das heißt die Gesetzlichkeit, die Notwendigkeit, bestimmt den Gang der Entwicklung in der Natur wie auch der menschlichen Gesellschaft. Unzählige Bewegungsreihen, Prozesse, Geschehnisse sind wie Kettenglieder in kausaler Ordnung aneinandergeknüpft. Je mehr es den Menschen gelang, das Universum zu erfassen, mit den Mitteln komplizierter, technischer Hilfsinstrumente die Grenze zwischen Wirklichkeit und Erscheinung mehr und mehr aufzuheben und die Zusammenhänge der menschlichen Gesellschaft zu erfassen, um so mehr gelang es ihnen auch, immer wieder bestätigte Naturgesetze zu unterscheiden. Dadurch bildete sich nicht nur ein Vertrauen in die Existenz und Unwandelbarkeit der Naturgesetze heraus, sondern man nahm auch mehr und mehr an, daß alle Dinge, Prozesse und Ereignisse einer *Vorausbestimmbarkeit* unterworfen seien, daß eine genaue Kenntnis des gegenwärtigen Zustandes uns in die Lage versetzt, alle zukünftigen Zustände vorauszusagen.

Laplace formulierte diesen **strengen, universellen Determinismus** in dem Satz:

»Eine Intelligenz, der in einem gegebenen Zeitpunkt alle in der Natur wirkenden Kräfte bekannt wären und ebenso die entsprechenden Lagen aller Dinge, aus denen die Welt besteht, könnte, wenn sie umfassend genug wäre, alle diese Daten der Analyse zu unterwerfen, in einer und derselben Formel die Bewegung der größten Körper des Weltalls und die der leichtesten Atome zusammenfassen; nichts wäre für sie ungewiß, und die Zukunft wie die Vergangenheit wäre ihren Augen gegenwärtig.«

Durch diesen strengen Determinismus (Lehre von der notwendigen Bestimmtheit allen Geschehens) ist bei Kenntnis des gegenwärtigen Zustandes der Welt die Bestimmtheit des ganzen Weltverlaufs für alle vergangenen und zukünftigen Zeitpunkte gegeben und berechenbar. Es ist offensichtlich, daß dieser strenge Determinismus viel zu weit ging, da er weit über das *Ziel hinausgeschossen* war, infolgedessen konnte der Rückschlag nicht ausbleiben.

Der strenge Determinismus setzt voraus, Anfangslage und Anfangsgeschwindigkeit zum Beispiel einer Korpuskel genau zu kennen, das heißt zu messen, und da das nicht möglich war, wurde von einer »Krise des Determinismus« entsprechend einer »Krise der Kausalität« gesprochen. Selbstverständlich handelt es sich hier nicht um eine Krise des Determinismus und der Kausalität, sondern höchstens um Krisenerscheinungen im Lager des Idealismus. Die Schwierigkeiten liegen eben darin, daß Wirklichkeit und Erscheinung auf Grund subjektiver Mangelhaftigkeit der Sinne nicht restlos übereinstimmen, alle Messungen vergröbern und jeder Versuch, den Widerspruch der Bewegung zu lösen, neue Widersprüche erzeugt. Obwohl die Entwicklung in der Natur streng determiniert vor sich geht, sind wir nicht in der Lage, das immer zu erkennen oder zu erfassen, auf Grund eben der oben bezeichneten Schwierigkeiten. Nur dort, wo ein Teil der unzähligen Kausalketten unser Bewußtsein berührt, wo wir uns der Geschehnisse, der Entwicklung einzelner Dinge bewußt sind, dort liegt der strenge Determinismus durchaus klar und eindeutig vor. Anders aber dort, wo die Schwierigkeiten sich derart türmen, daß die einzelnen Kausalketten unser Bewußtsein nicht mehr berühren; hier erscheint der Determinismus als nicht vorhanden. Deshalb vollziehen sich die Prozesse doch determiniert, und es ist nicht richtig, wenn M. Born sagt:

»Scheint also die neue Theorie in der Erfahrung wohl fundiert, so kann man doch die Frage aufwerfen, ob sie nicht in Zukunft durch Ausbau oder Verfeinerung wieder deterministisch gemacht werden kann. Hierzu ist zu sagen: Es läßt sich mathematisch exakt beweisen, daß der anerkannte Formalismus der Quantentheorie keine solche Ergänzung erlaubt. Will man also an der Hoffnung festhalten, daß der Determinismus einmal wiederkehren wird, so muß man die jetzt vorhandene Theorie für inhaltlich falsch halten; bestimmte Aussagen dieser Theorie müssen experimentell widerlegbar sein. Der Determinismus sollte also nicht protestieren, sondern experimentieren, um die Anhänger der statistischen Lehre zu bekehren.«

Durch eine solche Erklärung wird die Welt der Quantentheorie mit Brettern zugenagelt: Unbefugten ist der Eintritt verboten! Wenn auch, wie H. Weyl treffend meint, »*der alte klassische Determinismus von Hobbes und Laplace uns jetzt nicht mehr zu bedrücken braucht*«, so ist der durch die vorhandenen subjektiven, objektiven und prinzipiellen Schwierigkeiten bedingte Determinismus durchaus vorhanden, trotz quantentheoretischer Metaphysik.

Das Fundament des Idealismus ist der **Indeterminismus,** die Willensfreiheit. Der Geist, der Wille, beherrscht alles Geschehen in Natur, Gesellschaft usw., behaupten die Idealisten. Der Wille der großen Männer wie beispielsweise Cäsar, Hannibal, Napoleon, Bismarck und anderer bestimmt die Geschichte. Damit ist der *menschliche Wille frei.* Zur Zeit, als der Philosoph Wolff einen strengen Determinismus verkündete, auf Grund dessen alle menschlichen Handlungen einer Vorherbestimmung unterworfen seien, wurde dem König Friedrich Wilhelm I. von Preußen von zwei Generalen erklärt, daß dem Wolffschen Determinismus zufolge ein desertierter Soldat, der Vorherbestimmung entsprechend, straffrei wäre. Der Soldatenkönig »bewies« den Indeterminismus dadurch, daß er Wolff seiner Professur in Halle enthob und binnen 48 Stunden der königlichen Länder verwies, widrigenfalls wollte er ihn hängen lassen. Auf Grund dieses königlichen Dekrets wird der König durchaus von der menschlichen Willensfreiheit überzeugt gewesen sein.

Wie kann nun der entwickelte Kosmos mit dem Indeterminismus in Verbindung gebracht werden? Es ist eine Forderung der Kirche und der Philosophie, alle Naturvorgänge auf einen höheren Willen als letzte Ursache zurückzuführen. Im Jahr 1934 sprach Kolle in Frankfurt dieses klar aus:

»Der Begriff des Göttlichen ist heute wieder aus dem Munde von Naturforschern zu vernehmen. Gerade die, die die Naturgesetze erforschen, haben erkannt, daß die Gesetze sinnvoll für den Kosmos wie für das Leben sind. Wo aber Gesetze sind, die als sinnvoll für den Bestand der Welt anerkannt werden müssen, da muß auch ein Gesetzgeber sein, und damit ist der Begriff Gottes und des Göttlichen als letzter Endbegriff im exakten naturwissenschaftlichen Denken wieder herrschend geworden.«

Damit tritt der alte, faule Idealismus wieder in seiner letzten Konsequenz hervor, daß der Geist die Materie geschaffen habe. Der Geist, der Weltwille, das heißt Gott, ist der Schöpfer aller Dinge, von seinem Willen hängt die anorganische und organische Natur ab. Das ist Indeterminismus in vollendetster Form.

Kausalität und Determinismus schalten den Zufall aus, denn Zufall bedeutet Indeterminiertheit, Ursachlosigkeit. In diesem Zusammenhang steht die **Entropie.**

»Die Entropie wird meist als ein Maß für den Mangel an Ordnung eines Systems beschrieben«, sagt Eddington. *»Ich meine nicht, daß das als eine Definition gelten soll, denn Ordnung und Unordnung sind dehnbare Begriffe, die in gewissem Grade von dem Standpunkt abhängen, den wir einnehmen. Aber bei allen Vorgängen, durch die die Entropie eines Systems vermehrt wird, sehen wir den Zufall einschleichen, wo er früher ausgeschlossen war, so daß Zustände, die vorher geordnet und systematisiert waren, nunmehr ungeordnet, chaotisch werden.«*

Das bedeutet also, daß das Verhalten der Moleküle durch kein Gesetz eingeschränkt wird, jedes Molekül kann also machen, was es »will«. Das Geschehen vollzieht sich demnach völlig frei, unabhängig von anderen Zuständen, das bedeutet indeterminiert.

Nun unterstehen Moleküle, Atome und Elementarteilchen Wahrscheinlichkeitsgesetzen. Und wo Gesetze sind, und wenn es auch nur Wahrscheinlichkeitsgesetze sind, schaltet die Ursachlosigkeit aus. Billionen Moleküle einer Gasmenge verhalten sich nach den klassischen Gesetzen, könnten nun nicht einzelne Moleküle sich völlig frei, unabhängig von anderen verhalten, könnte für sie nicht der Zufall vorherrschend sein? Alles ist mit allem verkettet. Es gibt keine Dinge, keine Erscheinungen, keine Prozesse, die nicht mit anderen im engen Zusammenhang stehen. Zufall, Ursachlosigkeit und Weltzusammenhang, allseitige Abhängigkeit, schließen sich gegenseitig aus. Wie es *keinen Zufall** gibt, so auch keinen absolut freien Willen. Der Wille ist nur bedingt frei, er untersteht ebenso der allseitigen materiellen Abhängigkeit wie alle anderen Dinge, Erscheinungen und Prozesse. Die objektive Wirklichkeit, das Sein, die materielle Umgebung, bestimmt das Bewußtsein, prägt den Willen in allen entscheidenden Problemen, und nur im Rahmen dieses allgemeinen Seins bewegt sich die »Freiheit« des Willens.

Daraus geht hervor, daß in der richtigen Erkenntnis der allseitigen Abhängigkeit der Naturgesetze der menschliche Wille diese bewußt wirken lassen kann. Engels betont im »Anti-Dühring«:

*»Nicht in der geträumten Unabhängigkeit von den Naturgesetzen liegt die Freiheit, sondern in der Erkenntnis dieser Gesetze, und in der damit gegebnen Möglichkeit, sie planmäßig zu bestimmten Zwecken wirken zu lassen. Es gilt dies mit Beziehung sowohl auf die Gesetze der äußern Natur, wie auf diejenigen, welche das körperliche und geistige Dasein des Menschen selbst regeln — zwei Klassen von Gesetzen, die wir höchstens in der Vorstellung, nicht aber in der Wirklichkeit voneinander trennen können. Freiheit des Willens heißt daher nichts andres als die Fähigkeit, mit Sachkenntnis entscheiden zu können. Je freier also das Urteil eines Menschen in Beziehung auf einen bestimmten Fragepunkt ist, mit desto größerer **Notwendigkeit** wird der Inhalt dieses Urteils bestimmt sein; während die auf Unkenntnis beruhende Unsicherheit, die zwischen vielen verschiednen und widersprechenden Entscheidungsmöglichkeiten schein-*

---

* In dieser abstrakten Weise ist der Ausdruck »kein Zufall« falsch ausgedrückt. Zur Klarstellung siehe Nachwort, S. 333.

bar willkürlich wählt, eben dadurch ihre Unfreiheit beweist, ihr Beherrschtsein von dem Gegenstande, den sie gerade beherrschen sollte.« (Marx/Engels Werke Bd. 20, S. 106)

In dem allgemeinen, universellen Entwicklungsprozeß kommt dem Kausalgesetz nur eine einseitige, begrenzte Bedeutung zu. Es kennzeichnet das wechselseitige Abhängigkeitsverhältnis aller Dinge und Erscheinungen. Ebensowenig wie die Kausalität ein allgemeines, universelles Gesetz ist, ist auch der Determinismus ein Mittel der allgemeinen, universellen Vorausbestimmung alles Weltgeschehens.

»Der Determinismus ist«, sagt Planck, *»falls man überhaupt die Wahl hat, nach meiner Meinung unter allen Umständen dem Indeterminismus vorzuziehen, einfach aus dem Grunde, weil eine bestimmte Antwort auf eine Frage immer wertvoller ist als eine unbestimmte.«* (»Wege zur physikalischen Erkenntnis«, S. 201)

Kausalität und Determinismus spielen eine beschränkte Rolle im allgemeinen, umfassenden dialektischen Entwicklungsprozeß. Damit sind ihre Grenzen abgesteckt. Die Einzelprozesse, unzählig und vielgestaltig, verlaufen durchaus determiniert, und es ist darum auch selbstverständlich, daß dieser determinierte Verlauf aller Prozesse aus inneren Ursachen (Einheit und Kampf der Gegensätze) erfolgt und darum einen übernatürlichen Willen, einen Weltgeist oder Gott von vornherein ausschaltet. Das hat den Pfaffen und Gegner des Determinismus, A. Neuberg, in Fahrt gebracht:

»Determinismus aber kennt keine geheimnisvoll leitende Hand, keine bewußte Weltintelligenz, sondern nur das Unbewußte, keinen Schöpferwillen, sondern nur einen elementaren Urwillen der Natur im Sinne Schopenhauers. Ihm ist die Welt nur eine Maschine, die von Anfang an von allein abläuft; der große Automat Natur, der nichts anderes kann, als so ablaufen, wie er läuft. Ob sie einen Urheber hat, wird nicht nur nicht gefragt sondern verneint.«

Kausalität ist kein universelles Gesetz, und Determinismus ermöglicht keine allgemeine Vorausbestimmung des Weltverlaufs. Der »Urwille der Natur« ist der Kampf der Gegensätze, und dieser Kampf ist absolut. Das Weltgeschehen verläuft eben nicht als eine einfache Wiederholung, als Maschine, als Automat Natur, sondern dialektisch, das heißt nicht im Kreislauf, sondern spiralförmig. All die vielen Einzelprozesse als unzählige Kausalketten sind wechselseitig bedingte Glieder in der Gesamtentwicklung. Von diesem Gesichtspunkt aus hat auch die Freiheit des Willens Bedeutung.

Die Kenntnis des gesetzlichen Zusammenhangs und Verlaufs der Einzelprozesse ermöglicht die bewußte, planmäßige Anwendung der Naturgesetze, ermöglicht Förderung oder Hemmung bestimmter Prozesse.

Ebenso wie die Gesamtentwicklung aus einer unzähligen Menge von Einzelentwicklungen besteht, so vollzieht sich der Verlauf der Geschehnisse im Kosmos durch eine unendliche Anzahl von Kausalreihen. Es gibt Kausalreihen, die neben- und übereinander gelagert sind, aber auch solche, die sich überkreuzen, wo dann die eine die andere aufhebt oder das Ergebnis ist, daß beide eine andere Richtung bekommen. Kausalketten, die im Bewußtsein des Menschen gelagert sind, sind Willensäußerungen. Überkreuzen sich diese Kausalreihen, so durchkreuzen sich die Willensäußerungen.

Die Arbeiter eines Betriebes zum Beispiel stellen eine Lohnforderung von 20 Pfennig pro Stunde, der Unternehmer weigert sich, dem zu entsprechen. Zwei Willensäußerungen durchkreuzen sich, und jede Partei versucht durch Kampfmaßnahmen, ihrer Willensäußerung Nachdruck zu verschaffen; das Ergebnis wird entsprechend dem Kräfteverhältnis ausfallen. Sind beide Kräfte gleich stark, wird das Ergebnis 10 Pfennig pro Stunde betragen.

Das nennt man Resultante. Also ist eine Resultante das Ergebnis der sich kreuzenden Kräfte. Es handelt sich hier selbstverständlich nicht nur um Kausalketten, die im Bewußtsein gelagert sind. Ein Schwimmer will den Rhein durchschwimmen. Er weiß, daß die Strömung ihn abwärts drückt. Um nun den genau gegenüberliegenden Punkt des jenseitigen Ufers zu erreichen, muß er schräg aufwärts schwimmen, das Kräfteverhältnis richtig einschätzen. Die Willensäußerung trifft hier auf eine Kraft außerhalb des Bewußtseins. Ein Beispiel zweier kreuzender Kausalreihen zeigt der Compton-Effekt. Ein Photon trifft auf ein freies Elektron. Die Kraft der kinetischen Energie des Photons prallt gegen die Kraft der trägen Masse (Ruheenergie) des Elektrons. Die Resultante ist ein Verlust eines Teiles der kinetischen Energie des Photons, dieser Betrag ist dem Elektron übertragen worden. So finden in der Natur dauernd unzählige Ereignisse sich kreuzender Kausalreihen statt und damit eine Unzahl Resultanten. Und diese Tatsache läßt einen strengen, universellen, bis in alle Einzelheiten gehenden Determinismus nicht aufkommen. Läßt sich auch in einer bestimmten Entwicklungsepoche die große Kausalkette vorausbestimmen, so ist es doch außerordentlich schwer, wenn nicht unmöglich, die einzelnen Resultanten in Rechnung zu stellen. Immer wieder werden Überraschungen auftauchen, und zwar um so mehr, je mehr Individuen als Einzelwillen, als selbständige Kräfte in Frage kommen.

Die Untersuchung der menschlichen Gesellschaft zeigt, daß der Individualismus in der unorganisierten Gesellschaft vorherrschend ist. Das heißt nun nicht, daß der Eigenwille sich dort nach seinen Wünschen austoben kann, nein, der Eigenwille ist durchaus abhängig vom Milieu der Verhältnisse. Darum drücken auch die gesellschaftlichen Erscheinungen nicht den Willen, den Wunsch von Einzelpersonen aus. Die gesellschaftlichen Erscheinungen sind die Resultante der sich kreuzenden Willensäußerungen der Einzelpersonen, das Ergebnis der sich kreuzenden Kräfte innerhalb der Gesellschaft.

Auf den ersten Blick sieht es so aus, als ob in der Natur der Individualismus das beherrschende Element wäre. Da sind die zahlreichen einzelnen Individuen der Lebewesen, der Sternenhimmel ist übersät von zahlreichen individuellen Lichtpünktchen, und das Bezeichnendste im Mikrokosmos sind die individuellen Elementarteilchen. Das Elementarteilchen bedeutet ursprünglichen, wirklichen Individualismus, soweit wir das erkennen können. Ein Stern ist wohl als Ganzes gesehen ein Individuum, aber gleichzeitig eine Zusammensetzung unzähliger Atome, also unzähliger Individuen. Und ein Atom besteht wiederum aus mehreren Elementarteilchen, auch wieder Individuen. Aber ein Elementarteilchen? Vielleicht vom Proton abgesehen, das man sich als eine Zusammensetzung von Neutron und Positron denken kann, sind die Elementarteilchen, soweit das erkennbar ist, die Grundlage des Individualismus. Alle Formen im Kosmos sind letzten Endes auf die Individuen der Elementarteilchen zurückzuführen. Der Individualismus ist zweifellos die erste Form, die die Natur gebildet hat, aber es ist eine unorganisierte Form. Wenn es dabei geblieben wäre, wäre augenblicklich die Entwicklung zum Stillstand gekommen. Elementarteilchen als isolierte Individuen sind konzentrierte Materie ohne die geringste Organisation, konzentrierte, aber unorganisierte Materie. Unorganisation ist darum die hervorstechendste Eigenschaft des Individualismus.

Der Kollektivismus ist ein höheres Resultat als der Individualismus; das wird durch die menschliche Gesellschaft bewiesen. In einer Fabrik wird durch das kollektive Zusammenarbeiten vieler Arbeiter mehr produziert, als im Verhältnis umgerechnet ein einzelner Arbeiter leisten kann. Schon die Menschwerdung war nur möglich durch kollektives Zusammenwirken in der Horde. Als Einzelwesen hätte der Mensch sich niemals aus dem Tierreich emporschwingen können. Alle kulturellen Errungenschaften der menschlichen Gesellschaft sind das Ergebnis der geschlossenen Siedlung, der Stadt. Dort, wo der Kollektivismus vorherrschend ist, und nicht auf dem

Land, wo der Individualismus vorherrscht, ist der Träger der Kultur. Die gesellschaftlichen Erscheinungen entstehen aus der Kreuzung der Eigenwillen, Gefühle, Handlungen usw., wobei der Prozeß nicht elementar, sondern in den entscheidenden Fragen organisiert verläuft, das heißt, daß der Kollektivismus den Einzelwillen organisiert.

Die gesellschaftlichen Erscheinungen stimmen in der organisierten Gesellschaft im allgemeinen mit dem Willen der Einzelnen überein. Die gesamte Entwicklung des Kosmos verläuft so, daß individuelle Formen sich zu kollektiven Formen zusammenschließen. Die erste Bildung von Atomen, der erste Zusammenschluß der Elementarteilchen zur kollektiven Form, ist auch der erste Ansatz primitiver Organisationen, soweit wir dies heute erkennen können. Die mannigfachen kollektiven chemischen Verbindungen schufen nicht nur das bunte Bild aller verschiedenartigen Dinge, sondern auch die Voraussetzung der höher organisierten Materie: das Leben. Auch hier wieder am Anfang die einfachsten Formen, Einzeller als Individuen. Wie wäre das Leben primitiv, wenn die Entwicklung bei diesen Individuen stehengeblieben wäre. Aber der Kollektivismus hob das Leben auf höhere Bahnen. Einzeller schlossen sich zu Zellkolonien zusammen, die sich wiederum zu Zellorganismen entwickelten. Immer höhere Formen entstanden durch kollektives Zusammenwirken vieler Einzelfunktionen mannigfacher Sonderzellen im Gesamtverband.

In dem Bestreben, alle Prozesse (Qualität) mathematisch (quantitativ) zu degradieren, versuchte die moderne Naturwissenschaft auch die gesetzmäßige Verkettung aller Prozesse untereinander, also Ursache und Folge, auf mathematische Formeln zurückzuführen. Schon E. Mach stellte mathematische Funktionsverhältnisse als alleinigen Inhalt des Kausalgesetzes hin. Darauf weist Lenin hin:

»*Die wirklich wichtige erkenntnistheoretische Frage, die die philosophischen Richtungen scheidet, besteht nicht darin, welchen Grad von Genauigkeit unsere Beschreibungen der kausalen Zusammenhänge erreicht haben und ob diese Angaben in einer exakten mathematischen Formel ausgedrückt werden können, sondern darin, ob die objektive Gesetzmäßigkeit der Natur oder aber die Beschaffenheit unseres Geistes, das diesem eigene Vermögen, bestimmte apriorische Wahrheiten zu erkennen usw., die Quelle unserer Erkenntnis dieser Zusammenhänge ist. Das ist es, was die Materialisten Feuerbach, Marx und Engels von den Agnostikern (Humeisten) Avenarius und Mach unwiderruflich trennt.*« (Lenin Werke Bd. 14, S. 155)

Die Kettenglieder der wechselseitigen Abhängigkeitsverhältnisse der Dinge und Erscheinungen werden durch die mathematisch geschulten Physiker zu mathematisch formulierbaren Abhängigkeitsverhältnissen gemessener Größen gemacht. Auch in der Frage der Kausalität werden damit Dinge und Erscheinungen der objektiven Wirklichkeit durch mathematische Formeln und Symbole ersetzt.

»*Bleibt die Differentialgleichung als letztes Kennzeichen der ›Kausalität‹ zurück, so zeigt sich wieder einmal, welche Fülle von Bedeutungen die Begriffe verlieren, bis sie im Sinne der mathematischen Naturwissenschaft endgültig ›gereinigt‹ sind.*« (E. May, S. 85)

Wenn nun eine bestimmte Ursache eine ganz bestimmte Wirkung hat, so ist die Wirkung schon durch die Ursache bedingt, ist vorbestimmt, determiniert.

»*Der Determinismus fordert nicht Ursachen schlechthin, sondern zeitlich vorhergehende Ursachen*«, schreibt Eddington, »*Determinismus bedeutet Vorbestimmung. Daher ist bei jeder Auseinandersetzung Determinismus die zeitliche Festlegung der behaupteten Ursache von ausschlaggebender Wichtigkeit ... Der wesentliche Punkt ist dieser: Soll der Determinismus irgendeinen definierbaren Sinn haben, so muß der Bereich der deterministischen Gesetze ein abgeschlossenes System bilden. Das bedeutet, daß alle Tatsachen, die bei einer Vorhersage benutzt werden, auch ihrerseits voraussagungsfähig sind. Alles, was die Zukunft vorbestimmt, muß selbst durch die Vergangenheit vorbestimmt sein.*«

Die Bildung und Entstehung unzähliger Formen, anorganischer und organischer Natur, vollzieht sich in unendlicher Reihenfolge unzähliger Kausalketten. Kann der Mensch auf diese Entwicklung durch seinen Willen Einfluß ausüben?

Wenn Marx sagt, daß es nicht so sehr darauf ankommt, die Welt zu interpretieren, als vielmehr darauf, sie zu verändern, so ist hiermit klar gesagt, daß dieses Verändern ein Teil der Dialektik ist. Wäre aber der Wille zum Verändern allein maßgebend, dann wäre die Freiheit des Willens tatsächlich gegeben. Aber kein Wille wäre so stark, so umwälzend, wenn nicht die objektiven Voraussetzungen zur Durchsetzung des Willens vorhanden wären. Die Notwendigkeit objektiver Voraussetzungen, das Gebundensein an bestimmte Verhältnisse wie Umgebung und allgemeines Niveau sowie die wechselseitige Abhängigkeit aller Prozesse, Dinge, Erscheinungen usw. verwandelt die »Freiheit des Willens« in eine bedingte Freiheit. Obwohl die Arbeiterklasse an der bürgerlichen Revolution im Jahr 1848/1849 teilnahm, genügte ihr revolutionärer Wille nicht, die soziale Revolution zu ermöglichen, weil eben die objektiven Voraussetzungen dazu fehlten. Erst durch die Entwicklung des Kapitalismus mit seinen ständig wachsenden Widersprüchen wurden die objektiven Voraussetzungen geschaffen.

So konnte auch die Entdeckung der Elementarteilchen nicht vor hundert Jahren erfolgen, denn erst durch die unerhörte Entwicklung der Technik wurde auch die Voraussetzung einer verfeinerten Experimentaltechnik geschaffen, und diese ermöglichte nicht nur die Entdeckung der Elementarteilchen, sondern auch das bewußte Verändern der Grundstoffe, der Umwandlung der Elemente.

Somit haben sowohl die Kausalität und der Determinismus als auch die Willensfreiheit eine notwendige Begrenzung erfahren. In dem Wechsel der bürgerlichen Anschauung ist oft das Kind mit dem Bade ausgeschüttet worden, wurde das eine oder das andere negiert. Und doch tauchen auch schon nachdenkliche Stimmen auf:

»Während das Gefühl der Willensfreiheit das Geistesleben beherrscht, liegt die Forderung der Kausalität der Einordnung der Sinnesbeobachtungen zugrunde. Gleichzeitig handelt es sich aber auf beiden Gebieten um Idealisationen, deren natürliche Begrenzung näher untersucht werden kann, und die einander in dem Sinne bedingen, daß Willensgefühl und Kausalitätsforderung gleich unentbehrlich sind in dem Verhältnis zwischen Subjekt und Objekt, das den Kern des Erkenntnisproblems bildet.« (Niels Bohr)

Die Kausalität als ein allgemeines, universelles Naturgesetz zu erklären, ist falsch; sie als ein Gesetz zur Kennzeichnung der wechselseitigen Abhängigkeitsverhältnisse aller Dinge, Erscheinungen, Prozesse usw. anzusehen, ist richtig. Determinismus als Mittel zur Vorausbestimmung des allseitigen, umfassenden Weltgeschehens zu proklamieren (Laplace) ist ebenso falsch; ihn als Mittel zur Vorausbestimmung einzelner Prozesse, einzelner Entwicklungsepochen zu benutzen, ist richtig. Indeterminismus als absolute Willensfreiheit zu proklamieren, ist unsinnig, naturwidrig, kein Schöpfer, kein Weltgeist bestimmt den Verlauf des Weltgeschehens, sondern innere Antriebe, Einheit und Kampf der Gegensätze sind die Ursache aller Entwicklungsprozesse. Nur in diesem Zusammenhang, nur im Bereich objektiver Voraussetzungen, nur bedingt durch die Verhältnisse, die Umgebung, nur im bedingten Zusammenhang mit allen Seiten ist der Wille frei!

Nachwort

Die Studie ging von den damaligen naturwissenschaftlichen Erkenntnissen aus. Inzwischen hat die Forschung zahlreiche neue Ergebnisse erzielt. Trotzdem sind in dem jetzt erst erfolgten Druck der Studie keine Änderungen gemacht worden, nur hin und wieder bei besonderen Beispielen durch Hinweise mittels Fußnoten. Die Studie sollte ja keine naturwissenschaftliche Arbeit sein, sondern eine Untersuchung über die Auswirkung der materialistischen Dialektik auf die Naturwissenschaft und darüber, in welchem Umfang die dialektische Methode von den bürgerlichen Naturwissenschaftlern (unbewußt) angewandt wurde.

Soweit wie es heute noch möglich ist, wurde der Quellennachweis der Zitate nachgeholt. Zitate aus den Werken der Klassiker des Marxismus-Leninismus wurden überprüft und nach den heutigen Gesamtwerken gekennzeichnet.

Auf Seite 325 wurde durch eine Fußnote auf einen Formulierungsfehler hingewiesen: ». . . wie es keinen Zufall gibt« ist zu abstrakt, zu absolut ausgedrückt. Manche Dinge und Erscheinungen treten an der Oberfläche als Zufall auf, wodurch die Gesetzmäßigkeit, die Notwendigkeit in der Entwicklung verdeckt wird. Es herrscht eine scheinbare Zufälligkeit vor. Im REVOLUTIONÄREN WEG 6/1971 wurde eine Korrektur der abstrakten Formulierung vorgenommen:

»Was ist der Unterschied zwischen Notwendigkeit und Zufälligkeit? **Die Notwendigkeit** *kennzeichnet die inneren, entscheidenden, wesentlichen Zusammenhänge und Beziehungen, den gesetzmäßigen Ablauf der Ereignisse und Vorgänge.* **Die Zufälligkeit** *äußert sich an der Oberfläche, in den äußeren Zusammenhängen und Beziehungen der Ereignisse und Vorgänge.«* (S. 99)

Engels gibt in »Ludwig Feuerbach und der Ausgang der klassischen Philosophie« eine hervorragende Erklärung über Notwendigkeit und Zufälligkeit:

»Von allem, was geschieht — weder von den zahllosen scheinbaren Zufälligkeiten, die auf der Oberfläche sichtbar werden, noch von den schließlichen, die Gesetzmäßigkeit innerhalb dieser Zufälligkeiten bewährenden Resultaten —, geschieht nichts als gewollter bewußter Zweck. Dagegen in der Geschichte der Gesellschaft sind die Handelnden lauter mit Bewußtsein begabte, mit Überlegung oder Leidenschaft handelnde, auf bestimmte Zwecke hinarbeitende Menschen; nichts geschieht ohne bewußte Absicht, ohne gewolltes Ziel. Aber dieser Unter-

schied, so wichtig er für die geschichtliche Untersuchung namentlich einzelner Epochen und Begebenheiten ist, kann nichts ändern an der Tatsache, daß der Lauf der Geschichte durch innere allgemeine Gesetze beherrscht wird. Denn auch hier herrscht auf der Oberfläche, trotz der bewußt gewollten Ziele aller einzelnen, im ganzen und großen scheinbar der Zufall ... Die geschichtlichen Ereignisse erscheinen so im ganzen und großen ebenfalls als von der Zufälligkeit beherrscht. Wo aber auf der Oberfläche der Zufall sein Spiel treibt, da wird er stets durch innre verborgene Gesetze beherrscht, und es kommt nur darauf an, diese Gesetze zu entdecken.« (Marx/Engels Werke Bd. 21, S. 296)

Warum wird heute, nach etwa 45 Jahren, diese Studie veröffentlicht? Die wesentlichen Gründe sind:

1. Den Arbeitern Mut zu machen, sich wissenschaftlich, das heißt theoretisch und praktisch, mit der Entwicklung in der Natur und Gesellschaft, mit ihren Gesetzen, Prozessen und Erscheinungen zu befassen und für den Klassenkampf auszunutzen. Die Studie beweist, daß die Wissenschaft kein Privileg Intellektueller ist.

2. Die Studie ist ein Beispiel der konkreten Anwendung der dialektischen Methode zur Erforschung der Entwicklungsgesetze und Prozesse in der Natur und Gesellschaft. Sie zeigt, daß die Arbeiterklasse sich nicht zu scheuen braucht, sich mit den metaphysischen und idealistischen Auffassungen der bürgerlichen Wissenschaftler auseinanderzusetzen.

Die revolutionäre Arbeiterklasse braucht im Klassenkampf den Marxismus-Leninismus als ideologisch-politische Grundlage, um die heutige komplizierte Situation richtig zu verstehen und eine entsprechende Strategie und Taktik für jeden Fall auszuarbeiten. Es ist aber auch notwendig, sich ein gewisses Maß an Allgemeinwissen über die Zusammenhänge in der Natur und Gesellschaft anzueignen, um die Machenschaften der herrschenden Klasse zu durchschauen und nicht auf ihre Tricks hereinzufallen. Die bürgerlichen Natur- und Gesellschaftswissenschaftler erzielen oft hervorragende Forschungsergebnisse (indem sie unbewußt die dialektische Methode anwenden), aber wir dürfen nicht vergessen, daß sie im Dienst der Kapitalistenklasse stehen und die Aufgabe haben, die materiellen Forschungsergebnisse idealistisch auszulegen. Die materialistische Entwicklung der Natur und Gesellschaft versuchen sie auf einen Schöpfer, allmächtigen Gott oder Weltgeist zurückzuführen. Die Arbeiterklasse soll zu gehorsamen Dienern der Kapitalistenklasse erzogen werden. Das ist die wesentliche Aufgabe der Professoren der Natur- und Gesellschaftswissenschaft, besonders der Ökonomie. Dieses Vorhaben wird von Lenin grundsätzlich kritisiert:

»Keinem einzigen dieser Professoren, die auf Spezialgebieten der Chemie, der Geschichte, der Physik die wertvollsten Arbeiten liefern können, **darf man auch nur ein einziges Wort glauben,** *sobald er auf Philosophie zu sprechen kommt. Warum? Aus dem nämlichen Grunde, aus welchem man* **keinem einzigen** *Professor der politischen Ökonomie, der imstande ist, auf dem Gebiet spezieller Tatsachenforschung die wertvollsten Arbeiten zu liefern,* **auch nur ein einziges Wort** *glauben darf, sobald er auf die allgemeine Theorie der politischen Ökonomie zu sprechen kommt. Denn diese letztere ist eine ebenso* **parteiliche** *Wissenschaft in der modernen Gesellschaft wie die* **Erkenntnistheorie.** *Im großen und ganzen sind die Professoren der politischen Ökonomie nichts anderes als die gelehrten Kommis der Kapitalistenklasse und die Philosophieprofessoren die gelehrten Kommis der Theologen.*

Die Aufgabe der Marxisten ist nun hier wie dort, zu verstehen, sich die von diesen ›Kommis‹ gemachten Errungenschaften anzueignen und sie zu verarbeiten (man kann zum Beispiel, wenn man die neuen ökonomischen Erscheinungen studieren will, keinen Schritt tun, ohne sich der Werke dieser Kommis zu bedienen), und zu **verstehen,** *die reaktionäre Tendenz derselben zu verwerfen, der* **eigenen** *Linie zu folgen und* **die ganze Linie** *der uns feindlichen Kräfte und Klassen zu bekämpfen.«* (Lenin Werke Bd. 14, S. 347)

Handeln wir im Geiste Lenins! Es lebe der Marxismus-Leninismus!

Willi Dickhut

Dezember 1987

Literaturverzeichnis

Broglie, Louis de, »Licht und Materie«, H. Goverte-Verlag, Hamburg 1939

Bürgel, Bruno, »Das Weltbild des modernen Menschen«, Ullstein-Verlag, Berlin 1937

Darrow, Karl, »Renaissance der Physik«, Paul Zsolnay-Verlag, Wien 1939

Dietzgen, Josef, »Sämtliche Schriften« Band 1, Dietz-Verlag, Stuttgart 1920

Eddington, Sir Arthur Stanley, »Die Naturwissenschaft auf neuen Bahnen«

Engels, Friedrich, »Anti-Dühring«, »Dialektik der Natur« in Marx/Engels Werke Band 20; »Ludwig Feuerbach und der Ausgang der klassischen deutschen Philosophie« in Marx/Engels Werke Band 21

Frank, Phillip, »Das Kausalgesetz und seine Grenzen«, Springer-Verlag, Wien 1932

Fricke, Hermann, »Weltätherforschung«, Verlag Rudolf Borkmann, Weimar 1939

Hertz, Heinrich, »Licht und Elektrizität«, Alfred Körner-Verlag, Leipzig 1923

Jordan, Pascual, »Die Physik des 20. Jahrhunderts«, Verlag Friedrich Vieweg & Sohn, Braunschweig 1939, 3. Auflage

Karlson, Paul, »Du und die Natur«, Ullstein-Verlag, Berlin 1934

Laue, Max von, in »Physikalische Zeitschrift«, Jahrgang 1935

Lenin, Wladimir Iljitsch, »Materialismus und Empiriokritizismus«, Werke Band 14; »Konspekt zu Hegels ›Vorlesungen über die Geschichte der Philosophie‹«, Werke Band 38

Linke, Felix, »Streifzüge im Reich der Sterne«, Union-Verlag, Stuttgart, 3. Auflage

Mach, Ernst, »Die Leitgedanken meiner naturwissenschaftlichen Erkenntnislehre und ihre Aufnahme durch die Zeitgenossen«

May, Eduard/Hermann, Grete/Vogel, Th., in »Die Bedeutung der modernen Physik für die Theorie der Erkenntnis«, Verlag S. Hirzel, Leipzig 1937

Neumayer, Melchior, »Erdgeschichte« Band 1, Verlag des Bibliographischen Instituts, Leipzig 1886

Planck, Max, »Wege zur physikalischen Erkenntnis«, Verlag S. Hirzel, Leipzig 1934

Poincaré, Henri, »Der Wert der Wissenschaft«, Teubner-Verlag, Berlin 1910

Spengler, Oswald, »Der Untergang des Abendlandes«, Erster Band, Becksche Verlagsbuchhandlung, München 1920

Wenzl, Aloys, »Metaphysik der Physik von heute«, Felix Meiner-Verlag, Leipzig 1935

Zimmer, Ernst, »Umsturz im Weltbild der Physik«, Verlag Knorr & Hirt, München 1938

Personenverzeichnis

A

Ampère, André-Marie (1775—1836) französischer Mathematiker und Physiker. Er stellte theoretisch-chemische Betrachtungen über den Molekülaufbau an; er entdeckte 1820 die magnetische Wechselwirkung zwischen stromdurchflossenen Leitern und erklärte den Magnetismus durch Molekularströme; er entwickelte die elektrodynamische Theorie.

Anderson, Carl David (geb. 1905) amerikanischer Physiker. Er entdeckte 1932 in der kosmischen Ultrastrahlung das Positron; er entdeckte in der kosmischen Strahlung die Myonen, die Zerfallsprodukte der Mesonen. Nobelpreis 1936.

Ardenne, Manfred Baron von (geb. 1907) deutscher Physiker. Entwickelte wichtige Neuerungen in der Funk- und Fernsehtechnik sowie Elektronenoptik. Er wandte sich später der angewandten Kernphysik zu.

Aristoteles (384—322 v. u. Z.) griechischer Philosoph. Unter den »alten griechischen Philosophen ... der universellste Kopf«, der »auch bereits die wesentlichsten Formen des dialektischen Denkens untersucht« (Friedrich Engels). Fand durch die Übertragung seiner Philosophie auf die Naturlehre wichtige neue Erkenntnisse auf wissenschaftlichem Gebiet.

Arrhenius, Svante (1859—1927) schwedischer Physiker und Chemiker. Er entwickelte eine Theorie der elektrolytischen Dissoziation (Trennung von Molekülen), arbeitete ferner über Toxine, Antitoxine und astrophysikalische Gegenstände. Nobelpreis 1903.

Aston, Francis William (1877—1945) englischer Chemiker. Er bestimmte mit Hilfe eines Massenspektrographen die Massen von verschiedenen Isotopen und entdeckte damit viele neue Isotope; nahm Präzisionsmessungen der Atomgewichte vor.

B

Bailey, Solon Irving (1854—1931) amerikanischer Astronom; Arbeiten über Meteore und Sternhaufen.

Bavink, Bernhard (1879—1947) Naturwissenschaftler und Naturphilosoph. Als Vertreter eines kritischen Realismus wandte er sich gegen positivistische Auffassungen und versuchte, die Kluft zwischen Naturwissenschaft und Religion zu überbrücken. Seine Arbeiten erlangten weite Verbreitung.

Becquerel, Henri (1852—1908) französischer Physiker. Er wies 1878—1880 die magnetische Drehung der Polarisationsebene des Lichtes in Gasen nach. Er erkannte, daß die Absorption des Lichtes in Mineralien spezifisch für ein Molekül ist und unabhängig von der Wirkung der Nachbarmoleküle; entdeckte 1896 die im Uransalz vom Uran ausgehende radioaktive Strahlung; wies 1899/1900 die magnetische Ablenkbarkeit der Betastrahlen (Elektronen) fotografisch nach.

Berzelius, Jöns Jakob von (1779—1842) schwedischer Chemiker. Er entdeckte mehrere chemische Elemente und konnte erstmalig einige in freier Form herstellen; seine theoretisch wichtigen Arbeiten über chemische Verhältnisse fußen auf genauen Atomgewichtsbestimmungen; er entwickelte die heute noch gebräuchliche Zeichensprache der Chemiker.

Bessel, Friedrich Wilhelm (1784—1846) deutscher Astronom. Er bestimmte genaue Werte für das Vorrücken der Tag- und Nachtgleichen (Präzession), die Schwankung der Erdachse (Nutation), die Aberration und die Schiefe der Ekliptik. 1838 erste sichere Parallaxenbestimmung eines Fixsterns.

Bethe, Hans Albrecht (geb. 1906) deutscher Physiker. Er entwickelte die Theorie der Bremsung von Elektronen durch andere Materie (1934); untersuchte mit Weizsäcker die Energieerzeugung in Fixsternen (durch eine Kette von Kernreaktionen werden in der Sonne Wasserstoffkerne zu Heliumkernen bei gleichzeitiger Energieabstrahlung verschweißt). Nobelpreis 1967.

Blackett, Patrick Maynard Stuart (1897—1974) britischer Physiker. Er verwandte als erster eine mit Zählrohren verbundene Wilsonsche Nebelkammer; er beobachtete 1933 mit G. P. S. Occhialini erstmalig die Bildung eines Elektron-Positron-Paares aus einem Gammaquant (Photon). 1948 Nobelpreis für Physik.

Bohr, Niels (1885—1962) dänischer Physiker. 1913 gelang ihm die Anwendung der Quantentheorie von Max Planck auf das planetarische Atommodell von E. Rutherford, die Schaffung des Bohrschen Atommodells. Damit konnte er die Spektralserien von Wasserstoff theoretisch berechnen. 1927 entwickelte er mit Heisenberg eine physikalische Interpretation des quantentheoretischen Formalismus. Er schuf wesentliche theoretische Voraussetzungen für die spätere technische Entwicklung und Nutzung der Kernspaltung des Urans. Nobelpreis 1922.

Boltzmann, Ludwig (1844—1906) österreichischer Physiker. Für die Entwicklung der Physik waren seine Arbeiten zur Strahlungstheorie sowie seine klassischen Forschungen auf dem Gebiet der kinetischen Gastheorie und der statistischen Deutung des zweiten Hauptsatzes der Thermodynamik von großer Bedeutung, mit denen er der idealistischen Theorie vom sogenannten Wärmetod des Universums einen Schlag versetzte. In der Philosophie stand er auf den Positionen des mechanischen Materialismus, kritisierte den subjektiven Idealismus der Machisten und die »Energetik« W. Ostwalds.

Born, Max (1882—1970) deutscher Physiker. Er leistete bedeutende Beiträge zur Entwicklung der Matrizen- und Wellenmechanik; 1926 deutete er die Schrödingersche Wellenfunktion als Wahrscheinlichkeitsamplitude und wirkte so an der statistischen Betrachtungsweise in der modernen Physik mit; dafür erhielt er 1954 den Nobelpreis.

Bowen, Ira (geb. 1898) amerikanischer Astronom. Er erkannte die Natur der in den planetarischen Nebeln vorkommenden Gase, deren Spektrallinien als »verbotene Linien« bezeichnet werden, weil sie unter irdischen Bedingungen nicht auftreten können.

Boyle, Robert (1627—1691) englischer Chemiker und Physiker. Er entwickelte die experimentelle Methode in der Chemie; gab die erste wissenschaftlich begründete Definition des chemischen Elements; er entdeckte 1662 zusammen mit R. Townley das Gesetz der umgekehrten Proportionalität zwischen Luftvolumen und Luftdruck, das später das Boyle-Mariottesche Gesetz genannt wurde; stellte eine Korpuskulartheorie der Materie auf.

Bradley, James (1692—1762) englischer Astronom. Er legte den Grund zur modernen Positionsastronomie, indem er verbesserte Instrumente einführte und damit die Genauigkeit der Messungen erhöhte. Er untersuchte die Eigenbewegungen der Sterne, bestimmte 1727 die Lichtgeschwindigkeit aus der Aberration des Lichtes der Sterne und entdeckte 1747 die Nutation der Erdachse.

Brahe, Tycho (1546—1601) dänischer Astronom. Er entdeckte 1572 einen neuen Stern, die Nova Cassiopeiae; er war der bedeutendste Astronom vor der Erfindung des Fernrohrs; seine Beobachtungen der Planetenbewegungen, insbesondere des Mars, schufen die Voraussetzungen für Keplers Arbeiten über die Bahnen der Planeten.

Broglie, Louis-Victor de (geb. 1892) französischer Physiker. Er entwickelte die Theorie der Materiewellen (Broglie-Wellen). Nobelpreis 1929.

Büchner, Friedrich (1824—1899) deutscher bürgerlicher Philosoph. Hauptvertreter des Vulgärmaterialismus, über den er eine systematische Darstellung ausarbeitete.

Bunsen, Robert (1811—1899) deutscher Chemiker. Er entwickelte 1859 mit G. Kirchhoff zusammen die Spektralanalyse, mit deren Hilfe ihnen die Entdeckung des Cäsiums (1860) und Rubidiums (1861) gelang; erfand das Eiskalorimeter (1870), die Wasserstrahlpumpe, das Fettfleckphotometer und den Bunsenbrenner; er entwickelte das meßanalytische Verfahren, Jodometrie und die Zink-Kohle-Batterie.

Bürgel, Bruno Hans (1875—1948) deutscher populärastronomischer Schriftsteller; ursprünglich Schuhmacher und Buchdrucker.

C

Carnot, Nicolas-Léonard-Sadi (1796—1832) französischer Ingenieur und Physiker. Er berechnete den maximalen Wirkungsgrad der Wärmekraftmaschinen und entwickelte den für die Thermodynamik wichtigen Begriff des Kreisprozesses.

Chadwick, James (1891—1974) englischer Physiker. Er arbeitete besonders über Radioaktivität und Kernphysik; 1932 wies er indirekt mit einer Ionisationskammer die Existenz des Neutrons nach, was von W. Heisenberg und D. D. Iwanenko als Kernbaustein erkannt wurde. Er erhielt 1935 den Nobelpreis.

Charlier, Karl Wilhelm Ludwig (1862—1934) schwedischer Astronom. Auf den Gebieten der Himmelsmechanik, der mathematischen Optik, der Wahrscheinlichkeitsrechnung und der Stellarstatistik (Statistik der Sterne) war er führend tätig.

Clausius, Rudolf Emanuel (1822—1888) deutscher Physiker. Er begründete die mechanische Wärmetheorie, formulierte den 2. Hauptsatz der Thermodynamik und führte den Begriff der Entropie ein.

Cockcroft, Sir John Douglas (1897—1967) britischer Atomphysiker. Er baute als Schüler von E. Rutherford mit E. T. S. Walton den ersten Apparat für Atomzertrümmerungsversuche durch Beschuß mit Protonen; erhielt 1951 den Nobelpreis für die zahlreichen künstlichen Kernumwandlungen, die er mit Walton mit hochbeschleunigten Protonen und Alphateilchen erzielte.

Colding, Ludwig August (1815—1888) dänischer Physiker und Ingenieur. Er begründete 1842 unabhängig von Robert Mayer und Joule das mechanische Wärmeäquivalent.

Compton, Arthur Holly (1892—1962) amerikanischer Physiker. Er entdeckte 1922 den Compton-Effekt (Streuung von Photonen an Elektronen), wofür er selbst und gleichzeitig auch P. Debye die quantentheoretische Deutung gaben; wies die Totalreflexion von Röntgenstrahlen 1923 erstmals nach und gemeinsam mit R. L. Dolan deren Beugung an optischen Gittern. 1927 erhielt er gemeinsam mit C. T. R. Wilson den Nobelpreis für Physik.

Comte, Auguste (1798—1857) französischer bürgerlicher Philosoph und Soziologe, Begründer des Positivismus. Die Aufgabe der Wissenschaft sah er in der Beschreibung der Erfahrungstatsachen; er war der Meinung, daß die gesamte Geschichte der Erkenntnis aus der Aufeinanderfolge dreier Zustände oder Methoden des menschlichen Geistes besteht, der theologischen, der metaphysischen und der positiven. Karl Marx und Friedrich Engels unterwarfen die reaktionären Anschauungen Comtes, die einen bedeutenden Einfluß auf die weitere Entwicklung der bürgerlichen Philosophie ausübten, einer scharfen Kritik.

Coulomb, Charles-Augustin de (1736—1806) französischer Physiker und Ingenieur. Er entdeckte mit Hilfe der von ihm erbauten Drehwaage ein grundlegendes Gesetz der Elektrizität, nachdem die Anziehung zweier ungleichnamiger Ladungen dem Produkt der beiden Ladungen direkt, dem Quadrat ihrer Entfernungen umgekehrt proportional sind (Coulombsches Gesetz).

Curie, Irène (1897—1956) französische Physikerin und Chemikerin. Sie erhielt 1935 den Nobelpreis für Chemie für die Synthese von neuen radioaktiven Elementen; entdeckte bei ihren Arbeiten auf dem Gebiet der Isotopie die künstliche Radioaktivität.

Curie, Marie (1867—1934) französische Chemikerin; geb. Slodowska, polnischer Herkunft. Als Assistentin von H. Becquerel untersuchte sie die Uranstrahlung und isolierte 1898 aus der Pechblende zunächst das Polonium, dann gemeinsam mit ihrem Mann Pierre Curie das Radium; wies gleichzeitig mit G. C. Schmidt 1898 die Radioaktivität des Thoriums nach und erhielt dafür zusammen mit Pierre Curie 1903 die Hälfte des Nobelpreises; aus vielen Tonnen Pechblende gelang es ihr, wägbare Mengen von Radiumsalzen zu gewinnen und daraus das Metall rein zu gewinnen und seine Eigenschaften festzustellen; dafür erhielt sie 1911 den Nobelpreis für Chemie.

Curie, Pierre (1859—1906) französischer Physiker. Er führte gemeinsam mit seinem Bruder Jacques Untersuchungen über das elektrische Verhalten von Kristallen durch; dabei entdeckten sie 1880 die Piezoelektrizität. Jacques gründete darauf ein Verfahren zur Messung sehr schwacher Ströme, dessen sich später Pierre und Marie zur Bestimmung der Strahlungsintensität radioaktiver Präparate bedienten; 1894 fand er die für ferromagnetische Stoffe charakteristische Curie-Temperatur und 1895 das Curiesche Gesetz.

D

Dalton, John (1766—1844) englischer Chemiker und Physiker. Er beschäftigte sich zunächst mit meteorologischen Untersuchungen; Begründer der wissenschaftlichen Atomtheorie in der Chemie, schuf die Symbolschrift der chemischen Elemente.

Darrow, Karl Kelchner (1891—1982) amerikanischer Physiker. Er schrieb populärwissenschaftliche Bücher: »Die Renaissance der Physik«, 1939; »Elementare Einführung in die Quantenmechanik«.

Darwin, George Howard (1845—1912) englischer Astronom. Sohn des großen Naturforschers und Begründers der Lehre von der Entstehung und Entwicklung der Tier- und Pflanzenwelt; schrieb bedeutsame Arbeiten über Ebbe und Flut und über verwandte Probleme der Himmelsmechanik.

Davisson, Clinton Joseph (1881—1958) amerikanischer Physiker. Er wies 1927 mit L. H. Germer die Elektronenbeugung an Kristallen nach, ein entscheidender Beweis für die Wellennatur von Korpuskeln. 1937 Nobelpreis für Physik.

Demokrit von Abdera (etwa 460—370 v. u. Z.) altgriechischer materialistischer Philosoph; einer der Begründer der Atomistik; Marx und Engels sagten von Demokrit, er sei »ein empirischer Naturforscher und der erste enzyklopädische Kopf unter den Griechen«.

Dietzgen, Josef (1828—1888) deutscher Sozialdemokrat, von Beruf Lohgerber; Philosoph, der selbständig zum dialektischen Materialismus gekommen ist. Marx stellte fest, daß Dietzgen trotz einiger Fehler und Ungenauigkeiten in der Auffassung des dialektischen Materialismus »viel Vorzügliches und als selbständiges Produkt eines Arbeiters selbst Bewundernswertes« geäußert hat.

Dirac, Paul Adrien Maurice (geb. 1902) englischer Physiker. Er stellte eine Theorie der Elektronen (Diracsche Theorie) auf, die den Spin des Elektrons beschreibt und damit eine theoretische Begründung des anomalen Zeeman-Effekts sowie der Feinstruktur der Wasserstofflinien und der Röntgenspektren gibt; diese Theorie führte bereits 1928 zu der Vorhersage der 1932 von Anderson entdeckten positiven Elektronen (Positronen). Nobelpreis 1933.

Doppler, Christian (1803—1853) österreichischer Physiker. Er entdeckte 1842 den nach ihm benannten Doppler-Effekt, der bei allen Wellenvorgängen beobachtet wird; wenn Quelle und Beobachter sich aufeinander zu oder fort bewegen, wird eine andere (z. B. Schall-)Frequenz beobachtet als die von der Quelle ausgesandte.

Driesch, Hans (1867—1941) deutscher Philosoph und Biologe. Er geriet immer stärker in den Gegensatz zu seinem Lehrer E. Haeckel und wandte sich schließlich der idealistischen und reaktionären »Erforschung« »parapsychologischer Erscheinungen« zu.

E

Easton, Cornelis (1864—1929) niederländischer Journalist und Astronom. Er hielt 1900 eine spiralförmige Struktur der Milchstraße für wahrscheinlich, konnte das jedoch nicht zeigen, da er von der falschen Annahme ausging, daß die Sonne im Zentrum der Milchstraße liegt.

Eddington, Sir Arthur Stanley (1882—1944) englischer Astronom. Er entdeckte die Massen-Helligkeitsbeziehung der Sterne und begründete die Pulsationstheorie der Cepheiden. Er studierte die Möglichkeit großer Dichten im Sterninnern bei »weißen Zwergen«. Er erkannte die Bedeutung des Wasserstoffgehalts für die Leuchtkraft der Sterne; versuchte die Quantentheorie mit der Relativitätstheorie zu vereinigen, die er durch die Ablenkung eines Lichtstrahls durch die Gravitation der Sonne für bestätigt hielt.

Einstein, Albert (1879—1955) deutscher Physiker. Er entwickelte 1905 die »spezielle Relativitätstheorie« und später die »Allgemeine Relativitätstheorie«. Mit seinen Forschungen wirkte er bahnbrechend für neue Erkenntnisse des Mikro- und Makrokosmos. Gleichzeitig konnte aber der andere Bestandteil seiner Relativitätstheorien, die Einführung einer vierten Dimension mit dem Ergebnis eines »gekrümmten Raumes«, zwangsläufig nicht in der Praxis bestätigt werden. Nobelpreis 1921.

Elsässer, Walter Maurice (geb. 1903) deutscher Physiker. Zum Nachweis der Wellennatur des Elektrons schlug er 1925 als Student vor, mit Kristallgittern Interferenzen von Elektronenstrahlen zu erzeugen. Dieses Verfahren wurde von C. J. Davisson und L. H. Germer verwirklicht.

Empedokles von Agrigent (zirka 492/82—430/20 v. u. Z.) griechischer Philosoph. Seiner Philosophie nach gibt es kein Entstehen und Vergehen, sondern nur Mischung und Entmischung der vier Elemente Feuer, Luft, Wasser und Erde; in allen Vorgängen seien zwei Urkräfte, Liebe und Haß, wirksam.

Encke, Johann Franz (1791—1865) deutscher Astronom. Er berechnete die Bahn des von J. L. Pons 1818 entdeckten Enckeschen Kometen; bestimmte zahlreiche Bahnen von Planetoiden und Kometen, erste genaue Bestimmung der Sonnenparallaxe; berechnete die Sonnenentfernung aus den Venusdurchgängen von 1761 und 1769.

Euklides (um 300 v. u. Z.) griechischer Mathematiker. Er wirkte an der platonischen Akademie in Alexandria; Verfasser der »Elemente«, des bekanntesten systematischen Lehrbuchs der griechischen Mathematik.

F

Faraday, Michael (1791—1867) englischer Physiker und Chemiker. Begründer der Lehre des elektromagnetischen Feldes; er entdeckte 1823 die Verflüssigung von Chlor unter Druck; entdeckte 1824 Benzol und Buthylen.

Feather, Norman (geb. 1904) englischer Physiker. Er untersuchte niederenergetische Kernfusionen und Radioaktivität.

Fermi, Enrico (1901—1954) italienischer Physiker. Er entdeckte die Kernumwandlung durch Neutronenbeschuß und konnte so seit 1934 eine Reihe neuer künstlicher radioaktiver Stoffe herstellen, die er für Transurane hielt. 1938 Nobelpreis für Physik. Er prägte den Begriff »Neutrino« für ein Teilchen, was nur indirekt nachgewiesen werden konnte.

Fichte, Johann Gottlieb (1762—1814) deutscher Philosoph. Er war der Hauptvertreter des subjektiven Idealismus in der deutschen klassischen Philosophie, kritisierte Kant »von rechts«. Karl Marx bezeichnete diese Philosophie als »metaphysisch travestierten Geist in der Trennung von der Natur«.

Fitzgerald, George (1851—1901) amerikanischer Physiker. Er stellte 1893 die These auf, daß sich alle Objekte in Richtung ihrer Bewegung im Äther zusammenziehen (Fitzgerald-Lorentz-Kontraktion).

Fizeau, Armand Hippolyte Louis (1819—1896) französischer Physiker. Er führte in die Fotografie statt der Jodierung des Silbers dessen Bromierung ein; berücksichtigte 1848 den Doppler-Effekt erstmals richtig bei der Auswertung der Spektrallinien; bestimmte 1849 die Lichtgeschwindigkeit und 1859 experimentell den Fresnelschen Mitführungskoeffizienten, der als Beweis für den Lichtäther galt.

Foucault, Jean Bernard Léon (1819—1868) französischer Physiker. Er führte 1850 zum Nachweis der Achsendrehung der Erde im Panthéon in Paris seinen berühmten Pendelversuch aus; zeigte, daß die Lichtgeschwindigkeit im Wasser kleiner als in der Luft ist.

Frank, Philipp (1884—1966) österreichischer Philosoph. Vertreter des Neupositivismus; er arbeitete besonders über Mechanismus und Vitalismus.

Fraunhofer, Joseph (1787—1826) deutscher Physiker und Konstrukteur optischer Instrumente. Er entdeckte die (dunklen) nach ihm benannten Fraunhoferschen Linien im Sonnenspektrum.

Fresnel, Augustin Jean (1788—1827) französischer Ingenieur und Physiker. Er begründete 1815 zum ersten Mal exakt die Wellentheorie des Lichtes; seine experimentellen und theoretischen Arbeiten betreffen die Beugung, Interferenz, Polarisation, Doppelbrechung und Aberration des Lichtes; zur Demonstration der Interferenz erfand er unter anderem den nach ihm benannten Doppelspiegel und das Biprisma. Seine Theorie transversaler Lichtwellen entwickelte er 1821. Ihm gelang die erste Wellenlängenbestimmung des Lichtes.

Fricke, Walter (1915-1954) deutscher Astronom. Er schuf einen fundamentalen Fixsternkatalog; Verteidiger der bürgerlichen »Weltätherlehre«.

G

Galilei, Galileo (1564—1642) italienischer Naturforscher. Er begründete die moderne Kinematik. Mit einem selbstgebauten Fernrohr entdeckte er unter anderem die Phasen der Venus, die Unebenheit der Mondoberfläche und die Jupitermonde. Er begründete die mathematische Naturwissenschaft. Mit seinen Erkenntnissen und Entdeckungen kam er in Widerspruch zur katholischen Kirche, die ihn zwang — unter Androhung des Scheiterhaufens — von seinen Lehren »abzuschwören«.

Galle, Johann Gottfried (1812—1910) deutscher Astronom. Er entdeckte 1846 den von Leverrier vorausberechneten Planeten Neptun.

Galvani, Luigi (1737—1798) italienischer Arzt und Naturforscher. 1789 entdeckte er im Froschschenkelversuch Erscheinungen, die er auf elektrische Entladungen im tierischen Körper zurückführte, damit lenkte er die Aufmerksamkeit in der Naturwissenschaft auf einen neuen Abschnitt, die Elektrizitätslehre.

Gauß, Carl Friedrich (1777—1855) deutscher Mathematiker und Astronom. Er gehörte mit Archimedes und Newton zu den größten Mathematikern; entwickelte die Mathematik wesentlich weiter. Die Zusammenarbeit mit dem Physiker W. Weber bei der Erforschung des Erdmagnetismus führte unter anderem zur Erfindung des elektromagnetischen Telegraphen (1833), zur Aufstellung des absoluten physikalischen Maßsystems (1832) und zur Entwicklung der Potentialtheorie.

Germer, Lester Halbert (geb. 1896) amerikanischer Physiker. Mit C. J. Davisson wies er 1927 die Wellennatur der Elektronen durch Interferenz der Materiewellen nach.

Gould, Benjamin Apthorp (1824–1896) amerikanischer Astronom. Er bestimmte mit Honsean-Kobold und Newcomb den Pol der Milchstraße.

Van de Graaf, Robert Jemison (1901–1967) amerikanischer Ingenieur und Physiker. Er arbeitete 1925 bis 1928 in Oxford über die Beweglichkeit von Gasionen; entwickelte ab 1929 den nach ihm benannten elektrostatischen Generator, der Spannungen von zwei bis drei Millionen Volt liefert.

Grimaldi, Francesco Maria (1618–1663) italienischer Mathematiker. Er entdeckte die Beugung des Lichtes und beobachtete als erster das Sonnenspektrum mit Hilfe eines Prisma; stellte eine Interferenz- und Wellentheorie des Lichtes auf.

H

Haas, Arthur Erich (1884–1941) österreichischer Physiker und Physikhistoriker. Seine Verknüpfung des Planckschen Wirkungsquantums mit den atomaren Größen war in der weiteren Entwicklung der Quantentheorie (Bohrsches Atommodell) fruchtbar.

Haeckel, Ernst (1834–1919) deutscher materialistischer Philosoph. Er war einer der größten Biologen in der zweiten Hälfte des 19. und zu Beginn des 20. Jahrhunderts. Er war kein bewußter Materialist, sondern versuchte, seinen naturwissenschaftlichen Materialismus mit der herrschenden idealistischen Weltanschauung zu versöhnen.

Halley, Edmund (1656–1742) englischer Astronom und Geophysiker. 1705 sagte er die Wiederkehr des nach ihm benannten Halleyschen Kometen für 1758/59 voraus; sprach die Hypothese von den Eigenbewegungen der Sterne aus.

Harkins, William Draper (1873–1951) amerikanischer Chemiker. Er sagte die Existenz von Neutronen und Deuteronen (schwerer Wasserstoff mit einem Proton und einem Neutron im Kern) voraus; studierte die Probleme der Häufigkeitsverhältnisse der Elemente im Weltraum.

Hartmann, Johannes Franz (1865–1936) deutscher Astronom. Er entdeckte 1904 die »ruhenden Kalziumlinien« der interstellaren Materie in den Sternspektren.

Heisenberg, Werner Karl (1901–1976) deutscher Physiker. Die Heisenbergsche Unschärferelation von 1927 zeigt, daß sich Standort und Energie bzw. Geschwindigkeit verschiedener Elementarteilchen nicht gleichzeitig bestimmen lassen. Damit lieferte er einen Beweis, daß wir heute kleinere Strukturen der Materie (noch) nicht erkennen können. Nach der Entdeckung des Neutrons durch Chadwick 1932 erkannte Heisenberg, daß dieses neue Teilchen ein Baustein der Atomkerne ist, und entwickelte auf dieser Grundlage eine Theorie der Atomkerne. 1933 erhielt Heisenberg den Nobelpreis für Physik.

Helmholtz, Hermann Ludwig Ferdinand von (1821—1894) deutscher Naturforscher. Im Jahr 1847 gab er als erster eine mathematische Ableitung des Gesetzes der Erhaltung der Energie und wies auf die Allgemeingültigkeit des Gesetzes hin. In der Philosophie war Helmholtz spontaner, inkonsequenter Materialist. Lenin gab eine Einschätzung der Weltanschauung von Helmholtz und kritisierte dessen Agnostizismus als »verschämten ›Materialismus‹ mit kantianischen Ausfällen«.

Heraklit (um 550—480 v. u. Z.) aus Ephesus; griechischer materialistischer Philosoph der Antike; einer der Begründer der Dialektik.

Herschel, Sir Frederik William (1738—1822) englischer Astronom. 1781 entdeckte er den Planeten Uranus, 1783 stellte er die Bewegung des Sonnensystems in Richtung auf das Sternbild Herkules fest, 1787 fand er die beiden äußeren Uranusmonde und 1789 die beiden inneren Saturnmonde. Seine Beobachtungen von Doppelsternen, Nebelflecken und Sternhaufen erschlossen der Astronomie neue Gebiete, und seine Sterneichnungen begründeten die Erforschung des Aufbaus der Milchstraße.

Hertz, Heinrich Rudolf (1857—1894) deutscher Physiker. In den Jahren 1886—1889 bewies er experimentell die Existenz der elektromagnetischen Wellen und untersuchte ihre Eigenschaften. Hertz' Versuche zeigten die Identität der wichtigsten Eigenschaften der elektromagnetischen und der Lichtwellen und waren von großer Bedeutung für die Begründung der elektromagnetischen Lichttheorie. Lenin wies die Versuche der Neukantianer und Machisten, »Hertz als Bundesgenossen zu gewinnen«, zurück.

Hess, Victor Franz (1883—1964) österreichischer Physiker. Er erhielt für seine 1910 bei Ballonfahrten und 1911 durchgeführten Untersuchungen 1936 die Hälfte des Nobelpreises; er benutzte erstmals Kernspurplatten zum Nachweis der kosmischen Strahlung.

Heyl, Paul Renno (1872—1961) amerikanischer Physiker. Er erbrachte 1907 den Nachweis, daß sichtbares und unsichtbares Licht die gleiche Lichtgeschwindigkeit haben; sein Nachweis basierte auf Fotografien des in Spektralfarben zerlegten Lichtes des Sternes Algol; er untersuchte die Anisotropie (Richtungsabhängigkeit) der Gravitation in Kristallen.

Hipparch (griech. Hipparchos) von Nikaia (2. Jahrhundert v. u. Z.) Astronom und Geographiker, Begründer der wissenschaftlichen Astronomie. Er lehnte das heliozentrische Planetensystem ab und verbesserte das geozentrische; entwickelte die Trigonometrie; legte den ersten umfassenden Fixsternkatalog an, den Ptolemäus (und daher auch Kopernikus) im wesentlichen übernahm; entdeckte die Erscheinung der Präzession und die Ungleichheit der Mondbewegung.

Hobbes, Thomas (1588—1679) englischer Philosoph; Vertreter des mechanischen Materialismus. Er übertrug die mechanistisch-naturwissenschaftliche Methode auf die Staatslehre.

Hubble, Edwin (1889—1953) amerikanischer Astronom. Er untersuchte kosmische Nebel und Sternsysteme und entdeckte dabei den Hubble-Effekt. Dieser besagt, daß die Spektrallinien nach dem roten Ende des Spektrums um einen Betrag verschoben sind, der der Entfernung des entsprechenden Nebels proportional ist. Hubble schloß daraus, daß sich das Weltall »gleichmäßig ausdehnt«.

Huygens, Christian (1629—1695) holländischer Physiker, Astronom und Mathematiker. Er begründete 1678 die Wellentheorie des Lichts.

J

Jeans, Sir James Hopwood (1877—1946) englischer Mathematiker, Physiker und Astronom. Er arbeitete auf dem Gebiet der Thermodynamik, der Stellardynamik und der Kosmogonie; verfaßte naturphilosophische und populärastronomische Bücher und Schriften.

Joliot, Frédéric (1900—1958) französischer Atomphysiker. Zusammen mit seiner Frau Irène Curie Untersuchungen zur Isotopie und Alphastrahlung und Neutronenerzeugung sowie 1933 Paarerzeugung von Positronen und Elektronen durch energiereiche Gammastrahlen; 1934 entdeckten sie die künstliche Radioaktivität, wofür sie 1935 den Nobelpreis für Chemie erhielten.

Jolly, Philipp Gustav von (1809—1884) deutscher Physiker. Er untersuchte Ausdehnung in Gasen und die Osmose, bestimmte die Erddichte mit Hilfe der nach ihm benannten Jollyschen Federwaage.

Jordan, Pascual (1902—1980) deutscher Physiker. Er war an der Entwicklung der Quantenmechanik und ihrer Ausdehnung auf optische Probleme beteiligt; wandte die Quantenmechanik und Relativitätstheorie auf astrophysikalische Probleme an; Begründer der »Urknalltheorie« und Vertreter der positivistischen Erkenntnistheorie.

Joule, James Prescott (1818—1889) englischer Physiker. Er befaßte sich mit der Untersuchung des Elektromagnetismus und der Wärme; stellte das mechanische Wärmeäquivalent auf.

K

Kant, Immanuel (1724—1804) Begründer der klassischen deutschen Philosophie. Er brach mit seinen naturwissenschaftlichen Arbeiten, insbesondere der Hypothese der Entstehung der Erde aus dem Urnebel, die erste Bresche in die metaphysische Weltanschauung. »Der Grundzug der Kantschen Philosophie«, schrieb Lenin, »ist die Aussöhnung des Materialismus mit dem Idealismus, ein Kompromiß zwischen beiden, eine Verknüpfung verschiedenartiger, einander widersprechender philosophischer Richtungen zu einem System.«

Kapteyn, Jacobus Cornelius (1851—1922) niederländischer Astronom. Er war einer der Begründer der Stellarstatistik; führte Untersuchungen über Eigenbewegung der Fixsterne und Bau des Fixsternsystems durch.

Karlson, Paul (1910—1945) Mathematiker und Physiker. Er publizierte als freier Schriftsteller auf dem Gebiet der Physik und besonders der Flugtechnik: »Du und die Natur«, »Der Mensch fliegt«.

Kayser, Hans (1891—1964) deutscher Kunst- und Musiktheoretiker. Er versuchte eine Erneuerung von Gedanken des Pythagoras und J. Keplers.

Kepler, Johannes (1571—1630) deutscher Astronom. Er entdeckte auf der Grundlage der Lehre des Kopernikus die Bewegungsgesetze der Planeten (Keplersche Gesetze).

Kirchhoff, Gustav Robert (1824—1887) deutscher Physiker. Er machte bedeutende Forschungen auf dem Gebiet der Elektrodynamik und begründete 1859 mit R. Bunsen die Spektralanalyse. Seinen philosophischen Anschauungen nach war er Vertreter des naturwissenschaftlichen Materialismus.

Kolle, Wilhelm (1868—1935) deutscher Hygieniker. Er entwickelte die Schutzimpfung gegen Cholera und Typhus.

Kopernikus, Nikolaus (1473—1543) polnischer Astronom; Begründer der Theorie vom heliozentrischen Weltsystem (Helios = griechischer Sonnengott).

L

Laplace, Pierre-Simon Marquis de (1749—1827) französischer Astronom, Mathematiker und Physiker. Er entwickelte unabhängig von Kant die Hypothese über die Entstehung des Sonnensystems aus einer gasähnlichen Nebelmasse und begründete sie mathematisch; Vertreter des mechanischen Materialismus.

Laue, Max von (1879—1960) deutscher Physiker. Er entdeckte die Beugung von Röntgenstrahlen an Kristallen, wodurch die Wellennatur der Röntgenstrahlen und die Gitterstruktur der Kristalle bestätigt wurden. Nobelpreis 1914.

Lawrence, Ernest Orlando (1901—1958) amerikanischer Physiker. Für künstliche Kernreaktionen entwickelte er 1931 ein Zyklotron, mit dem Protonen auf über 1 MeV (Millionen Elektronvolt) beschleunigt werden konnten; durch Beschuß von Atomkernen entstanden künstliche Radioisotope, unter anderem Plutonium und Neptunium. Nobelpreis 1939.

Lavoisier, Antoine-Laurent (1743—1794) französischer Chemiker. Er bestätigte das Prinzip, daß das Gesamtgewicht der an einer chemischen Reaktion teilnehmenden Stoffe unverändert bleibt, was auf die gesamte spätere Entwicklung der Chemie großen Einfluß hatte; erklärte den Verbrennungsprozeß; philosophisch war er Anhänger der materialistischen Anschauungen der französischen Aufklärer.

Leibniz, Gottfried Wilhelm Freiherr von (1646—1716) idealistischer Philosoph, bedeutender Mathematiker, Physiker, Historiker und Diplomat.

Lemaître, Georges (1894—1966) belgischer Theologe und Astronom. Er arbeitete über die kosmologische Anwendung der Relativitätstheorie; auf ihn geht die Vorstellung vom »expandierenden Weltall« zurück.

Leukipp(os) von Milet (5. Jahrhundert v. u. Z.) griechischer materialistischer Philosoph; Begründer der Atomistik.

Leverrier, Urbain-Jean-Joseph (1811—1877) französischer Astronom und Mathematiker. Er berechnete 1846 die Bahn des damals noch unbekannten Planeten Neptun.

Liebig, Justus Freiherr von (1803—1873) deutscher Chemiker; bahnbrechend in der theoretischen, besonders organischen und analytischen Chemie sowie deren Anwendung in der Landwirtschaft.

Lindblad, Bertil (1895—1965) schwedischer Astronom. Er befaßte sich mit Methoden der Leuchtkraftbestimmung der Fixsterne, der Rotation des Milchstraßensystems und mit der Theorie des Aufbaus der Spiralnebel und den Bewegungen in ihnen; schuf die Voraussetzungen für die Erkenntnis, daß Spiralnebel Sternsysteme sind.

Linke, Franz (1878—1944) deutscher Meteorologe. Er arbeitete über Luftelektrizität, Flugmeteorologie, Sonnen- und Himmelsstrahlung sowie Bioklimatologie.

Livingstone, Milton Stanley (geboren 1905) amerikanischer Physiker. Er entwickelte Hoch-Energie-Beschleuniger für geladene Teilchen.

Lorentz, Hendrik Antoon (1853—1928) niederländischer Physiker. Er verschmolz die Maxwellsche Feldtheorie mit der elektro-atomistischen Auffassung zur klassischen Elektronentheorie, die eine Erklärung für die von Zeeman 1896 entdeckte Aufspaltung der Spektrallinien in magnetischen Feldern lieferte. Zur Erklärung für den negativen Ausgang des Michelson-Experiments nahm er eine Verkürzung (Lorentz-Kontraktion) für bewegte Körper an. Nobelpreis 1902.

Loschmidt, Josef (1821—1895) österreichischer Physiker und Chemiker. Er beschäftigte sich besonders mit der kinetischen Gastheorie und mit der mechanischen Wärmetheorie; bestimmte die Zahl der Gasmoleküle pro Kubikzentimeter (Loschmidtsche Zahl).

M

Mach, Ernst (1838—1916) österreichischer Physiker und Philosoph; subjektiver Idealist, einer der Begründer des Empiriokritizismus. Eine allseitige Kritik der reaktionären Philosophie Machs und seiner Arbeiten gab Lenin in seinem Werk »Materialismus und Empiriokritizismus«.

Magellan, Fernao (1480—1521) portugiesischer Seefahrer in spanischen Diensten. Er überquerte als erster den Pazifischen Ozean; entdeckte dabei 1521 die Philippinen; er kam dabei ums Leben, seine Begleiter vollendeten die erste Erdumseglung.

Malus, Etienne Louis (1775—1812) französischer Physiker. Er befaßte sich mit der Doppelbrechung des Lichtes in Kristallen und entdeckte 1808 die Polarisation des Lichtes.

Maxwell, James Clerk (1831—1879) englischer Physiker. Er verallgemeinerte die Forschungsergebnisse M. Faradays auf dem Gebiet der elektromagnetischen Erscheinungen und schuf die Theorie des elektromagnetischen Feldes und die elektromagnetische Lichttheorie. Seinen philosophischen Anschauungen nach war er Materialist, jedoch war sein Materialismus mechanisch und inkonsequent.

May, Eduard (1905—1956) Philosoph. Er schrieb vor allem Beiträge zur Naturphilosophie.

Mayer, Julius Robert (1814—1878) deutscher Arzt und Physiker. Er formulierte 1842 als einer der ersten das Gesetz von der Erhaltung und der Umwandlung der Energie.

McMillan, Edwin Mattison (geb. 1907) amerikanischer Physiker. 1951 bekam er gemeinsam mit Gl. T. Seaborg den Nobelpreis für Chemie für die Entdeckung von Neptunium und Plutonium; entwickelte 1946 das Synchrotron für kernphysikalische Forschungen.

Mendelejew, Dimitri Iwanowitsch (1834—1907) russischer Chemiker. Er stellte unabhängig von L. Meyer das periodische System der Elemente auf, auf Grund dessen er das Vorhandensein und Eigenschaften erst später entdeckter chemischer Elemente voraussagte; hielt an der klassischen Atomistik fest.

Meyer, Julius Lothar (1830—1895) deutscher Chemiker. Er befaßte sich vorwiegend mit Fragen der physikalischen Chemie; stellte 1869 unabhängig von D. Mendelejew das periodische System der Elemente auf.

Meyer, Max Wilhelm (1853—1910) deutscher Astronom. Er arbeitete für die Verbreitung naturwissenschaftlicher, besonders astronomischer Erkenntnisse.

Michelson, Albert Abraham (1852—1931) amerikanischer Physiker. Er stellte 1880/1881 in Potsdam einen Versuch zum Nachweis der absoluten Bewegung der Erde im Äther an, der ebenso wie die Wiederholung 1887 negativ ausging. 1925—1927 Präzisionsbestimmung der Lichtgeschwindigkeit; entwickelte 1923 ein Interferenzverfahren zur Bestimmung des absoluten Durchmessers von Fixsternen. Nobelpreis 1907.

Millikan, Robert Andrews (1868—1953) amerikanischer Physiker. Er bestimmte die Ladung des Elektrons mit wachsender Genauigkeit; dafür und für seine Bestätigung des Einsteinschen fotochemischen Grundgesetzes 1916 erhielt er 1923 den Nobelpreis.

Milne, Edward Arthur (1896—1950) englischer Astrophysiker. Er arbeitete über den Zustand der Fixsternmaterie und physikalische Vorgänge im Sterninneren sowie kosmologische Modelle.

Minkowski, Hermann (1864—1909) deutscher Mathematiker. Er schuf mit der vierdimensionalen »Raum—Zeit« die mathematischen Grundlagen für A. Einsteins Relativitätstheorie.

Mittasch, Paul Alwin (1869—1953) deutscher Chemiker. Er machte sich verdient um die Erforschung und technische Anwendung der Katalyse.

Moulton, Forest Ray (1872—1952) amerikanischer Astronom. Arbeiten über Spiralnebel und den Ursprung des Sonnensystems.

N

Newcomb, Simon (1835—1909) amerikanischer Astronom. Er schrieb allgemeinverständliche Arbeiten über die Bewegungen des Mondes und der Planeten, die Positionen der Fixsterne und die astronomischen Konstanten.

Newton, Isaac (1643—1727) großer englischer Physiker und Mathematiker. Er formulierte die Grundgesetze der klassischen Mechanik; entdeckte das Gesetz der universellen Gravitation, die Dispersion des Lichtes und entwickelte (gleichzeitig mit G. Leibniz) die Differential- und Integralrechnung. Seinen philosophischen Anschauungen nach war Newton spontaner Materialist.

O

Oersted, Hans Christian (1777—1851) dänischer Chemiker und Physiker. Er entdeckte 1820 die Ablenkung einer Magnetnadel durch den elektrischen Strom und wurde zum Begründer der Lehre vom Elektromagnetismus.

Olbers, Wilhelm (1758—1840) Arzt und Astronom. Er entdeckte sechs Kometen und die Planetoiden Pallas und Vesta.

Oliphant, Macus Laurence Elwin (geb. 1901) australischer Physiker. Er wies die für thermonukleare Prozesse grundlegende Deuteriumreaktion nach und trug zur Entwicklung des Synchrotronprinzips und des Radars bei.

Ostwald, Wilhelm (1853—1932) deutscher Naturforscher und idealistischer Philosoph. Er leistete wichtige Beiträge zur Theorie der elektrolytischen Dissoziation. Lenin kritisierte Ostwalds idealistische Theorie des »Energetismus« und bezeichnete ihn als »großen Chemiker und kleinen Philosophen«.

P

Pauli, Wolfgang (1900—1958) deutscher Physiker. Er leistete wichtige Beiträge auf den Gebieten der Struktur der Atome sowie der Theorie der Quantenfelder und der Elementarteilchen; entdeckte 1924 das Ausschließungsprinzip (Pauliprinzip, das besagt, daß jeder Energiezustand nur mit zwei Teilchen besetzt werden kann). Er sagte 1924 die Existenz eines Kernspins und 1930 das Neutrino voraus. Nobelpreis 1945.

Pearson, Karl (1857—1936) englischer Mathematiker, Biologe und idealistischer Philosoph. Er verteidigte in seinen Arbeiten die reaktionäre »Theorie der natürlichen Auslese« in der menschlichen Gesellschaft.

Pease, Francis Gladhelm (1881—1938) amerikanischer Astronom. Er machte Fotografien und Spektrogramme von Nebeln und Sternhaufen sowie von Mond und Planeten; interferometrische Messungen von Sterndurchmessern, Lichtgeschwindigkeit und Ätherdriftmessungen.

Perrin, Jean Baptiste (1870—1942) französischer Physiker und Chemiker. Er wies 1895 die negative Ladung der Kathodenstrahlen nach und bestätigte experimentell die kinetische Theorie der Gase sowie die von Einstein und Smoluchovski aufgestellten Formeln für die Brownsche Molekularbewegung; bestimmte die Loschmidtsche Zahl und untersuchte die ionisierende Wirkung von Röntgenstrahlen. Nobelpreis 1926.

Planck, Max (1858—1947) deutscher Physiker. Er entdeckte 1899 eine neue Naturkonstante, das »Plancksche Wirkungsquantum«; leitete 1900 die Plancksche Strahlungsformel, das Strahlungsgesetz für schwarze Wärmestrahler ab, was als die »Geburtsstunde der Quantentheorie« angesehen wird. Nobelpreis für Physik 1918.

Plaskett, John Stanley (1865—1941) kanadischer Astrophysiker. Er war an der Weiterentwicklung des Spiegelteleskops und der Sternspektrographen beteiligt.

Plateau, Josef Antoine Ferdinand (1801—1883) belgischer Physiker. Er entwickelte stroboskopische Meßmethoden für Vibrationsstudien; untersuchte Eigenschaften von Flüssigkeiten.

Poincaré, Henri (1854—1912) französischer Mathematiker und Physiker. Bekannt durch seine Arbeiten zur Theorie der Differentialgleichungen, auf dem Gebiet der mathematischen Physik und der Himmelsmechanik; in der Philosophie stand er dem Machismus nahe.

Prout, William (1785—1850) englischer Arzt und Chemiker. Er stellte 1815 die Hypothese anonym auf, daß die Atomgewichte aller chemischen Elemente Vielfache des Atomgewichts vom Wasserstoff sind; die Prout-Meineke-Hypothese fand erst im Rahmen der neueren Kernphysik ihre Rechtfertigung.

Ptolemäus, Claudius (zirka 100—160) griechischer Mathematiker und Geograph. Er verfaßte das erste systematische Handbuch der mathematischen Astronomie; begründete die Lehre vom geozentrischen Weltsystem.

R

Regener, Erich (1881—1955) deutscher Physiker. Er bestimmte 1909 die elektrische Elementarladung mit einer selbst entwickelten Methode; später untersuchte er die Höhenstrahlung.

Rey, Abel (1873—1940) französischer Philosoph, Positivist. In den Fragen der Naturwissenschaft war er inkonsequenter spontaner Materialist; in der Erkenntnistheorie stand er auf den Positionen des Machismus.

Römer, Ole (1644—1710) dänischer Astronom. Er bestimmte die Lichtgeschwindigkeit 1675 aus den Verfinsterungen der Jupitermonde und baute den ersten Meridiankreis.

Röntgen, Wilhelm Konrad (1845—1923) deutscher Physiker. Er untersuchte den Kerreffekt, die Wärmeabsorption des Wasserdampfes und die physikalischen Eigenschaften der Kristalle; lieferte 1885 den Nachweis der von Maxwell geforderten elektromagnetischen Wirkung der elektrischen Polarisation; entdeckte 1895 die nach ihm benannten Röntgenstrahlen; erhielt 1901 als erster den Nobelpreis für Physik.

Rosse, Earl of, eigentlich Parson, William (1800—1867) englischer Astronom. Er stellte 1845 ein Riesenteleskop auf, mit dessen Hilfe er viele Nebelflecken untersuchte.

Rossi, Bruno Bennedetto (geb. 1905) Physiker. Er zeigte, daß kosmische Strahlung große Durchdringungskraft hat; daß einzelne kosmische Strahlen bei Kollision mit Atomen eine große Zahl sekundärer Teilchen auslösen; zeigte, daß primäre kosmische Strahlen positive Ladung haben und daß einige kosmische Strahlen nukleare Reaktionen hervorrufen.

Rowland, Henry Augustus (1848—1901) amerikanischer Ingenieur und Physiker. Er führte im Winter 1875/1876 mit Helmholtz grundlegende Versuche über die elektromagnetische Wirkung elektrischer Konvektion durch; stellte die ersten Konkavgitter für Gitterspektrographen her.

Russell, Bertrand Arthur William (1872—1970) englischer Philosoph und Mathematiker. 1950 Nobelpreis für Literatur.

Russell, Henry Norris (1877—1957) amerikanischer Astronom. Er leistete empirische und theoretische Arbeiten über Zustandsgrößen der Fixsterne und ihre Entwicklung; verfaßte Arbeiten über die Bestimmung der Bahnen der Doppelsterne.

Rutherford, Ernest (1871—1937) englischer Physiker. Er wies 1898/1899 nach, daß Uran zwei Arten von Strahlen aussendet; stellte 1903 mit F. Soddy die Atomzerfallshypothese auf; vermutete 1907 den Zusammenhang zwischen Reichweite und Lebensdauer radioaktiver Stoffe; identifizierte 1909 mit T. Royds das Alphateilchen als doppelt positiv geladenen Heliumkern. 1919 gelang ihm der erste Nachweis einer Kernreaktion beim Stickstoff. 1908 Nobelpreis für Chemie.

S

Schleiden, Matthias Jakob (1804—1881) deutscher Botaniker. Er führte 1838 Untersuchungen über die Entstehung der Zelle und des Pflanzenkeims durch.

Schmidt, Gerhard Carl Nathanael (1865—1949) deutscher Physiker. Er entdeckte 1898 die Radioaktivität des Thoriums.

Schrödinger, Erwin (1887—1961) österreichischer Physiker. Auf der Grundlage der Arbeiten von de Broglie und Einstein schuf er die Wellenmechanik; formulierte 1926 die »Schrödinger-Gleichung« (sie beschreibt das Verhalten der Materiewellen, zum Beispiel die Energiezustände des Atoms); 1926 zeigte er die mathematische Gleichwertigkeit mit der Matrizenmechanik von Born, Heisenberg und Jordan. 1933 Nobelpreis für Physik.

Schüler, Hermann (geb. 1894) deutscher Physiker. Er publizierte über Atom- und Molekularphysik.

Schwarzschild, Karl (1873—1916) deutscher Astronom. Er führte Untersuchungen zur fotografischen Photometrie der Gestirne, über geometrische Optik, zum Problem der Bewegung der Fixsterne und ihrer Verteilung sowie zum Ausbau der Allgemeinen Relativitätstheorie durch.

Secchi, Angelo (1818—1878) italienischer Astronom. Er wurde bekannt durch seine Untersuchungen der Sonne.

Seeliger, Hugo von (1849—1955) deutscher Astronom. Er untersuchte die Beleuchtungsverhältnisse der Planeten, die räumliche Verteilung der Sterne im Raum und Probleme der Himmelsmechanik.

Shapley, Harlow (1885—1972) amerikanischer Astronom. Er war führend auf dem Gebiet der veränderlichen Sterne, der Sternhaufen, des Aufbaus des Milchstraßensystems und der Verteilung der Sternsysteme; benutzte als erster die photometrische Methode zur Bestimmung von Sternentfernungen.

Smith, William (1769—1839) englischer Geologe und Ingenieur. Er begründete die Stratigraphie, indem er die in den Erdschichten eingeschlossenen Versteinerungen untersuchte und mit ihrer Hilfe die Altersfolge der Formationen bestimmte.

Sommerfeld, Arnold (1868—1951) deutscher Physiker. Er erweiterte die Bohrsche Atomtheorie und bemühte sich erfolgreich um eine mathematische Durchdringung der Technik.

Spengler, Oswald (1880—1936) deutscher Geschichtsphilosoph.

Störmer, Frederik Carl Mülertz (1874—1957) norwegischer Mathematiker und Geophysiker. Er erarbeitete statistische Angaben über die Höhe des Nordlichtes, seine Spektren und solche über leuchtende Nachtwolken sowie über kosmische Strahlung; untersuchte die Bewegungen geladener Teilchen in magnetischen Feldern und magnetische Vorgänge in der Sonnenatmosphäre.

T

Thomson, Sir George (geb. 1892) englischer Physiker. Mit Elektronenstrahlen von einigen Zehntausend Volt hat er an dünnen Kollodiumfolien Interferenzringe erhalten, ein Beweis für die Wellennatur der Materie.

Thomson, William (1824—1907) englischer Physiker. Arbeiten auf dem Gebiet der Thermodynamik, der Elektrizität und des Magnetismus; er verbesserte physikalische Instrumente wie Kompaß, Galvanometer und andere; sprach 1852 die idealistische These vom Wärmetod des Weltalls aus.

V

Vogel, Hermann Karl (1841—1907) deutscher Astrophysiker. Er konstruierte den ersten Sternspektrographen, entdeckte die Doppelsternnatur der Bedeckungsveränderlichen und entwickelte die Methode der Radialgeschwindigkeitsmessung mit dem Spektrographen.

Volta, Alessandro, Graf (1745—1827) italienischer Physiker und Physiologe. Er erforschte die galvanische Elektrizität.

W

Walton, Ernest Thomas Sinton (geb. 1903) irischer Physiker. Er entwickelte mit J. D. Cockcroft den Cockcroft-Walton-Generator, damit wurden 1932 Ionen hoch beschleunigt und Kernzertrümmerungen künstlich ausgelöst; gemeinsam erhielten sie 1952 den Nobelpreis für Physik.

Wegener, Alfred (1880—1930) deutscher Geophysiker und Meteorologe. Er beschäftigte sich vor allem mit Thermodynamik und Wolkenphysik, der Mechanik der Tromben, mit der Deutung der Halo-Erscheinungen sowie mit der Erklärung der Vorzeitklimate durch die Kontinentalverschiebungstheorie, die durch die neuere Meeeresforschung bestätigt wird.

Weyl, Claus Hugo Hermann (1885—1955) deutscher Mathematiker. Er arbeitete über Differential- und Integralgleichungen sowie über Topologie; suchte die enge Verbindung von Mathematik, theoretischer Physik und Philosophie in seinen Arbeiten.

Wiener, Norbert (1894—1964) amerikanischer Mathematiker. Er lieferte wichtige Untersuchungen zur Theorie der Brownschen Bewegung und der harmonischen Analyse; entwickelte mit C. Shannon die moderne Informationstheorie.

Wilson, Charles Thomas Rees (1869—1959) schottischer Physiker. Er entwickelte die nach ihm benannte Nebelkammer, mit der elektrisch geladene Teilchen sichtbar gemacht werden können; damit konnte er 1923 den Compton-Effekt experimentell nachweisen, wofür er 1927 mit H. A. Compton den Nobelpreis für Physik erhielt.

Wöhler, Friedrich (1800—1882) deutscher Chemiker. Er entdeckte Aluminium, Yttrium, kristallisiertes Bor und Silizium, ferner die Isometrie der Cyansäure und Knallsäure und arbeitete mit J. Liebig über Benzolverbindungen; synthetisierte die Harnsäure und zeigte damit, daß sich aus unbelebter anorganischer Materie organische Verbindungen herstellen lassen, was bis dahin als unmöglich galt.

Y

Young, Thomas (1773—1829) englischer Physiker und Arzt. Er entwickelte das Prinzip der Interferenz und wandte es erfolgreich auf Licht an; er konnte damit die Newtonschen Farbringe mit der Wellentheorie des Lichtes erklären und ihre Wellenlängen berechnen; stellte 1817 die Hypothese auf, daß Lichtwellen Transversalwellen sind; stellte die Dreifarbentheorie des Sehens auf, die auch Grundlage des Farbfernsehers ist.

Yukawa, Hideki (geb. 1907) japanischer Physiker. Zur Erklärung der Kernkräfte entwickelte er 1935 eine Theorie, in der hypothetische Teilchen von 200 bis 300facher Elektronenmasse die Wechselwirkung für die Bindung der Kernteilchen herstellen sollten; nachdem 1947 das dem Yukawa-Teilchen entsprechende Pion entdeckt wurde, erhielt er 1949 den Nobelpreis für Physik.

Z

Zimmer, Ernst (1887—1965) deutscher Physiker. Er schrieb gut verständliche Physikbücher (»Umsturz im Weltbild der Physik«).

W. Dickhut
Proletarischer Widerstand
gegen Faschismus und Krieg
2 Teilbände
zusammen 796 Seiten
92 Abbildungen
46 DM
3-88021-156-6
Verlag Neuer Weg

Deutschland 1941. Die Hitler-Armeen haben die damals sozialistische Sowjetunion überfallen. In dieser Zeit beginnt Willi Dickhut auf Beschluß der illegalen Leitung der KPD Solingens, der er angehört, mit der Ausarbeitung von Schulungs- und Informationsmaterial. Unter schwersten Bedingungen verfaßt und mit strengsten Sicherheitsvorkehrungen verbreitet, wird dieses Material zu einer höchst wirkungsvollen Grundlage der Widerstandsarbeit der Solinger KPD.
Heute gelesen, ist dieses einzigartige Material Zeugnis des konsequentesten antifaschistischen Widerstands, der sich gegen den Faschismus und seinen Träger, das Monopolkapital, richtete. Es ist somit eine Waffe gegen den Neofaschismus und gegen die Kriegstreiber von heute.
Ein hervorragendes Beispiel einer materialistisch-dialektischen und historischen Analyse.

Briefwechsel
über Fragen der
Theorie und Praxis
des Parteiaufbaus
329 Seiten, 28 DM
3-88021-141-8
Verlag Neuer Weg

Ist die Verwandlung der Gewerkschaften in Kampforganisationen eine Illusion? Waren Stalins Fehler unvermeidbar? Gibt es eine fortschrittliche Verstaatlichung im Kapitalismus? Was sind die Ursachen für den Ausbruch einer Weltwirtschaftskrise? Willi Dickhut gibt in seinen Briefen grundsätzliche und helfende Antworten auf eine Vielzahl wichtiger Fragen. Jeder Brief ist ein Zeugnis der lebendigen Anwendung des Marxismus-Leninismus auf die Probleme des Klassenkampfes in der BRD — und zugleich Anleitung zu selbständigem revolutionären Denken und Handeln.

Die dialektische Einheit von
Theorie und Praxis
(REVOLUTIONÄRER WEG 24)
Verlag Neuer Weg

Der REVOLUTIONÄRE WEG 24 behandelt die dialektische Einheit von Theorie und Praxis in Gesellschaft und Klassenkampf. Er knüpft an der Dialektik als Theorie und Methode der Klassiker des Marxismus-Leninismus an und untersucht unter diesem Gesichtspunkt die wesentlichen Fragen, die sich heute für Parteiaufbau und Klassenkampf stellen.

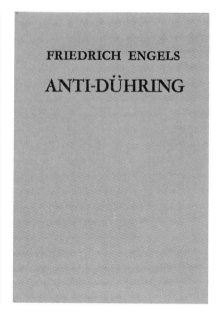

W. I. Lenin
Materialismus und
Empiriokritizismus
499 Seiten, 5,70 DM

F. Engels
Anti-Dühring
Herrn Eugen Dührings Umwälzung
der Wissenschaft
508 Seiten, 5,70 DM

Lenin beweist in seinem philosophischen Hauptwerk die Prinzipien der marxistischen Erkenntnistheorie als weltanschauliche Grundlage anhand der revolutionären Erfahrungen und der Entwicklung der Wissenschaften seit dem Tod von Engels.

Engels nutzt die Kritik am »kleinbürgerlichen Sozialismus« Dührings zur umfassenden Darstellung der dialektischen Methode, der politischen Ökonomie und der kommunistischen Weltanschauung.